HISTOIRE

DE

BÉTHUNE

PAR

LE CHANOINE ED. CORNET,

Curé-Archiprêtre de Béthune

TOME I

FAITS HISTORIQUES

BÉTHUNE

IMPRIMERIE A. DAVID, SUCCESSEUR DE REYBOURBON

12, rue du Pot-d'Étain, 12.

—

1892

HISTOIRE
DE BÉTHUNE

—

I

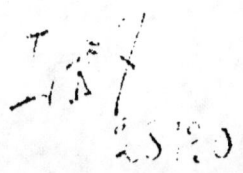

ENTRÉE DES FRANÇAIS DANS BÉTHUNE

Après la capitulation du 30 Août 1645.

HISTOIRE

DE

BÉTHUNE

PAR

Le Chanoine Ed. CORNET,

Curé-Archiprêtre de Béthune

TOME I

FAITS HISTORIQUES

BÉTHUNE

IMPRIMERIE A. DAVID, SUCCESSEUR DE REYBOURBON

12, rue du Pot-d'Étain, 12.

1892

À LA MÉMOIRE

DE

MES PARENTS

ET DE

MES CONCITOYENS-PAROISSIENS

DONT

LES CHÈRES AMES

M'ATTENDENT

AUPRÈS DE DIEU

INTRODUCTION

Nous avons consacré, depuis quelques années, une partie de nos loisirs à étudier le passé de la ville de Béthune. Que ne pouvons-nous révéler les délicieuses émotions que cette étude nous a values!

Enfant de Béthune, il nous semblait par nos recherches historiques faire sortir de leur tombe nos chers aïeux; nous nous sommes mis en relation avec leurs âmes; nous avons vécu en leur douce société; et notre ambition serait de les faire revivre, parler et agir, devant nos bien-aimés contemporains.

Mais ces liens qui nous attachent à ces vénérés défunts ne sont-ils pas faits pour compromettre notre impartialité à leur égard? Nous croyons n'avoir rien négligé pour que notre critique fût aussi impartiale et aussi sûre que possible. Cette histoire est le fruit de longues et patientes recherches dans les archives de cette ville, dans celles du Pas-de-Calais, dans la bibliothèque nationale de Paris, dans les manuscrits originaux de la cour des comptes de Lille, dans ceux de Gand et de Bruxelles; leurs témoignages ont été contrôlés les uns par les autres. C'est-à-dire que remontant toujours aux sources nous nous sommes établi dans toutes les conditions désirables pour juger avec une lumineuse équité les hommes et leurs œuvres.

Curé-Archiprêtre de Béthune, nous dédions ce livre à nos paroissiens ; c'est surtout pour eux que nous le publions. Un écrivain célèbre a raconté à ses petits enfants, dans un ouvrage qui sera de tous les temps, l'histoire de leur pays. Il trouva sans doute que ce récit, composé par lui-même, aurait pour de tels lecteurs un attrait tout particulier, et qu'il activerait en eux la première flamme du patriotisme dont il avait de lui-même brûlé toute sa vie. C'est une considération du même genre qui nous a fait entreprendre ce travail : Nous nous sommes proposé de fortifier dans les âmes de nos enfants spirituels le double amour de la religion et de la patrie, ces deux sentiments qui forment la tradition de cette cité. De nos archives communales se dégage, depuis treize siècles, une attestation ininterrompue de catholicisme et d'honneur national, à la gloire de cette ville.

Cette histoire paraît à son heure pour ressaisir l'attention des Béthunois, que la transformation de cette ville depuis la démolition des remparts a rendus tout particulièrement distraits de notre glorieux passé. Sans doute, plusieurs de nos concitoyens savent un peu ce que fut Béthune, c'est-à-dire le patrimoine de religion, de vertu, d'esprit et d'honneur que nous ont légué nos pères. Mais ils sont une exception. La génération nouvelle oublie vite, trop semblable à celle que Tacite stigmatisa par ces trois mots : *incuriosa suorum œtas*. Le vent qui passe sur la génération présente est comme celui du désert passant sur le sable ; il y efface les empreintes, même les plus respectables.

Toutefois, si mémorables que soient les faits et les enseignements contenus dans cette histoire locale, nous ne demandons pas de faire revivre intégralement toutes les institutions du passé pour les mettre au service des temps nouveaux. Il en est beaucoup cependant, nous ne craignons pas de le dire, qui nous ont paru belles, fécondes, et qui de concert avec d'autres éléments modernes pourraient, aujourd'hui encore, servir à la félicité temporelle de cette ville et à l'éternelle félicité de ses habitants.

(Mars 1891).

HISTOIRE
DE BÉTHUNE

PREMIÈRE PARTIE
FAITS HISTORIQUES

CHAPITRE Ier

Situation topographique de Béthune. — Son étendue. — L'étymologie de son nom. — Ses premiers habitants. — La prédication de Saint-Vaast. — La construction de la chapelle de Catorive par ce saint Évêque. — Herman, premier seigneur de Béthune. — Réédification de la chapelle de Catorive et réparation de celle de Saint-Pry par ce seigneur.

Béthune, noble ville [1] de l'ancienne province d'Artois, aujourd'hui chef-lieu d'un des arrondissements du département du Pas-de-Calais, est située — 18 minutes, 6 secondes de longitude Est, et 50 degrés, 31 minutes, 58 secondes de latitude, — entre la Lys et la Scarpe, presque aux confins de la terre de Flandre, au centre d'une fertile et vaste plaine. Elle est assise sur la queue d'une roche [2] ayant trois kilomètres de long, un demi-kilomètre de large, treize à seize pieds d'élévation au-dessus du plateau qui l'environne. Son périmètre, en dehors des murs, en suivant l'escarpe, était, dans l'année 1480, de 1750 toises [3]. Le pourtour de ses remparts, en 1745, n'avait que 960 toises [4].

---
[1] Braun et Stochenberg, lib. — *Civitates orbis terrarum.*
[2] En termes géologiques : terrain tertiaire, grès et sable andénien.
[3] Arch. municip. CC. 85.
[4] Hennebert, t. II, p. 65.

Le panorama qu'on a sous les yeux à la sortie de cette ville n'est pas sans beauté. De larges boulevards, bordés d'arbres, de verdure et, par intervalles, de constructions élégantes et artistiques, l'entourent, en deçà des faubourgs, d'une gracieuse ceinture. A l'ouest, sur la lisière d'un de ces boulevards extérieurs qui touche à un magnifique jardin public, s'étendent au loin de plantureuses et ondoyantes prairies, enclavées par deux charmantes petites rivières, la *Blanche* et la *Brette,* dont les eaux se faisaient, autrefois, pour la défense de la place, un lit commun au pied des remparts. Au nord, la vue se repose avec satisfaction sur des champs soigneusement cultivés qui, chaque année, se couvrent de riches et abondantes moissons. Deux canaux coupent agréablement cette luxuriante campagne dont ils vivifient et embellissent l'aspect. Au sud-ouest, se dessine une colline demi-circulaire de quatorze kilomètres environ vers laquelle s'élèvent en amphithéâtre de nombreux et pittoresques villages, séparés les uns des autres par des bouquets de verdure d'une grande variété que couronne une sorte de forêt. A l'est, le sol, semblable à celui des pays bas qui l'avoisine, est traversé dans tous les sens, à des distances très rapprochées, par de nombreux courants d'eaux dont les rives, couvertes de haies et de bois touffus, en dissimulent la plate uniformité et lui donnent, pendant l'été, un aspect des plus riants.

Le tableau que présentait l'intérieur de la ville, avant 1789, n'était pas moins remarquable. C'était tout d'abord le beffroi qui dominait, alors comme aujourd'hui, toute la ville et la remuait par les puissantes vibrations de sa grosse cloche, se faisant ainsi reconnaître, à chacune des heures du jour et de la nuit, comme témoin et symbole des libertés communales de cette cité.

A droite de ce monument, s'élevait, telle que nous

la voyons encore présentement, l'église St-Vaast dont la haute tour invite les âmes à des ascensions vers le ciel par la pratique de la prière et des saintes œuvres.

A gauche, vers l'ouest, apparaissait, avec ses deux flèches élégantes, l'église St-Barthélemy où l'office canonial formait comme un paratonnerre permanent au-dessus de la ville.

Aux extrémités inférieures de cette église se tenait vaillamment debout le vieux château des seigneurs de Béthune avec ses deux tourelles de style sévère et ses murailles avancées sur une vallée splendide où s'étendaient de longues prairies piquées de bouquets et sillonnées par la Lawe; puis, la foule des églises conventuelles et des chapelles qui étaient au nombre de 24.

Certes, ce devait être un magnifique spectacle que cet harmonieux ensemble de flèches, de campaniles, de clochetons espacés dans nos murs comme des sentinelles assidues, se répondant réciproquement l'une à l'autre par les voix sacrées de l'airain.

Une rivière, si petite qu'elle soit, excite chez les riverains le désir de savoir où elle a pris sa source, quelles eaux se sont mêlées aux siennes et en ont changé successivement la couleur et la rapidité. Maintenant que la ville de Béthune, ayant vécu plusieurs siècles, montre à ses habitants ce qu'elle est, ils doivent être curieux, ce semble, de connaître son origine, sa genèse, comme on dit de nos jours, les éléments dont elle est composée, pour juger, par la comparaison du présent au passé, quel a été, pendant son existence, le travail progressif de la civilisation à son profit.

L'étymologie du nom de Béthune sert à nous éclairer dans ces recherches sur l'origine de cette ville et sa situation topographique. Béthune est composé de deux mots. Tous les auteurs qui ont écrit sur cette matière en conviennent. C'est pour se conformer à cette exigence de la langue que les échevins, à l'occasion de l'entrée solennelle de Philippe, duc de Milan, prince royal d'Espagne, à Béthune, le 3 août 1549, firent graver sur un écusson d'argent la lettre B, et sur un autre celle de T. Pour la même raison et par ordre du magistrat, ces deux lettres avaient été sculptées séparément, en 1355, sur une pierre placée au-dessus de la porte St-Pry et servant actuellement de siège dans le jardin public.

Les auteurs, versés dans la science des langues primitives et des vieux jargons de l'Artois, admettent généralement que les deux mots dont se compose le nom de cette ville dérivent, l'un et l'autre, de la langue celtique. Il est assez manifeste que le premier mot *Bé* vient de *Bey* ou *By* qui, en langage celtique, signifie *près de, proche de, voisin de*. Le mot *thune* dériverait, selon plusieurs auteurs très recommandables, de *thunen* ou *thun* signifiant *haie, buisson*, servant de clôture à une terre quelconque, devenue dès lors *asseurée et bien contregardée*, comme disait, sur ce sujet, en 1597, un professeur de l'Université de Douai, nommé Hoius. D'après Bullet qui a laissé un ouvrage très savant sur la langue celtique (1), l'étymologie de Béthune serait tirée de sa situation topographique; au lieu de *thunen*, il faudrait dire *dunem* qui signifie *dunes*, — mot gallois — ou, comme parle Duchesne (2), *collines élevées contre la mer et contre les marets desquels tout le pays voisin de Béthune est remply*. Suivant une troisième opinion qui ne diffère pas absolument de la première, le mot *thunen* aurait pour signification littérale *enclos*. Enfin, selon M. Harbaville, dont l'opinion, si elle n'est pas très motivée, a, du moins, l'avantage d'être absolument conciliatrice, *thun* signifie tout à la fois *jardin, haie, maison, ferme, cense, village, bourg, hameau, bois, champ* (3).

(1) *Mémoire sur la langue celtique*, 3 vol. in-fol. Besançon, 1754, 1759, 1770.
(2) André Duchesne, *Histoire de la Maison de Béthune*, p. 9.
(3) *Mémorial hist. et archéol. du Pas-de-Calais*, t. I, p. 283.

Ce vieux nom de Béthune dont nous ne pouvons, ainsi qu'on vient de le voir, déterminer d'une manière certaine, ni l'étymologie, ni par suite, la signification, a subi, dans les vieilles écritures et les anciennes prononciations, des modifications qu'il est utile de mentionner pour l'explication de l'histoire.

Au temps où cette ville faisait partie de la Flandre occidentale, on écrivait *Béthunen*, mot qui rappelait le langage teuton ou celtique et qu'on prononçait, *Béthunne*. C'est ce que le patois du pays a maintenu, du moins pour la prononciation, jusqu'aujourd'hui. A partir du xiiie siècle, où l'esprit français domina dans le pays, on écrivit fréquemment, *Béthune*. Il paraît moins important de constater que ce mot portait anciennement deux *t*. Dans les chartes latines on lit : *Bithunia, Bithuna, Bethona, Betunia, Bethunia*, mais plus souvent par une légère variante, on faisait de ce mot l'adjectif d'un substantif : *civitas Bethuniens* pour *Bethuniensis*. Dans les chartes écrites en langue française, on trouve *Betthunie, Betune, Biethune, Biethunne, Betthune*. M. de Reichel a prétendu que le mot *Bertuno*, trouvé sur une monnaie mérovingienne du vi^e ou viie siècle, remplaçait, par une altération considérable, celui de *Béthune* (1).

Quoi qu'il en soit de cette dernière assertion, contestée, du reste, par plusieurs numismates, les traditions locales, auxquelles se plaisaient nos pères, font remonter l'origine de cette ville à une très haute antiquité.

L'objet de la présente histoire n'est pas de se livrer à cette recherche, d'autant plus que l'antiquité est, d'ordinaire, comme une sorte de mystère où se perdent sans résultat les investigations, même les plus minutieuses et les plus perspicaces.

Mais, sans pénétrer bien avant dans les profondeurs de l'antiquité, on a trouvé dans les temps modernes,

---

(1) Mémoires de la Société archéologique de Saint-Pétersbourg, t. V, p. 1.

sur ce sol, différents objets qui, faisant jaillir la lumière historique des ténèbres mêmes de leur passé, permettent d'assigner à la fondation de cette ville une date assez reculée. Fréquemment, autrefois, mais surtout lors du démantèlement de cette place, on a mis à nu et recueilli, en fouillant le sol de cette ville, des haches en pierre à deux tranchants, des couteaux en silex, des frondes, des arcs, des massues, des marteaux, des angons à deux crochets, des flèches en fer ayant leurs pointes en cuivre, des lances en fer, des épées longues, pesantes, sans pointes et d'une mauvaise trempe, des javelots en bronze, un Mercure également en bronze, des meules servant à écraser le blé, des vases funéraires, des tombeaux, des monnaies, des bijoux, des poteries, témoignages incontestables du séjour plus ou moins prolongé des Gaulois, des Romains, des Barbares et des Francs qui, s'étant succédé dans ce pays, sont réellement les ancêtres de la population actuelle de Béthune.

Parmi ces débris de l'ancien temps, rien n'atteste que nos ancêtres, sur cette terre, aient commencé par être riches et nombreux ; rien ne témoigne de leur civilisation primitive. Loin d'avoir la situation heureuse que fait la vie domestique, les premiers habitants de Béthune étaient des demi-sauvages qui, retirés dans les vastes forêts dont ce sol, en grande partie, était couvert, vivaient du produit de leur chasse, et n'avaient besoin que d'un peu de paille pour y dormir leur très court sommeil. Impatients du joug, rebelles au frein, ils n'obéissaient qu'à leurs instincts grossiers. Leurs mœurs étaient féroces ; d'une fierté farouche, ils ne connaissaient pas la pitié. Ils se plaisaient aux choses de la guerre, combattaient, sans discipline, avec des massues, la poitrine nue jusqu'à la ceinture.

La massue, qui était leur arme favorite, ne fait-elle pas songer au dieu Thor des Saxons que l'Edda nous montre portant une massue dans ses combats contre les géants. Quoiqu'il en soit, les deux sauvages, autrement dits par un chroniqueur, les deux *Sylvestres*, qui figurent comme supports dans les armes de la ville, symbolisent cet état primitif de nos ancêtres.

Au VIe siècle, et peut-être longtemps avant, nos pères habitaient passagèrement des huttes près d'un château-fort, bâti, à une date inconnue, sur la rive droite de la Lawe, presqu'à la jonction de la Blanche et de la Brette. Telle est l'origine du mot *Cateau-rive*, devenu le nom d'un faubourg de cette ville où se trouve l'emplacement de cet ancien château, détruit depuis des siècles, et dont les ruines elles-mêmes ont disparu.

Ces sauvages, ou plutôt, ces coureurs de bois, se groupant alors avec leurs familles dans des demeures fixes, proche de ce château-fort où, dans les dangers, ils devaient trouver protection et secours, montraient qu'ils voulaient se créer, sous un chef commun, une vie nouvelle. C'était un premier pas que, sous l'inspiration de la Providence, ils faisaient, sans en comprendre peut-être l'importance, vers la civilisation.

Ce mouvement ne tarda pas de se développer sous l'influence du christianisme, prêché à Béthune, vers l'année 502, par Saint-Vaast, évêque d'Arras, et, tout de suite, définitivement et sans réserve, accueilli, avec un profond respect mêlé d'une grande joie, par toute cette peuplade béthunoise. Ce fut, pour nos pères, l'inauguration d'une ère de liberté, de paix et de gloire.

Saint-Vaast, voulant procurer à ces néophytes, naguère idolâtres, les moyens de persévérer dans leurs voies nouvelles, fit bâtir, à côté de leurs chaumières, une église qu'il dédia solennellement à la Sainte-Vierge (1), et à laquelle il préposa, pour la desservir, un prêtre et un diacre, ainsi qu'il avait coutume de le faire, en pareille circonstance, sur tous les points de

---

(1) F. Locrius, *Chron. belg.*, p. 184.

son diocèse (1). Cette église paroissiale et son cimetière adjacent occupaient en partie l'emplacement actuel des écoles maternelles et primaires pour les garçons et les filles.

Béthune, mieux partagée que certaines localités de ce temps qui n'avaient qu'un *vicus* ou une *mansio*, était donc pourvue d'une église, d'un château et d'un groupe de maisons habitées, qui, réunis sur un seul point, représentaient les trois éléments constitutifs d'une cité.

Quand on sait qu'à cette époque, cette région, couverte çà et là de bois et de marais, aurait pu être appelée, comme la Flandre, « la forêt sans fin et sans miséricorde », et que la mer, dont les vagues avaient brisé le rocher de cette ville, n'en avait peut-être pas retiré complètement ses eaux, on est confondu devant les efforts qu'ont dû faire les premiers Béthunois encore barbares pour *se fabriquer un sol* et se changer en peuple civilisé. Jamais ils n'y seraient parvenus, si le christianisme, par ses enseignements et les modèles qu'il leur offrait, ne les avait rendus capables de s'imposer des privations et de supporter patiemment les ennuis et les fatigues d'un travail pénible, écrasant, qu'il fallait recommencer sans cesse en vue d'un résultat lointain. Dans des conditions analogues, les sauvages de l'Amérique sont restés ce qu'ils étaient, jusqu'à ce que la religion chrétienne leur eût apporté ses lumières et ses forces.

Depuis le VIe jusqu'au Xe siècle, le silence le plus absolu s'est fait dans l'histoire sur tout ce qui concerne cette ville. Sous ce rapport, la tradition est muette; l'éclipse a été complète. Il nous est donc impossible de suivre, dans cette longue période d'années, les progrès matériels et moraux accomplis sous l'influence, vraisemblablement croissante, ici comme partout en

---

(1) Dom Deviesne, livre Ier, p. 84.

France, du christianisme. Toutefois, ce qui paraît certain, c'est que, dès le vmº siècle, comme le fait présumer une monnaie, de cette époque, découverte par M. Dancoisne (1), Béthune avait une certaine importance; il résulte en effet de l'existence de cette monnaie mérovingienne, représentant un tiers de sol d'or et portant le mot *Bitunia*, que cette ville était, dans ces temps primitifs, assez considérée pour que l'administration du fisc royal ou du municipe eût trouvé utile d'y établir un atelier monétaire.

Mais ce silence de l'histoire, pendant quatre cents ans, à quoi faut-il l'attribuer? Dans ces temps grossiers, à demi-barbares, où l'écriture n'était guère connue en France, peut-être ne s'est-il pas trouvé dans cette contrée un seul lettré pour en écrire les faits et gestes. Au reste, des documents de cette nature eussent-ils existé, que certainement ils n'eussent pas échappé à l'incendie de 1137 qui, comme il est dit dans une charte de 1448, a complètement détruit la ville. Pour expliquer par d'autres considérations tout à fait générales le silence de tous les historiens sur les actes des habitants de cette ville à cette lointaine époque, il faut savoir que Béthune, n'ayant pas alors de fortifications ni de mur d'enceinte, ne se trouvait pas à même de prendre part, d'une manière notable, à des faits de guerre, les seuls pourtant sur lesquels, dans ces temps de luttes et de batailles continuelles, se reposa l'attention des chroniqueurs, contemporains de la première race de nos rois.

Il fallut la nomination d'un seigneur de haute lignée au gouvernement de cette ville pour la tirer de son obscurité si profonde et quatre fois séculaire. Cet illustre seigneur était fils d'Arnould, le

---

(1) *Numismatique Béthunoise* IV, page 4.

vieux, comte de Flandre, marquis des Flamands (1). Il s'appelait Herman ou Hermanus. Par ses soins et ceux d'Éva, son épouse, l'église, bâtie par Saint-Vaast, au faubourg Catorive, fut reconstruite sur le même emplacement, mais dans des proportions plus étendues, selon les besoins de la population devenue plus considérable. Dédiée à la Sainte-Vierge et à Saint-Vaast, elle prit particulièrement le nom de ce saint Evêque, fondateur de l'ancienne église. Pour la mettre à l'abri des attaques extérieures, surtout de celles des Normands qui, de temps en temps, apparaissaient sur quelques points du territoire béthunois, Herman l'entoura, comme on avait coutume de le faire pour les donjons féodaux de cette époque, « d'une palissade « formée de pièces de bois équarries et fortement liées « entre elles »; *ce qui*, dit un auteur contemporain, *équivaut à un mur*. Cette muraille était soutenue par des bastions, élevés de distance en distance.

En 957, Herman, pour satisfaire aux pieux désirs de son père ainsi qu'aux inspirations de sa piété personnelle, fit réparer la chapelle de St-Pry, située hors de la ville, sous les murs du château; en augmenta les revenus et les privilèges, y appela, pour succéder à des religieux venus récemment d'un monastère de St-Quentin, d'autres religieux de l'abbaye de St-Pierre d'Abbeville, l'enrichit d'une partie des reliques de St-Pry qu'il fit venir de France. Ce sont là sans doute de menus détails, mais qui, dans l'intérêt de cette histoire locale, font connaître les voies et moyens de l'administration supérieure de cette ville au xe siècle, accusé d'être un siècle persévéramment barbare.

Le foyer, allumé par Saint-Vaast au flambeau de l'évangile, ne s'était donc pas éteint. Couvert sous la cendre, à une époque profondément obscure que j'appellerai crépusculaire, si cette expression est permise,

(1) F. Locrius, *Chron. belg.*, p. 159. — P. Ignace.

il se ravivait au souffle d'Herman, « seigneur de Béthune, pour la plus grande gloire de Dieu », comme disait un chroniqueur en parlant de lui (1). Dans les œuvres de générosité chrétienne dont sa vie, ainsi que celle de sa noble épouse, fut remplie, on trouve des germes sérieux de progrès social.

(1) Anciennes remarques sur l'Histoire de Béthune, tirée des anciennes chroniques de Flandre et d'Artois, p. 1.

CHAPITRE II

Château de Catorive. — Son déplacement. — Château près St-Pry. — Robert-le-Faisceux. — Son origine. — Importance du château de St-Pry, sous son administration. — Sa lutte contre Hugues Capet lui fait perdre momentanément sa seigneurie. — Il ne la recouvre que par sa soumission à Hugues Capet. — Construction de l'église St-Barthélemy par ses ordres et à ses frais. — Bataille près de Choeques. — St-Yor; son arrivée à Béthune, sa mort, ses miracles. — Robert II. — Érection par ses soins et ses dons du chapitre de St-Barthélemy. — Atelier monétaire dans cette ville. — Sa mort à la bataille de Bavinchove. — Robert III dit le Chauve. — Tournoi d'Anchin où ce seigneur s'enrôle pour la croisade. — Sa nomination comme conseiller de la comtesse de Flandre. — Robert IV dit le Gros. — Érection de trois chapelles dans la ville à ses frais. — La trève souscrite par Robert. — Son intervention comme député de la Flandre à la nomination de Guillaume Cliton en qualité de comte de Flandre. — Sa mort. — Guillaume I". — Fondation du prieuré de N. D. du Perroy par ses soins. — Sa mort.

Herman avait partagé, comme nous l'avons mentionné, ses pieuses largesses entre l'église de Catorive, reconstruite à ses frais, en 940, et la chapelle de Saint-Pry restaurée, également à ses dépens, en 957. Quand on sait qu'au moyen-âge, les temples et les châteaux étaient, presque toujours, voisins l'un de l'autre, n'y aurait-il pas lieu de conjecturer, à défaut de documents, que le château de Catorive existait encore, à cette première date, mais, qu'en prévision de sa ruine prochaine causée par sa vétusté, on allait en édifier un autre, si déjà ce n'était pas fait, près de Saint-Pry.

Mais à quelle cause faut-il attribuer ce déplacement? L'histoire ne nous apprenant rien, à ce sujet, nous en sommes, de nouveau, réduit aux conjectures. Le château de Catorive avait été bâti, comme toutes les forteresses seigneuriales, au temps de la féodalité, sur un lieu élevé d'où la vue s'étendait, avec une égale facilité sur tous les points, même les plus lointains, de l'horizon. C'était un avantage que n'avait pas celui dont l'emplacement se trouvait au bas de la ville près de Saint-Pry. Mais celui-ci était mieux placé pour surveiller *la Blanche* et *la Brette* contre les invasions des Normands qui avaient coutume de prendre, comme voie de communication, de petites rivières, susceptibles de porter leurs longs et légers bateaux. Cette position avait cet autre avantage, qu'elle était protégée par des marécages qui s'étendaient à ses pieds et dont on pouvait se faire, en cas d'attaques extérieures, une ceinture de défense.

Robert le Faisceux Herman, dont il n'est plus fait mention dans l'histoire après l'année 957, eut pour successeur Robert, dit le *Faisseux* ou *Faisceux*, *fasciculus*, ainsi surnommé soit pour avoir adopté dans ses armoiries des bandes ou fasces, *fasciæ seu fasciolæ*; soit pour avoir établi des impôts sur les faisceaux ou balles, *ballots* de marchandises; soit par allusion aux faisceaux de verges, du milieu desquels sortait le fer d'une hache, qu'il faisait porter devant lui, selon la coutume des magistrats romains, *fascis*; soit parce qu'il remit en usage les anciennes parures pour les pieds et les jambes, qu'on appelait bandes de vermeil *fasciolæ crurales vermiculatæ* (1).

Robert naquit, dit un chroniqueur (2), *sur le milieu du règne de Lothaire*, vers l'an 970. Il était fils, si nous en croyons certaine chronique, d'un comte d'Arras, nommé Adalème. Assurément ce haut personnage de l'Atrébatie ne saurait être confondu avec un comte de la même ville et du même nom qui, en 877, fit partie du Conseil de tutelle de Louis II, dit le Bègue.

Robert reçut de son père, vers l'an 987, en apanage héréditaire et par cela même indépendant, la seigneu-

(1) DUCHESNE, *Histoire généalogique de la Maison de Béthune*, p. 70 et suiv. — HENNEBERT, *Hist. d'Artois*, t. II, p. 58.
(2) Histoire anonyme de la ville de Béthune, p. 10.

rie de Béthune qui, sous Arnould-le-Vieux, avait été érigée en baronnie en faveur d'Herman.

Ne peut-on pas trouver dans cet acte d'anoblissement un commencement de preuves touchant la grande situation des seigneurs de Béthune au x⁰ siècle? Leur titre d'avoué de l'abbaye de Saint-Vaast d'Arras en est un autre témoignage non moins frappant : évidemment, si cette riche et puissante abbaye qui, depuis longtemps, souffrait de n'être pas suffisamment protégée par les rois devenus impuissants à se garder eux-mêmes, s'est adressée d'abord à Herman, puis à Robert-le-Faisceux, pour en faire successivement, sous le nom d'avoué, ses soutiens et ses défenseurs, c'est qu'elle reconnaissait en chacun d'eux une force derrière laquelle elle pouvait en toute sécurité s'abriter. Cette charge à laquelle étaient attachés de nombreux et précieux avantages ne fit qu'accroître tous les jours, par une augmentation de richesses, leur puissance et les mit ainsi graduellement plus en vue.

A mesure qu'ils s'élevaient dans les grandeurs, cette ville qu'ils personnifiaient, pour ainsi dire, prenait également plus d'extension et montait plus haut dans l'opinion publique. C'est ce qu'un chroniqueur, André Duchesne, exprimait en disant que, dès 970, le château-fort de Béthune mettait cette ville *en une importante considération* (1). L'auteur anonyme de l'*Histoire de Béthune tirée des anciennes chroniques de Flandre et d'Artois* a dit, dans le même sens, de ce château-fort qu'à la même date, *il faisait mettre Béthune au nombre des villes considérables du pays d'Artois* (2).

Robert-le-Faisceux avait à peine pris possession de la seigneurie de Béthune qu'il en était dépossédé par Hugues Capet, récemment proclamé roi de France. Arnould II, dit le Jeune, comte de Flandre, fidèle au sang de Charlemagne qui coulait dans ses veines, s'é-

(1) Page 79. — (2) Page 10.

tait déclaré pour Charles de Lorraine contre le nouveau monarque, auquel il refusa l'hommage de son comté. Robert-le-Faisceux avait suivi Arnould, son suzerain, dans sa résistance. Hugues, voulant comprimer, par la rapidité de l'attaque, ce commencement d'opposition, que la jalousie ou simplement l'incertitude seule du succès pouvait grandir, courut vers la partie septentrionale de la Flandre, qu'il ravagea, s'empara de Béthune, enleva, pour le punir, à Robert son domaine seigneurial, qu'il ne consentit à lui rendre qu'en 990, après avoir reçu, avec l'aveu de son repentir, l'hommage de sa soumission (1).

L'an 1000 approchait. La croyance générale, fondée sur une fausse interprétation de l'Apocalypse, attachait à cette révolution de mille ans, qui allait s'achever depuis la Nativité du Sauveur ou de sa Passion, une idée fatale de destruction. Une terreur profonde s'empara des esprits. On ne songea plus qu'à fléchir la justice divine, et la foule se précipita suppliante dans l'église St-Vaast, à Catorive. Robert-le-Faisceux, dont la vie était une vie de prières, profita de cette pieuse superstition, qu'il partageait peut-être lui-même, pour élever les âmes vers les choses du ciel. A ce moment, la féodalité se revêtait, à Béthune, d'une forme pleinement catholique, et le Moyen-Age s'y révélait avec éclat. Telles étaient les dispositions religieuses du seigneur de cette ville et de son peuple. L'histoire doit les mentionner, car par là s'expliquera l'esprit d'entraînement, de dévouement, d'enthousiasme et de sacrifices qui, dès le début du xie siècle, va présider au développement graduel de cette cité.

En 999, Robert, qui prenait ses inspirations de piété chez son évêque nommé Herluin, élevé au siège d'Arras en 993, fit bâtir, près de la porte et du rempart de son château, une belle et vaste église en l'hon-

(1) DUCHESNE, p. 17. — HARBAVILLE, *Mémorial*, t. I, p. 283.

neur de Dieu, de la vierge Marie et de saint Barthélemy, apôtre. L'autel, ainsi que toute la partie que le vulgaire appelait *Boguin*, fut affranchi de toutes charges et reconnaissances dues au curé de St-Vaast, à condition qu'il y aurait des clercs, autrement dits chanoines, pour y faire l'office divin. Pour première fondation, Robert lui donna « l'autel de Locon, » c'est-à-dire le droit de nommer à cette cure, « la dîme sur « plusieurs espèces d'animaux nourris dans la forêt « d'Allouagne, des terres situées à Nœux et une bras- « serie pour faire *cervoise*, bière, » boisson en usage depuis des siècles dans le pays.

Pour protéger ces fondations contre toute tentative d'usurpation, il les plaça sous la garde de l'autorité ecclésiastique et de la sienne. Il savait, par tout ce qui se passait alors, que la crosse d'un évêque, eût-elle été de bois, était aussi puissante, même plus puissante, pour la défense des biens de l'Eglise, que l'épée de fer d'un baron.

Sur sa demande, l'évêque Herluin fulmina l'excommunication contre quiconque toucherait, pour en violer les clauses, à cette donation (1). Les effets de cette censure ecclésiastique étaient terribles. Celui qui encourait une telle peine était retranché de la société des fidèles, perdait toute considération sociale, même auprès de sa famille, avec laquelle il cessait d'avoir la moindre relation.

La seigneurie de Béthune goûtait, depuis plusieurs années, les douceurs de la paix, lorsque la rébellion de Baudoin contre son père, comte de Flandre, amena en 1037, la guerre sur les confins de cette ville. Une bataille sanglante eut lieu près de Chocques entre les partisans du jeune Baudoin, le fils révolté, et les hommes d'armes de Robert, duc de Normandie, qui

(1) DUCHESNE, ouv. précité. — Arch. du Pas-de-Calais, *Cartulaire de St-Barthélemy*, livre rouge.

avait pris la défense du père, Baudoin *Belle-Barbe*. Robert de Normandie, sorti vainqueur de ce combat, mit le pays à feu et à sang, brûla le château de Chocques, fit démolir celui de St-Venant et les autres forteresses occupées par les rebelles. Robert-le-Faisceux, ayant pris parti pour son suzerain, Baudoin *Belle-Barbe*, Béthune ne reçut aucun dommage de la part du vainqueur (1).

Dieu, qui voulait consolider l'œuvre de piété chrétienne inaugurée par Robert-le-Faisceux, pour le bonheur de ses vassaux, fit, à cette intention, un miracle dans cette ville, en 1033. Un évêque du Mont-Sinaï, arménien d'origine, nommé Yores, fils d'Etienne et d'Hélène, frère de saint Macaire, patriarche et archevêque d'Antioche, s'était arrêté à Béthune, le 7e ou le 9e jour des calendes du mois d'août, au retour d'un pèlerinage qu'il venait d'accomplir en l'honneur et au pied de la statue de la vierge Boulonnaise. Son voyage avait été long, pénible, soumis à des dangers de toute espèce; mais, dans ce temps de foi, les chrétiens ne calculaient pas les distances, ni les ennuis, ni les fatigues, ni les périls d'une longue route, quand il s'agissait de faire un acte jugé utile à leur salut. Malgré l'absence de routes et de moyens de communications, la noblesse et l'élévation des sentiments religieux l'emportaient, à cette époque, sur les calculs de la prudence et les considérations humaines.

La nuit même de son arrivée à Béthune, cet évêque pèlerin mourut subitement, assassiné peut-être par son hôte qui, autrefois, au Mont-Sinaï, avait été à son service (2). Celui-ci, coupable ou non, craignant d'être inquiété, s'empressa d'inhumer secrètement le cadavre de son ancien maître dans son

---
(1) LEGLAY, *Hist. des comtes de Flandre*, t. I, p. 89. — DOM DEVIENNE, t. II, p. 28 et 29.
(2) DOM DEVIENNE, t. II, p. 27.

jardin. Dieu, qui voulait pour la dépouille mortelle de ce pieux évêque, fervent serviteur de Marie, une sépulture pleine d'honneurs, révéla bientôt, par de nombreux prodiges, le lieu de cette inhumation. Toutes les nuits, des lumières resplendissantes, qui éclairaient une partie de la ville, sortaient de la maison où reposait le corps de ce vénérable défunt. La foi du peuple était en émoi, la ville s'agitait ; Robert-le-Faisceux qui, de son château, voisin de la maison mortuaire, voyait de fort près ces mystérieuses clartés, ordonna des fouilles. Le corps du B. Jorius, mis à découvert, fut levé de terre et transporté en grande pompe dans l'église St-Barthélemy, où l'on érigea, près du chœur, une chapelle en son honneur. La maison où il passa, sur cette terre, ses derniers moments, fut également convertie en oratoire, qui devint un but de pèlerinage. Chaque année, le 26 juillet, jour anniversaire de la mort de ce bienheureux, une procession avait lieu, partant de l'église St-Barthélemy et se rendant à cette chapelle. Les chanoines de la collégiale y portaient solennellement le chef du bienheureux, ainsi que trois ossements de son corps, enchassés dans un buste d'argent, ayant cinq pieds et demi de hauteur et représentant cet évêque en habits pontificaux. Ces saintes reliques furent visitées et reconnues authentiques le 14 juillet 1601, le 25 août 1689 et le 29 avril 1749, en vertu de commissions épiscopales en date du 14 avril 1649 et du 25 avril 1749. Dans le trésor de l'église St-Barthélemy on conservait, en outre, comme ayant appartenu au bienheureux Yores, un mouchoir, deux petits coffrets ou paniers, *deux éperons et deux étriers, duæ ejus cistulæ et duo fulcra pedum equestria.*

On lit dans les Bollandistes, que dans la procession annuelle dont nous venons de parler, on chantait une prose en cinq strophes qui s'est conservée jusqu'au xviii° siècle (1). L'office de saint Yor fut inséré dans le propre du chapitre St-Barthélemy, approuvé par Mgr de Bonneguise, évêque d'Arras, le 24 avril 1763.

Dans cet office se trouve l'oraison suivante :

ORATIO :

Deus omnium bonorum largitor excellentissime, nobis supplicibus tuis, per magnifici confessoris tui atque pontificis Jorii merita concede, ut expulsis omnium vitiorum contagiis, spiritûs sancti gratia in cordibus nostris largiatur, et ad finem vitæ nostræ in eisdem permanere dignetur. Per Dominum nostrum, etc.

Les dernières années de l'administration seigneuriale de Robert se passèrent sans autre évènement grave. Sa vie et celle des seigneurs, ses contemporains et voisins, ont un contraste. A cette époque, partout dans cette région on se battait ville contre ville, château contre château ; c'était une guerre continuelle entre les seigneurs qui, ne reconnaissant d'autres droits que celui de la force, se disputaient, avec des haines barbares, à coups de lances et d'épées, tantôt une terre, tantôt une forteresse, souvent même des vassaux. Or, aucune agression par qui que ce soit ne fut tentée contre cette ville : ce qui prouve que Robert, par sa force et son énergie, inspirait une grande terreur à ses voisins. Cette paix qu'il sut faire régner tout autour de lui, dans un temps où le pays d'Artois était comme une vaste arène ouverte à toute espèce de sanglantes compétitions, n'est-elle pas un bel éloge de son administration ?

Ses fondations religieuses le recommandent également à l'histoire. Les chanoines de St-Barthélemy dont il fut le fondateur et l'insigne bienfaiteur, n'ont-ils pas été, pour Béthune, les principaux agents de la civilisation, représentée par les Clercs et devant laquelle a dû céder la force brutale ?

(1) *Hierogazophylacium Belgicum, seu thesaurus sacrarum reliquiarum Belgii,* authore ARNOLDO RAYSSIO, p. 83.

Molanus est cité partout comme l'auteur le plus complet qui ait parlé du B. Yor,

Telles sont les œuvres qui, sans doute, devant Dieu, lui ont mérité le glorieux privilège de fonder une dynastie seigneuriale, illustre dans tous les genres, dans les choses de la guerre, de l'éloquence, de la poésie, de la diplomatie, de la science économique, financière, et dont les destinées ont été, pendant des siècles, si intimement liées, par une sorte de solidarité, à celles de cette cité, qu'on lui donna le nom de *Maison de Béthune.*

Robert mourut en 1037. Il eut pour successeur, d'après le principe consacré par la législation féodale, son fils aîné, qui prit le nom de Robert II. Ce nouveau seigneur de Béthune, qui avait hérité non-seulement des titres et des domaines de son père, mais aussi de sa foi et de sa charité, s'attacha tout particulièrement à consolider et, en même temps, à accroître les pieuses fondations faites par son vénéré prédécesseur à l'église St-Barthélemy. Il y établit à perpétuité six prébendes qu'il dota très généreusement pour assurer, dans tous les temps, à chacun des chanoines pourvus de ces bénéfices, une vie indépendante. A sa prière, Gérard, évêque de Cambrai et d'Arras, qui, par humilité, se disait *évêque de nom et nullement de mérite,* prononça l'excommunication contre quiconque oserait porter atteinte à cette fondation. Gazet, en opposition sur ce point historique avec tous les auteurs, prétend, dans « son histoire ecclésiastique du Pays-Bas » (1), que ces six prébendes ont été fondées en 1078, *par un noble homme nommé Morenge et par sa femme dame Ode.*

En 1040, Robert fondait le chapitre d'Hénin-Liétard, y établissait douze chanoines auxquels il donnait, pour leur assurer une existence honorable, divers biens, droits et revenus.

(1) Page 187.

Vers l'an 1054, il se rendit à Rome avec son fils aîné pour obtenir, en faveur de la collégiale de St-Barthélemy, destinée à servir de sanctuaire, d'archives et de sépulture à sa noble famille, les bénédictions de la mère des églises. Saint Léon IX, pape régnant, consentant bien paternellement à marquer de son ineffaçable empreinte les fondations déjà faites à ce chapitre, porta l'excommunication contre ceux qui troubleraient cet établissement ecclésiastique dans la possession de ses biens (1).

Pendant l'absence de Robert, Béthune continua de jouir d'une paix profonde, due en partie à *la paix* ou *trève de Dieu*, récemment établie en Flandre dans un concile (2), en partie aux mesures pleines de sagesse qu'il avait réglées avant son départ.

A son retour, il prit une part active, sans se désintéresser toutefois de l'administration de cette ville, aux principaux évènements de l'Artois. Appelé à la Cour et dans les conseils des comtes de Flandre, il les accompagna dans leurs voyages à Arras, à Corbie, à St-Omer, apposant sa signature, souvent comme témoin, quelquefois comme caution, au bas des diplômes qui contenaient des donations et libéralités de leur part.

Ce fut en considération de sa grande situation et peut-être aussi pour le dédommager des déprédations commises sur ses terres, en 1054, par les soudoyers de Jehan de Béthune et l'armée de Henri III, que Baudoin V lui octroya, par une charte donnée à Gand, en 1060, le droit de battre monnaie. Cette charte portait, en outre, vraisemblablement pour les mêmes motifs, que les bourgeois de Béthune étaient autorisés à faire des lois de police pour leur ville. Ce privilège expliquerait, selon la remarque d'un ancien chroniqueur,

---

(1) Duchesne, p. 87, 89 et 92. — *Chronique de Baldéric*, p. 223.
(2) Duchesne, p. 90.

la différence qu'on trouva plus tard entre les lois particulières à Béthune et celles de la Flandre (1).

Cette ville, mise en possession de ce commencement de libertés communales, prit bien vite son essor dans la voie du progrès. La situation générale de la Flandre aidait à ce développement. Sous le règne pacifique de Baudoin-le-Bon, qui ne permettait à personne de se montrer avec des armes, on jouissait partout d'une telle sécurité que « les portes des maisons n'étaient « plus fermées pendant la nuit, par crainte des voleurs, « et que le laboureur abandonnait dans les champs le « soc de sa charrue. » Mais cette paix qui, selon les expressions d'un historien, avait fait de la terre de Flandre un paradis, disparut, et avec elle la prospérité, à la mort de Baudoin-le-Bon. Richilde, son épouse, et Robert-le-Frison, son frère, se disputèrent, les armes à la main, la tutelle d'Arnould, son fils, âgé de quinze ans. Les Flamands se rangèrent sous la bannière de Robert. Les Wallons, qui, au dire de l'auteur d'une vieille chronique de Flandre, *haïssent et détestent*, par instinct de race, *les Flamands*, prirent parti, de concert avec Philippe, roi de France, pour Richilde. Les deux partis se rencontrèrent le 22 février, dimanche de la Septuagésime, 1070 ou 1071 (N. S.), à Bavinchove, au pied du mont de Cassel, et engagèrent le combat. Les Flamands, se précipitant avec une irrésistible ardeur du sommet de la montagne, pénètrent dans le camp des Wallons et des Français qui, surpris et à demi armés, résistent à peine. « Pourquoi pro« longer mon récit », dirons-nous avec le chroniqueur déjà cité, « l'armée de Richilde est immolée ; « le sol est inondé de sang et la plaine couverte de la « multitude des morts (2). » Robert de Béthune, dont

---

(1) F. Locrius, *Chronicum Belgicum*, anno 1000. — Auteur anonyme de l'*Histoire de Béthune*, page 14. — M. Harbaville, *Mémorial historique archéologique* du département du Pas-de-Calais, t. I, p. 281.

(2) Li Estore des chron. de Fl., fol. 52, 53, 54.

le nom est cité par cet auteur qui, soigneusement à dénombré les guerriers composant l'armée de Richilde, fut tué à cette bataille, ainsi qu'Arnould, son suzerain légitime, pour lequel il avait tiré l'épée.

<small>Robert III dit le Chauve</small> Robert III, dit *le Chauve,* son successeur, ne lutta pas, comme son père, contre Robert-le-Frison qui, se faisant un droit de ses exploits de guerre, prit le titre de comte de Flandre, vivement contesté d'abord mais bien vite admis, quoique forcément, par Richilde elle-même. Sous le gouvernement de son nouveau suzerain qui, dans les commencements, faisait de la terreur l'instrument de son règne, Robert de Béthune, sagement renfermé dans son château-fort, jugea, sans doute et avec raison, que c'était assez pour sa gloire de procurer à son petit peuple la sécurité dont ne jouissaient guère les pays voisins.

Mais, si par sa prudente modération il sut éloigner la guerre de ses domaines, il n'était pas en son pouvoir de les préserver d'une foule d'autres fléaux. Des tremblements de terre dévastèrent cette ville. Les plus désastreux, après celui de 1013, ont été ceux de 1080, 1086, 1093, 1094. Ces dernières secousses furent si violentes qu'elles firent sortir les rivières de leur lit. Les inondations qui en résultèrent ruinèrent les moissons et amenèrent la famine à laquelle succédèrent des pestes ou maladies épidémiques qui décimèrent cette cité. La peste de 1093 eut cela de particulier que, comme un feu ardent, elle dévorait jusqu'aux os les chairs qui, depuis les hanches jusqu'aux pieds, dit un hagiographe, en étaient attaquées. Le bruit courut alors que cette horrible maladie était un des châtiments de la justice divine en punition de la violation, dans certains endroits, de la *trêve de Dieu.* Ce fut peut-être à cette occasion et pour apaiser la colère divine que Robert, pieux et généreux comme ses pères, fit plusieurs donations importantes à la collégiale de St-Barthélemy.

Dans le même temps, un grand mouvement religieux, qui fut comme la solennelle consécration des idées dominantes, se produisit sur tous les points de l'Europe, notamment en Flandre et dans le pays d'Artois où, plus que partout ailleurs, la foi, cet ardent et inextinguible foyer du patriotisme si pur de ces vieux temps, se mêlait à l'esprit chevaleresque. Reconquérir les lieux saints; délivrer le tombeau de Jésus-Christ; briser les fers des captifs de Mahomet; refouler au fond de l'Asie les innombrables peuplades musulmanes qui menaçaient constamment l'Europe d'une affreuse invasion; tel fut alors le brûlant désir de toutes les populations chrétiennes. Précédemment, les pèlerinages au tombeau du Christ attestaient la piété plutôt que le courage guerrier des pénitents qui s'y rendaient en foule. Vers la fin du xi° siècle, le cri de *Dieu le veut*, que les croisés adoptèrent comme signe de ralliement dans leurs expéditions religieuses, devint en même temps, chez eux, un cri de guerre. C'est à ce cri que, sur les appels pressants de Pierre-l'Ermite et d'Urbain II, la grande guerre du Saint-Sépulcre s'organisa, se disposant à faire des œuvres, pour ainsi dire, surhumaines.

Dans un tournoi préparé en vue de cette expédition par Anselme de Ribémont, seigneur d'Ostrevent, et qui se donna, en 1096, à Anchin, près de Douai, les seigneurs wallons, réunis en grand nombre, s'enrôlèrent, avec un enthousiasme inexprimable, dans la *Milice de la croix*, selon les expressions du procès-verbal tenu à cette occasion (1). Baudoin de Hainaut y tenait la première place. Le nom de Robert de Béthune figure en tête de la liste des chevaliers artésiens. Quel magnifique spectacle offraient aux regards tous

(1) *Preuves de l'histoire de Cambrai*, par CARPENTIER, p. 14.

ces nobles preux, si terribles par le fer qu'ils agitaient dans leurs mains, mais déjà devenus si profondément humbles par le serment qu'ils faisaient de se courber, dans le cours de l'année, sous la croix dont ils s'apprêtaient à marquer leurs épaules.

Le seigneur de Béthune, dont les sentiments religieux et chevaleresques étaient excités au plus haut point, faisait ses préparatifs de départ pour la Terre-Sainte, quand il reçut la nouvelle que Robert de Flandre le nommait, pendant la croisade, en son absence, membre du Conseil de régence auprès de Clémence, son épouse. Cette marque de haute confiance de la part de son suzerain l'honorait beaucoup, mais le privait en même temps de l'honneur qu'il ambitionnait de prendre part à la croisade, à laquelle était attaché l'honneur même de la chrétienté. Intrépide chevalier, fier de s'être croisé, un des premiers, au tournoi d'Anchin, il n'eût pas été, d'après toutes les prévisions, le dernier en Orient, sur le chemin de la gloire, parmi ses illustres compagnons d'armes dont un poëte a chanté les hauts faits par ces mots qui résument tout : « O ciel ! quelle terreur répandait la vaillance des guerriers de Flandre ! » (1).

Appelé près de Clémence, la comtesse de Flandre, comme nous venons de le dire, pour lui servir, en l'absence de son époux, de conseil et d'appui, il accomplit cette mission, plus délicate et non moins difficile qu'un fait de guerre, avec honneur et fidélité (2). Son nom figure dans une lettre que la comtesse adressait à Hugues, abbé de Saint-Bertin, en 1100, au sujet de la réforme à introduire dans ce monastère (3).

Tandis qu'il prêtait son concours intelligent et dévoué à la comtesse de Flandre pour l'administration

---
(1) RAOUL DE CAEN, p. 131.
(2) Arch. du nord de la France, 2ᵉ série, t. 44, p. 44. — DUCHESNE, p. 94.
(3) *Chron. de St-Bertin.*

de ses états, ses deux fils, Robert et Adam, à la tête de ses hommes-liges, s'illustraient par leur bravoure en Orient. Adam reçut de Godefroy de Bouillon, pour les services rendus à la cause sainte, la baronnie de Bessan, en Galilée (1). Robert, son frère, n'accepta aucun titre de noblesse en Palestine, étant destiné, par droit de primogéniture, à succéder à son père dans la seigneurie de Béthune. Il revint, en 1100, couvert de gloire, avec l'illustre comte de Flandre, dans la patrie commune. Ils laissaient en Orient, glorieusement tombés au champ d'honneur, des milliers de leurs compagnons d'armes parmi lesquels nous citerons seulement Engelram de St-Pol et Anselme de Ribemont dont la mort fut entourée de circonstances merveilleuses. Engelram mourut à Marra, près d'Alep. Quelques jours après, au siège du château d'Archas, Anselme de Ribemont, l'organisateur du célèbre tournoi d'Anchin, crut, pendant la nuit, le voir entrer dans sa tente. « Qu'est ceci, s'écria-t-il, vous étiez mort et voici que maintenant vous êtes vivant ! » Engelram lui répondit : « Ceux qui finissent leur vie au service du Seigneur ne meurent pas. » Comme Anselme de Ribemont admirait la beauté de son visage, l'immortel défunt ajouta : « Ne t'étonne point si les splendeurs du ciel que j'habite se reproduisent sur mes traits. » Lui montrant alors dans le ciel un palais d'ivoire et de diamant : « Une autre demeure plus belle t'est préparée, lui dit-il, je t'y attends demain. » Et il disparut. Le lendemain, Anselme de Ribemont cueillait, dans un combat, la palme du martyre (2). On peut se figurer la pieuse et vive admiration produite par le récit de ces choses d'outre-tombe dans la province wallonne, où ces deux grands seigneurs étaient particulièrement connus.

A l'histoire des croisades se rattachait donc l'idée

(1) Duchesne, p. 03 et 843. — Roger, *Noblesse et chevalerie du comté de Flandre*, p. 174.
(2) Kervyn de Lettenhove, *Histoire de Flandre*, t. I, p. 103.

de Dieu récompensant dans le ciel les croisés et se manifestant ici-bas comme leur rémunérateur par des prodiges.

La conquête de Jérusalem, ce glorieux couronnement de la croisade, clot le xɪᵉ siècle. Le suivant verra se continuer cette guerre sainte à laquelle prendront part, pour s'illustrer de plus en plus, les seigneurs de Béthune et leurs vassaux.

A la suite de cette croisade, on vit mourir, le 6 octobre 1101, Robert III, heureux et fier de faire passer ses domaines à son fils aîné, récemment revenu de Jérusalem où, sous la bannière du comte de Flandre, il s'était montré brillant de courage et de piété (1).

Robert IV dit le Gros — Robert IV, dit *le Gros*, ainsi surnommé par l'histoire, avait épousé, du vivant de son père, Adélise, fille de Robert II de Péronne, seigneur de Warneton. C'est par ce mariage que la terre de ce nom est entrée dans la maison de Béthune (2).

Sous l'inspiration de sa piété, qui fut la directrice de toute sa vie, il fit bâtir, dans sa ville de Béthune, trois chapelles : la première, en 1110 ; elle était située hors des murs et fut consacrée à la Très-Sainte Vierge sous le nom de *Notre-Dame du Perroy*, faubourg de ce nom ; il éleva cet oratoire, par suite d'un vœu qu'il avait fait, en 1097, au siège d'Antioche où sa vie avait couru les plus grands dangers. La deuxième de ces chapelles fut construite dans l'intérieur de la ville, en face de la rue St-Pry, et dédiée à St-Nicolas. A la même époque, il fonda, près de la collégiale de St-Barthélemy, une troisième chapelle, sous le vocable de St-Jacques apôtre, où l'un de ses fils fut inhumé.

Ainsi la seigneurie de Béthune, se détournant tout à fait des spectacles de bataille, plongeait, plus profondément que jamais, ses racines dans le sol catholique,

(1) Duchesne; p. 94. — (2) Ibid. p. 96.

par la création de ses monuments religieux. On voyait ici se développer une société nouvelle, société où la domination se montrait tempérée par la clémence des vertus chrétiennes; où la féodalité, dans la personne de Robert, se faisait populaire, à force de générosité, de simplicité et de candeur au pied des autels; où les mêmes sentiments religieux rapprochaient les rangs, confondaient les âmes, et liaient tous les habitants de cette cité; où la piété, se substituant à la force, faisait mouvoir tous les ressorts de l'administration seigneuriale; où la gloire, pour ne pas éblouir des yeux jaloux, éclipsait ses rayons sous le voile de l'humilité; où se révélait enfin ce sentiment de l'honneur qui est fait de dignité et de modestie.

Cette transformation locale était d'autant plus facile que Robert, qui travaillait à l'accomplir, avait les vertus d'un saint et l'éclat d'un héros. Toutefois, une pareille transformation ne pouvait être complète et durable qu'à l'aide du temps qui, lui-même, devait être secondé, de loin en loin, par des lumières et des dévouements, capables de développer et de féconder les premiers éléments de cette œuvre. A ce point de vue, les successeurs et membres de la famille de Robert ont partagé avec lui l'honneur de cette entreprise.

Robert de Béthune jouissait de la confiance de son suzerain qui l'avait fait un de ses principaux conseillers. C'est en cette qualité qu'il prit part aux évènements publics dont le comté de Flandre fut le théâtre à cette époque.

La *treugue*, trêve de Dieu, proclamée à Audenaerde en 1030, avait été strictement observée pendant la croisade de 1085, mais avait cessé de l'être, depuis le retour des croisés. Les guerres privées entre les seigneurs, momentanément interrompues, recommençaient. On ne trouvait plus une suffisante sécurité sur aucune route.

Robert de Jérusalem, comte de Flandre, voulant refréner cette persistante anarchie féodale, réunit à Arras, le 27 mai de l'année 1111, les seigneurs du comté et notamment les châtelains, pour leur rappeler l'obligation qu'ils avaient de garder cette paix publique. Parmi les personnages qui la jurèrent, on cite premièrement Robert de Béthune, puis Alard de Tournai, Winemar de Gand, Gautier de Bruges, Roger de Lille, Guillaume de St-Omer, Gautier de Courtrai et plusieurs autres seigneurs de renom. La trêve de Dieu défendait toute hostilité, toute spoliation du mercredi soir au lundi matin de chaque semaine, ainsi que pendant l'avent et le carême; elle mettait le cultivateur et les instruments du labourage sous la garde de Dieu.

Cette loi de concorde et de paix, formulée au sein d'une société qu'agitaient sans cesse les plus violentes passions, avait besoin d'être fréquemment promulguée. Le premier soin de Baudoin VII, quand il eut succédé à son père, fut de la proclamer de nouveau dans une autre assemblée solennelle tenue à Arras. Les seigneurs flamands, parmi lesquels se trouvait de nouveau Robert de Béthune, jurèrent, comme ils l'avaient fait sous Robert de Jérusalem, sur les corps saints, de la garder. On y ajouta le dispositif suivant :

« L'incendie ou les menaces d'incendie, la violation
« pendant la nuit, du domicile d'autrui sont punis de
« mort. — Personne, s'il n'est bailli, châtelain ou
« officier du prince, ne peut porter d'armes. — Les
« blessures et les meurtres subiront, par une sorte de
« compensation, la peine du talion. — Cependant si
« le prévenu allègue, pour se justifier, le cas de légi-
« time défense, il devra l'établir soit par le duel judi-
« ciaire, soit par l'épreuve de l'eau ou du fer chaud. —
« Pour les délits punissables par les amendes, les
« baillis et tous autres officiers du comte paieront
« double, attendu que, par leurs fonctions, ils sont

« tenus tout particulièrement de donner l'exemple
« aux autres. — Le noble ou le chevalier se justifie,
« en cas d'accusation, par le serment de douze de
« ses pairs; le non-noble et le vilain par le serment
« de douze hommes de sa condition, et, en outre, par
« celui du seigneur dont il est le vassal. »

Cette addition à la paix n'était pas précisément la *trêve de Dieu* ni même une imitation de cette trêve. C'était plutôt un fragment, très intéressant du reste, des lois judiciaires réglant la punition des crimes et des délits.

En 1127, la mort tragique de Charles, surnommé *le Bon*, jeta la Flandre dans une perturbation telle que, d'après une complainte de l'époque, toute justice, toute paix, toute sécurité en avaient disparu. Pour faire cesser ce déplorable état de choses dont le roi d'Angleterre pouvait profiter pour détacher la Flandre de la monarchie française, Louis VI, roi de France, se hâta de convoquer, à Arras, où il s'était rendu, une députation de barons flamands, restés fidèles à la mémoire de Charles, à l'effet de régler d'un commun accord l'élection d'un prince digne de gouverner leur province, dont il était le suzerain. Les bourgeois de Bruges ainsi que ceux des autres bourgs procédèrent, par scrutin public, au choix de leurs députés. Chacun des élus, après avoir touché les reliques des saints, prononça le serment suivant : « Je jure de ne choisir
« pour comte de ce pays que celui qui pourra gou-
« verner utilement les États des comtes, ses prédé-
« cesseurs et défendre efficacement nos droits contre
« les ennemis de la patrie. Qu'il soit doux et géné-
« reux à l'égard des pauvres et plein de respect pour
« Dieu; qu'il suive le sentier de la justice; qu'il ait
« la volonté et le pouvoir de servir les intérêts de
« son pays. »

Trois jours après cette élection, les députés, parmi

lesquels on comptait Robert de Béthune, s'étant rendus auprès du roi de France, à Arras, rentrèrent dans Bruges au son des cloches. Ils apportaient des lettres de Louis VI ainsi conçues : « Le roi de France, à « tous les loyaux habitants de la Flandre, salut, amitié « et protection, tant par la vertu de Dieu que par la « puissance de ses armes invincibles..... Ecoutez les « lettres que nous vous adressons, exécutez-les et « obéissez. »

Gauthier de Lillers, ancien bouteiller de Charles-le-Bon, qui faisait partie de cette députation, montrant alors les lettres de Louis VI, revêtues du sceau royal, en donna lecture. Il ajouta « que les princes de « France et les premiers de la terre des Flandres, sui- « vant le conseil du roi, avaient choisi pour comte de « ce pays, Guillaume de Normandie, élevé, dès sa « plus tendre enfance, à la cour de Baudoin VII..... « Moi-même, dit-il, je lui ai donné mon suffrage, et « Robert de Béthune, Baudoin d'Alost, Iwan, son « frère, le châtelain de Lille et les autres barons l'ont « élevé au comté. Nous lui avons prêté l'hommage de « foi et de fidélité, selon la coutume établie. Quant « à lui, pour nous récompenser de nos travaux, il « nous a gratifiés des terres et des propriétés des traî- « tres sur qui pèse la proscription. »

Quelques jours après, le roi de France entrait à Bruges, ayant à sa droite le nouveau comte. Dans le cortège, parmi toutes les illustrations de la Flandre, se trouvait, au premier rang, Robert de Béthune nommé, la veille, conseiller de Guillaume Cliton, devenu son suzerain (1).

Immédiatement après cette magnifique réception à Bruges, Guillaume Cliton se rendit à Béthune, où il fit son entrée au milieu des bourgeois et du clergé,

(1) E vita Car. auct. GUALTÉRIO, dans le recueil des *Historiens des Gaules*, traduit dans la collection des *Mémoires* de Guizot, t. VIII.

qui étaient venus à sa rencontre, portant des flambeaux, répandant sur son passage des nuages d'encens, réjouissant l'air de chants pieux et patriotiques (1).
De Béthune il partit, accompagné de Robert son fidèle conseiller, pour St-Omer où il reçut, suivant l'usage, le serment de foi et hommage des bourgeois, et, à cette occasion, leur octroya une charte confirmative de leurs droits et franchises. Cette charte, au bas de laquelle on lit le nom de Robert de Béthune, est la première que l'on connaisse, touchant les libertés communales de Saint-Omer. Elle date du 14 avril 1127.

Robert IV mourut en 1128, laissant pour héritier son fils Guillaume. Duchesne fait cette remarque que Robert-le-Gros avait très dignement servi quatre comtes de Flandre; Robert de Jérusalem, qui mourut l'an 1111; Baudoin à la Hache, mort en 1119; Charles-le-Bon, assassiné à Bruges en 1127; Robert Cliton, prince régnant au moment de la mort de Robert de Béthune, mais qui ne lui survécut que d'un an.

Guillaume Ier continua par ses nombreuses libéralités aux églises et aux couvents les traditions de ses ancêtres. Après avoir établi, en 1132, des chanoines réguliers dans l'église collégiale de Chocques, il fonda, en 1136, un prieuré en faveur de l'abbaye de St-Éloi pour desservir la chapelle de N. D. du Perroy. En 1137, la ville de Béthune ainsi que l'église de St-Barthélemy ayant été presqu'entièrement détruites, il s'empressa de réparer, à ses frais, cet immense désastre. Il mourut le 20 mars 1144.

L'histoire ne dit rien touchant le lieu de sa sépulture. Il y a cependant grande apparence, dit Duchesne, qu'il fut inhumé, ainsi que ses nobles devanciers, Robert Ier, Robert II, Robert III, Robert IV, en l'é-

<small>(1) HENNEBERT, t. II, p. 231. — TAILLIAR, *De l'affranchissement des communes dans le nord de la France*, p. 132.</small>

Guillaume Ier

glise St-Barthélemy dont ils étaient les fondateurs et insignes bienfaiteurs. Ce qui donne à ce sentiment une vraie probabilité c'est qu'en 1789, on voyait dans cette église, au côté droit du maître-autel, des tombeaux avec statues représentant, séparément, cinq guerriers portant sur leurs boucliers les armes de Béthune, telles qu'elles étaient composées avant qu'elles fussent modifiées par Robert VII. Ces tombeaux dont Duchesne, par une gravure, a fait la description, étaient en marbre gris.

CHAPITRE III

Robert V, dit *le Roux*. — Il s'intitule *seigneur de Béthune, par la grâce de Dieu*. — Son incarcération, pour ce fait, dans la tour de Douai. — Sa détention ne dura que huit jours. — Il prend la croix, à la suite de Philippe d'Alsace, comte de Flandre. — Sa négociation, à cette occasion, auprès du roi d'Angleterre. — Son pèlerinage au tombeau de St-Thomas de Cantorbéry. — Incendie d'une partie considérable de Béthune, des Archives, de la Halle échevinale et de celles de la Collégiale. — Son départ pour la Terre-Sainte. — Sa conduite dans cette croisade. — Son retour à Béthune. — Il accompagne le comte de Flandre, Philippe d'Alsace et le roi de France, Louis VII, à leur pèlerinage au tombeau de Saint-Thomas de Cantorbéry. — Il assiste au sacre de Philippe-Auguste, roi de France, en qualité de conseiller du comte de Flandre. — Mariage de Philippe-Auguste avec Isabelle, nièce du comte de Flandre. — Philippe reçoit en dot le comté d'Artois. — La peste de 1188. — Origine et érection de la confrérie des Charitables de St-Éloi. — Croisade de 1190 à laquelle prit part Robert de Béthune. — Sa mort, le 18 janvier 1191, au siège de Ptolémaïs. — Avènement de Robert VI le Jeune. — Il accompagne Philippe, dit *le Courageux*, comte de Flandre, à la cour de France, où des négociations préparèrent les conditions de la paix qui fut signée à Péronne. — Dévoûment admirable de Baudoin, son frère, en faveur de Richard, Cœur-de-Lion, roi d'Angleterre, son illustre ami. — Mort de Robert de Béthune le 19 avril 1193. — Guillaume, surnommé *le Roux*, son frère lui succède. — Il fit partie des barons qui se formèrent en confédération pour l'exécution du traité de Rouen, le 8 septembre 1196. — Guerre, tempêtes, orages, famine, pendant trois ans en Artois. — Siège de Béthune par les Flamands en 1197. — Traité de Péronne, en janvier 1199. — Croisade, prêchée par Foulques de Neuilly, à laquelle prirent part Guillaume et ses deux frères Quesnes et Barthélemy. — Chartes de Guillaume en 1202. — Négociation de Quesnes de Béthune auprès du doge et des bourgeois de Venise. — Son admirable attitude, comme député des croisés, à Constantinople. — Il fut nommé protovestiaire et peut-être même roi d'Andrinople. — Retour de Guillaume à Béthune. — Sa charte de 1210 en faveur de la ville de Béthune. — Traité de Pont-à-Vendin par lequel le comté d'Artois est remis par Ferrand, comte de Flandre, à Louis, fils aîné du roi de France. — Noble langage de Robert de Béthune à Windsor. — Combat naval de Damme. — Commencement du siège de ce bourg par les Flamands — Philippe-Auguste, accouru de Gand, sauve ce bourg. — Occupation de Béthune, au nom de Philippe-Auguste, par Adam de Melun. — Mort de Guillaume de Béthune le 15 avril 1214.

Robert V, dit *le Roux*, l'un des seigneurs les plus renommés, selon Duchesne, de l'illustre maison de

Robert V dit le Roux

Béthune, prit possession de la seigneurie de cette ville, vacante par la mort de son père, en 1145. Fier de son origine, de l'importance de son domaine qui ne relevait que du pouvoir suprême, il commença de s'intituler, en 1155, dans une charte de concession à l'abbaye de Corbie, *seigneur de Béthune, par la grâce de Dieu*. Jusqu'alors le duc de Bretagne et le comte de Flandre étaient les seuls seigneurs qui, à l'instar du roi de France, se fussent qualifiés de la sorte. Est-ce pour cela que Philippe, régent par intérim du comté de Flandre, le fit arrêter, en 1158, et enfermer dans la tour de Douai (1)? Duchesne, qui rapporte cette incarcération, n'en donne pas, avec certitude, le motif, mais laisse volontiers supposer que cet acte était dû à la jalousie de ce prince qui se croyait diminué par la grande situation de Robert dans le pays. Quoi qu'il en soit, après une détention de huit jours, Robert fut rendu à la liberté, mais à la condition préalable de s'engager, par serment, à rester fidèle au comte et à maintenir ses droits. Il reprit alors son rang à la Cour du comte de Flandre, dont il devint, par un surcroît de faveurs, un des principaux conseillers. A partir de ce jour, il y eut entr'eux une réciprocité d'affectueuse estime qui fut constante.

Le 11 avril 1175, Robert prit la croix, à la suite de son illustre suzerain, Philippe d'Alsace, comte de Flandre. Tout était préparé pour son départ, quand il fut chargé par Philippe d'aller réclamer auprès de Henri II, roi d'Angleterre, contre le retard que ce prince mettait à verser le subside qu'il s'était engagé de payer pour la croisade. Cette négociation, menée avec une grande habileté par Robert, eut un plein succès. Henri II ne fit aucune difficulté de remettre cinq cents marcs d'argent au comte de Flandre qui, pour se préparer dignement à ce pieux pèlerinage de

(1) Duchesne, p. 91 et 92.

la Terre-Sainte, s'était rendu, vers la mi-janvier 1177, accompagné de Robert de Béthune, au tombeau déjà très célèbre de St-Thomas de Cantorbéry.

Peu de temps avant ce dernier voyage en Angleterre, pendant lequel sa pieuse générosité se signala en faveur de l'abbaye de Faversham (1), Robert avait réparé, à ses frais, le désastre causé en 1178 par un incendie qui avait détruit une partie considérable de Béthune. Malheureusement aucune réparation n'était possible touchant les archives de la halle échevinale et celles de l'église St-Barthélemy qui furent réduites en cendre (2). La fréquence des incendies dans cette ville, à cette époque, s'explique par la nature des matériaux, tels que le bois et la paille, qui, seuls, entraient dans les constructions.

Pour parer aux évènements qui pouvaient naître de sa mort, le comte de Flandre, dans une assemblée générale de ses barons, tenue à Lille avant son expédition en Orient, leur exposa les droits du comte Baudoin et de sa femme à sa succession. Robert de Béthune fut un des principaux témoins de ce grand acte de son suzerain (3).

Enfin, vingt jours après le dimanche des *Pâques fleuries*, comme on disait alors, la flotte flamande mettait à la voile se dirigeant vers la Terre-Sainte. On y voyait, parmi les personnages de grand renom, Robert de Béthune, Evrard de Tournai, Henri, châtelain de Bourbourg, Roger, châtelain de Courtrai, Bas de Gavre (4) qui étaient accompagnés de leurs hommes-liges. Après s'être arrêtée en Portugal et à l'île de Chypre, cette magnifique armée abordait vers le 1er août à Ptolémaïs, autrement dit, St-Jean-d'Acre. Informé de l'arrivée du comte de Flandre, Baudoin, roi de Jérusa-

---

(1) MEREUS, *opera dipl.* t. IV.
(2) F. LOCRIUS, *Chron. belg.*, p. 333.
(3) Gilb. mont. chron. XII, 228.
(4) OUDEGHERST, *Annales de Fr.*, t. I, p. 440.

lem, lui envoya une ambassade d'honneur qui l'escorta jusqu'à la capitale de la Judée.

La situation du pays était très grave en ce moment. Le roi était atteint de la lèpre et ne pouvait guère, par suite de cette affreuse maladie, s'occuper activement des intérêts de ses Etats. Les barons, les grands maîtres des templiers et des hospitaliers, offrirent, du consentement du roi, au comte de Flandre la régence du royaume. Philippe d'Alsace qui connaissait la situation désastreuse de la Judée, et dont l'ambition, d'ailleurs, ne pouvait être satisfaite que par la possession d'un trône, refusa ces offres, alléguant qu'il n'était point venu en Asie pour augmenter sa puissance, mais pour servir Dieu, et qu'il avait hâte de revenir en Flandre où l'appelaient les affaires de son comté. Toutefois, ce qu'il dédaignait pour lui-même, il désirait le faire passer entre les mains de Robert de Béthune, qu'il affectionnait tout particulièrement. A cet effet, il conçut le projet d'unir les deux sœurs de Baudoin aux deux fils de Robert. Il espérait que celui-ci, fier de cette double union, lui céderait, en échange de quelques baronnies en Palestine, la seigneurie de Béthune que les croisés, ses compatriotes, appelaient : *grand povoir, belles terres* (1). Ce projet, contrarié par une foule de circonstances, ne fut pas mis à exécution ni même connu de tous les intéressés.

Après avoir passé quinze jours à Jérusalem et y avoir pris la palme, signe ordinaire de la fin du pèlerinage, Philippe s'était retiré à Naplouse où il faisait ses préparatifs de départ. Cependant, revenant bientôt sur cette résolution, il consentit à combattre les infidèles en Egypte ou ailleurs. Mais comme on lui demandait de consacrer par un serment cet engagement, il répondit que Robert de Béthune le ferait en son nom. « Quoi donc! ajouta-t-il avec une violence

---

(1) Guillaume de Tyr, cité par DUCHESNE. — KERVYN DE LETTENHOVE.

qui décélait son intention de rompre cette négociation, « est-ce que le serment de Robert de Béthune serait suspect de fraude ? » Toutefois, pour mettre son honneur à l'abri de toute suspicion, il fit le siège d'Harenc; mais il y mit une telle mollesse qu'au bout de six mois d'attaques il fut obligé de se retirer. Il se rendit alors à Jérusalem où il célébra les fêtes de Pâques; puis il quitta la Palestine et rentra en Flandre vers le mois d'octobre 1178.

Robert de Béthune s'empressa de ramener ses hommes-liges dans leurs foyers. L'année suivante, il accompagna, avec le comte de Flandre, en Angleterre, le roi de France Louis VII, qui se rendait en pèlerinage au tombeau de St-Thomas de Cantorbéry, pour implorer, auprès de ce grand saint dont les miracles étaient fréquents à cette époque, le rétablissement de sa santé, très affaiblie par suite d'une paralysie qui, tous les jours, faisait d'inquiétants progrès. Kervyn de Lettenhove dit que ce pèlerinage s'est fait pour le rétablissement du fils de Louis VII.

Ce voyage en Angleterre épuisa ce qui restait de forces au vieux monarque français. Se sentant mourir, il fit sacrer son fils, Philippe, à peine âgé de quatorze ans. Robert de Béthune assista à ce couronnement, en qualité de conseiller du comte de Flandre, qui porta, dans cette cérémonie, l'épée de Charlemagne ou du royaume.

Le comte de Flandre, institué, par testament de Louis VII, tuteur de son fils Philippe, négocia le mariage de ce jeune prince avec sa nièce, Isabelle, fille de Baudoin de Hainaut. On convint au contrat que le jeune Philippe, roi de France, recevrait du comte de Flandre, comme dot de sa nièce Isabelle, les villes d'Arras, de Saint-Omer, d'Aire, d'Hesdin, de Bapaume, de Lens, ainsi que les hommages, comme on disait alors, de Boulogne, Saint-Pol, Lillers, Guines, Ardres,

Richebourg et autres places de l'avouerie de Béthune en deçà du Neuf-Fossé (1). La ville de Béthune fut-elle comprise dans cette donation dotale? Hennebert, Edwart Leglay, Kervyn de Lettenhove, qui ont fait l'énumération des villes composant la dot d'Isabelle, ne font pas mention de Béthune. Cependant dom Devienne dit qu'à la mort de Philippe d'Alsace arrivée en 1191, le régent de France, sur l'ordre de Philippe-Auguste qui était en Palestine, fit saisir la ville et le territoire de Béthune appartenant, disait-il, au prince Louis, du chef de la feue reine Isabelle de Hainaut, sa mère, morte en 1189. — Oudegherst, t. I*er*, p. 448 et l'auteur *de la notice sur l'État de l'Artois*, p. 5, mettent Béthune au nombre des villes dont la dot royale se composait. Duchesne, de son côté, s'exprime, à ce sujet, par les termes suivants : « Robert, « par ce transport de l'Artois, devint le vassal de la « couronne de France. »

Philippe d'Alsace s'étant réservé jusqu'à sa mort la jouissance de son droit de suzeraineté sur le pays d'Artois, rien, pour le moment, ne fut changé dans la constitution politique de cette province. Cependant les villes qui, plus tard, devaient passer sous la domination française, ne pouvaient s'empêcher de témoigner leur mécontentement d'être séparées de la Flandre, ce pays de franchise et de liberté (2). Ce sentiment de regret se manifesta publiquement par l'ardeur avec laquelle leurs belliqueux enfants se précipitèrent au secours du comte de Flandre, dans la guerre qui ne tarda pas à éclater entre lui et Philippe-Auguste.

La ville de Béthune avait-elle comme les cités voi-

---

(1) Le Neuf-Fossé ou le fossé neuf est une ligne de défense qui fut creusée par Baudoin, de Lille, comte de Flandre, pour protéger les territoires de Lille et de Tournai. Il fut commencé en 1054. Il partait de la rivière du Boulenzieu, près de Douai, allait de là aux marais de Roost-Warendin, Courrières, Annay, Vendin, Meurchin, Wingles, Berclau, Douvrin et au canal d'Hantay à La-Bassée. De cette ville il gagnait la Lys, se prolongeait jusqu'au château de Raboult à Arques.

(2) Meyer, *Annales*. — Locrius, Begelin, p. 218. — Dutilleul, t. I*er*, p. 85.

sines des sentiments d'attachement à la Flandre et de répulsion pour la France? L'histoire ne donne aucun renseignement à ce sujet. Guillaume le Breton, dans son poëme sur Philippe-Auguste, désigne par leur nom les villes de l'Artois dont les milices se rangèrent sous la bannière de Philippe d'Alsace. Le nom de Béthune n'y figure pas. Est-ce une raison pour penser que les vers suivants gravés sur la tombe de la reine Isabelle de Hainaut, étaient l'expression des sentiments des Béthunois à cette époque?

> Ut Bapalma tuos Isabella sacravit amores,
> Atque Dionysii régina ad templa vocaris,
> Præsule Guidone, exultim tua Gallia gestit,
> Et *læto Artesii sub murmure campi*.

« Bapaume a consacré ton union, Isabelle ; lorsque tu as été procla-
« mée reine dans l'église de Saint-Denis, sous le prélat Guy, la
« France, devenue ta patrie, a tressailli d'allégresse, et les *plaines*
« *de l'Artois ont retenti d'un joyeux murmure.* »

Quoi qu'il en soit, il paraît certain que Béthune n'eut pas à souffrir de la guerre qui dura quatre ans entre le comte de Flandre et le roi de France.

La paix venait d'être conclue entre ces deux illustres belligérants, lorsqu'une peste cruelle jeta, pour ainsi dire, toutes ses horreurs sur la ville de Béthune. Le fléau avait un caractère particulièrement terrifiant. Ses allures étaient sinistres. Il dérobait aux plus habiles les secrets de sa nature, de sa marche et de ses remèdes. Il trompait les plus vigilants par les surprises aussi capricieuses que promptes de son action dévorante. Il faisait immédiatement sentir ses meurtrières atteintes à quiconque se permettait de considérer, comme sujet d'étude, une de ses victimes. S'il entrait dans une maison, d'ordinaire il n'en sortait qu'après l'avoir entièrement dépeuplée. Les animaux eux-mêmes périssaient sous l'influence d'un air empoisonné. C'était un tableau navrant. La désolation était extrême ; le découragement ne l'était pas moins. L'affolement était général. La population apeurée fuyait, laissant les malades sans secours, les morts sans sépulture. Les liens du sang, de l'amitié, de la reconnaissance, du bon voisinage étaient méconnus. Sans le dévouement du clergé, on aurait pu croire que tous les sentiments humains avaient disparu du cœur de l'homme. La science étant impuissante à conjurer l'action de cet impitoyable et irrésistible fléau, le peuple se tourna vers Dieu. La prière était en permanence dans tous les oratoires publics de la ville. Les églises de Saint-Vaast et de Saint-Barthélemy, les chapelles du Perroy, de Saint-Pry, de Saint-Yor, de Saint-Nicolas, de Saint-Jacques ne suffisaient pas à contenir la foule des fidèles qui s'y précipitaient, implorant avec larmes la miséricorde divine. Mais la peste ne se calmait pas.

Cependant deux maréchaux-ferrants, Germon, habitant de Beuvry, Gauthier, enfant de Béthune, voulaient espérer contre toute espérance. Ils avaient foi, confiance en leur saint patron, *Monseigneur Saint-Éloi, le vrai confès*. Peut-être connaissaient-ils le prodige opéré, quelque temps après sa mort, par ce grand saint qui, dans une calamité de même nature, sous le comte Angomarus, avait sauvé la ville de Thérouanne (1). Le prieur du Perroy, qui était un religieux de l'abbaye du Mont-Saint-Éloi, avait également propagé, d'une manière considérable, dans Béthune, la dévotion à ce saint évêque.

L'espérance de ces deux forgerons ne fut pas confondue. Pendant leur sommeil, ils eurent séparément une céleste vision. Saint-Éloi, apparaissant à chacun d'eux avec une grande gloire, revêtu de ses habits pontificaux, leur commanda d'établir une *charité*,

(1) Ch. Barthélemy, VIIIe vol. p. 596.

c'est-à-dire selon le synonyme de ce beau mot à cette époque, une *confrérie*, pour assister les pauvres, soigner les malades, ensevelir et inhumer les morts.

En outre, il leur ordonna de faire une chandelle qu'ils se partageraient par moitié, et qui serait pour les membres de cette confrérie un signe permanent d'union fraternelle et de protection céleste dans l'exercice de leurs charitables fonctions.

Incontinent ils allèrent, selon l'ordre de St-Eloi, l'un vers l'autre, pour s'édifier mutuellement par le récit de ces choses prodigieuses. Partis à la même heure, poussés par la même inspiration, ils se rencontrèrent près d'une fontaine appelée la fontaine de Quinty, située à égale distance de leurs demeures respectives. Aussitôt sans s'être jamais vus, sans avoir eu le moindre rapport ni direct ni indirect entr'eux, ils se jetèrent dans les bras l'un de l'autre, se saluant affectueusement *au nom de Dieu, de Marie et de tous les Saints*, comme on avait coutume de le faire à cette époque, se communiquant sans retard avec beaucoup de larmes l'histoire de leur sainte vision ainsi que leurs projets, absolument semblables, touchant la création d'une même *charité*.

Comme ils se défiaient de leurs impressions personnelles, ils convinrent, avant de rien entreprendre, de s'éclairer des lumières et des conseils d'un des voyants d'Israël, nommé Rogon, connu de Gauthier et prieur du monastère de St-Pry. Cet homme de Dieu approuva tout, et tout fut fait selon sa parole. Gauthier, Germon, Rogon à qui l'humanité doit des statues, et l'histoire des apothéoses, se jetèrent aussitôt, suivis des plus vertueux et des plus honorables de leurs concitoyens, au milieu de la population ravagée, donnant du pain aux pauvres, des soins aux malades, des consolations à toutes les douleurs, bénissant et encourageant les mourants, ensevelissant et inhumant les morts, et faisant parler l'espérance au bord des tombeaux.

Bientôt le fléau s'éloigna, vaincu, pour ainsi dire, par l'héroïsme d'une telle charité devenue plus forte que la mort. La colère de Dieu s'était laissé fléchir en considération de la foi et du dévouement sublime de ces hommes de miséricorde qui, pour perpétuer leur œuvre, avaient institué, selon les instructions qu'ils avaient reçues du ciel, la *confrérie des Charitables de St-Eloi.*

Telle est l'origine de cette belle confrérie qui remonte à 1188 et pour laquelle nous réservons, dans cette histoire, un article spécial.

Robert, profondément impressionné par le spectacle de charité que les confrères de St-Eloi venaient de donner à leurs concitoyens, augmenta, dans une proportion considérable, ses pieuses largesses, au point que la langue, disent les chroniqueurs, ne suffirait point à les énumérer.

Nous ne citerons que l'acte suivant qui témoigne de sa générosité.

Sur sa demande recommandée par ses œuvres de charité, Didier, évêque de Thérouanne, érigea, en 1190, avec l'assentiment de son chapitre et de Guillaume, archevêque de Reims, en église paroissiale la chapelle de La-Gorgue qui, selon l'expression de dom Eloi, était « un secours d'Estaires. » Le droit de présentation à cette cure fut accordée à Robert et à ses successeurs. En 1248, Daniel, seigneur de Béthune, octroya ce patronage à l'abbaye de Beaupré.

Telles étaient les occupations pieuses et charitables de Béthune et de son seigneur, lorsque Philippe d'Alsace appela toute la noblesse de ses Etats à la croisade qui s'organisait dans tout le monde chrétien. Le roi d'Angleterre prit la croix blanche; le roi de France, la croix rouge. Le comte de Flandre, aussi puissant que ces deux monarques dont il était le rival plutôt que le vassal, donna la croix verte pour signe de ralliement à ses hommes-liges. Tout ce qu'il y avait de noms glorieux en Flandre reparaissait dans ce magnifique élan de chevalerie : Robert de Béthune, dont le nom figure un des premiers sur la liste d'enrôlement de la croisade, « alla prendre congé, selon les expressions « d'un chroniqueur, à l'église collégiale de St-Barthé-« lemy. » Ce fut au mois de septembre 1190, qu'il reçut avec son suzerain, dans la ville de Gand, selon ces autres expressions d'un historien, « la besace ou « panetière et le bâton ou bourdon » : *peram et baculum*.

Le cadre de cette histoire n'est pas fait pour contenir les détails de cette grande expédition. Lorsque le comte de Flandre arriva en Orient, il trouva sur le rivage de Ptolémaïs ou Saint-Jean-d'Acre les débris des armées chrétiennes qui, depuis deux ans, se pressaient autour de cette place, sans pouvoir s'en emparer. Gauthier de Vinesauf a comparé ce siège à celui de Troie. Comme au temps de Priam, l'Occident était aux prises avec l'Orient, non plus à l'occasion du rapt d'une femme, mais au sujet d'un tombeau, complètement vide et cependant tellement glorieux que des millions d'hommes auraient sacrifié volontiers leur vie pour en approcher leurs lèvres, toutes palpitantes d'un saint amour. Ce siège ne fut pas moins meurtrier que celui de Pergame. Les croisés y perdirent cent vingt mille hommes, et les Sarrasins cent quatre-vingt mille. Pour compléter cette sorte de rapprochement que nous empruntons à l'historien cité plus haut, on peut ajouter que la peste fit d'innombrables victimes dans ces deux sièges. Cette terrible maladie emporta dix-huit évêques, quarante-quatre comtes et une foule de barons et de chevaliers parmi lesquels nous citerons seulement Robert de Béthune qui succomba le 18 janvier 1191 (1), et le comte de Flandre, mort le 1er juin de la même année (2).

Robert VI dit le Jeune   Robert VI, surnommé *le Jeune* pour le distinguer de son père qui portait le même nom, prit possession de la seigneurie de Béthune dans un moment critique. Immédiatement après la mort de Philippe d'Alsace, l'archevêque de Reims, Guillaume *aux blanches mains*, qui gouvernait la France pendant l'absence de Philippe-Auguste, retenu en Orient par la croisade, s'était emparé de Béthune et des autres villes de l'Artois, jadis données en dot à la reine Isabelle. Philippe, dit *le Courageux*, successeur de Philippe d'Alsace, avait les sympathies de toutes les villes de l'Artois qui l'auraient reconnu pour leur seigneur légitime s'il eût voulu céder à leurs vœux (3). Il refusa leurs avances ne voulant pas fournir au roi un tel prétexte de guerre. Il se rendit, accompagné de Robert de Béthune, à la Cour de France, où des négociations s'engagèrent et préparèrent les conditions de la paix qui fut signée entr'eux à Péronne. La cérémonie de l'hommage s'accomplit, le second dimanche de carême, à Arras, avec l'appareil usité. Le prince Louis, héritier présomptif de la couronne de France, qui accompagnait son père dans cette cérémonie, prit solennellement alors possession de toutes les villes de l'Artois, notamment de Béthune. Toutefois d'après les anciennes coutumes féodales de la contrée, Philippe-Auguste posséda, jusqu'à la majorité de son fils, la *garde-noble* de cette terre qui venait d'être annexée à la France.

Sur ces entrefaites, Baudoin, frère de Robert de Béthune, se signala par des actes d'un héroïsme rare dans la pratique des devoirs de l'amitié. Richard Cœur-de-Lion, jeté par une tempête, à son retour de la

(1) Nécrologe de l'église St-Barthélemy.
(2) MEYER, *Annales* 1191.
(3) MEYER, LOCRIUS, BUCELIN, Gilb. mont. chron. p. 60.

croisade, sur les côtes de la Dalmatie, cherchait, par tous les moyens, à échapper au duc Léopold d'Autriche dont il avait outragé l'étendard au siège de St-Jean-d'Acre. Baudoin de Béthune, par dévouement pour le monarque anglais dont il était le respectueux et fidèle ami, s'entoura d'une pompe toute royale, de manière à égarer les recherches et les poursuites que l'on faisait contre Richard qui, de son côté, s'était déguisé d'abord en marchand ambulant puis en simple domestique d'auberge. Voici, sous ce dernier rapport, le vieux récit : « Et tant erra à Ostevriche et fu espiées « et connus; quant il s'aperchint, si prist la reube à « un garchon, et se mist en la quisine à tourner les « capons » (1). Le malheureux roi, dit Vély, fut reconnu dans un cabaret, tournant la broche dans la cuisine. Arrêté près de Vienne, il fut livré par le duc d'Autriche à l'empereur Henri VI contre lequel il avait fomenté des troubles en Sicile.

Baudoin dont le dévouement à la personne de son illustre ami fut porté, en présence d'une telle situation, jusqu'au plus grand des sacrifices, se fit la caution de Richard auprès de Léopold, sachant fort bien que, par cet acte, il engageait non-seulement sa liberté mais même sa vie. Effectivement, le duc d'Autriche, déjà coupable de l'avoir arrêté sur ses terres, en dépit des droits de l'hospitalité chrétienne, l'eût fait périr comme il l'avait résolu, si le roi d'Angleterre, n'avait remis entre ses mains, selon ses infâmes exigences, deux princesses, dont l'une était la sœur du duc de Bretagne, et l'autre la fille de l'empereur de Chypre. Rendu à la liberté, Baudoin ne se serait jamais consolé d'être redevable de son salut à ce criminel échange, s'il n'avait appris que, grâce à plusieurs évènements providentiels, l'honneur de ces innocentes captives était resté intact (2).

(1) Chron. de Reims.
(2) Coggeshale, an 1193, Mathieu Paris, an 1193.

En récompense de ces insignes services, Baudoin reçut du roi Richard le comté d'Aumale. L'histoire est heureuse d'enregistrer de pareils faits à la louange de ces deux illustres personnages qui pratiquèrent si bien entre eux les devoirs de l'amitié.

La chevaleresque conduite de Baudoin dans ces circonstances lui concilia tant de sympathies et lui donna une telle influence politique qu'il réussit, aidé de l'évêque de Durham, à faire élire empereur Othon de Saxe, neveu de Richard.

Guillaume le Roux

Robert de Béthune mourut le 19 avril 1193. Comme il ne laissait pas de postérité, Guillaume, surnommé *le Roux,* son frère, lui succéda. Il arrivait au pouvoir dans un moment où l'horizon politique s'assombrissait d'une manière inquiétante. Le transfert du comté d'Artois à la couronne de France soulevait plus que jamais les murmures de la Flandre. Baudoin IX qui, en 1195, succéda à son père Baudoin-le-Courageux dans le comté de Flandre, ne voyait pas sans un vif regret, entre les mains des Français, l'Artois qu'il regardait comme lui revenant par droit d'hérédité, malgré les stipulations contraires faites par Philippe d'Alsace, lors du mariage d'Isabelle, sa nièce, avec Philippe-Auguste. Il rechercha l'amitié de Richard, roi d'Angleterre, qui lui promit de le faire rentrer en possession de cette province, récemment détachée de ses Etats. A cet effet, un traité d'alliance fut signé, le 8 septembre 1196, à Rouen entre le monarque anglais, représenté par l'archevêque de Cantorbéry, et le comte de Flandre qui, dans cette circonstance solennelle, s'était entouré de ses principaux vassaux parmi lesquels se trouvait Baudoin de Béthune. Guillaume de Béthune fit partie des barons qui se formèrent en confédération pour l'exécution de ce traité (1).

(1) RYMER, *fœdera* 1.67.

Dès les premiers jours de l'année 1197, Baudoin, après avoir vainement sommé Philippe-Auguste de lui restituer l'Artois, se porta avec une armée nombreuse dans cette province. Cette guerre se faisait avec des alternatives diverses, lorsqu'une famine horrible, causée par trois années de tempêtes et d'orages, amena forcément une sorte de suspension d'armes entre les belligérants. Meyer cite quelques mauvais vers latins où sont dépeints les maux produits par l'intempérie des saisons et qui avaient engendré cette grande disette :

> Turbine ventorum fit magna ruina domorum ;
> Fabrica multarum confringitur ecclesiarum,
> Decidit et cuncti generis radicitus arbor ;
> Clade famis diræ plures cœpere perire,
> Sævit in miseros nimium quæ quinque per annos,
> Sexdenis solidis emptus tritici corus unus.

En voici la traduction :

Les tempêtes renversèrent les maisons et les édifices religieux, déracinèrent des arbres de tout genre ; une foule de personnes périrent victimes d'une affreuse disette qui dura cinq ans, un mencaud de blé se vendait seize sols.

Cet auteur exagère la durée de ce fléau, comme il a été dit plus haut. Il est certain cependant que les ouragans bouleversèrent de fond en comble cette contrée. Tous les chroniqueurs le constatent. Lorsque ce terrible fléau commença de s'apaiser, les combats recommencèrent. Baudoin s'empara d'Aire, de Lillers et de la plupart des villes de l'Artois. La résistance de la part de ces villes fut nulle ; elles préféraient, disent les chroniqueurs, la domination de leurs anciens maîtres, les comtes de Flandre, à celle du roi de France. Les bourgeois de Béthune ne montrèrent pas la même disposition d'esprit ; ils résolurent de se défendre le plus vaillamment possible contre l'armée flamande. En 1197, dit M. Lequien dans sa notice sur cette ville (1), Béthune fut assiégée; les bourgeois, quoique réduits à leurs propres forces, résistèrent avec un tel héroïsme que, par leurs sorties fréquentes, ils forcèrent les assiégeants à se retirer.

Cependant fatigués d'une lutte également onéreuse pour les deux partis, le comte de Flandre et le roi de France ouvrirent, à Péronne, des conférences qui se terminèrent, au mois de janvier 1199, par un traité de paix. On y régla définitivement les limites de la Flandre, perpétuel sujet de querelle depuis Philippe d'Alsace (2). Par ce traité, Baudoin recouvra pour lui et ses successeurs Douai, Ardres, St-Omer, Aire, Lillers, Béthune et le fief de Guines. Tandis que le roi de France et le comte de Flandre juraient d'observer les clauses de ce traité de paix, un vaste mouvement de réconciliation entre toutes les nations catholiques s'opérait sous l'impulsion de l'Église. Un prêtre, nommé Foulques de Neuilly, commençait de prêcher la croisade, au nom du pape Innocent III. Presqu'aussitôt, moins de six semaines après le traité de Péronne, le comte de Flandre prit la croix. Il y eut pour cette prise de croix, si le mot est permis, une cérémonie solennelle, imposante dans l'église de St-Donat de Bruges. C'était le mercredi des cendres, jour providentiellement choisi pour inspirer aux futurs croisés l'esprit d'oraison, de pénitence et de sacrifices. Une assemblée nombreuse de barons et de chevaliers, parmi lesquels l'histoire cite (3) Guillaume, seigneur de Béthune, et ses deux frères Quesnes ou Conon et Barthélemy, se pressait, sous les voûtes antiques de cette église célèbre où l'ombre de St-Charles-le-Bon semblait agiter, pour ainsi dire, au-dessus de la tête du comte Baudoin,

---

(1) Page 140.
(2) *Traité de Péronne*, ap. MARTEN, t. 1, p. 771. — *Recueil des traités de paix*, par DUMONT, p. 15.
(3) GEOFFROY DE VILLEHARDOUIN, *Histoire de la conquête de Constantinople*; MEYER, *Annales* 1203. LOCRIUS, *Chron.* 1203.

son successeur, les palmes du martyre. L'évêque officiant, empruntant à la poésie biblique ses images les plus saisissantes, lut tour à tour avec la pieuse assistance quelques versets du prophète Isaïe dans lesquels le Dieu des armées promettait à Ezéchias de délivrer Jérusalem des mains de ses ennemis. Cette lecture fut suivie de celle d'un chapitre de l'évangile où se trouvent ces paroles : « Je vous le dis, une foule immense « viendra de l'Orient et de l'Occident. » *Dico autem vobis quod multi ab Oriente et Occidente venient.*

On récita ensuite l'oraison dominicale pendant laquelle tous les assistants se prosternèrent pieusement sur le marbre sacré.

Cette prière achevée, les lévites, au bruit d'une cloche qui sonnait comme le glas funèbre, se rangèrent autour de l'autel, de manière à former deux chœurs qui allaient se répondre alternativement.

Le premier des chœurs entonna lentement sur un rythme grave, un des psaumes que les Israélites, captifs loin de Jérusalem, chantaient en pleurant sur les rives des fleuves de Babylone et dont les paroles prophétiques semblaient également faites pour la situation presqu'identique des chrétiens dans la Terre-Sainte, devenue, pour eux, sous la domination des enfants de Mahomet, une terre babylonienne :

« Seigneur, les nations ont envahi votre héritage ;
« elles ont profané votre saint temple ; Jérusalem
« n'est plus qu'une ruine.....

« Versez votre colère sur ces nations qui, ne vous
« connaissant pas, ont dévoré Jacob et rempli sa
« demeure de désolation. Assistez-nous, ô Dieu qui
« êtes notre sauveur ; délivrez-nous, pour la gloire de
« votre nom, de peur que ces peuples, insultant à
« notre malheur, ne disent en parlant de nous : où
« est leur Dieu? Vengez le sang de vos serviteurs ;

« que les gémissements des captifs montent jusqu'à
« vous !.... » (1)

Le second chœur reprit sur le même rythme :

« Que le Seigneur se lève, et que ses ennemis soient
« dissipés. Que ceux qui le haïssent fuient devant sa
« face! Qu'ils disparaissent comme la fumée! Qu'ils
« fondent devant lui comme la cire en face d'un bra-
« sier ardent » (2).

Ces chants, à la fois religieux et guerriers, péné-
traient dans les profondeurs des âmes, y répandant à
flots d'ineffables émotions qui éveillaient les courages
et leur inspiraient les désirs des saints combats.

Le chant des psaumes avait cessé. Dans le silence
de cette assemblée chrétienne on pressentait de grandes
résolutions. Tandis que tout se taisait dans le saint
temple, le comte de Flandre vint s'agenouiller aux
pieds du pontife qui, prenant sur l'autel une croix de
lin brodée d'or, l'attacha sur l'épaule droite de cet
illustre seigneur en disant : « Recevez ce signe de la
« croix, au nom du Père et du Fils et du Saint-Esprit,
« en mémoire de la croix, de la passion et de la mort
« du Christ ». Ensuite, il bénit ses armes, particulièrement son épée et sa bannière. C'est avec le même
cérémonial que le prélat imposa la croix à chacun des
chevaliers. Ce spectacle était plein de grandeur, toutes
les poitrines étaient haletantes. Des émotions plus
vives encore s'emparèrent de tous les cœurs, lorsque
la comtesse de Flandre, brillante de jeunesse et de
beauté, s'avança vers le pontife pour recevoir également de ses mains, à l'exemple de son noble époux,
les insignes des croisés. Elle entrait dans la voie par
laquelle avait passé Sibylle d'Anjou dont les cendres
reposaient en Orient. Ce souvenir qui eût arrêté une

(1) Ps. 78.
(2) Ps. 67.

âme faible, n'avait fait qu'activer dans le cœur de cette grande chrétienne la flamme du dévouement qui devait, un jour, comme elle s'y attendait peut-être, former au-dessus de sa tête une sorte d'auréole, presque semblable à celle qui avait orné le front de la comtesse Sibylle, cette héroïne de la charité dans l'hospice de St-Jean-l'Aumônier de Jérusalem où elle passait tout son temps à soigner les lépreux.

Les préparatifs de cette croisade durèrent deux ans. Guillaume, seigneur de Béthune, employa ce temps à régler devant Dieu, en vue du salut de son âme, les affaires de sa conscience et, pour le même motif, celles de son avouerie. Ce fut sous l'empire de ces pensées religieuses que, dans une charte du mois de juin 1202, il déclara qu'il affranchissait, comme il le devait, dans tout le territoire de l'avouerie tous les sujets et justiciables de l'église St-Barthélemy, ne faisant d'exception, sous ce rapport, que pour les hommes de Nœux et de Béthune qu'il obligeait à rester soumis aux charges et impositions de la ville sous la juridiction des échevins. Il terminait cette ordonnance par une défense expresse qu'il fit à ses officiers d'attenter, en quoi que ce fût, à ces privilèges, les rendant responsables devant leur conscience de toute infraction à ce sujet.

Par une autre charte de la même année et du même mois, il reconnaît que les droits de péage sur la chaussée de Béthune appartiennent à la commune et non au seigneur; et, pour décharger sa conscience, il restitue à la ville les sommes que son père et lui avaient injustement perçues à cette occasion. Toutefois, il exige que le produit de cette recette soit employé, désormais, par la ville à l'entretien des portes, des ponts, des rues, des chaussées et de ce qu'il appelle des *turcis*. S'il reste un excédant après ces dépenses, il veut qu'il soit appliqué aux réparations des murailles de cette cité.

Ce judicieux seigneur, qui connaissait d'une manière exacte le produit de ce droit de péage, puisque précédemment il en avait perçu les revenus, ne croyait pas exagérer en supposant qu'après avoir suffi à payer une foule de travaux très coûteux, cette recette laisserait un reliquat pour d'autres paiements. Ce qui prouverait qu'à cette époque les relations commerciales entre cette ville et le dehors étaient assez étendues, malgré les guerres fréquentes qui désolaient cette contrée.

Mais ce qu'on ne peut trop admirer dans ces deux chartes de Guillaume, c'est le sentiment religieux qu'on y trouve, assez dominant pour avoir mis au cœur et sous la plume de ce seigneur l'aveu de ses injustices vis-à-vis de cette cité, ainsi que la manifestation de son repentir et de ses actes réparateurs.

Tandis que, par cette noble et méritoire conduite, Guillaume se réconciliait avec Dieu et se conciliait les cœurs de ses vassaux, son frère Quesnes négociait, au nom des croisés, près du vieux doge de Venise, Henri Dandolo, pour obtenir son alliance. Comme il y avait urgence, il se présenta, dès son arrivée à Venise, devant l'assemblée des bourgeois qui, sur la convocation du doge, l'attendaient sur la place St-Marc. Là, Villehardouin, député au même titre par les croisés, exposa la mission dont ils étaient chargés ; puis se prosternant, ils déclarèrent simultanément qu'ils ne se relèveraient qu'autant que leur requête serait acceptée. La posture était bien humiliante pour ces deux nobles et fiers seigneurs, ambassadeurs de huit mille chevaliers, et de quatre-vingt mille hommes d'armes qui, par leur bouche, ne demandaient, après tout, que des navires dont ils s'engageaient à payer le fret, pour se rendre en Orient. Mais quand on sait que cette attitude de suppliant leur était inspirée par leur religion et leur patriotisme, on est saisi d'admiration devant cet acte d'humiliation sous lequel se cachaient des sentiments si purs et si élevés.

Leur supplique avec toutes les propositions qu'elle contenait ayant été favorablement accueillie par les bourgeois de Venise, le comte de Flandre, qui n'attendait que cette solution pour mettre en marche sa nombreuse et vaillante armée, lui donna l'ordre de partir. Guillaume de Béthune et ses hommes d'armes quittèrent aussitôt leurs foyers pour se rendre à ce glorieux appel. « Sachez, dit Villehardouin, que « maintes larmes furent pleurées à leur partement et « au prendre congé de leurs parents et amis ».

Les croisés qui, d'après leurs saints engagements, ne devaient combattre que les infidèles, s'arrêtèrent, cependant, à Constantinople pour y relever un trône vermoulu que se disputaient deux prétendants presqu'également indignes de le posséder.

Alexis qui détenait, en ce moment, sans aucun titre légitime, le pouvoir suprême à Constantinople, mainfesta, par un interprète de ses volontés, aux princes latins, son étonnement de voir les croisés sur ses terres et son royaume. Quesnes de Béthune, ce noble chevalier, *sage et bien emparlé*, comme le qualifie Villehardouin, fut chargé de répondre à ce messager de l'empereur; il le fit dans un langage digne et fier :
« Beau sire, vous avez dit que votre maître s'émer-
« veille beaucoup de ce que nos seigneurs sont entrés
« en sa terre et en son royaume. Ils ne sont entrés
« ni en sa terre ni en son royaume; car il détient ce
« pays à tort et à péché, contre Dieu et raison. Le
« véritable sire de cette terre est son neveu qui est là
« sur ce siège parmi nous. Mais si votre maître vou-
« lait venir à la merci de son seigneur, en lui rendant
« la couronne et l'empire, nous le prierions qu'il lui
« donnât sa paix et tant de son avoir qu'il pût riche-
« ment vivre. Ne revenez plus apporter d'autre mes-

« sage, sinon pour octroyer ce que vous avez entendu.
« Il s'agit d'obéir et non de parlementer » (1).

La menace de Quesnes de Béthune ne tarda pas d'avoir son effet. Les croisés que le peuple de Constantinople appelait, dans son effroi, les *hommes de fer*, attaquèrent cette ville et s'en emparèrent ; l'usurpateur Alexis fut précipité de son trône ; son neveu, qui avait le même nom, reçut la couronne impériale des mains du comte de Flandre et du doge de Venise.

Pour la conserver, telle qu'on venait de la lui donner, il demanda l'appui persistant des princes latins. Ceux-ci, de leur côté, lui réclamèrent l'accomplissement de ses engagements envers eux. Quesnes de Béthune, fut chargé de se rendre au palais des Blaquernes pour en demander l'exécution immédiate.
« Vous et votre père, dit-il au jeune empereur et à son
« père, avez souscrit des engagements envers l'armée
« des croisés, ainsi que vos chartes en font foi (2).
« Nous vous sommons de les tenir ; sinon, nous ne
« vous regarderons plus comme nos amis, et pour-
« suivrons nos droits ». Les Grecs qui entouraient l'empereur frémissaient de rage en entendant cette impérieuse déclaration ; mais Quesnes de Béthune, impassible et fier, remonta sur son cheval ; n'ayant à ses côtés que Geoffroy de Villehardouin, il traversa, la lance haute, sans que personne osât tenter de lui barrer le passage, toute la ville de Constantinople, et arriva sain et sauf au camp des croisés. « Ce fut grand mer-
« veille, dit le maréchal de Champagne, car tous deux
« venaient d'échapper à un grand péril » (3).

Après des ruptures et des rapprochements multipliés entre les princes latins et les Grecs, Baudoin, comte de Flandre, fut proclamé empereur de Constantinople.

---

(1) VILLEHARDOUIN, *De la conquête de Constantinople*, p. 41.
(2 Ils avaient promis de fournir aux croisés, s'ils plaçaient Isaac Comnène sur le trône de Byzance, des vivres pour un an et un secours de dix mille hommes.
(3) VILLEHARDOUIN, *De la conquête de Constantinople*, p. 69.

Son premier soin fut de partager les provinces du nouvel empire entre les principaux barons qui l'entouraient de leurs respects et de leur fidélité dans la haute position qui venait de lui être faite. Quesnes de Béthune reçut, pour sa part, selon ses grands mérites, la dignité de *protovestiaire*, peut-être même de roi d'Andrinople.

Cependant cette ville, quoiqu'elle fit partie du domaine de l'empire de Constantinople, était au pouvoir des Grecs qui, ne voulant pas la céder au nouvel empereur, appelèrent à leur aide, pour la défendre contre les croisés, Johannice, roi des Bulgares. Une bataille fut livrée sous les murs de cette cité. Baudoin y trouva la mort. Guillaume de Béthune quitta l'Orient après cette bataille. Il revint, accompagné de Baudoin d'Aubigny, de Jean de Vierson et d'environ cent autres chevaliers. Barthélemy, son frère, partit également alors pour la France, il passa par le Portugal et entra dans l'Ordre des frères-prêcheurs qui plus tard vinrent s'établir à Valenciennes. Quesnes, son autre frère, ne reparut plus en Flandre (1). Par leurs actions d'éclat dans cette croisade, ces trois nobles enfants de Béthune, Guillaume, Barthélemy, Quesnes, honorèrent leur ville natale aussi bien en Orient qu'en Occident.

On peut s'imaginer avec quelle vive et respectueuse allégresse les vassaux de Guillaume saluèrent son retour à Béthune.

La mort presque simultanée de l'empereur Baudoin et de Marie de Champagne, sa noble épouse, qui, tous les deux, venaient de succomber en Orient, avait mis le deuil dans toute la Flandre. Ils laissaient deux enfants, nommées Jeanne et Marguerite. L'aînée, en vertu de la constitution féodale et de la loi d'hérédité, devenait, par la mort de ses parents, comtesse de

---

(1) Archives du Nord de la France, 2e série, t. III, p. 7.

Flandre et de Hainaut. N'ayant alors que quinze ans, elle eut besoin d'un tuteur qui, d'après les dispositions prises par son père avant son départ pour la croisade, devait être son oncle, Philippe de Hainaut. Celui-ci, manquant à tous ses devoirs, fit avec le roi de France un contrat par lequel il s'engageait, moyennant certains avantages, à lui livrer ces deux jeunes princesses, pour être données plus tard en mariage aux fils de Pierre de Courtenay dont la mère était sœur de Philippe de Hainaut. Ce honteux contrat fut signé à Paris au mois d'août 1206; le monarque français donna comme garants de sa parole le comte de St-Pol, Guillaume de Béthune, Mathieu de Montmorency, le comte de Boulogne, le comte de Dreux et plusieurs autres seigneurs de grand renom (1). Comme on le voit, Guillaume de Béthune ne fut mêlé à cette affaire que d'une manière tout-à-fait indirecte, par une coopération purement négative, et même, pour ainsi dire, lorsque toutes les conditions du contrat étaient réglées. On peut croire, aussi, qu'il y fut entraîné par l'impulsion de Philippe-Auguste auquel il n'osa pas refuser cette complaisance.

A part ce reproche, son administration seigneuriale dans ses domaines fut absolument digne. En 1210, il fit une charte en faveur de la ville de Béthune à laquelle il octroya plusieurs privilèges qui témoignent de son esprit de justice et de générosité. Ce document, le plus ancien de ceux que possèdent nos archives municipales, mérite, pour son importance, d'être mis en entier sous les yeux de nos lecteurs; il est écrit en latin. Nous en donnons la traduction :

« Que tous ceux à qui cet écrit parviendra sachent
« que moi, Guillaume avoué d'Arras, sire de Béthune
« et de Termonde, j'ai concédé à mes échevins et bour-
« geois de Béthune et à toute la ville que jamais moi

(1) Duchesne, Preuves, p. 63.

« ni mon héritier ne pourrons les assujettir à la puis-
« sance ni à la loi d'aucune autre ville, ni abandonner
« la leur pour nos dettes ou celles d'autrui. C'est ce
« que j'ai accordé à la prière de tous mes hommes de
« la terre de Béthune, qui est telle que je l'ai reçue de
« mon père. Je leur ai également concédé tous les
« pâturages adjacents à la ville de Béthune pour l'u-
« sage et l'utilité des habitants de cette communauté,
« selon la reconnaissance que les échevins en feront
« sous leur serment. Cette donation ne comprend pas
« le *Besum de Ricart* ni tous les pacages situés dans
« les fossés, vulgairement appelés « pacages de Jean
« d'Annezin » qui resteront ma propriété. Que l'on
« sache aussi que s'il me plaît d'établir dans les prés
« mentionnés ci-dessus, un vivier à mon usage per-
« sonnel, je le pourrai, sans qu'il me soit permis, ce-
« pendant, de transmettre ce droit à un autre, ni de
« faire autre chose pour clôturer la ville. Toutes les
« affaires de la ville susdite, étant du ressort de l'éche-
« vinage, devront être jugées par les échevins selon
« leur loi. Je ne dois ni ne peux contredire ce droit.
« Je reconnais leur avoir juré tout ce que contient cet
« écrit. Daniel, mon fils aîné, a promis également
« d'observer intégralement toutes ces choses. Tous
« mes autres héritiers et leurs descendants seront te-
« nus à toujours de les respecter. Et pour que cet acte
« reste à jamais inviolable, je l'ai confirmé par mon
« sceau et par celui de Daniel mon héritier. »

« A Béthune, au mois d'octobre l'an de l'Incarna-
tion du Verbe 1210 ».

Cette charte est scellée du grand sceau de Guillaume
et de celui de Daniel, son fils. Elle fut octroyée en
présence du prévôt et de plusieurs chanoines de Saint-
Barthélemy, ainsi que de six pairs du château de Béthune, nommés Robert de Roholt, Guillaume de
Brule, Baudoin de Canteleu, sénéchal, Jean d'Alloua-

gne, Eustache d'Annezin et Egide de Maingoval.

La dotation faite par Philippe d'Alsace à sa nièce Isabelle de Hainaut, devenue l'épouse de Philippe-Auguste, continuait d'être un sujet de division entre la France et la Flandre. Par suite d'évènements graves, un traité fut conclu, le 24 février 1211, près de Pont-à-Vendin, par lequel Jeanne, comtesse de Flandre et Ferrand, récemment devenu son époux, remirent définitivement et à toujours à Louis, fils aîné du roi et à ses hoirs, comme étant aux droits de sa mère Isabelle de Hainaut, le comté d'Artois, tel qu'il avait été constitué pour la dot matrimoniale de cette princesse, et dont la ville de Béthune faisait partie. L'on donna pour otages de cette convention les plus puissants seigneurs du pays. Les châtelains de Bruges, de Gand et de Lille, Baudoin de Comines, Michel de Harnes et Sybille de Wavrin, se déclarèrent garants de la comtesse Jeanne et de son mari. Guillaume, seigneur de Béthune, Jean de Lens et plusieurs autres seigneurs, se présentèrent comme cautions ou otages du prince Louis (1).

Tandis que le prince prenait, en vertu du traité de Pont-à-Vendin, possession de la province d'Artois, le comte de Flandre, Ferrand, travaillait à la lui enlever. Pour obtenir ce résultat, il chercha des alliés. A cet effet, il se rendit en Angleterre pour y négocier, dans ce sens, un traité avec le monarque anglais. Robert de Béthune, fils de Guillaume, seigneur de cette ville, l'avait précédé, par son ordre, avec quelques autres seigneurs, à Windsor où les négociations allaient être engagées. Le roi, ayant appris que le comte de Flandre, venait de débarquer à Sandwich, leur dit : « Seigneurs, votre maître le comte de Flandre est arrivé ». A quoi Robert, passionné pour son prince, répondit dans un langage un peu fier mais qui n'était pas tout-à-fait

(1) Archives de Flandre à Lille, 1er cartulaire d'Artois, pièce 103.

déplacé dans la bouche d'un chevalier de cette époque : « Sire, qu'attendez-vous pour aller à sa rencontre? » « Oyez ce Flamand, interrompit le roi en souriant, quelle grande opinion il a de son seigneur. » « Par la foi que je dois à Dieu, répliqua vivement le chevalier notre illustre compatriote, il est tel que je le dis ». Cependant le roi, que ce colloque avait plutôt égayé qu'irrité, monta à cheval et s'avança jusqu'à Cantorbéry où il rencontra le comte de Flandre avec lequel il fit aussitôt un traité d'alliance offensive et défensive contre Philippe-Auguste.

Le comte de Flandre qui était parvenu à former contre la France une ligue formidable composée du roi d'Angleterre, de l'empereur d'Allemagne, du comte de Boulogne, s'était approché de Damme avec ses hommes d'armes pour recevoir la flotte du comte de Salisbury. Bientôt un combat naval s'engagea dans le golfe qui formait alors le port de Damme. Quatre cents navires français, dans cette terrible bataille, furent capturés par les anglais.

Fier de ce succès, Ferrand s'entoura des populations maritimes de cette contrée pour commencer sans retard le siège de Damme. Robert de Béthune et Gauthier de Ghistelles s'avançaient en éclaireurs, lorsqu'à une faible distance ils aperçurent toute l'armée française qui s'approchait vivement sous le commandement de Philippe-Auguste, accouru de Gand pour secourir le bourg menacé. A peine eurent-ils le temps, avant le choc de cette puissante armée, de porter en toute hâte au comte Ferrand cette alarmante nouvelle. La résistance n'était pas possible. « Sire, disait le comte de Boulogne à celui de Flandre, tirons-nous arrière; il ne ferait pas bon de rester ici ». Toutefois, aucun Flamand ne voulait quitter le comte Ferrand avant de le voir en sûreté sur le grand vaisseau royal monté par le comte de Salisbury. Ce fut Robert de Béthune qui décida son suzerain à prendre ce parti. Ce noble enfant de Béthune eut alors, comme plusieurs autres chevaliers ses compagnons d'armes, la témérité de vouloir engager le combat. Il ne quitta le champ de bataille qu'à la dernière heure, après y avoir fait, selon les traditions de sa race, des prodiges de valeur. Plus heureux que Gauthier et Jean de Vormizeele, Gilbert d'Haverskerque, Guillaume d'Eyne, Guillaume d'Ypres, tombés prisonniers au pouvoir des Français, il trouva, après cette glorieuse défaite, un asile à Furnes (1).

Philippe-Auguste commença, dès lors, en Flandre et dans une partie du pays d'Artois, une guerre de dévastation pendant laquelle Houdain et tous les villages situés sur la chaussée Brunehaut furent complètement détruits.

Guillaume de Béthune, resté fidèle au roi de France, son légitime suzerain, préserva cette ville de ces affreux ravages.

Cependant, comme on pouvait craindre, de la part de Robert de Béthune, une tentative de soulèvement sur ce domaine de son père en faveur du comte de Flandre dont il était un des lieutenants, le monarque français fit occuper cette ville par Adam de Melun. Ce fut pendant cette occupation par les Français que Guillaume de Béthune rendit paisiblement, le 13 avril 1214, son âme à Dieu.

---

(1) Li estore des ducs de N..., fol. 164, 2ᵉ col.

CHAPITRE IV

Avènement de Daniel, fils aîné de Guillaume II, à la baronnie de Béthune.— Bataille de Bouvines à laquelle le seigneur de cette ville ni ses hommes d'armes ne prennent aucune part. — Robert de Béthune y combattit sous la bannière du comte de Flandre ; il y fut fait prisonnier. — Rendu aussitôt à la liberté, il offrit le secours de son épée à Jean-sans-Terre, roi d'Angleterre. — Adam de Melun occupe Béthune pour le compte du roi de France, pendant la bataille de Bouvines. — Le 30 juillet 1214, il remettait la ville à la veuve de Guillaume II qui l'administra jusqu'au retour de Daniel, son fils, retenu dans la Terre-Sainte pour un pèlerinage. — Charte de Daniel accordée aux échevins et bourgeois de Béthune.— Ce charitable seigneur se fait caution de la ville pour une somme relativement considérable. — Il accompagne Louis, comte d'Artois, en Angleterre.— Il fait reconstruire le château de Béthune. — Ses démêlés avec Louis, son suzerain, au sujet de la haute justice. — Ses pieuses donations. — Robert VII, son frère, lui succède. — Ses armoiries nouvelles. — Il fortifie la ville et fait reconstruire l'église St-Barthélemy. — Ses exploits de guerre religieuse contre les idolâtres nommés *Stutinghem* et les hérétiques du pays de Frise. — Son voyage en Angleterre pour y régler les dommages subis par la France et la Flandre dans les dernières guerres. — Mariage de Mathilde ou Mahaut, sa fille, avec Guy de Dampierre, héritier présomptif du comté de Flandre. — Robert de Béthune prend part à la croisade organisée en 1244 par Saint-Louis, roi de France. — Il meurt au château de Châle ou de Kalos dans la Sardaigne, lorsqu'il se rendait en Palestine par la voie d'Italie. — Sa dépouille mortelle est ramenée en France et inhumée dans l'abbaye de Saint-Vaast d'Arras. — Sa fille Mahaut, devenue comtesse de Flandre, lui succède en qualité de dame de Béthune. — Sur la demande des chanoines de St-Barthélemy, elle publie une charte réglant les droits de justice de cette collégiale dans ses rapports avec ceux du seigneur de cette ville. — Mort de Mathilde. — Son tombeau dans l'église de l'abbaye de Flines. — Robert, son fils aîné, lui succède.

Daniel

A la mort de Guillaume, Daniel, son fils aîné, était en Palestine où il faisait un pèlerinage. Il n'en était pas revenu, lorsque fut livrée, le 27 juillet 1214, la bataille de Bouvines où la France dut combattre non-seulement pour l'honneur mais encore pour son existence même. L'absence de Daniel son seigneur ne permit pas à la milice de Béthune de prendre part, avec celles des seize communes de l'Artois et de la Picardie citées nommément par Guillaume-le-Breton, à cette mémorable bataille. Adam de Melun, qui gardait Béthune au nom du roi, quitta cependant cette place pour se porter avec ses gens d'armes sur le lieu du combat où il s'illustra par son grand courage. Robert de Béthune, qui combattait sous la bannière du comte de Flandre, y montra également une vaillante ardeur digne de son nom et de son passé. Il fut un de ceux qui s'élancèrent avec leur bravoure habituelle contre les chevaliers champenois. Dans cette mêlée sanglante où l'on vit s'accomplir de part et d'autre des prodiges de valeur, les chevaliers flamands furent impuissants, malgré leurs héroïques efforts, à rompre la ligne des chevaliers français qui, après une résistance de trois heures, leur infligèrent la plus complète défaite. Robert de Béthune fut fait prisonnier par Flamen de Crespelaine qui le laissa libre après être convenu du prix de sa rançon.

Ce fut Jean de Béthune, évêque de Cambrai, qui fut député, avec Adam, évêque de Thérouanne, et Gossuin, évêque de Tournai, pour annoncer à Jeanne, comtesse de Flandre, la catastrophe de Bouvines, et l'exhorter à la résignation et au courage.

Robert de Béthune, pour échapper au ressentiment de Philippe-Auguste, se réfugia en Angleterre où il offrit le secours de son épée au roi Jean, menacé par la grande ligue qu'avaient formée les barons et les députés des communes, réclamant pour les races anglo-saxonnes ce qu'ils appelaient les libertés anglaises. Ce fut en vain que cet illustre sire de Béthune parvint à reconquérir Exeter. Jean-sans-Terre dut accéder à la demande des barons anglais et s'engager, en même temps, à chasser de son royaume tous les Flamands. Robert de Béthune quitta l'Angleterre sans avoir reçu de son royal protégé la moindre marque de reconnaissance. Mais bientôt le monarque anglais, réduit aux plus humiliantes extrémités, le rappelait, le suppliant, dans les termes les plus affectueux, d'oublier

ses torts et de sauver sa couronne. « Quant Robiert
« de Béthune, ajoute le vieux chroniqueur, ot les let-
« tres oïes, moult en eut grant pitié; il ne prist pas
« garde au mesfait le roi, ains se pena quanques il
« pot de querre gent et d'avancier le besogne le roi
« à son pooir ». Il se hâta d'aborder en Angleterre,
accompagné de nombreux chevaliers flamands qu'il
avait recrutés pour la cause de Jean-sans-Terre. Il fut
nommé d'abord connétable de l'armée, puis comte de
Clare. La terreur qu'il répandait sur son passage dou-
blait sa force et lui promettait tous les succès.

Tandis qu'il mettait ainsi sa belliqueuse ardeur au
service de Jean-sans-Terre, Philippe-Auguste, n'ayant
rien à reprocher aux bourgeois de Béthune restés constamment fidèles à la France, avant et pendant la bataille de Bouvines, fit remettre cette ville, le 30 juillet
1214, par Adam de Melun, à Mathilde de Termonde,
veuve de Guillaume, qui l'administra jusqu'au retour
de Daniel, son fils, retenu, comme nous l'avons dit,
dans la Terre-Sainte pour un pèlerinage.

Daniel, profondément touché de cet acte, plein de
loyauté, de la part de Philippe-Auguste, s'empressa,
dès son arrivée à Béthune, de prêter foi et hommage
au prince Louis.

L'administration seigneuriale de Daniel ne différa
guère de celle de son auguste père qui, par l'excel-
lence de ses œuvres, a mérité les éloges de l'histoire.
Un de ses premiers actes administratifs fut de confirmer et de ratifier les privilèges octroyés par son
vénéré prédécesseur aux bourgeois et échevins de cette
ville.

Mais ces privilèges, si étendus qu'ils fussent, ne
l'étaient pas assez pour constituer une commune. La
vraie charte communale ou, selon l'expression flamande, la *keure* de Béthune, fut donnée par Daniel
en 1222. Ce document où l'on trouve textuellement

rappelées les principales dispositions de la charte octroyée en 1210 par Guillaume II, contient en outre un précis des droits des échevins et de ceux que se réservait le seigneur. L'importance de cet acte, écrit en latin, nous fait une sorte de devoir d'en donner ici la traduction :

« Sachent tous ceux qui auront connaissance de
« cette charte que moi Daniel, avoué d'Arras et sei-
« gneur de Béthune, ai assuré à mes échevins et bour-
« geois de Béthune ainsi qu'à toute la ville, que ja-
« mais ni moi ni mes héritiers ne les placerons sous
« la loi ou la juridiction d'aucune autre ville, et que
« jamais non plus je ne les engagerai pour dettes ou
« pour aliénation d'aucune sorte. A leur prière j'ai
« accordé ce privilège à tous mes hommes de la terre
« de Béthune qui est telle que je l'ai reçue de mon
« père. Je leur ai également assuré, pour l'utilité de
« leur commune, la propriété et l'usage des pâturages
« adjacents à leur ville, à savoir, tout le marais ap-
« pelé vulgairement le Pont-des-Vaches, qui est en-
« clavé par les ruisseaux du château et d'Annezin et
« que mon père a possédé, celui qui se trouve ren-
« fermé entre la rivière du château et la ville de Bé-
« thune, celui qui est connu sous le nom de *del bruillé*
« (de Bruisle) proche St-Pry, les pâturages désignés
« par cette appellation *aux chênes*, et qui sont situés
« près du lit de la rivière, entre les fossés et les pâ-
« turages qui s'étendent entre la chaussée de Gouto-
« ruine et le Pré de l'Avoué. Mais je me réserve le
« pré de Richard et tout le terrain contenu entre les
« fossés et qu'on appelle le champ d'Annezin et j'en-
« tends qu'il continue de m'appartenir. Qu'on sache
« aussi que si je voulais faire dans les pâturages pré-
« cités un vivier pour mon usage particulier, exclusi-
« vement personnel ou pour la sûreté de la ville, je
« m'en réserve absolument le droit. Je veux égale-

« ment que l'on sache, que si, par moi, mon prévôt,
« mon *nuntius* (envoyé) ou par les échevins, dans les
« terres faisant partie de l'échevinage de Béthune, je
« fais citer quelqu'un pour un délit quelconque, et
« s'il ne comparaît pas, lesdits échevins doivent con-
« naître de cette infraction et condamner le coupable
« à une amende qui sera proportionnée à la gravité
« du délit et de la faute ; et si le délinquant est retenu
« dans l'échevinage jusqu'à ce qu'il ait payé l'amende
« encourue ou fourni, pour cela, une caution suffi-
« sante, moi-même j'ai le droit de l'y retenir, et il ne
« sera libre et complètement acquitté qu'après la sen-
« tence judiciaire des échevins. En outre, si moi et
« les gens chargés de rendre la justice en mon nom
« voulons avoir caution soit de cri *fore facto* soit
« d'argent, nous l'accepterons telle qu'elle sera jugée
« suffisante par les échevins. Si nous en demandions
« davantage, et que les échevins, de leur côté, disent :
« c'est assez, nous sommes tenus d'accepter leur dé-
« cision, et, dans ce cas, ils seront quittes de toute
« obligation envers nous. En outre, toutes les affaires
« de la ville de Béthune qui se produisent dans l'é-
« chevinage doivent être jugées par la loi des éche-
« vins, et je ne dois ni ne peux y contrevenir. Je re-
« connais même m'y être obligé vis-à-vis d'eux par
« serment. Pour le maintien de ces privilèges mes
« héritiers sont engagés comme moi. Et pour que cet
« acte ait toutes les garanties d'authenticité et de sta-
« bilité, je l'ai muni de mon sceau. Fait l'an du Sei-
« gneur 1222, au mois de mai (1).

Eustachie, sa femme, voulant donner à ce document de grande importance toute la garantie dont elle pouvait personnellement disposer, s'engagea par serment à le maintenir, quelle que fût sa position dans l'avenir.

(1) Duchesne, *preuves* p. 124 et 125 ; *archives du Pas-de-Calais, copie moderne.*

Cette noble femme était fille de Gauthier de Châtillon, comte de St-Pol, dont les exploits, à la bataille de Bouvines, avaient été ceux d'un héros, et petite fille du comte de St-Pol qui, en 1186, avait eu un duel avec Robert VI, seigneur de Béthune (1).

Daniel, dont les instants étaient presqu'exclusivement consacrés à l'administration de cette ville qu'il venait de rendre libre pour la rendre prospère, se fit caution, en 1223, des échevins et de la communauté de Béthune pour une somme de cinquante livres parisis qu'ils avaient dû emprunter pour les besoins de la cité.

A cette époque, les emprunts étaient devenus des expédients ordinaires généralement admis pour les transactions commerciales et industrielles; les prêteurs, pour se couvrir, commençaient à exiger des cautions qui devaient leur donner, en garantie, un engagement régulièrement fait et par écrit. En affaires de cette nature, on ne se contentait plus, comme autrefois, d'une simple parole pour garante d'un prêt quelconque. N'est-ce pas là l'indice de l'extension du commerce mais aussi de la diminution de la bonne foi chez les commerçants?

En 1216, Daniel, qui tout particulièrement avait le sentiment du devoir à l'égard de son suzerain, quitta momentanément la ville de Béthune, objet de son incessante sollicitude, pour accompagner le prince Louis, comte d'Artois, en Angleterre où l'appelaient, pour le couronner, les barons anglais révoltés contre Jean-sans-Terre. La veille de l'Ascension, Louis prit la mer, avec une armée nombreuse à laquelle Daniel avait fourni quinze chevaliers. Au siège mémorable de Douvres, occupé par une garnison flamande sous le commandement d'Engelhart d'Athies et d'André de Sauzelle, le premier qui monta sur les remparts de

(1) Charte de l'abbaye de Molesme 1193.

cette ville fut, dit l'auteur de la chronique de Flandre, « un escuyer qui portait la bannière lance de Béthune » (1). Les amis de Jean-sans-Terre, parmi lesquels on comptait Robert de Béthune, frère de Daniel, s'étaient précédemment dispersés, de telle sorte que ces deux frères n'eurent pas le malheur de se combattre sur un même champ de bataille.

Daniel, revenu à Béthune, après un séjour de dix-huit mois en Angleterre où le prince Louis avait été, dans cet intervalle, couronné et découronné par les barons anglais, continua les œuvres de son administration seigneuriale en faveur de cette ville. Le château de Béthune, ravagé de toutes manières, dans sa longue existence, par le temps et par la guerre, menaçait ruine. Daniel le fit reconstruire; et pour en faire une vraie forteresse contre les attaques des gens de guerre, il l'entoura de trois côtés, d'une muraille, ne laissant libre que le terrain faisant face à la ville et sur lequel, pour l'utilité des habitants et son agrément personnel, il creusa un large et profond vivier (2). En outre, pour donner plus d'importance à la ville, il recula ses limites (3).

Cet excellent seigneur qui, depuis son élévation au pouvoir, avait abandonné aux échevins une partie de ses droits sur cette ville, eut la prétention, pour se dédommager de cet abandon, de soutenir, au mois de mars 1223, devant le prince Louis, son suzerain, que la haute justice lui appartenait directement, à l'exclusion de toute autre autorité, fût-elle royale, sur ses domaines situés entre la Lys et le Tronc-Béranger. Mais bientôt, sur les conseils de l'évêque de Senlis, chancelier de France, il déclara que, mieux éclairé sur la nature et l'étendue de ses droits, il reconnaissait mal fondées et injustes ses prétentions à ce sujet. Le prince

---

(1) *Chronique de Flandre*, ch. VII, Duchesne, p. 193; Anquetil, *Histoire de France*.
(2) *Archives de la ville de Béthune*; F. Locrius, p. 380.
(3) Auteur anonyme d'une histoire de Béthune, p. 23.

Louis, devenu roi de France, le 14 juillet de la même année, par la mort de son père, déclara, de son côté, que, vu le désistement aussi prompt que sincère de son cher et féal Daniel, il lui accordait à toujours pour lui et ses successeurs dans la seigneurie de Béthune la haute justice, c'est-à-dire celle qui a rapport au rapt, au meurtre et à l'incendie.

Daniel mourut le 20 octobre 1225, après avoir fait une foule de dispositions pieuses et de donations en faveur : 1° de la collégiale de St-Barthélemy, qu'il dota d'une rente de dix livres pour subvenir à l'entretien d'un chantre ; 2° de l'abbaye de Beaupré qu'il fonda et qu'il dota généreusement en 1220 ; 3° du chapelain de Labuissière auquel il abandonna, pour son traitement, deux muids et demi de froment, deux muids et demi d'avoine et dix livres à prendre annuellement à Bruay. Ces diverses dispositions nous les avons mentionnées, parcequ'elles servent à l'histoire pour la connaissance des institutions du temps et du pays.

Robert VII Robert VII succéda à Daniel, son frère, mort sans laisser d'enfants.

Nous avons raconté sa vie aventureuse en Flandre sous le comte Ferrand, en Angleterre sous le roi Jean, lorsqu'il n'était encore que simple écuyer ou plutôt chevalier banneret.

Avant lui, l'écusson des seigneurs de Béthune était *d'azur aux bandes d'or*. A ces armoiries il substitua celles de Termonde dont il était précédemment le seigneur et qui sont *d'argent à fasces de gueules* (1). Ces dernières armoiries furent adoptées dès lors par tous les membres de la maison de Béthune et devinrent celles de la ville.

Robert, dès son élévation au pouvoir seigneurial de Béthune, s'occupa d'améliorer et d'augmenter, dans

(1) Duchesne, p. 205.

une mesure considérable, les fortifications de cette ville, qui, primitivement, se composaient d'une simple palissade, et, plus tard au douzième siècle, d'une muraille en terre et peu élevée. Comme il voulait faire de cette place une des plus fortes du pays, il ne négligea, dans ce but, aucun des procédés usités, à cette époque, par l'art militaire pour mettre la ville en état de défense contre les nouveaux engins d'attaque, tels que les grands pierriers, balistes, etc. Il entoura l'enceinte de cette cité, récemment agrandie par Daniel, de fossés, de boulevards, de murailles et de tours (1). Il donna aux fossés une grande profondeur et une largeur suffisante pour empêcher les projectiles des assiégeants d'arriver jusqu'aux remparts. Il éleva les murailles à une hauteur qui dépassait presque celle des maisons voisines. Les tours, séparées l'une de l'autre par une distance à peu près égale, avaient, à partir du niveau de la chaussée, une hauteur de 8 m. 40 c. et une circonférence de 39 mètres. Elles étaient placées 1° à la porte St-Pry; 2° à la porte des Fers ou d'Arras; 3° au bastion St-Ignace, ancien magasin à poudre, en face du collège; 4° à la porte de la Vigne ou du Rivage; 5° à la porte St-André ou du Carnier, bastion de la vieille porte; 6° près de la caserne Magnac; 7° à la porte des Marais ou des Capucins, au delà de l'ancienne maison des frères fondée par M. l'abbé Wourm. De ces sept tours, deux existaient encore lors du démantèlement de la place et continuait de faire bonne figure devant l'ennemi; l'une, reconstruite d'après l'ancien plan vers l'année 1358, s'élevait au-dessus de la porte St-Pry; l'autre, servait de dépôt de munition au bastion St-Ignace, construit en 1670 par Vauban. Ces travaux, commencés en 1226, ne furent achevés qu'en 1238. Comme ils ont été entrepris sur l'initiative de Robert et poursuivis par ses ordres, on peut croire

---

(1) F. LOCRIUS, Chron. belg., p. 301

qu'il les a payés de ses deniers, ainsi que le faisait Philippe-Auguste qui, selon les expressions de l'historien du temps, fortifia Paris, les autres villes, châteaux et forteresses du royaume non sur les fonds des autres, mais sur son propre fisc (1).

Ces travaux exigèrent le déplacement du moulin du Castel donné autrefois par Robert II, à la collégiale de St-Barthélemy (2); il fut transféré hors de la ville. L'année suivante, le sire de Béthune fit rentrer ce moulin dans son domaine ainsi qu'un autre nommé Pilart, s'engageant, pour cette acquisition, à payer annuellement au chapitre quatre muids de blé de mouture, quatre muids d'avoine, trois mencauds de froment, six sous, six deniers parisis. Le froment était estimé vingt-six deniers le mencaud. Par cette convention, on peut apprécier l'esprit de justice de Robert qui, pour recouvrer une propriété anciennement seigneuriale et récemment aliénée par un acte de donation, se soumettait à de pareilles conditions, humiliantes de la part d'un seigneur du XIII° siècle (3).

Depuis la fondation de la collégiale de St-Barthélemy par Robert-le-Faisceux, les seigneurs de Béthune l'avaient comblée de leurs incessantes largesses. Fidèle à ces traditions, Robert VII, avec l'aide de sa femme Isabeau de Moreaumès et du père de sa femme, fit rebâtir, en 1230, l'église de ce nom (4).

Ces œuvres locales n'empêchèrent pas ce pieux et actif seigneur de prendre part aux évènements politiques et religieux qui se produisirent alors. En 1233, le pape Grégoire IX fit prêcher une croisade contre une sorte d'hérétiques ou plutôt d'idolâtres appelés *Statinghem*, du nom de la ville où ils avaient pris naissance. Ces sectaires, décriés par leurs croyances qui

(1) GUILLAUME-LE-BRETON.
(2) Arch. municip., lettres de 1258.
(3) Arch. du Pas-de-Calais, arch. du département du Nord, DUCHESNE, p. 210.
(4) F. LOCRIUS, p. 491. — HENNEBERT.

consistaient à adorer le diable sous la forme d'un chat, inspiraient en même temps des sentiments d'admiration pour le stoïcisme avec lequel ils subissaient la douleur et même la mort. Leur prosélytisme, s'appuyant ainsi sur le mépris des souffrances, avait un succès qui n'était pas sans danger pour le pays qu'ils habitaient. Jeanne, comtesse de Flandre, s'associant aux vues du souverain pontife, fit un appel chaleureux, en faveur de cette croisade, à ses barons et notamment à Robert de Béthune qui relevait du comté de Flandre pour son domaine de Termonde. A cet appel répété par l'évêque de Brême, Robert de Béthune, accompagné de plusieurs chevaliers, se mit à la tête d'une petite armée que la comtesse Jeanne plaça sous son commandement et qui se composait de trois cents cavaliers et de six cents fantassins. Le 16 mai 1233, un combat s'engagea entre cette armée flamande et les Statinghem qui, au nombre de plus de sept mille, étaient groupés autour de leur chef monté sur un cheval blanc. La lutte de part et d'autre fut acharnée. Philippe Mouskes (1) rapporte, dans sa chronique rimée, qu'Arnould d'Audenaerde, gêné dans ses mouvements agressifs par son cheval bardé de fers, attaqua les Statinghem à reculons, et que, s'abattant au milieu d'eux, il en occit un grand nombre. La résistance, cependant, de la part de ces sectaires, se continuait vigoureuse, opiniâtre. Ils ne plièrent que sous les coups du seigneur de Béthune qui, s'élançant au milieu d'eux, sema le désordre dans leurs rangs. La déroute commença de se déclarer; bientôt tout céda à l'impétuosité de la victoire. Poursuivis à travers les marais et les bois, ces sectaires périrent presque tous, frappés sur le champ de bataille ou noyés dans les flots du Weser.

    D'autres sectes, prêchant également la haine et le

---

(1) *Chron.* de Mouskes, édition Reiffenberg, vers 28183 à 28208.

renversement de la religion chrétienne, et devenues menaçantes, au double point de vue social et politique, par le principe d'anarchie qui faisait le fond de leurs doctrines, et par l'effroyable assemblage de turpitudes qu'elles offraient aux passions, désolaient alors le pays de Frise. Le comte de Hollande, impuissant à extirper ces erreurs propagées par des débauches et des crimes, pria Robert de Béthune ainsi que ses compagnons d'armes, enrôlés sous la bannière de Flandre en qualité de « croisés », *cruce signati* (1), d'entreprendre une nouvelle expédition ou croisade contre ces ennemis de la religion et de la morale. Ces chevaliers dont les sentiments catholiques avaient à la fois les mêmes excitations et la même ferveur que ceux des croisés combattant pour la gloire de la Terre-Sainte et le grand nom de Jérusalem, s'empressèrent de tourner leurs armes contre ces hérétiques. L'attaque fut prompte, et le succès aussi décisif que rapide.

Cette double expédition de Robert de Béthune lui fit, plus que jamais, dans tout le pays, une fort belle renommée de religion et de vaillance. La comtesse Jeanne s'autorisa de cette situation pour le présenter et le faire agréer comme garant des engagements pris par elle, en 1236, à Péronne, vis-à-vis de Louis IX (St-Louis). L'année suivante, au mois de novembre, elle le députa vers Henri III, roi d'Angleterre, pour régler, d'un commun accord, les dommages respectifs qu'ils avaient pu, l'un et l'autre, subir par suite des saisies faites sur leurs terres pendant la dernière guerre. Cette négociation eut un plein succès. De son côté le monarque anglais, qui avait également en grande estime Robert de Béthune, le choisit pour arbitre et plénipotentiaire dans toutes les affaires de cette nature qui, dans l'avenir, pourraient présenter quelques difficultés.

(1) Iperii, *chron.* p. 716.

Marguerite de Constantinople, investie, en 1244, du comté de Flandre par la mort de sa sœur, passa par Béthune à son retour de Péronne où la reine Blanche, en l'absence de Louis IX, *grevé de maladie*, avait reçu son acte d'hommage. Elle venait dans cette ville pour y négocier le mariage de son fils, Guy de Dampierre, avec Mathilde ou Mahaut, fille héritière de Robert de Béthune. La négociation, vivement conduite, eut pour résultat la célébration de ce mariage, au mois de février 1245, dans la chapelle du château de Béthune. Il est impossible de peindre toute la magnificence qui fut déployée pour cette cérémonie nuptiale (1).

Robert de Béthune que recommandait, d'ailleurs, sa grande loyauté servie par une infatigable activité, devint, à cette occasion, l'un des principaux conseillers de la comtesse. En cette qualité, il prit part au débat qui n'était encore qu'à son début, touchant la possession du comté de Flandre, également réclamée par les enfants de Bouchard d'Avesnes et ceux de Dampierre. Ce fut par son conseil que les uns et les autres se soumirent à la sentence arbitrale prononcée, au mois de juillet 1246, sur cette question, par Louis IX et l'évêque de Tusculum, et qui attribuait le Hainaut à Jean d'Avesnes, et la Flandre, avec toutes ses dépendances, à Guillaume de Dampierre.

Sur ces entrefaites, Louis IX organisa, selon le vœu qu'il en avait fait pendant sa maladie en 1244, une croisade pour la Terre-Sainte. Robert de Béthune, toujours prêt aux actes de religion et de patriotisme, ne fit pas attendre l'adhésion de son dévouement. Pour se préparer à cette guerre sainte, il fit un grand nombre de pieuses fondations, en faveur de plusieurs abbayes voisines avec lesquelles ses ancêtres avaient eu d'affectueuses relations, et notamment au profit du cha-

---

(1) Duchesne, 221.

pelain de Richebourg auquel il donna, pour lui et ses successeurs, « son vieux verger de cette localité assis « près de son château avec tous les fossés qui l'entou-« raient de toutes parts » (1).

Tandis que la flotte des croisés quittait le port de Marseille, Robert de Béthune prenait la voie de terre, se dirigeant par l'Italie vers la Palestine. Le souverain pontife, déclarant le prendre sous sa protection ainsi que sa femme et ses domaines, avait donné des ordres pour que, partout sur son passage, on lui fît une réception conforme à son rang et méritée par son passé glorieux. Il s'arrêta, frappé par la maladie, au château de Châle en Sardaigne. « C'est là, dit un chro-« niqueur, que plein de palmes et de mérites est mort, « le 22 novembre 1248, ce vaillant capitaine, pour la « récupération des saints lieux et la défense du nom « chrétien ». Sa dernière pensée, sur son lit d'agonie, fut pour la collégiale de St-Barthélemy à laquelle il portait une affection particulière. Par un acte daté du 2 novembre, *jour des âmes*, au château de *Kalos*, il donnait aux chanoines de cette église, vingt livres parisis à prendre annuellement, après son décès, sur le tonlieu et les revenus de la halle de Béthune, à charge de célébrer tous les ans un anniversaire (2). Son corps fut rapporté en France et inhumé dans l'église de l'abbaye de St-Vaast d'Arras, contre la clôture du chœur, sous un magnifique tombeau dont on peut voir la description dans Duchesne (3).

Il eut pour successeur sa fille Mathilde ou Mahaut, femme de Guy de Dampierre.

Mahaut

Mahaut, qui avait une âme droite et une sollicitude toute particulière pour tout ce qui touchait aux intérêts de la ville de Béthune, s'empressa, sur la demande

(1) Cet acte est du mois de février 1247, — DUCHESNE, p. 213.
(2) Archives du Pas-de-Calais, chartes d'Artois. — DUCHESNE, p. 214.
(3) DUCHESNE, p. 213.

des chanoines de St-Barthélemy, de définir et de régler le droit de justice de cette collégiale dans ses rapports, souvent connexes mais toujours distincts et indépendants, avec celui du seigneur de cette cité. Elle publia, sur cette matière, après s'être entendue avec le chapitre, en 1257, une charte qui, par son importance locale, mérite d'être ici reproduite, sinon intégralement, du moins dans ses points principaux :

Le chapitre de St-Barthélemy aura ses mayeur et sergents jurés qu'il nommera et pourra changer à sa volonté sans être obligé d'en demander l'autorisation à qui que ce soit.

Lesdits mayeur et sergents devront, avant d'entrer en fonctions, prêter serment au prévôt et au chapitre et jurer, en même temps, qu'ils conserveront fidèlement les droits du seigneur.

Tous les délits et tous les crimes tels que vol, violence, querelles, rupture de bans, épaves et choses trouvées, insultes et injures qui seront commis dans les terres ou dépendances de ce chapitre soit à Béthune, soit à Nœux, soit à Hersin, seront jugés par les juges de cette église, à la conjure de son mayeur et de ses sergents.

Les amendes et *catheux* reçus en vertu d'un de ces jugements seront répartis, par portions égales, entre les chanoines et le seigneur, déduction faite des frais de justice.

Le condamné ne pourra être relâché qu'après avoir payé, s'il possède quelque bien, *catheux* (1) ou autre propriété quelconque, les amendes et les frais du jugement. Il devra produire, avant son élargissement,

---

(1) Le mot *catheux* signifiait une propriété qui pouvait être saisie par exploit de justice.

En vertu des coutumes de Béthune, est-il écrit dans une délibération des délégués du seigneur de cette ville et des échevins, en date du 16 août 1613, *par le mot catheux ne seront comprins les granges et autres édifices scitués et metz dudit escherinaige; lesquels par la coutume générale de ce pays d'Arthois sont reputés et prins aud mot catheux.*

la quittance de ce paiement ou, faute de ressources, la pièce constatant la *paix*, c'est-à-dire la remise gratuite de ces frais ; le tout ayant été accepté préalablement d'un commun accord par le chapitre et le seigneur.

Lorsqu'un malfaiteur aura commis un vol ou coupé un membre dans le tènement (1) de l'église, et que son jugement aura été prononcé par les tenants ou juges de cette église, à la conjure du mayeur et de ses sergents, on en informera le seigneur pour l'accomplissement des conventions ordinaires.

Le seigneur n'a aucun droit de justice dans le tènement de cette église. Cependant sur le refus, devant deux ou trois témoins, des juges de cette église, de faire droit et loi à une plainte quelconque, il pourra, mais sans préjudice pour cette église dont les droits resteront intacts, introduire, exceptionnellement, cette cause devant les représentants de sa propre justice.

Le seigneur ne doit avoir dans toutes les terres de cette église que les droits repris ci-dessus, de telle sorte que les tenanciers et les *hostes* du chapitre seront libres et exempts de tout *ost* (milice?) chevauchées, tailles, corvées et autres exactions, de quelque nature qu'elles soient, si ce n'est pour la défense de la terre de Béthune.

Le prévôt et le chapitre de cette église jouiront pleinement et à toujours dans leur tènement situé en dedans des territoire, domaine et fief de Béthune, des reliefs, entrées, sorties, concessions faites par lois et ordonnances, amendes pour injures dites contre les juges.

Ils auront les bénéfices provenant des plaids, des clains, les propriétés échues aux bâtards par la mort de leurs parents, toutes les terres confisquées par jugement et dans quelque cour que ce soit.

---

(1) On appelait *tènement* les héritages tenus des seigneurs et pour la possession et l'exploitation desquels on payait annuellement une redevance.

Ils auront tous les tonlieux, forages, cambages, amendes, et généralement tous droits, tels que le seigneur les possède dans ses domaines et que les pairs du château de Béthune ont pareillement sur leurs propres terres. Quels que soient ces avantages et droits, ils ne doivent aucun service, si ce n'est à Dieu.

Le seigneur ne pourra, en aucun temps, transférer à qui que ce soit les droits qu'il possède dans le tènement du chapitre. De son côté, le chapitre, en tout ce qui concerne ses droits, ne sera tenu de répondre qu'au seigneur.

Ledit chapitre confirme et approuve cette charte seigneuriale dans tous ces articles et s'engage à les exécuter (1).

Ce fut si l'on en excepte son testament, le dernier acte officiellement important de Mahaut en faveur de Béthune. Elle mourut le 8 novembre 1264, laissant un testament, témoignage de sa pieuse et grande charité, notamment en faveur de l'église St-Barthélemy, de l'hôpital, du curé de St-Barthélemy, du curé de St-Vaast, du curé de St-Pry, du prieur de St-Pry. Elle fut enterrée dans la chapelle de St-Aubert de l'église de l'abbaye de Flines, sous une tombe de marbre noir. Le scel de cette auguste dame de Béthune nous la représente un lis à la main ; du même côté sont les armes de Flandre, et sur le revers, les armes de Béthune. Duchesne donne dans les termes suivants la description de ce mausolée : « Mathilde était représentée sur son
« tombeau avec une coiffe en forme de pyramide ; un
« grand crespe pendait derrière et des dorures autour
« du chef ; par dessus sa robe était un long manteau
« de drap d'or figuré, fourré d'hermine, traînant jus-
« que sur les talons et armorié en plusieurs endroits
« des armes de Flandre et de Béthune. Au milieu
« d'une arcade, il y avait un ange soutenant un grand

(1) *Arch. du Pas-de-Calais, Livre rouge du chapitre de St-Barthélemy*, f. 84.

« écu portant d'argent à la fasce de gueules ». « Toute
« la chapelle était semée d'autres petits escus sembla-
« bles ou parties de Flandre. Bref, contre la clastine
« qui était en bois on voyait attaché un petit tableau
« dans lequel se trouvait une épitaphe en latin » (1).

Robert de Béthune hérita de sa mère la seigneurie de ce nom. Plus tard, son père, succombant sous le double poids de l'infortune et de la vieillesse, lui remit dans l'assemblée des députés du pays tenue à Audenaerde le gouvernement de ses Etats. Sans se désintéresser entièrement de la seigneurie de Béthune, Robert n'eut plus dès lors pour elle, absorbé qu'il fut par d'autres soins bien plus importants, cette sollicitude particulière qu'avaient eue ses prédécesseurs pour ce domaine. Nous dirons plus loin quels ont été les actes de son administration seigneuriale à Béthune:

(1) Buzelini Gallo fland, l. 3, ch. 5.— DUCHESNE, p. 234. — F. LOCRIUS, 1205.— Mémoriaux de Succa.

CHAPITRE V

La grande situation des seigneurs de Béthune à la fin du XIIIe siècle. — Leur cour et leur domesticité. — Noms des douze pairs. — Les lettres et les arts sont cultivés avec amour et succès. — Rapports des seigneurs et des bourgeois sur les divers champs de bataille, notamment dans les croisades. — Souvenir toujours vivace, même au XVIe siècle, des seigneurs de cette ville. — Visite de Sully. — Origine et signification des noms. — Avènement de Robert VIII. — Louis XI s'empare de Béthune. — Le grand jubilé de l'année 1300. — Bataille d'Arques. — Trêves suivies d'un traité de paix. — Mahaut, comtesse d'Artois, fait l'acquisition de la seigneurie de Béthune. — Réclamations du comte de Flandre. — Administration seigneuriale de Mahaut. — Son procès contre Robert d'Artois. — Confédération des nobles contre son autorité. — Sa visite solennelle à Béthune.

Trois siècles se sont écoulés depuis l'avènement de Robert-le-Faisceux à la baronnie de Béthune. Durant cette longue période, il s'est fait dans sa famille seigneuriale, dans le clergé et dans le peuple de cette ville des transformations successives qu'il importe de constater, afin de mieux saisir l'ensemble des faits dont se compose cette histoire et qui, sous la direction de Dieu et par le travail de l'homme, sont liés comme les anneaux d'une même chaîne.

Les descendants de Robert Ier, dit *le Faisceux*, avaient, au XIIIe siècle, dans tout le pays, une fort grande situation. Leur fortune, en dehors même des biens qu'ils possédaient dans l'avouerie de St-Vaast, était considérable. Ils s'intitulaient seigneurs de *Carenci, Lagorgue, Aumale, Termonde, Molembèque, Pont-Rohart, Locres, Hébuternes, Vandeuil, Meaux-en-Brie, Rompts, Ghistelles, Bayes, Mareuil, Hautbois-lez-Havrincourt, Ostel, Rosny, Sully-sur-Loire....* En outre, ils tenaient en fiefs de l'abbaye de St-Vaast d'Arras le pays de l'Aleu et la seigneurie de Richebourg. Ils avaient encore en Angleterre de fort belles propriétés parmi lesquelles on comptait le domaine de Mysewelle (1).

La terre de Béthune avait titre de baronnie. Il y avait plusieurs seigneurs qui en relevaient et dont l'histoire a conservé les noms.

La Cour des seigneurs de Béthune égalait presque, en faste et en magnificence, celle des comtes de Flandre. Son organisation est assez intéressante pour être ici sommairement décrite. Elle était pourvue d'officiers grands et petits qui, d'après le système féodal, se transmettaient leurs charges par voie d'hérédité. En tête des grands officiers se présentait d'abord le sénéchal ou dépensier. Ses fonctions étaient à peu près celles que remplissait le maréchal du palais ou le ministre de la maison du roi en la Cour de France. Le fief de sénéchal était héréditaire dans la maison des seigneurs de Canteleu, sires de Douvrin. Un des membres de cette noble famille, Eustache de Canteleu, commandait, avec le comte de St-Pol et Pierre d'Amiens, le troisième corps d'armée des croisés au siège de Constantinople par Baudoin.

Venait ensuite le chapelain, chargé du service religieux dans la chapelle du château.

Puis paraissait le clerc qui, d'ordinaire, accompagnait les seigneurs dans leur voyage.

Parmi les officiers subalternes, acceptés à titre héréditaire, on distinguait les huissiers, le chef des cuisines, le saucier, le charpentier, le lavandier qui lave les draps et les nappes, livre la laine dans les voyages ; le litier qui fait le lit, le lardier qui fournit au château tourbes, anguilles, poissons, œufs et sel ; le garde cellier, le fournisseur de crème et de beurre, les mercredi, vendredi et samedi de chaque semaine.

En outre, les seigneurs de Béthune avaient une

(1) HENNEBERT, t. II, p. 59.

cour plénière dont les membres principaux, au nombre de douze, portaient le nom de pairs.

Cette institution, d'origine féodale, rappelait celle de Robert, successeur de Hugues Capet :

> « La France
> « .... dose pers...... estoient
> « Qui la terre en douse partoient,
> « Chacun des douse un flé tenoit
> « Et roi appeler se faisoit ».

Les douze membres qui, dans le château de Béthune, siégeaient comme pairs au sein de cet aréopage féodal, étaient les seigneurs « de Canteleu », sieur de Douvrin, sénéchal de l'avoué; « d'Allouagne »; « d'Annezin »; « de Belsages »; « de Beuvry »; « de Bruay »; « d'Hersin »; « de la Fosse »; « de Mangoval »; « de Labeuvrière »; « de Pascaux »; « de Roholt » (1). Ils étaient justiciables les uns des autres. Fréquemment ils étaient appelés à faire, selon leurs droits, des enquêtes judiciaires, pour servir aux jugements du chapitre ou du seigneur. — Le seigneur d'Allouagne était, au XIIIe siècle, le bailli du seigneur de Béthune (2). Lorsque, réunis dans l'enceinte de cette ville, ils allaient à la bataille groupés autour du seigneur de Béthune, le spectacle qu'offraient ces chevaliers en cotte d'armes, au casque de bronze et de fer, à la lance ornée d'un guidon aux vives couleurs, à l'épée de forme mérovingienne, au bouclier allongé en amande, décoré d'emblèmes et d'armoiries, accompagnés de leur domesticité, de leurs valets armés de piques et formant leur infanterie, ce spectacle n'était pas sans grandeur.

Les seigneurs de Béthune, fidèles observateurs des instructions et des exemples de Robert-le-Faisceux, puisaient leur force et leur grandeur dans la religion.

(1) Jean LE CARPENTIER, *histoire du Cambrésis*, t. II, pages 23, 719, 220, 360, 332, etc.
(2) Charte de 1214.

Agissant sous l'inspiration chrétienne, fréquemment sous l'impulsion de leur évêque, quelquefois sous celle des papes, toujours d'intelligence avec eux, ils ont su, dans tous les temps, se laisser guider par cette haute et bienfaisante direction. Et par là, leur gouvernement qui jamais n'a cessé d'être doux et protecteur pour le peuple de cette ville, prépara par degrés les voies à cette tendance de liberté, qui est celle de l'Église.

L'esprit chrétien dominait en eux l'esprit féodal, c'est-à-dire, leur charité faisait oublier leur intérêt. C'est ce qui porta l'un d'eux à décréter, par un acte de réaction parfaitement libre et volontaire contre la constitution féodale, l'affranchissement ou plutôt la restitution des franchises et des coutumes qui, de temps immémorial, avaient fait de cette cité une commune.

Sous leur gouvernement, un grand mouvement intellectuel remua les âmes. C'est le clergé, et avec le clergé ces illustres seigneurs qui, par l'entrainement de leurs exemples, ont donné, dans cette ville, une admirable excitation à l'activité des esprits. Ils aimaient et protégeaient les lettres; plusieurs d'entr'eux les cultivaient même et avec un grand succès; citerons-nous parmi les trouvères célèbres de cette époque, Guillaume et Quesnes de Béthune dont les vers sont des modèles de grâce et de sensibilité? Dans une sphère moins élevée, nous trouvons Salvage ou Sauvage de Béthune, ce trouvère si remarquable qui, à défaut d'un nom plus illustre, portait celui de sa ville natale dont la gloire s'augmenta par l'obscurité même de la naissance de cet enfant de cette cité. L'éloquence et la poésie brillaient alors du plus vif éclat dans cette province, et l'on ne peut contester aux membres de la maison de Béthune la gloire d'un fécond patronage en faveur des lettres. Le progrès des arts libéraux suivait, sous la même impulsion, le mouvement intellectuel. La cour des seigneurs de Béthune était une des plus brillantes du pays. L'art, compagnon ordinaire de la poésie, vivait de ce luxe qu'il ennoblissait. L'église St-Barthélemy, construite et reconstruite par les soins et aux frais de cette noble maison de Béthune, sans être précisément un chef-d'œuvre d'architecture, révélait une entente de l'art, et se recommandait par la magnificence des décors et la munificence d'une prodigalité splendide. La ville s'était agrandie, l'industrie et le commerce se développaient, la population croissait. Tout dans cette seigneurie avait un air de paix et de prospérité. La guerre étant devenue, à cette époque un art, et la discipline des armées un élément de l'ordre social, les seigneurs de Béthune entourèrent la ville de murs et de fossés, selon les besoins de la stratégie, associant en même temps, pour la défense commune, le patriotisme de la cité au patriotisme du château-fort. Les bourgeois et leur seigneur se trouvaient confondus dans une même défense du territoire et engagés vaillamment ensemble dans toutes les guerres où la féodalité n'était pour rien, où la ville, plus que le château, était le point de mire des attaques de l'ennemi.

C'est surtout à partir des saintes expéditions désignées dans les annales des peuples par le grand nom de croisade, que les bourgeois de cette ville furent admis à combattre librement et pêle-mêle à côté de leur seigneur. L'épée de ces illustres châtelains, surmontée alors d'une croix, cessa d'être l'instrument de l'oppression féodale; elle devint un signe de protection et de liberté. C'est ainsi que la seigneurie de Béthune, se faisant toute chrétienne, prit une forme toute nouvelle, celle de la vraie civilisation.

Sans doute cette ville ne fut pas à l'abri de toute espèce de désastres. Mais elle trouva, pour tempérament de ses calamités, dans les sentiments sages et chrétiens de ses seigneurs, des principes d'ordre, avec de la gloire et de la vertu, c'est-à-dire tous les éléments qui, malgré les accidents inévitables dans la vie d'une cité, devaient la conduire par l'unité à la liberté.

Peut-être sera-t-on tenté de reprocher à cette histoire d'absorber cette ville dans la personne de ses seigneurs. Si cela était, ce serait une faute et une injustice. Mais qui ne sait que le peuple de Béthune s'identifiait alors avec l'illustre maison de ce nom, et que cette maison se confondait avec ce peuple? Les sires de Béthune entraînaient toutes les pensées de ce peuple, accoutumé, dans tous les temps, à voir en eux le lien de tous ses intérêts. C'est en ce sens que leurs personnes ont dû être l'objet principal de l'attention de cette histoire. Non pas que le simple peuple ait été négligé par elle, mais parce qu'on y trouve l'explication du mouvement qui le poussait à ses destinées. Au reste, lui-même était heureux de s'abandonner, dans sa marche ascendante vers l'avenir, à des guides dont les yeux étaient plus clairvoyants que les siens, dont la force était plus grande que la sienne. Aussi gardait-il presque toujours devant l'autorité supérieure qui l'ébranlait, l'élevait, le faisait mouvoir, une réserve, pour ne pas dire, une confiance absolue, une modestie craintive, une humilité d'attitude et de langage, en un mot, une sorte de caractère abaissé.

Toutefois, cette infériorité de sa part vis-à-vis du pouvoir seigneurial n'était pas si complète qu'on pourrait le croire. Alors que les seigneurs de Béthune, ayant des préférences personnelles pour les comtes de Flandre dont ils recevaient considération et profit, se rangeaient volontiers de leur côté, les bourgeois de cette ville tenaient à rester purs de tout alliage avec l'élément tudesque ou flamand, et se portaient de tout cœur vers les rois de France. Aussi l'armée française, toutes les fois qu'elle assiégea Béthune, y pénétra presqu'aussitôt et, pour ainsi dire, sans coup férir; tandis que les milices flamandes, dans des circonstances identiques, en furent toujours repoussées.

Ce dissentiment, le seul qui ait existé entre les seigneurs et les habitants de cette ville, n'a jamais cependant altéré leurs bons et loyaux rapports dans toutes les choses de l'administration municipale. Liés entr'eux par un même dévouement aux intérêts de cette cité leur mère commune, leur alliance s'est continuée à travers les siècles, malgré les changements opérés dans cette localité qui n'a guère changé pour eux.... On lira volontiers, à ce sujet, une page intéressante des mémoires de Sully, un des descendants de Quesnes de Béthune : « 1583, de La-Bassée vous
« vous en allastes en la ville de Béthune, que de long-
« temps vous aviez envie de voir; à la porte, on vous
« demanda vostre qualité, vostre nom, vostre surnom,
« d'où vous veniez, où vous alliez et où vous pensiez
« loger; en quoy vous les satisfistes, de sorte qu'ils
« témoignèrent d'en estre demeurez contents, surtout
« voyant que vous aviez un passe-port du duc de
« Parme, que vous veniez de chez la comtesse de
« Mastin, qu'elle estoit vostre tante, que vous aviez
« nom de Béthune et vous alliez loger à l'escu de vos
« armes; vers laquelle hostellerie peu après que vous
« fustes arrivé, vous vistes une troupe d'habitans s'a-
« cheminer, qui avoient des hallebardiers devant eux,
« et entre iceux quelques-uns qui portoient des livrées
« d'officiers de ville; lesquels vous vindrent visiter
« avec des compliments et paroles d'honneur et de
« respect, disans ne vous en pouvoir assez rendre,
« puisque vous estiez descendu de l'antique maison
« de leurs anciens seigneurs, dont ils savoient bien
« qu'il y avait quelque branche en France; ils vous
« firent des présens de vin, paticeries et confitures,
« et vous menèrent voir tout ce qu'il y a d'excellent

« dans la ville, que vous trouvastes grandement forte,
« belle, riche et bien peuplée, et surtout des structures et sépultures de plusieurs messieurs vos prédécesseurs; et nous souvient vous avoir ouï dire
« qu'au commencement que vous vistes venir tant de
« gens, avec les armes et livrées de la ville, vous
« eustes quelque espèce d'appréhension, craignant
« qu'ils eussent descouvert, que vous eussiez porté les
« armes avec monsieur, et se voulussent saisir de
« vostre personne » (1).

Depuis son passage à Béthune, Sully ainsi que tous ses descendants, convoitèrent la possession de cette ville où le souvenir de leurs glorieux ancêtres était resté vivant. Leur désir allait être accompli, lorsqu'éclata la révolution de 1789 qui, en modifiant l'ancien ordre de choses, mit à néant leurs projets.

Ne voulant pas toutefois se désintéresser entièrement de cette bonne ville, ils gardèrent dans leurs propriétés l'ancienne maison où se traitaient autrefois les affaires de la *gouvernance*.

Sous le gouvernement de ses anciens seigneurs, au douzième siècle, une révolution dans les noms propres se fit à Béthune. Antérieurement on ne portait que ce que nous appelons de nos jours un prénom, soit chrétien, soit profane. Le seigneur seul de Béthune prenait le nom de ce domaine qu'il ajoutait à son nom patronymique. Il est bon de le faire ici remarquer, ce n'est pas le seigneur qui donna son nom à cette ville, c'est la ville qui donna le sien à son seigneur. Il en était ainsi, du reste, de la plupart des nobles qui, sur la fin du règne des Carlovingiens, prirent leurs surnoms des principaux fiefs dont ils étaient investis. A partir de cette époque, au moment où se formèrent ces noms, les bourgeois ou manants ajou-

---

(1) Mémoires de SULLY, t. Ier, chap. XVIII, p. 43. — Tom. II de la collection des Mémoires pour servir à l'histoire de France, par MM. MICHAUD et POUJOULAT.

tèrent d'ordinaire à leur nom patronymique celui de Béthune ou d'une autre localité dont ils étaient originaires, et qu'avaient habitée leurs ancêtres.

C'était tout simplement un moyen de distinguer les individus porteurs des mêmes surnoms.

Il y eut alors de nombreuses familles qui prirent le nom de Béthune, quoi qu'aucun lien de filiation ne les rattachât aux seigneurs de cette ville. C'est ce qui est arrivé pour Sauvage de Béthune, Evrard de Béthune....

Fréquemment aussi, l'on ajoutait à son prénom l'indication de celui de son père. Un des fils de Robert VIII, seigneur de Béthune, s'intitulait : *Robertus, Roberti filius*.

Ces deux modes de dénomination que nous voyons alors concurremment en usage dans cette ville n'apportaient qu'un remède insuffisant à la confusion qui devait se produire entre les individus de cette cité, portant le même prénom.

On vit s'introduire, vers la fin du règne de Philippe-Auguste, l'usage du surnom qui devint un nom fixe et héréditaire. Tels sont, par exemple, les noms de Bernard, Grégoire, Guillaume, Vincent, Laurent, Frédéric, etc.

On constate aussi l'apparition de noms propres, neufs et expressifs, que vainement nous avons cherchés dans les chroniques antérieures.

Deux documents puisés dans les archives de Gand, sous la date de 1250, nous ont fourni les renseignements les plus précis et les plus détaillés sur cet intéressant sujet. Le premier est une liste des hommes-liges de Robert VII, avoué d'Arras, seigneur de Béthune; le second porte cette inscription : *rentes de l'avoué d'Arras*, seigneur de Béthune. Christin, chancelier de Brabant, a fait un commentaire sur le placard de 1616, à propos des changements de noms. Ces documents nous ont conduit à classer les noms, d'après leur origine, en plusieurs catégories :

La première comprend ceux empruntés à une qualité ou à un défaut physique « *diversâ ex causâ*, dit Christin, *veluti ex formâ deformitate vel vitio corporis placuit nomen mutari.* » Lelong, Lefort, Legros, Legras, Leblond, Lemaigre, Legrand, Le Petit, Le Bossu, Legris, Lebrun, Leroux, Lenoir, Rose, Lechassieux, Lebaubères, (Lebègue), Lesecq, Baux, appartiennent à cette catégorie.

Viennent ensuite les noms empruntés à une indication de nationalité, comme Flamand, de Flandre, Lenglais, Lallemand, Wallon, Lorrain, Sarrasin, Bavière, Haynaut, ou à une désignation de localité comme Delannoy, Richebourg, d'Annequin, Deroubaix, Hersin, Noulette, Frémicourt, Deguisne, Cassel, Hénin, Vendin, Darras, Bailleul, Normand.

Nous rangerons dans une troisième catégorie les noms dérivant de désignations topographiques, ou de mots ayant des affinités avec l'agriculture ou le règne végétal : ainsi nous avons Décamp, Deschamps, Dumont, Delmotte, Deleau, Dujardin, Dugardin, Dupuis, Dupuich, Duchateau, Dufour, Roche, Dubuisson, Bruyère, Dufossé, Fontaine, Defontaine, Delvallez, Demoulin, Petitprez, Demaretz, Chemin, Dupont, Pontfort, Delplace, Delpierre, Delécluse.

Les voies de communication donnaient lieu à d'autres noms, tels ceux de Duchemin, Delrue, Dupire, dérivé du vieux français « pire », autrement dit chemin empierré.

Aux bois et aux forêts se rattachent les noms de Dubois, Delahaye.

L'orme a donné Delorme; le chêne Duchesne, Duquesnes, Chesnoy, Duquesnoy; le tilleul Dutilleul; le fresne Dufresne, Dufresnoy; rozeaux, Rosiaux.

Dans une quatrième catégorie nous rangerons les noms empruntés au caractère : Sauvage, Boudart, Outrebon, Glorieux, Durteste, Legay, Lesage, Butor, Lheureux, Lebon, Vaillant, Galand, Malingre, Clément.

Dans une cinquième nous placerons les noms empruntés à une qualité professionnelle. Beaucoup d'entr'eux n'ont subi aucune modification. Il en est ainsi des noms suivants : Boulanger, Brasseur, Carpentier, Charpentier, Cordier, Cordonnier, Cuisinier, Barbier, Tonnelier, Bouchez; quelques autres ont subi une légère modification : Cuvélier, Maniez, Potiez, Gantiez.

D'autres ont subi, en passant d'un idiome à un autre, une transformation plus ou moins considérable. Par exemple, Faber est devenu Lefebvre, (ouvrier en métaux).

Viennent ensuite les noms rappelant des titres, fonctions ou dignités de corps et métiers : Fiévet, en vieux français, possesseur d'un fief; Chevalier, Châtelain, Baron, Bourgeois, Mayeur, Doyen, Prévost, Leprêtre, Lemoine, Lecomte, Lévêque, Leroy, Chavatte, Mercier, c'est la sixième catégorie.

Nous trouvons ici l'occasion d'expliquer le surnom de « Courcol » ajouté au nom de De Bailliencourt. La maison de Bailliencourt tire son nom de la terre de Bailliencourt ou de Baillescourt, nommée anciennement Baillecourt, Baillecurt, Baillescort, Baillescurt, Bailloncourt, Baillicourt, Baillicurt, mouvante de celle de Bucquoy; les armes de cette maison étaient un *écu de gueules à quatre menches d'argent*. En 1272, dans le partage des terres de Bucquoy et d'Aubigny, entre Robert, comte d'Artois, et Guy de Chatillon, comte de St-Pol, il est fait mention de Beket de Baillescourt, et de Bauduin de Baillescourt. L'origine du surnom « Courcol », donné à cette maison remonte à l'année 1419. La preuve se trouve dans la lettre suivante du duc de Bourgogne Philippe-le-Bon :

« La présente journée nous ayant fait assez cognaitre

« la vertu, valeur et courage de Baudoin de Baillen-
« court, capitaine de chevaux-légers de notre armée,
« lequel a remis la victoire en nos mains, par la ré-
« paration et recouvrement de nostre grand étendart
« fracassé et en mains de notre contraire, que pour
« jeusne qu'il était et de petite corpulence, qui nous
« l'a fait nommer *Courcol*, et a aussi causé par cet acte
« généreux la ruine totale et fuite de notre ennemi,
« acte et vertu que ne tiendrait être assez recognu et
« satisfait, par la présente faveur de la compagnie de
« chevaux-légers du capitaine Guillaume-de-Malhaye,
« vacante par la mort d'icelui, en ce présent ren-
« coingtre ains aurons d'icelui et des siens particu-
« lièrement convenances tant qu'il plaira à Dieu nous
« en faire la grâce. Ainsi voulons et commandons
« avec la ditte compagnie, il ait l'avant-garde à mon
« entrée d'Abbeville, et qu'en icelle il fasse sa rési-
« dence jusqu'à ce que ce soit notre bon plaisir l'ap-
« peler pour nous en servir ailleurs, entendant que
« la somme par nos précédentes ordonnée lui soit et
« aux siens fidellement payé et d'ici en avant celle qui
« se livre à mes gentilshommes domestique, — le
« tenant pour tel et lui octroyons le tiltre et grade de
« chevalier. Donné sous nos signe et cachet, en notre
« camp proche d'Abbeville, l'an de notre Rédemption
« 1419. Signé : Philippe. »

Dans un septième groupe nous rangerons les noms de ceux qui rappelaient leurs rapports avec des animaux. Peut-être aussi, comme pour les héros de Cooper, y trouve-t-on une simple allusion aux qualités dont chaque espèce était l'emblème et qui caractérisaient particulièrement les porteurs de ces noms. En voici quelques uns : Lecat, Lequien, Lecocq, Renard, Mainbœuf, Leporcq, Quéva, Baudet, Mulet, Singer, Faucon, Pinchon (pinson), Fauvette, Leloup, Leleu, Laigle, Cailléret (cailles), Cochon, Henneton.

Enfin un grand nombre de noms paraissent indécomposables, c'est-à-dire n'ont aucune signification marquée. La cause de cette anomalie se trouve probablement dans les variations de prononciations et surtout dans les fautes graphiques commises par les greffiers de cette commune qui, à des intervalles rapprochés, orthographiaient les noms d'une manière différente.

Le mélange de l'élément étranger a dû pareillement introduire dans cette ville une foule de noms Allemands, Hollandais, Flamands, Anglais, Espagnols, Italiens qui, subissant eux-mêmes, avec le temps, une altération plus ou moins marquante, sont présentement méconnaissables et incompréhensibles.

Quoiqu'il en soit de cette variété de noms et de leur signification, il faut reconnaître que, dès l'instant où ils furent adoptés et portés par nos ancêtres, ils exercèrent dans cette ville une très heureuse influence. Ce fut pour les membres d'une même famille un signe de reconnaissance. Rien peut-être n'a plus contribué à la grandeur de cette cité que cette succession nominale qui, en incorporant, pour ainsi dire, la gloire de cette commune à la gloire des noms héréditaires, joignit au patriotisme de race le patriotisme communal.

Robert VI Mathilde, comme nous l'avons dit, transmit la seigneurie de Béthune à son fils Robert qui déjà, du vivant même de sa mère, s'intitulait, dans ses actes, fils aîné du comte de Flandre et seigneur de Béthune.

Les graves évènements qui se passaient alors en Flandre dont Philippe, roi de France, convoitait ostensiblement la possession, ne permirent pas à Robert de s'occuper activement de ce domaine seigneurial. Tous ses soins, vis-à-vis de cette ville, se bornèrent, pour ainsi dire, à confirmer, dès sa prise de possession qui eut lieu, le jeudi avant la St-Rémy de l'année 1265, les privilèges et coutumes concédés ou plutôt reconnus par ses prédécesseurs en faveur de cette commune, et à lui faire donation d'un pré dont il était propriétaire et qui était situé entre son vivier et le marais d'Annezin. Peut-être par ces actes de bienveillance et de bienfaisance tenait-il à s'attacher les habitants de cette ville qui, par sa proximité de la Flandre, devait avoir pour lui une si grande importance et dont il se promettait de faire une des principales défenses de son comté, dans le cas où la guerre, qui déjà pouvait être prévue, éclaterait avec la France.

Ces tristes prévisions ne tardèrent pas de se réaliser. En 1297, Philippe-le-Bel s'avançait en ennemi vers la Flandre, avec une armée forte de dix mille cavaliers et de soixante mille hommes de pied, sous les ordres de trente-deux comtes. Il mit le siège devant Lille d'où il détacha un corps de troupes pour dévaster toutes les campagnes voisines et détruire les forces flamandes disséminées dans les villes secondaires des environs. Béthune, dont les sympathies traditionnelles étaient acquises à la France, ouvrit presqu'aussitôt ses portes à Robert d'Artois ou plutôt à son fils Philippe qui en avait commencé le siège. Ce fut la première ville, parmi les cités flamandes et de l'Artois, qui fit sa soumission au roi de France (1).

La perte de cette ville fut particulièrement sensible à Robert de Béthune qui en était le seigneur. A force de démarches et de suppliques réitérées et instantes, il rentra, pendant la trêve, conclue sur la demande du pape Boniface VIII, en possession de ce domaine; il ne le garda pas longtemps. Le jour même où expirait cette trêve (6 janvier 1299, v. st.), Charles de Valois, entouré d'une armée dans laquelle on comptait quinze

---

(1) BALDUINUS DE GLEN, cap. 18, *Historia abbatum Henniacenzium*. — Almanach d'Artois 1784, p. 163.

cents chevaliers et une multitude d'arbalétriers, s'empara de Béthune, les habitants n'attendant pour ainsi dire, que son arrivée sous leurs murs pour se soumettre; ils s'abandonnèrent aussitôt à sa discrétion avec leurs biens, ville et territoire. « *Et lors des maintenant, sitost comme il fust venu recut Béthune tout abandon* » (1).

Cependant ce n'est pas sans déchirement de cœur que Béthune se sépara de la dynastie seigneuriale qui, depuis plus de trois cents ans, l'avait sagement et paternellement gouvernée. Mais dans le seigneur de cette ville, Robert de Béthune, se personnifiait, pour ainsi dire, à cette funeste époque, la nationalité flamande. Or nos pères, unis à la France par leur origine, par la langue qu'ils parlaient, par leurs coutumes et leurs lois, se refusaient à se ranger sous l'égide du « lion de Flandre. »

Telle était la situation politique de cette ville, lorsque la nouvelle du grand jubilé de 1300 vint apporter une heureuse diversion aux pensées qui, à ce sujet, agitaient les esprits. Le souverain pontife appelait tous les catholiques à Rome, et les catholiques en foule y accoururent. Béthune, dont les enfants s'étaient montrés si nombreux et si vaillants dans les croisades, ne manqua pas d'envoyer une grande multitude de pèlerins dans la ville éternelle, pour y visiter les reliques des martyrs et y recevoir de la bouche du représentant de Jésus-Christ le grand pardon. On ne saurait se figurer l'immense enthousiasme religieux qui, dans cette circonstance, s'empara des âmes pour les élever au-dessus de toutes les préoccupations purement matérielles. Au reste, dans les temps simplement ordinaires, il n'y avait pas de chrétien qui consentît à mourir sans avoir posé ses lèvres sur le seuil des bienheureux apôtres Pierre et Paul. Ce n'étaient pas seu-

(1) Chroniques de St-Denis, p. 666.

lement les grands, les seigneurs, tels que ceux de Béthune, qui allaient à Rome pour y voir le Saint-Père, le consulter et en être bénis. Le pauvre lui-même venait à pied visiter les lointaines reliques de Pierre et de Paul, et recevoir au moins, une fois sur son âme, altérée de grâces, affamée d'aliments spirituels, la bénédiction et les enseignements du vicaire de Jésus-Christ.

Le jubilé ne suspendit pas les hostilités.

L'abbesse Isabeau de Beaupré, se voyant menacée de subir les horreurs de la guerre, écrivit au « bieau dou sire » le prévôt de Saint-Barthélemy de Béthune pour obtenir, par son entremise, la sauvegarde du comte de Flandre. La lettre est de 1300 : « Sacré « sire, disait-elle, nous avons toudis esté et sommes « en nos maisons le plus dou couvent.... Si vous « prions pour diu que nous vous aidiés à mon si- « gneur.... Que no et no biens puiscent estre warandi « de se gent.... (1) »

En 1302, après la bataille de Courtrai si fatale aux Français, Béthune fut assiégée par les Flamands. L'attaque fut si vive que la garnison française offrit immédiatement de capituler, si elle n'était secourue dans le délai de quinze jours (août 1302). Ces conditions furent acceptées. Philippe-le-Bel n'ayant pu faire lever le siège, la bannière de Flandre remplaça, au jour fixé, celle des lis dans cette cité (2). A la suite d'une suspension d'armes, les préliminaires de la paix furent arrêtés entre Philippe-le-Bel et Jean de Namur. Un des articles de cette convention portait que Béthune serait remise en gage aux Français jusqu'à l'époque du payement d'une somme qui serait ultérieurement fixée par huit arbitres. La paix n'était pas encore définitivement conclue lorsqu'on apprit la mort de Guy de

---

(1) Fonds de Beaupré.
(2) KERVYN DE LETTENHOVE, *Histoire de Flandre*, t. II, p. 21.

Dampierre dans les prisons de Philippe-le-Bel. Cependant le monarque français, s'appuyant sur ces négociations, s'était empressé de réoccuper Béthune qui, selon le texte de ces conventions, devait être remise en ses mains comme garantie du payement de la somme qui allait être amiablement déterminée.

Pendant cette occupation, la garnison française faisait de fréquentes incursions sur les terres de Flandre. Le roi l'avait renforcée afin de faire le plus de mal possible aux Flamands. Robert Bruneau, sire de Saint-Venant, en était le commandant. Ce chevalier, aussi habile que vaillant, contribua beaucoup à la victoire des Français, dans le combat engagé en 1303, vers Pâques, par Guillaume de Juliers, près d'Arques, à Schoudebruc. Caché derrière des taillis avec ses hommes d'armes et la milice de Béthune il en sortit au plus fort de l'action, s'élança sur les Flamands qui se défendaient *comme si chacun était Roland* (1). Bientôt cependant, surpris, ébranlés par cette charge impétueuse, ils se débandèrent. Le pont d'Arques se rompit. Le nombre de ceux qui furent précipités dans l'Aa était si considérable que cette rivière, obstruée par cet amas de victimes, *dut prendre son cours par un autre côté* (2).

Les belligérants, fatigués de la guerre, « *bellico tumultu lassati* », entrèrent dans la voie des négociations. Ils acceptèrent une trêve qui devait durer jusqu'au 1er mai de l'année suivante. Deux mois après l'expiration de cette trêve, le roi de France descendit pour la cinquième fois en Flandre avec une armée formidable. Le 13 août 1304, se livra la bataille de Mons-en-Puelle qui ne fut gagnée par aucun des combattants. A l'issue de cette bataille, le comte de Savoie

---

(1) Chronique de Denis SAUVAGE, d'après un auteur anonyme.
(2) Denis SAUVAGE. — *Chronique des historiens des Gaules*, de dom BOUQUET, t. XX, p. 191.

obtint une trêve pendant laquelle fut signé le 5 juin 1305, à Athies-sur-Orge, le traité de paix (1).

Par ce traité, Robert de Béthune, sorti de sa prison de Chinon, à la mort de son père dont il était l'héritier et le successeur, s'engageait, en présence du comte d'Evreux, du duc de Bourgogne, des comtes de Savoie et de Dreux, plénipotentiaires de Philippe-le-Bel, à remettre au roi vingt mille livrées en terre dans le comté de Réthel, et quatre cent mille livrées en deniers, payables dans un délai de quatre années. Le château et la châtellenie de Béthune, déjà occupés par le roi, furent donnés en garantie de ces payements (2).

Cette possession n'était donc que provisoire. Aussi le comte de Flandre réclama-t-il à plusieurs reprises pour recouvrer la ville de Béthune, dirigé qu'il était, dans cette revendication, par un sentiment d'affection personnelle pour cette cité qui avait été le berceau de la fortune de ses ancêtres maternels et dont il portait le nom.

Mais Philippe-le-Bel, dès qu'il tenait une proie, ne la lâchait pas facilement. Les doléances de Robert de Béthune ne furent point écoutées. Pour empêcher qu'elles se renouvelassent, Enguerrand de Marigny alla trouver le comte de Flandre, lui fascina l'esprit par de belles promesses et le circonvint de telle sorte que Robert, dans un projet de traité conclu à Pontoise, le 11 juillet 1312, signa un acte de renonciation à la propriété de Béthune. Il est vrai que Marigny avait su persuader au comte de Flandre que cette cession n'était qu'une simple formalité pour sauvegarder l'honneur du roi, *pro honore regis*, et qu'elle n'aurait aucun effet, le monarque français étant tout disposé à lui restituer immédiatement Béthune par une donation particulière, *de gratiâ speciali*.

(1) Monach. gand., 303.
(2) Kervyn de Lettenhove, *loc. cit.*

Au reste, Philippe-le-Bel n'avait pas attendu cette convention pour faire acte de vrai propriétaire de Béthune. Au mois de décembre 1311, il avait abandonné à Mahaut, comtesse d'Artois, « *tel droit qu'il croyait et pouvait avoir en cette ville, pour en jouir elle et ses héritiers, moyennant 1131 livrées de terre qu'elle possédait, du chef de son époux Otto, dans le comté de Bourgogne et dans la seigneurie de Salins et dont elle lui transmettait à toujours la jouissance et propriété* (1) ».

Mahaut s'empressa de prendre possession de Béthune et d'y faire reconnaître son autorité. Après avoir reçu le serment de fidélité des échevins et des bourgeois elle jura, de son côté, de *garder, maintenir* et *observer* leurs chartes, privilèges et coutumes, ne voulant déroger en rien aux concessions authentiquement faites par ses prédécesseurs, ni même aux immunités qui ne reposaient que sur la tradition, écrite ou simplement orale (2).

Mahaut d'Artois

Le comte de Flandre réclama, dans les termes les plus vifs, contre cette prise de possession. Ses tentatives persévérantes, ses énergiques efforts se reproduisirent, mais vainement, pendant longtemps. Sans doute, il ne demandait pas mieux que de traiter et d'arriver, à bonne composition avec le roi de France. Mais il se refusait constamment à souscrire à la cession de Béthune. Il y mettait une persistance que ni les injonctions du pape, ni les prières de ses conseillers, ni l'adhésion de ses sujets, ni les démarches du roi ne purent vaincre. En 1316, Philippe-le-Long, à son avènement au trône ou plutôt à la régence, avait préparé à Pontoise, un projet de traité par lequel le comte de Flandre s'engageait à ne plus réclamer la châtellenie de Béthune, ni celles de Lille et de Douai. Ces

(1) Arch. génér. du royaume de France. Art. Bourgogne.
(2) Charte de Mahaut datée de St-Laurent, le 10 août 1311. Arch. municip.

propositions furent rejetées avec la même indignation que précédemment par Robert. Cependant pour ne pas déplaire aux communes flamandes, avides de repos et de paix, il se rendit, dans les derniers jours d'avril 1320, à Paris, à l'effet de négocier, à ce sujet, avec Philippe-le-Long. Un soir, dans le Conseil du roi où il avait été appelé pour délibérer sur cette importante affaire, dès qu'il fut question de la clause relative à la cession des châtellenies de Béthune, de Lille et de Douai, il se leva furieux, sortit de la salle, gagna son hôtel, et, montant à cheval, reprit seul, la nuit, le chemin de la Flandre. Le roi, de son côté, se montrait fort mécontent, on l'entendit jurer, par l'âme de Philippe-le-Bel, que jamais le comte de Flandre ne recouvrerait la châtellenie de Béthune, ni celles de Lille et de Douai ; et il pria ses oncles, les comtes de Valois et de la Marche, ainsi que les autres barons qui l'entouraient, de faire le même serment. Sa colère s'accrut quand il apprit que le comte de Flandre avait fui de Paris pour rentrer dans ses états. Effrayés de la tournure que prenait cette affaire, les députés des communes flamandes qui avaient accompagné en France Robert de Béthune, se mirent à sa poursuite, l'atteignirent à trois lieues de Paris, dans un village où il s'était arrêté pour y passer la nuit. « Seigneur, lui dirent-
« ils, quoique nos procurations ne semblent pas nous
« permettre de ratifier la paix sans votre assentiment,
« nous savons bien que si nous revenions en Flandre
« sans l'avoir conclue, nous n'aurions bientôt plus de
« tête à mettre dans nos chaperons. » Le comte comprit alors qu'il fallait se rendre ; il courba la tête et se tut ; quelques jours plus tard, le 5 mai 1320, il signa, comme on dit vulgairement, la mort dans l'âme, sa renonciation absolue et définitive à toute revendication de ces châtellenies dont les territoires si riches et si fertiles demeurèrent enfin aux mains du roi qui les

avait tant convoités ; et la paix fut le prix de ce sacrifice.

La renonciation de Robert fut sincère. Dans un acte de partage de ses domaines qu'il fit le 2 juin 1320, entre son fils *aisné* Louis, comte de Nevers, et Robert de Flandre son fils *mainsné*, il dit : « faire et rendre en « récompensation et en restor des chartiaux, villes et « chastelenies de Lille, de Douay et de Béthune (1) ». De son côté, Philippe, roi de France, approuvait avec joie cet acte de partage par lettres en date du mois de juillet 1320 dans lesquelles on lisait : « pour raison « des chastellenies et baillies de Lille, Douay et Bé- « thune ou des appartenances nous dussent demeurer « nostre droit nous y demeure et soit sauf (2) ». Tout était donc accompli. C'était une solution définitive et inespérée d'un si grand conflit où s'était trouvée en jeu la passion tout autant que l'intérêt.

Les historiens les plus opposés à la politique de Philippe-le-Long n'ont pas assez d'éloges pour exalter le dénouement de ses négociations par lesquelles il sut incorporer à la France les trois villes que nous venons de nommer.

Tandis que ces projets d'incorporation définitive se poursuivaient, Mahaut, forte du droit qu'elle tenait de Philippe-le-Bel, travaillait à s'attacher l'affection et la confiance de Béthune et du pays circonvoisin. A cet effet, elle entretenait des relations courtoises et suivies avec les échevins de la ville, les notables et leurs femmes. Au jour de Pâques 1312, elle réunissait à sa table les « dames et damoiselles qui demeuraient entour Biéthune ». En 1319, les « eschevins et plusieurs bourgeois et bourgeoises », prennent également place dans les repas qu'elle donne à Aymar de Poitiers, Hugues de Chalon et autres seigneurs. Ces

---

(1) Inventaire des titres de la chambre des comptes de La Fère. — Bibl. nat. Man. côté s. g. f. 1133. — GALLAND, p. 149, preuve V, p. 123.
(2) GALLAND, preuves V, pages 123 à 120.

citations suffisent pour montrer quelle véritable fraternité elle savait introduire dans les diverses classes de la société pour les lier unanimement dans le respect de son pouvoir. Elle s'intéressait au commerce de Béthune où, d'ordinaire, elle s'approvisionnait de patenostres (chapelets), de fromage, de volailles, notamment de poules et chapons. Elle se plaisait à employer les ouvriers de Béthune, ou du moins, de la seigneurie de Béthune, aux travaux qu'elle fit exécuter à ses frais dans le pays. Thomas Harouet, maître maçon, et, en même temps, maître des œuvres, dirige, sur sa demande, les constructions de l'hôpital d'Hesdin, du monastère des chartreux et des chartreuses de Gosnay, du monastère de Saint-Claire à Saint-Omer, etc., etc. Or ce maître d'œuvres se qualifie de *prévôt de Bruai*; et l'on sait que la prévôté de Bruai était un fief relevant de la seigneurie de Béthune. C'est également un peintre de Béthune, nommé *Wagon*, qu'elle choisit en 1314, pour vernir le cloître de Gosnay. — Elle avait à ses gages, comme conseillers ou procureurs, des légistes parmi lesquels elle consultait de préférence *Henri de Béthune*, maître en décrets. *Etienne Lamiraut*, prévôt de Béthune, fait partie de son Conseil; et c'est lui, qui, parmi les autres conseillers, possède plus particulièrement sa confiance. Il est le seul d'entr'eux qui l'accompagne à Paris, pour la soutenir devant le roi dans son procès touchant ses droits sur le comté d'Artois. Lorsqu'elle paraît devant le roi, il prend place parmi les plus grandes notabilités du royaume; Mahaut trouve qu'il n'est pas déplacé à côté des évêques de Cambrai et de Mende, de Charles de Valois, de Hughes de Chalon, d'Aymar de Poitiers, des Sires de Sully, de Noiers de Joinville, de Thomas de Marfontaine, de Guillaume Flotte de Pierre de Chappes, chancelier de France, de Pierre, chantre de Clermont. Les autres conseillers de la comtesse, intimidés par ceux du roi, n'avaient pas osé paraître devant Philippe V; *Etienne Lamiraut*, ainsi que la comtesse le fait remarquer au sire de Noyers, est le seul qui ait eu le courage de pas l'abandonner.

Des distributions de vêtements et de souliers se faisaient régulièrement chaque année dans la seigneurie de Béthune, en vertu des ordres et aux frais de Mahaut. Des *bureaux*, draps de laine épais et communs, étaient distribués aux *povres gentilsfemmes de Béthune*; d'autres draps et des souliers étaient achetés et donnés en son nom pour le *commun*. En 1315, le bailli de Béthune était chargé de donner *pour Dieu as povres communs* de la ville, *VI draps et XX paires de sollers*. Il appelait à son aide pour ces distributions les hommes du pays qui, par leur caractère et leur position sociale, étaient les plus aptes à connaître les nécessiteux : c'étaient l'abbé de Cokes (Chocques), le *pryeus de Gosnay, le bailli de Buvry, le curé de Saint-Vaast nommé Adam, le curé de Saint-Pry et les aumosniers de Béthune* (1).

Mahaut n'avait point à accorder de charte communale à Béthune qui tenait ses franchises de ses anciens seigneurs, Guillaume II et Daniel. Si son gouvernement intervenait dans les affaires de l'administration municipale, c'était uniquement pour sauvegarder, par une réglementation conforme aux idées du temps, les intérêts communaux et les droits seigneuriaux, leur assignant les limites respectives qu'il leur était interdit de franchir. C'est ainsi que la comtesse expliquait certaines difficultés concernant les élections échevinales, et donnait ses conclusions dans un débat contradictoire entre les marchands demeurant à Béthune et son bailli.

A cette époque, cette commune était régie par dix échevins, renouvelables, chaque année, par moitié.

---

(1) Comptes de l'Hôtel passim. *Histoire de Mahaut*, par RICHARD, passim.

Ceux d'entr'eux qui conservaient leur mandat procédaient, par voie d'élection, à la nomination des nouveaux membres. Il fallait l'unanimité des suffrages pour être élu. Une vacance se produisit, en 1323, par la mort d'un des cinq membres nouvellement élus. Ses collègues demandèrent à la comtesse l'autorisation de procéder sans retard par voie d'élection au remplacement du défunt. Mahaut, après avoir consulté son conseil, donna, par lettres du 7 février 1323, cette autorisation.

Les marchands, habitants de Béthune, prétendaient, en vertu des privilèges concédés à la ville mais qui ne reposaient que sur la coutume, qu'ils avaient le droit d'étaler leurs marchandises *aux francs étals réaux* sans être soumis à aucune redevance. Le bailli, repoussant comme mal fondées leurs prétentions, exigea d'eux la somme payée par les marchands dont les *étals* n'étaient pas francs. Les habitants adressèrent à ce sujet, une réclamation à la comtesse qui, par ses lettres du mois de juillet 1325, fit droit à leurs requêtes, mettant à néant l'opposition de son bailli.

Le bailli de Béthune, à cette date, était le représentant officiel et toujours révocable de la comtesse dont il tenait sa nomination et qui lui payait ses gages. Investi d'attributions à la fois administratives, judiciaires et financières, il était responsable de sa gestion pour laquelle il engageait sa personne, ses biens et ceux de ses héritiers. Ses pouvoirs étaient limités par le droit de la comtesse qui contrôlait, par son conseil et par elle-même, son administration, nommant, à l'occasion, des commissaires pour faire des enquêtes touchant les plaintes des échevins ou des habitants qui croyaient avoir à souffrir de sa gestion. Les comptes du bailli, arrêtés trois fois par an, à la Chandeleur, l'Ascension et la Toussaint, étaient examinés par des commissaires spéciaux, et reçus, après approbation, par le receveur général de la comtesse. Il est facile de voir combien ce petit gouvernement de Béthune s'inspirait de l'amour de la justice et du bien public (1).

En 1328, la comtesse autorisait, à Béthune, au profit de la ville, une assise sur les marchandises, stipulant, en même temps, que l'échevinage lui paierait annuellement et en trois termes jusqu'à l'expiration de cette autorisation la somme de quatre cents livres parisis (2).

Cette somme, perçue au profit de la comtesse, était énorme. Mahaut avait pour excuse de cette exaction les besoins pressants d'argent dont elle était constamment tourmentée. « *Travailliez-vous*, écrivait-elle à son receveur, *à plus que vous pourrez de nous envoyer monnoie en tel manière que nous l'aions à Paris à Pasques, car nous en avons grant mestier.* » Le procès qu'elle avait dû soutenir contre Robert d'Artois qui voulait la déposséder de son comté, avait obéré ses finances.

Il n'entre pas dans notre cadre d'y placer l'histoire de ce procès qui, cependant, a tant remué les esprits en Artois et même dans la France entière. Nous n'y toucherons que pour flétrir une intrigante, bourgeoise de Béthune, disent les uns, fille du seigneur de Divion, fief de la châtellenie de Béthune, disent les autres, et qui joua un rôle tout à fait criminel dans cette affaire. Jeanne de Divion, c'était le nom de cette « *damoiselle gentil-femme* », comme dit la chronique, chassée pour ses désordres de la maison conjugale par son mari, Pierre de Broyes, avait hérité de sa mère, Sara Louchard, une ambition et une cupidité, servies par un esprit fécond en ruses et en intrigues. Elle se donnait, pour obtenir du renom, comme devineresse. Chassée plus tard, par Mahaut, après la mort de Thierry,

---

(1) *Histoire de Mahaut*, par RICHARD, passim.
(2) Arch. muncip.

évêque d'Arras, du palais épiscopal où elle jouissait, auprès de ce prélat, d'un crédit regrettable, elle s'empressa, violemment poussée par une passion de vengeance, d'aller offrir ses services à Robert d'Artois qui, sous l'influence de sa femme, les agréa. Elle lui promit de remettre entre ses mains des pièces qu'elle tenait, disait-elle, de l'ancien évêque d'Arras, et qui constataient ses droits à l'investiture du comté d'Artois, injustement détenu par sa tante Mahaut. Ces pièces n'existaient pas. Elle en fit fabriquer sur lesquelles elle apposa un vieux scel qu'elle enleva avec un fer chaud d'un acte de rente à vie créée en faveur d'un bourgeois d'Arras. Il y eut une enquête criminelle dans laquelle on entendit Marotte de Bétencourt et Marotte de Lannoy, ses servantes, Marie de Fouquières, sa voisine, et Jacques Rondelet, clerc des échevins d'Arras. A l'aide de ces divers témoignages, le faux fut constaté en parlement; la Divion l'avoua dans les tortures de la géhenne; et peu après, en 1329, on la brûlait vive *en la place à Pourciaux*, à Paris.

Mahaut, qui avait ainsi défendu ses droits devant les tribunaux, avait été forcée, dès 1314, de les faire respecter par la *main du roi*, contre les entreprises armées de la noblesse d'Artois, qui, par les menaces et les excès de toutes sortes, attaquaient son autorité. La ville de Béthune pas plus que ses établissements religieux ne prêtèrent leur concours et ne donnèrent leur sympathie à cette confédération des nobles de cette province. Le trésor des chartes possède un certificat des plus élogieux, délivré au mois de juillet 1315, par les membres de la collégiale de Béthune, en faveur de Thierry d'Hireçon, ministre d'Etat de Mahaut, et, en cette qualité, objet particulier des haines des confédérés. Bientôt cependant les opérations militaires, ordonnées par le roi et dirigées d'abord par le maréchal de Beaumont et, après sa mort, par Mathieu de

Trie, son successeur, firent rentrer dans le devoir les insurgés auxquels, du reste, il ne plaisait point d'éterniser une lutte qui ne leur offrait aucune chance de succès ni même les apparences du droit.

Heureuse du dénouement de cette affaire qui lui avait donné tant de soucis et l'avait accablée de tant d'humiliations, Mahaut voulut visiter, en juillet 1319, sa bonne ville de Béthune. Cette visite fut pour elle un véritable triomphe. Escortée d'Aymar de Poitiers, d'Hugues de Châlon, de nombreux chevaliers de la châtellenie de Béthune, elle fit son entrée dans la ville, assise sur un char, précédée de treize bannières. Une foule de ménestrels, trompeurs, « naquaireurs », est-il écrit dans l'ancienne chronique de Flandre, accompagnaient de leur bruyante harmonie cette marche triomphale. Sur le parcours de la voiture de la comtesse se pressaient tous les habitants de cette cité, heureux de l'honorer par une manifestation spontanée de dévouement et d'obéissance.

Et tout cela était vrai, sincère. Les bourgeois de Béthune, unis dans les mêmes sentiments, venaient apporter leurs hommages à leur noble dame qui, par sa charité personnelle, tempérait la rudesse et l'égoïsme de ses agents, dans leurs relations administratives avec ses fidèles sujets.

Cependant des historiens modernes, ne tenant aucun compte du temps où elle vivait, lui reprochent, dans les termes les plus durs, d'avoir eu recours, pour la répression des crimes et la punition des coupables, à des châtiments dont la cruauté répugne à toute âme sensible. Mais ces peines, si horribles qu'elles aient été, étaient justifiées aux yeux de ses contemporains par la nécessité d'intimider des hommes naturellement violents [1].

L'exécuteur de toutes les sentences judiciaires s'appelait le pendeur. Si l'on en croit Alexandre Dumas,

---

[1] Historiens de France, XXII, 411.

il habitait, depuis le xiiiᵉ siècle, la *maison-rouge*, située sur la route d'Aire, près d'Annezin.

Mahaut mourut vers la fin du mois de novembre 1329. Quelques chroniqueurs ont cru à un empoisonnement auquel Robert d'Artois, alors en procès avec sa tante, n'aurait pas été étranger.

CHAPITRE VI

Jeanne, veuve du roi Philippe-le-Long, hérite de sa mère, Mahaut, la seigneurie de Béthune. — Sa mort. — Jeanne de France, sa fille, lui succède. — En 1333, elle gratifie la ville d'une charte confirmant ses privilèges. Elle octroie une autre charte des plus importantes composée de 41 articles. — Réclamations nouvelles des communes flamandes pour obtenir du roi de France la restitution de Béthune. — Édouard III, roi d'Angleterre, s'engage par un traité à les aider pour recouvrer cette ville. — Reprise des hostilités en Artois. — Siège de Béthune par les Flamands. — Levée du siège. — Faveurs particulières accordées par le roi de France à la ville de Béthune, pour son héroïsme pendant ce siège. — Charte de la duchesse Jeanne en récompense de ce même héroïsme. — Philippe de Rouvre succède à Jeanne de France comme seigneur de Béthune. — Ravages de la famine et de la peste dans Béthune. - Patriotisme de la ville de Béthune après la bataille de Poitiers. — Ban des échevins. — Mort de Philippe de Rouvre. — Marguerite de Rouvre, sa grande-tante lui succède. — Sagesse et bienveillance de son administration ; elle établit un marché aux grains qui aura lieu le lundi de chaque semaine; elle institue en outre une foire ou fête annuelle, qui devait s'ouvrir à la Chandeleur. — Réglement touchant les foires. — Mort de Louis de Male, comte de Flandre, qui avait succédé à sa mère comme seigneur de Béthune.

Jeanne, veuve du roi Philippe-le-Long, hérita de sa mère Mahaut, la seigneurie de Béthune. Elle était en route pour venir prendre possession de ce domaine, lorsqu'elle mourut à Péronne. Ce fut le 24 janvier 1330. Quelques chroniqueurs disent qu'elle fut empoisonnée par Hupin, son maître d'hôtel. Si l'on ajoute foi au récit du continuateur de Guillaume de Mangis, Jeanne fut victime d'un accident sinon criminel du moins inexplicable. *Jeanne, reine de France*

Jeanne de France, mariée en 1348, à Eudes, duc de Bourgogne, succéda à sa mère, Jeanne, reine de France, en qualité de dame et propriétaire de la seigneurie de Béthune. *Jeanne de France et Othon IV, duc de Bourgogne*

En 1333, elle gratifia la ville d'une charte qui confirmait, expliquait et étendait ses privilèges. L'année suivante, 2 mai 1334, en considération *des bons et agréables services que les habitants avaient rendus dans les guerres, et des grandes pertes et dommages qu'ils avaient soufferts* (ces pertes étaient évaluées à 200,000 livres), elle leur octroyait du consentement de son noble époux, une autre charte, comprenant 44 articles, et par laquelle étaient approuvés les privilèges, franchises, coutumes, statuts de cette ville, qui, ne reposant jusques alors que sur de simples traditions orales, pouvaient être un objet d'interprétations contradictoires. A cette époque où la société féodale reposait presque entièrement sur les coutumes, toujours attaquables, par ce motif qu'elles n'étaient pas authentiquement écrites, rien n'était plus important que cette charte, monument officiel des libertés communales de cette cité. Nos pères attachaient une telle importance à ce document que, pour en conserver le texte, ils en ont fait quatre copies qu'ils ont pris soin de déposer dans leurs archives communales. Cette pièce contient divers réglements sur la nomination des échevins, des prévôts et des mayeurs; sur leurs juridictions respectives et les peines judiciaires qu'ils devaient prononcer, selon la nature et la gravité des délits et des crimes; sur les bannis........

L'échevinage, est-il écrit dans cette charte, sera composé de dix échevins, d'un prévôt, de deux mayeurs, d'un procureur-syndic, d'un greffier et d'un argentier. Originairement ces dix échevins avaient été nommés par les bourgeois; désormais, chaque année, le vendredi avant la Pentecôte, cinq sortiront de charge; les cinq autres en éliront cinq nouveaux et soumettront leur choix au grand-bailli qui devra approuver ou rejeter leur nomination dans un délai de huit jours; en cas de rejet motivé, les échevins devront procéder à une nouvelle élection, jusqu'à définitive approbation des élus par le bailli qui, du reste, aura encore le droit de remplacer, à sa volonté, l'un d'eux par un prud'homme.

Les prévôt, mayeurs et procureur-syndic, seront élus par les bourgeois, chaque année, à la fête de St-Thomas apôtre. Le greffier et l'argentier (receveur), seront au choix des échevins.

Les prévôt et mayeurs seront spécialement chargés de la police des marchés et pourront saisir tout ce qu'il est interdit d'y vendre.

Les échevins, à la conjure du bailli, auront la connaissance des délits commis sur le territoire de Béthune. Les prisonniers devront être amenés devant eux à l'exception des gens du seigneur ou de ceux dont les délits auront été commis dans ses bois, ses étangs et ses autres propriétés.

L'arrestation d'un bourgeois ne pourra avoir lieu qu'en présence d'un échevin ou en flagrant délit.

L'arrestation en maison bourgeoise ne pourra être faite par la justice qu'en présence des échevins. Réserve faite pour les cas criminels.

Quiconque frappera d'épée, de couteau ou d'une autre arme, s'il n'est point en cas de légitime défense, sera condamné à soixante sols d'amende dont cinquante-cinq au profit du seigneur et cinq pour les échevins.

La même peine sera portée contre quiconque appellera serf celui qui ne l'est pas, ou qui insultera un échevin.

Une amende de onze livres punira celui qui, n'étant pas en cas de légitime défense, frappera quelqu'un après l'avoir jeté par terre.

On ne pourra frapper de la main, si ce n'est pour se défendre, sous peine de trente sols d'amende. Si l'agresseur a la main garnie d'un gart, l'amende sera de dix livres.

Les injures entraîneront une amende de six sols sur lesquels les échevins prélèveront six deniers.

Le banni, pour infraction à son ban, devra perdre une oreille ou payer vingt livres.

Lorsqu'un bourgeois arrêté pour dettes offrira une caution suffisante; elle devra être acceptée.

Tout empiétement sur la propriété d'autrui sera jugé par les échevins et la condamnation sera de soixante livres d'amende.

La même amende sera encourue par ceux qui, hors de la banlieue, dresseront guet-apens contre un bourgeois. Si un bourgeois se rend coupable de cet acte criminel vis-à-vis d'un autre bourgeois, l'amende ne sera que de vingt livres, mais on y ajoutera la peine du bannissement.

Si un bourgeois vient à enfreindre paix ou trèves données par échevins, il ne sera passible que de soixante livres d'amende, pourvu cependant qu'il n'y ait eu ni sang coulant ni plaie ouverte.

Lorsqu'un bourgeois juré rencontrera à la halle de la ville un de ses débiteurs, il pourra le remettre entre les mains de deux autres bourgeois jurés, jusqu'à ce que la justice, sur sa réquisition, ait arrêté le coupable.

Quiconque se rendra coupable d'un homicide, sera condamné par les échevins à avoir la tête tranchée. S'il nie le crime et qu'il soit ensuite reconnu coupable, il devra être traîné au gibet pour y être pendu.

Les bourgeois qui recevront chez eux, la nuit, des gens armés, sans en informer la justice, seront condamnés à dix livres d'amende.

La connaissance des délits commis par les gens du seigneur lui appartient exclusivement.

Les échevins, du consentement du prévôt, des deux mayeurs de la ville, des mayeurs de gueudes, pourront, quand ils le jugeront nécessaire, lever des tailles sur leurs bourgeois.

En outre, cette charte énonce : 1° que les violateurs des sentences des échevins encourront une amende de soixante livres; 2° que la juridiction du seigneur ne peut contredire en rien celle des échevins, et que, si de la part des officiers du seigneur, il y avait atteinte, de quelque nature qu'elle fût, aux franchises des bourgeois, le contrevenant serait actionnable judiciairement et civilement (1).

Les communes flamandes, qui ne pouvaient se consoler de la perte qu'elles avaient faite des châtellenies de Béthune, de Lille et de Douai, en réclamèrent la restitution, auprès du roi de France, dans l'année 1338. Philippe de Valois fit bon accueil à leurs députés, mais ne voulut prendre aucun engagement vis-à-vis d'eux.

Quelque temps après, les milices flamandes, réunies entre Menin et Deynze, se montraient disposées à reconquérir par les armes ces trois villes Wallonnes, dont leur pays n'avait été dépossédé, disaient-elles, que par la fraude et la violence. Louis de Nevers, comte de Flandre, les arrêta dans leur marche vers l'Artois, leur annonçant l'adhésion du monarque Français à cette revendication. Elles se retirèrent alors sans avoir rien tenté contre Béthune.

Edouard III, roi d'Angleterre, voulant s'attacher les communes Flamandes dont il désirait vivement le concours ou du moins la neutralité dans la guerre qu'il préparait contre la France, s'engagea par un traité conclu, le 28 janvier 1339, à Bruxelles, à les aider à recouvrer Béthune, Lille et Douai. Le 29 mars 1339, il promulguait à Westminster, trois traités d'après lesquels, selon son précédent engagement, il donnait en cadeau ces trois villes aux Flamands, comme si déjà elles eussent été en son pouvoir et dans sa main. Il se croyait et se disait roi de France; et n'en

(1) Arch. municip. AA. 2, 3, 4, 5.

ayant encore que le titre, il se donnait au moins une satisfaction première d'amour-propre, en distribuant à ses alliés des domaines attachés alors à cette monarchie, *de recognitione nostræ superioritatis in dicto regno franciæ, per eos nobis, ut regi franciæ, fæcienda.*

C'était par ces préparatifs où se révélaient à la fois une rare présomption et une astucieuse habileté peu communes qu'Édouard III se disposait à faire la plus formidable des guerres du xive siècle.

Les hostilités ne tardèrent pas à commencer. Au mois de juillet 1340, un corps d'armée composé, partie d'Anglais, partie de milices flamandes, envahissait le comté d'Artois. Une troupe flamande s'était aventurée inconsidérément dans le voisinage de Saint-Omer; le duc Eudes de Bourgogne tomba sur elle et lui massacra dix-huit cents hommes. La milice de Béthune, commandée par le sire de Saint-Venant, prit part à cette action où l'armée flamande, forte de soixante mille hommes, fut mise en complète déroute.

La fortune semblait propice à la France. Il y eut alors des tentatives, mais qui restèrent infructueuses, de négociations de paix. Bientôt la guerre se ralluma plus ardente que jamais.

Le 24 juin 1346, les députés des communes flamandes, réunis à Gand, ordonnèrent, sur la demande d'Édouard III, l'armement général des habitants de cette province. Les milices s'armèrent aussitôt, et, quittant leurs foyers, le 2 août, se dirigèrent sous les ordres de Henri de Flandre qui avait pour lieutenant Oudart de Renty, vers Béthune, objet incessant de leurs convoitises. Repoussées par la garnison française qui gardait le pont d'Estaires, elles franchirent la Lys à Merville et, le 14 août, mirent le siège devant Béthune. Les sergents français auxquels avait été confiée la défense de cette ville étaient peu nombreux; leur courage allait suppléer à leur petit nombre. Parmi les défenseurs de la place se trouvaient Geoffroy de Charny, chevalier bourguignon, *preudhomme et en armes expert*, commandant de Béthune; Eustache de Ribeaumont, ainsi apprécié par Edouard III : *messire Eustache, vous êtes le chevalier au monde que veisse oncques plus vaillamment assaillir son ennemi* ; Godefroy ou Baudoin d'Annequin, chevalier de la châtellenie de Lille, qui s'était acquis un grand renom dans la province, au point que Philippe Ier l'avait appelé en 1318, à Corbie, pour réconcilier Mahaut et la noblesse d'Artois dont le seigneur de Renty, cité plus haut, était un des principaux chefs; *Jean de Landas* qui, à la bataille de Poitiers, fut chargé de veiller au salut du Dauphin, duc de Normandie; *Jehan de Châtillon*, comte de Saint-Pol, le *sire de Puckus*.

Brezin, cité par Ferry de Locre, porte l'armée des Flamands à plus de soixante-dix mille hommes. Rarement on avait vu une si puissante armée se développer, pour s'en emparer, autour des murailles d'une ville. Les travaux du siège commencèrent aussitôt, et les attaques furent poussés avec une vigueur extrême. Les Flamands y apportèrent un zèle et une ardeur qu'expliquent et leur animosité contre les Béthunois qui, seuls, parmi les Artésiens, étaient *très Français*, et l'appât d'une conquête dont tout le fruit, suivant les engagements du roi d'Angleterre, devait leur revenir. Les seigneurs et les chevaliers qui défendaient la ville, combattaient avec autant d'habileté que d'intrépidité. D'Annequin, dès le commencement du siège, s'était caché avec cent soixante arbalétriers qu'il avait sous ses ordres dans un bois situé près de la ville. En même temps, il fit incendier les faubourgs. Les chefs de l'armée flamande, se persuadant que cet incendie était l'œuvre de leur avant-garde, s'avançaient en toute sécurité, lorsque les Français, sortant de leur embuscade, se précipitèrent sur eux avec une rapidité foudroyante. Surpris, déconcertés, ils se débandèrent fuyant en désordre. Ils ne se rallièrent qu'après avoir subi des pertes considérables. Deux jours après, ils essayèrent, mais vainement, d'escalader les remparts de la ville. L'assaut dura un jour entier; il s'y passa de beaux faits d'armes; les habitants de la ville, mêlés aux hommes d'armes des seigneurs, s'y portèrent en foule et avec une grande vaillance. Plusieurs chevaliers flamands y furent blessés. Henri de Flandre lui-même fut atteint d'un trait en cherchant, par son exemple, à animer le courage des siens. La nuit était venue; les Flamands, réduits à cesser le combat, se retirèrent, emportant, dans leur fuite précipitée, à la lueur des torches, leurs nombreux blessés, gisant au pied de nos fortes murailles que leurs coups impuissants n'avaient point entamées. Le siège était levé; il avait duré trois semaines.

Vaincus, démoralisés par cet insuccès devant Béthune, les Flamands cherchèrent une revanche; ils dirigèrent vers Lillers une expédition qui, contrairement à leurs espérances, ne fut pas plus heureuse. Ils y perdirent cent chariots et cinq cents hommes. Godefroy d'Annequin, suivi de ses fidèles arbalétriers et de la vaillante milice de Béthune, parvint, dans une course rapide, à les atteindre et à brûler leurs tentes. Ce dernier échec acheva de les démoraliser; ils détruisirent leurs machines de guerre, se replièrent vers Merville; et tout aussitôt, comme ils croyaient, d'après une fausse nouvelle, que les Anglais fuyaient, vaincus à Crécy par les Français, retournèrent, comme le dit une chronique, *chascun à sa chascune*.

Aucune fête, à l'occasion de ce glorieux fait d'armes, ne fut célébrée à Béthune. La bataille si désastreuse de Crécy ne laissait de place dans toutes les âmes françaises qu'à la désolation.

Le roi de France, ayant appris qu'au siège de Bé

thune le succès, contrairement à ce qui s'était passé à Crécy, avait couronné l'héroïsme, s'empressa de récompenser les bourgeois de cette ville, dont le courage et la fidélité le touchaient d'autant plus, que leur dévouement à la cause française s'était montré dans une heure particulièrement critique. Il leur octroya les faveurs suivantes : approbation et confirmation royales de tous les privilèges existants, notamment de ceux-ci: le seigneur ne peut mettre les échevins ni les bourgeois de Béthune en une autre loi qu'en celle de la ville susdite. — Défense aux officiers de la couronne, sous peine de poursuites judiciaires en dommages et intérêts, de porter atteinte à ces privilèges. — Pouvoir accordé au magistrat de cette ville de juger dans tous les cas criminels et civils, excepté ceux de lèse-majesté, et réserve faite du droit du seigneur touchant la *punition, correction et exécution* des condamnés. — Validité de tous les jugements des échevins de Béthune pour toute la France, de telle sorte que les bourgeois, condamnés ou *absols* par ces juges pouvaient aller et demeurer dans toute l'étendue du royaume, sans qu'un autre procès pût leur être intenté pour la même cause. — Exemption d'impôts royaux, pour fait *de guerre ou autrement*. — Abolition de la peine de confiscation des biens des bourgeois, quels que soient les crimes commis et les condamnations encourues par eux (1).

De leur côté, le duc Eudes et la duchesse Jeanne, voulant également récompenser cette ville de sa résistance héroïque aux attaques des Flamands, la favorisèrent de plusieurs privilèges importants, mais simplement seigneuriaux qui, cependant, devaient beaucoup aider à sa prospérité. La charte suivante qu'ils lui octroyèrent, le 27 octobre 1346, en témoigne suffisamment: « Eudes de Bourgogne et Jeanne de France

(1) Arch. municip. AA. 4.

« seigneurs de Béthune, octroyons aux bourgeois
« d'icelle ville, de faire un beffroi, sans prendre de
« nostre chastel, et mettre audit beffroi cloches, et
« en icelui faire prisons esquelles tous ceux qui se-
« raient prins en ladite ville et banlieue, bourgeois
« et bourgeoises de Béthune, et non autres par quel-
« ques cas et délits que ce fust, devraient estre em-
« prisonnées. »

Toutefois le geolier devait être à la nomination du seigneur auquel revenaient les profits de cette fonction (1).

C'était faire de Béthune une commune, cet insigne privilège lui eût-il été refusé jusques alors.

L'année suivante, avril 1347, Philippe de Valois, sous l'empire de ce sentiment, toujours persévérant, de reconnaissance envers la ville de Béthune, édicta, dans une charte, des peines particulières contre les étrangers qui insulteraient un bourgeois de cette ville. Ce document officiel nous initie à la connaissance du *droit d'Arsin*. L'injuriant et l'injurié étaient appelés à comparaître devant les échevins à l'effet de produire, l'un son accusation, l'autre ses moyens de justification, Sur le refus de l'injuriant de comparaître, on devait crier de par le roi dans toute la ville que tous les habitants étaient appelés en armes *tant à pied qu'à cheval* pour se réunir au magistrat. La cloche du beffroi devait être sonnée, la bannière du seigneur et celle du bailli devaient être arborées et celle des échevins être placée aux fenêtres de la halle. Sur le refus persistant de l'injuriant de se présenter, la cloche du beffroi devait être sonnée de nouveau pour appeler les habitants auprès des officiers du seigneur et de la ville. Alors, tous ensemble, habitants et officiers de la justice, devaient se porter, précédés des bannières de la ville, en la maison de l'injuriant, si elle était située dans la

(1) Arch. municip. AA. 4.

châtellenie de Béthune, pour lui intimer l'ordre de payer l'amende à laquelle, par le droit, il était condamné. S'il consentait à ce payement, chacun devait se retirer ; s'il s'y refusait ou s'il ne paraissait pas, le bailli, s'approchant de sa maison, devait y frapper le premier coup, et tout de suite elle devait être renversée et détruite jusqu'aux fondements ; les arbres du jardin devaient être également coupés jusqu'à la racine. Si le coupable demeurait en dehors de la châtellenie, il était condamné au bannissement jusqu'au paiement de l'amende qu'il avait encourue.

Il faut avouer que cette procédure, entourée d'un tel appareil, avait quelque chose de très imposant.

Jeanne de France, dame de Béthune, mourut en 1347. Eudes, son époux, ne lui survécut que peu de temps (1). Philippe de Rouvre, leur petit-fils, dont le père, Philippe de Bourgogne, était mort en 1346, leur succéda. Il n'avait qu'un an lorsque s'ouvrit pour lui cette succession. Jeanne, comtesse de Boulogne et d'Auvergne, devenue plus tard, par son mariage avec le roi Jean, reine de France, prit la tutelle de cet enfant et administra, en son nom, la ville de Béthune.

Le roi de France, se préparant à combattre vivement le roi d'Angleterre, rassembla, dans les premiers jours de mai 1347, sous les murs d'Arras, une armée composée de trente-cinq mille chevaux et de cent mille hommes de pied. Il pouvait espérer, avec des forces si considérables, écraser ses ennemis. Cependant craignant un mouvement offensif des communes flamandes alliées à Edouard III, il leur adressa, pour obtenir leur neutralité, les plus avantageuses propositions, entre autres celle de leur restituer les villes de Béthune, de Lille et de Douai avec leurs châtellenies (2). Cette promesse de restitution était le

Philippe de Rouvre

(1) *Délices des Pays-Bas,* t. III, p. 52.
(2) Kervyn de Lettenhove, *Hist. de Flandre,* t. II, p. 102.

plus grand des sacrifices que pouvait s'imposer Philippe de Valois, cet appréciateur enthousiaste, ce rémunérateur généreux du zèle et du dévouement des Béthunois à la cause royale. Les communes flamandes, dont la défiance à l'égard du monarque français était excessive, rejetèrent unanimement ces propositions qu'elles estimaient trop brillantes pour êtres sincères: *quia videbatur frandrensibus, quod loquebatur eis verba pacifica, sed in dolo* (1).

Les négociations étaient rompues, et la guerre se montra de nouveau presqu'aux portes de Béthune avec toutes ses menaces de représailles et d'horreurs. Tandis que les chevaucheurs de l'avant-garde française livraient aux flammes Arleux, Hazebrouck et d'autres villes situées au nord et au sud de la Lys, Philippe ordonnait aux mayeurs et échevins de Béthune de relever leurs fortifications, *de demeurer suffisamment armés en cette saison, pour la garde et défension d'icelle-Ville.*

Dans le même moment, une partie de l'armée royale était rassemblée sous les murs de Béthune, d'où elle devait se porter, en passant par Bailleul et Messines, vers Ypres, tourner la position des milices communales, et envahir la Flandre abandonnée sans défense. La capitulation de Merville et d'Estaires lui ayant livré le passage de la Lys, elle quitta cette contrée où elle ne laissa que des ruines.

La ville de Béthune, témoin affligé, sinon victime, de ces luttes sanglantes, était en proie à d'autres maux dont un seul suffisait pour l'accabler. La misère était au comble; la peste éclata. Leurs ravages durèrent près de deux ans. L'auteur des *grandes chroniques* parle des *saintes sœurs de la maison de Dieu* qui, dans la capitale de la France également éprouvée par ces fléaux, allaient distribuant des consolations et des

(1) Rob. d'Avesbury, p. 134.

secours aux infortunés. Les membres de la Confrérie de Saint-Eloi, ainsi que les sœurs Madelonnettes de Béthune ont droit aux mêmes éloges pour les bienfaits multiples de leur impertubable charité en de telles calamités.

Aucune détresse, ce semble, ne manquait alors à la France, sur laquelle le bras de Dieu s'était appesanti pour lui rappeler tout ce que sa colère vengeresse pouvait accomplir contre elle en matière de châtiments.

Hélas! La coupe des colères divines n'était pas épuisée. La guerre continuait entre la France et l'Angleterre. A la mort de Philippe de Valois en 1351, Louis de Male, comte de Flandre, appelé à rendre hommage au roi Jean, son successeur, s'y refusait, exigeant préalablement que le monarque français s'engageât, par un traité spécial, à lui restituer les villes de Béthune, de Lille et de Douai. La guerre allait être la conséquence inéluctable de ce refus de serment. Pour conjurer une pareille éventualité, le roi Jean accepta les conditions de son exigeant vassal ; par un traité conclu à Fontainebleau, le 24 juillet 1351, il s'engagea à faire cette restitution.

Ce traité, destiné probablement à rester secret, ne fut pas exécuté. Il servit cependant à assurer définitivement l'alliance du roi Jean avec Louis de Male.

Malgré cette alliance qui diminuait ses forces, l'Angleterre continuait, dans un but de conquêtes, à envahir la France. Le 16 avril 1356, ces deux puissances rivales se trouvaient en présence au champ de Poitiers. L'issue de cette bataille fut désastreuse pour la France; la chevalerie française y fut anéantie; le roi Jean y fut fait prisonnier. Ce fut un deuil universel dans la ville de Béthune.

Les Etats avaient mis de l'empressement à accorder des subsides pour cette malheureuse guerre. Mais la levée des impôts avait soulevé des murmures, et à Arras il y avait eu une sédition des *menus contre les gros*. La ville de Béthune se montra plus française; son patriotisme s'éleva à la hauteur de tous les sacrifices que les nécessités nationales exigeaient d'elle.

Soumise, patiente, dévouée, elle paya, malgré l'épuisement de ses finances et sans exprimer aucun murmure, sa quote part des dépenses imposées à la province par les Etats d'Artois, pour la rançon du roi Jean et l'entretien de plusieurs otages en Angleterre. Outre sa part dans les quatorze mille livres offertes par les Etats d'Artois pour la rançon du roi, Béthune paya cent cinquante livres annuellement pour la pension des otages retenus en Angleterre comme sûreté de la rançon. Ce subside fut payé pendant neuf ans, c'est-à-dire jusqu'à la libération des otages.

La main du roi Jean, prisonnier en Angleterre, ne se faisait plus sentir. Celle du seigneur de Béthune, Philippe de Rouvre, qui n'était qu'un enfant, ne se montrait guère plus puissante.

Béthune, privée de cette double protection, royale et seigneuriale, était menacée de tous les désordres. En présence d'un pareil danger, le bailli et les échevins de la ville jugèrent opportun d'édicter, en vertu de leur autorité, un recueil ou code de lois communales, qu'on a désigné sous le titre de *Ban des Echevins*. Ce document, qui jette un grand jour sur la législation et les mœurs de cette cité au moyen-âge, mérite d'être reproduit en entier.

En voici le préambule qui n'est pas long :

Nous faisons le ban Monsieur le bailly et les eschevins...... (1)

« Le jeu de dés est interdit de nuit et de jour sous peine de
« trente sous d'amende (2). L'hôte ou l'hostesse qui permettrait ce
« jeu dans leur maison serait passible de la même peine.

(1) Arch. municip. art. 4.
(2) Ce vieux et méchant jeu, comme on disait alors, inventé par le diable et très souvent proscrit par l'église et la royauté.

« Les jeux Madame, de Bille, à la Faucille, à Laulbe, à Lanette,
« au Bloquel, à la Bonne Fête, sont également défendus et (1) les
« contrevenants seront punis de la même peine.

« Tous ceux, cascuns et cascunes, qui se serviront de faux poids,
« paieront la même amende. En outre leurs poids seront brisés.

« Tous les poids seront d'un quarteron et marqués à l'enseigne
« de la ville.

« Les mesures seront également justes, droites ; si elles ne le sont
« pas, elles seront arsées, et le délinquant paiera une amende de
« trente sols. Elles seront également marquées à l'enseigne de la
« ville.

« Les mesures des taverniers et des cervoisiers seront en estain
« (étain).

« Les mesureurs et auneurs des marchandises ne pourront exer-
« cer leur emploi qu'après serment fait par eux au seigneur et aux
« échevins. Les étrangers ne seront admis à cet emploi que les deux
« jours des franches foires.

« Nul ne pourra vendre de l'huile qu'à la livre; la pinte équivaut
« à une livre; et un lot est l'équivalent de quatre livres. Le ven-
« deur, s'il en est requis par l'acheteur, devra indiquer quelle es-
« pèce d'huile est l'objet de leur convention.

« Il n'y aura que quatre porteurs pour décharger une carétée
« (voiture) de charbon. Le sac de gros charbon contiendra six quar-
« tiers. Si l'acateur (l'acheteur) veut le faire mesurer, il le pourra,
« alors même que le charbonnier s'y opposerait ; cette mesure sera
« celle qui est légalement reconnue, et elle devra être accomble.
« Nul marchand ne pourra en vendre hors du marché. Ceux qui en
« auront acheté, soit breze (braise) soit charbon, devront, avant
« de le revendre, l'avoir reconduit et déchargé chez eux. Nul n'est
« admis, comme mesureur, qui n'ait été nommé par justice et par
« magistrat de Béthune.

« Les marchands et marchandes de toiles, comme les autres mar-
« chands, ne pourront mettre en vente leurs marchandises qu'en la
« haulte hale du marquiet au blé.

« Les jours de marché, les draps devront être en halle avant dix
« heures du matin. Il est défendu aux marchands de draps de
« vendre ou de donner quoi que ce soit ces jours-là.

« Les vendeurs d'aux et d'ognons ne pourront vendre leurs mar-
« chandises que dans la rue qui part de l'hôtellerie (hôpital Saint-

(1) Les jeux de table (trictrac) et d'échecs, ne furent pas compris dans cette
défense.

« Jean, et se prolonge jusqu'à la rue Croix (Sainte-Croix), si ce n'est
« en août; que personne ne soit si hardi d'apporter et de vendre à
« Béthune du lin de mauvaise qualité.

« Les maiseaux des bouchers devront être ouverts depuis le soleil
« levant jusqu'à midi, et du premier coup de nonne jusqu'à cinq
« heures du soir, à partir de la Saint Remy jusqu'au Quaresmaux.
« De Pâques à Saint Remy, l'ouverture des maiseaux se prolongera
« jusqu'au coucher du soleil.

« Les chiens des bouchers pourront circuler dans la ville, à l'effet
« d'aider à conduire les bestiaux; mais il est défendu de les laisser
« pénétrer dans les maiseaux.

« Il est également défendu aux bouchers de tuer dans l'intérieur
« de la ville les animaux destinés à la boucherie. S'il y a, de leur
« part, contravention, la viande de ces animaux sera distribuée aux
« pauvres.

« Les pennes neuves et vieilles seront vendues séparément.

« Les marchands de chaux ne pourront la vendre que par me-
« sure. Ceux qui la mesureront devront, au préalable, prêter serment
« entre les mains du magistrat.

« Nul cabaretier ou cochereau ne pourra acheter de volailles que
« sur le marché nommé Marché-aux-Poulets.

« Avant de quitter une taverne, on sera tenu, si l'hôte l'exige,
« de payer les dépenses qu'on aura faites chez lui.

« Nul ni nulle ne pourra prendre en gaiges (gage) du fils, encore
« mineur, d'un bourgeois que le drap qu'il porte. Le crédit qu'on
« pourra lui faire n'excédera pas cinq sols. Quiconque lui fera
« crédit pour une somme plus élevée ne pourra réclamer que cinq
« sols et sera passible d'une amende de trente sols.

« Défense aux meseaux et meselles de venir mendier en dedans
« des portes de la ville, excepté aux Quatre Nataux (grandes fêtes)
« de l'année; et s'ils viennent, on les abandonnera, pour être des-
« pouillés au roi des Ribauds.

« Aucun ribaud ni autre ne pourra rester à l'ostelerie (hôpital)
« plus haut qu'une nuit, sinon avec le consentement de l'ostelier et
« par maladie, sous peine de bannissement d'un an et un jour. S'il
« s'en trouvait qui voulussent y demeurer à force (de force), ceux
« qui, pour les en chasser, aideront l'ostelier seront quittes de
« poursuites.

« Les haions ne pourront rester droits de nuit sous peine de
« trois sols d'amende et de confiscation du haion, si ce n'est de le
« pentecouste jusques à la Saint-Remy.

« Défense à tous locataires de quitter la maison qu'il tient à
« louage sans en avoir payé pleinement leur ostage (location) ou
« sans lettre (autorisation) du propriétaire.

« Défense d'enlever les cordes des puits, d'empêcher leur fonc-
« tionnement, de s'approprier les hefs, échelles, boucheaux de la
« ville, pour maison louée ou autre cose, sous peine de trente sols
« d'amende.

« Il est également défendu d'enlever les pierres, les maisteleze
« (matériaux), des ponts, des murs et des forteresses de la ville,
« de faire ou jeter aucune ordure, m..., dans les fossés de la ville,
« sous peine de trente sols d'amende et de bannissement jusqu'au
« rappel des échevins de la ville.

« Il ne pourra être mis d'eau dans le Verjus. Le verjus ne pourra
« être battu, foulé dans le pressoir, en la saison ordinaire que sur
« le marché. Il devra être suffisamment salé au blocque; il est dé-
« fendu d'insulter les batteurs.

« Le sable des chemins ne pourra être enlevé. Ceux qui auront
« besoin de sable ou d'argile pourront s'en procurer aux sablon-
« nières ou argilières ouvertes, au prix d'un denier par benne
« (manne) et de deux deniers par caretée.

« Défense de faire sourclane ou fausse serrure sous peine de
« bannissement d'un an et un jour.

« Défense de faire villenie (ordures), dix pieds en deçà des portes
« de la halle aux draps, de la demeure des échevins, des maiscaux,
« des étaux au pain.

« Le fumier, déposé sur le marché ou dans les rues, devra être
« enlevé dans un délai de cinq jours. Passé ce temps, s'en emparera
« qui voudra.

« Il est défendu de laisser pâturer les bestiaux dans les propriétés
« d'autrui, dans les fossés ou allées de la ville.

« Quand des charrois auront lieu en dedans des portes de la ville,
« les charetons, caretons (charretiers), devront tenir leur queval
« par le canesse (bride) ou siéger dessus.

« Aucune plantation ne pourra se faire sur les chemins de la ville.

« Les terres louées seront fumées, amendées par les locataires.
« Défense est faite aux houriers et femmes de vie (femmes de mau-
« vaise vie), de venir plus près de la ville que du gibet sous peine
« de vingt livres d'amende ou de perdre une oreille. S'ils y vien-
« nent, on les abandonnera à être dépouillés en tout, nuls ni nulles
« ne pourront les héberger de nuit dans la ville, sous peine de
« trente sols d'amende.

« Défense de porter des armes esmoulues, ni archons, ni engai-
« gne, ni sante, ni miséricorde, ni ploumée, ni bouqueles, ni
« fauchons, sous peine de soixante sols.

« Les armures invisibles ainsi que les couteaux sont défendus
« sous peine de confiscation et de soixante sols d'amende. Que nul
« ne vienne armé devens le pays de la ville ; les contrevenans paie-
« ront soixante sols d'amende et leurs armes seront perdues.

« Les échevins et les cinq officiers de la ville, le clerc, le maître
« des œuvres, le receveur et les deux serviteurs de la halle, lors-
« qu'ils auront prêté serment, pourront demander au bailli qui ne
« pourra la leur refuser, l'autorisation de porter des armes et des
« couteaux. Les échevins qui auront obtenu ce permis pourront
« avoir à leur service un valet honnête qui obtiendra également le
« droit de porter un couteau pour l'honneur et la sûreté de son
« maître.

« Le prévôt et les deux mayeurs, après avoir prêté leur serment,
« obtiendront également, s'ils le demandent au bailli, la même au-
« torisation qui ne pourra leur être retirée que du consentement
« des échevins.

« Que nul ne sorte dans la ville sans lumière et sans autorisation
« après que le cloque du beffroi aura sonné.

« Défense est faite de briser des pierres aux portes de la ville,
« autres que celles destinées à employer sur place. On ne pourra
« en transporter hors de la ville ; celles qui proviendraient de dé-
« molitions pourront servir à de nouvelles constructions dans les
« faubourgs.

« Les maisons à usage de teintureries et de brasseries seront
« enduites, à moins qu'elles ne soient couvertes de tieulles.

« Aucun édifice, aucun bâtiment ne sera construit dans la ville,
« sans être couvert de tieulles ou autres matériaux de même nature.
« La démolition de ces couvertures sera encourue pour contravention.

« Dans l'intérieur de la ville, les barbiers, fourniers, boulangers,
« cabaretiers ne pourront avoir de pourceaux ni de poules chez eux.

« Les teinturiers, dont les maisons sont situées sur les bords de
« la rivière depuis le Pont-de-Pierres jusqu'à celui de Saint-Pry, ne
« pourront avoir de basse chambre sur cette rivière. Ils ne pourront
« y jeter quoi que ce soit qui puisse en interrompre le cours. Cette
« dernière défense s'applique également aux tanneurs, wantiers,et
« autres.

« Nul ne pourra estingher ni lin ni chanvre à la lumière qu'en
« celier voûté de pierre Le lin ne pourra être chauffé que dans une
« cheminée solidement construite,

« Les charpentiers et autres ouvriers ne pourront travailler, hors
« de leur maison aux vêpres, après la cloche des pardons à Saint-
« Bétrémieux.

« Les fèvres (forgerons et maréchaux) qui travailleront à cette
« heure indue devront avoir leur maison clause (close).

« Toute injure dite au clerc de la ville, au maître des œuvres, au
« receveur, au procureur, aux deux sergents de la halle échevinale
« dans l'exercice de leurs fonctions entraînera, contre les délin-
« quants, une amende de soixante sols. Une autre de dix livres sera
« encourue par ceux qui porteront la main sur ces officiers des
« échevins.

« Une amende de trente sols sera prononcée contre ceux qui ne
« porteront pas respect aux eswardeurs (gardes), dans le même cas;
« et toute violence exercée contre eux sera punie d'une amende de
« dix livres.

« Les desquarqueurs (déchargeurs) ne pourront exiger que quatre
« deniers pour avoir déchargé et mis en cambre un tonnel de vin.
« Les meuniers, pour moudre le blé, ne prendront que quatre sols
« du muid. Les boulangers ne pourront prendre qu'un denier pour
« la cuisson d'une tarte et une obole pour dix flans.

« Que nul ne faiche ban ni autre assise de son mesthier dedans
« la ville. »

Philippe de Rouvre dont le gouvernement seigneurial à Béthune ne laissa guère d'autres traces que des donations et des lettres de sauvegarde en faveur de la collégiale de Saint-Barthelemy, mourut au château de Rouvre en 1361, âgé seulement de quinze ans. En lui s'éteignait la seconde maison de Bourgogne qui remontait à Robert, époux de Constance de Provence, duc de Bourgogne, frère du roi Henri Ier, et petit-fils de Hugues Capet.

Philippe de Rouvre laissa la ville et la châtellenie de Béthune à sa grande tante, Marguerite, seconde fille de Philippe-le-Long, mère de Louis de Male, comte de Flandre. *Marguerite de France*

Cette princesse prit une part active, pleine de sagesse et de bienveillance, à l'administration de cette ville. On ne saurait faire trop d'éloges de la justice et de la sagacité dont elle fit preuve pour la réforme des abus, la solution des difficultés et l'apaisement des conflits relativement à l'interprétation des lois, franchises, libertés, privilèges et statuts de cette cité. Elle ne décidait rien que sur l'avis de son grand Conseil. C'est après l'avoir consulté que, le 1er mars 1367, elle portait les sentences suivantes : 1° les échevins de Béthune ont le droit, pour la publication de leurs bans à la bretèque, de requérir la présence du bailli ou d'un de ses sergents, sans être obligés de l'informer de l'objet de cette publication. 2° l'afforage des vins se fera par les échevins, mais en présence du bailli ou d'un de ses sergents, s'il en est requis. 3° les échevins ont le droit de faire relâcher les bourgeois arrêtés pour délits, si ceux-ci offrent une caution convenable. Le bailli ne peut réclamer contre l'élargissement des prisonniers susdits. 4° les échevins ont le droit de nommer, selon les privilèges de la Ville, chaque année, les eswardeurs; le bailli doit admettre ces employés au serment, sans autre formalité. 5° il appartient aux échevins de juger dans tous les cas civils et criminels; il n'appartient pas au bailli de faire aucune restriction à ce droit. 6° les échevins, à l'occasion de la fête de St-Barthélemy, ont le droit de publier un *ban des fêtes* par lequel ils ordonneraient de débarrasser les rues des objets, tels que charrettes, ordures, haïons, etc., qui pourraient entraver la célébration de ces solennités religieuses. Le bailli ne peut contrevenir à ces réglements de police. 7° Les privilèges de la ville concèdent aux échevins la septième partie des biens des bourgeois qui, par leur mariage avec des non bourgeoises, cessent de faire partie de la bourgeoisie; ils ont le droit, s'ils le trouvent nécessaire, de faire arrêter celui qui se refuserait à payer ce septième. Le bailli est obligé, sur la requête des échevins, d'envoyer un de ses sergents pour la mise à exécution de cet arrêt. 8° le bailli pourra prendre, selon le droit du seigneur, les biens laissés en épaves ou successions par la mort des bâtards; mais il ne fera d'inventaire de ces biens, dans la maison des défunts, qu'en présence des échevins. 9° les échevins, lorsqu'ils abandonnent, comme ils le doivent, toutes poursuites contre un *clerc*, sont tenus d'en avertir le bailli, pour le mettre à même de constater l'identité du prévenu.

Depuis la mort de Philippe de Rouvre, Charles V, roi de France, avait formé le dessein de donner la Flandre et la Seigneurie de Béthune à son frère, Philippe le hardi, duc de Bourgogne, en lui faisant épouser Marguerite de Male. Voulant s'attacher, pour la réalisation de ce projet, les communes flamandes, il s'engagea, par une convention en date du 12 avril 1369, à céder à Louis de Male, pour lui et ses successeurs, les villes de Lille, de Douai et d'Orchies; et pour garantie de cette convention, les villes de Béthune, de St-Omer, d'Aire et d'Hesdin, furent remises, en gages, aux hommes d'armes du comte de Flandre qui les occupèrent aussitôt. Ils n'y restèrent que quelques jours, c'est-à-dire jusqu'au 19 juin, date du mariage du duc de Bourgogne avec Marguerite de Flandre.

Au moment où ces évènements se passaient, Marguerite de France, qui gouvernait alors la ville de Béthune, ne négligeait aucune occasion de s'attacher, par de nombreuses largesses, le magistrat et les habitants de cette cité. Le 2 novembre 1374, elle autorisait les échevins à élargir le pont de la porte St-Pry et à y construire une maison pour y loger un homme d'armes préposé à la défense de ce pont. Le 8 mai 1374, elle leur accordait la remise de plusieurs rentes fondées sur différentes maisons que les échevins avaient dû faire abattre pour agrandir les fossés de la Ville.

Le 7 octobre 1379, elle autorisait la ville à lever plusieurs assises dont la recette devait servir à des travaux de fortifications.

Elle autorisa, par lettres données en 1372, l'établissement, dans cette ville, d'un marché aux grains qui devait avoir lieu le lundi de chaque semaine. Ce marché, établi dans cette localité, déjà regardée, à cette époque, comme le grenier, la grange de l'Artois, prit aussitôt une importance considérable qu'il a su conserver, sans interruption, jusqu'à ce jour. Ces lettres-patentes confirmaient la perception, au profit de la ville, d'un impôt sur le mesurage des grains; il était fixé par chaque rasière à deux sols dont l'un était payé par le vendeur et l'autre par l'acheteur. Le nombre et le choix des mesureurs-jurés étaient laissés à la disposition des échevins qui, d'ailleurs, étaient autorisés, comme édiles, à édicter les ordonnances ou *bans* qu'ils jugeaient nécessaires ou simplement utiles sur la tenue et la police de tous les marchés de la ville.

Par une autre charte du 28 juin 1373, elle institua une foire ou *fête annuelle* qui devait s'ouvrir le jour ou le lendemain de la Chandeleur, le choix de l'un ou l'autre de ces deux jours étant subordonné à la volonté des échevins. Déjà, la ville avait une foire qui se tenait le lendemain de la St-Barthélemy, c'est-à-dire le jour consacré à célébrer la fête de St-Louis. A cause de cette coïncidence, elle est appelée indifféremment dans nos archives municipales foire de *St-Barthélemy*, de *St-Louis*.

Ces deux foires de la *Chandeleur* et de *St-Barthélemy* avaient le droit de franchise; c'est-à-dire que pendant toute leur durée, on ne pouvait arrêter au corps ou en biens les marchands y venant, demourant et retournant, selon les expressions de Marguerite; le magistrat et le bailli s'engageant à laisser circuler tout individu, étranger ou non, fût-il sous le poids d'un jugement quelconque; les bannis étaient autorisés à revenir à Béthune pour y demeurer, sans être inquiétés, pendant ces jours de franchise (1).

Le commencement et la fin du temps de franchise étaient annoncés par un ban à la bretèque ainsi que par la cloche du beffroi. Les échevins avaient seuls la police de la ville et notamment la connaissance des contestations entre vendeurs et acheteurs. Le prix des logements et des denrées alimentaires était fixé à l'avance par cinq prudhommes. — Plusieurs jours avant les *franchises*, on scellait, en présence du magistrat, aux armes de Béthune, les saufs-conduits que l'on faisait parvenir par le messager de la ville aux communes étrangères, pour les engager à prendre part à ces franches-foires, et les assurer d'une pleine et entière sauvegarde. Le magistrat désignait l'emplacement où les marchands pouvaient, en payant, étaler leurs marchandises. Ces places étaient situées, primitivement dans la halle aux draps, plus tard au seizième siècle, dans l'hôtel de ville où, pour cet étalage, étaient affectés l'appartement nommé le *parquet*, la *chambre du Conseil*, la *chambre à Dieu* et le *corridor*. A partir de 1793, ce fut sur l'emplacement de l'ancienne chapelle du collège qu'on éleva des boutiques foraines, dont la baie se fermait au moyen d'un large volet qui formait auvent dans le jour et se rabattait pour la nuit. Depuis l'année 1827, c'est sur la Grand'-Place, au marché aux grains que sont élevées les baraques des forains L'étalage des légumes, des volailles, des œufs, du beurre, du poisson, du blé et des autres grains, se faisait, en temps de foire comme toujours, en plein air. Les jours de marché, on permettait d'élever sur la place des loges, *haïons* (mot dérivé de *halle*) où, sous un étroit et frêle abri formé, de quel-

(1) Arch. municip. AA. 8.

ques planches et de toiles, les artisans et petits marchands exposaient leurs produits et leurs denrées.

En 1530, on voulut changer la date de la foire St-Barthélemy; cette tentative n'eut pas le succès qu'on espérait; et presqu'aussitôt on revint aux anciens errements.

La ville payait au domaine, pour ses deux foires annuelles, à titre de reconnaissance de leur franchise, une somme de six livres quinze sols.

Ces deux foires ont toujours été très fréquentées. Le droit de franchise dont elles jouissaient y attirait, dans les temps féodaux, un nombre considérable d'étrangers. Les marchands, sachant à l'avance qu'ils y trouveraient des garanties de sûreté pour leurs personnes et leurs marchandises, y venaient d'autant plus volontiers que, dans un autre temps, les communications étaient plus dangereuses, surtout pour ceux qui transportaient avec eux des objets précieux. Les acheteurs y accouraient également de loin, poussés par le double motif d'y trouver les objets qui leur étaient nécessaires et de prendre part aux plaisirs qui accompagnaient ces sortes de réunions. La fête des *josnes gens* avait lieu le dimanche qui suivait immédiatement une de ces foires.

Vers la fin du xiv° siècle, la France tout entière et particulièrement le comté d'Artois étaient ravagés successivement et quelquefois simultanément par les armées flamandes et anglaises. En 1382, le comte de Buckingham débarquait à Calais avec des forces considérables composées de chevaliers, d'hommes d'armes et d'archers. En prévision d'une attaque contre la ville de Béthune, Enguerrand de Coucy, qui commandait à Arras, y envoya de puissants renforts. Parmi les guerriers dont les vaillantes épées devaient défendre cette cité, se trouvaient le seigneur d'Hangert, messire Jean et Tristan de Roye, Geoffroy de Charny,

Guy de Harcourt. L'armée anglaise passa, sans s'inquiéter de cette ville, *à l'heure de tierce tout outre*, selon les expressions de Froissart dans sa chronique. Mais les hardis chevaliers qui défendaient Béthune, sortant tout à coup de cette forteresse, tombèrent sur les fourrageurs, firent des prisonniers et contribuèrent à forcer l'armée anglaise à concentrer ses forces, sans pouvoir se répandre dans les campagnes où elle pillait et brûlait tout sur son passage, comme elle le fit à Souchez (1).

La comtesse Marguerite, dame de Béthune, dont le gouvernement seigneurial avait été si bienveillant et si bienfaisant, mourut le 13 avril 1382. Louis de Male, son fils, comte de Flandre, prit aussitôt possession de cette seigneurie, qui fut ainsi réunie de nouveau à la Flandre.

Le jour de sa première entrée et de sa réception à Béthune comme seigneur, il reçut le serment des échevins de la ville et jura, de son côté, le maintien de leurs privilèges (2).

Ce serment de Louis de Male contraste singulièrement avec la mesure générale que, dans le même moment, il prenait et par laquelle il exigeait que toutes les villes flamandes lui livrassent, pour être détruites, leurs chartes de privilèges. Cette exception qu'il faisait en faveur de la ville de Béthune dont il garantissait les franchises, privilèges et libertés, prouve qu'à ses yeux cette cité devait être rangée parmi les communes de France. Quoiqu'il en soit, cet acte est le seul par lequel il soit intervenu dans l'administration de Béthune.

Il mourut à St-Omer le 30 janvier 1384. Son testament ou, comme on disait à cette époque, *sa der-*

Louis de Male

(1) Froissart, *chroniques*, t. II, p. 08.
(2) Chartes du 18 mars 1383. — Arch. municip. AA. 5.

nière devise, mérite d'être reproduit : « je fay savoir
« à tous que : considérant les grands honneurs, biens
« et possessions, que Notre Seigneur Jésus-Christ m'a
« donnés, de sa pure grâce, en ce siècle, et dont je
« n'aurais point usé comme j'aurais dû le faire, uni-
« quement pour son service et son honneur, mais en
« vaine gloire..... Je recommande ma pauvre âme
« pécheresse le plus humblement que je puis à Notre
« Seigneur Jésus-Christ, à la benoîte Vierge Marie,
« fontaine de miséricorde, et à tous les saints et
« saintes du Paradis, que je supplie humblement de
« m'accorder miséricorde et rémission de mes péchés
« qui sont plus nombreux et plus grands que je ne
« saurais le dire ». Il conjurait ensuite le duc de
Bourgogne, son gendre et héritier, de réparer ses
torts vis-à-vis de son peuple (1).

Les restes de Louis de Male furent transférés à l'abbaye de Loos, près de Lille, puis en l'église St-Pierre de la même ville, Ce transfert de St-Omer à Lille eut lieu par Béthune où fut célébrée, dans la collégiale St-Barthélemy, avec une pompe extraordinaire, au milieu d'un immense concours de peuple, une cérémonie religieuse (2).

(1) Arch. génér. du royaume, à Bruxelles, 100. — KERVYN DE LETTENHOVE, *Hist. de Flandre*, t II. p. 303.
(2) Chron. inéd. de Flandre, bib. nat., n° 8380.

CHAPITRE VII

A Louis de Male succéda sa fille. — Marguerite épouse Philippe-le-Hardi, duc de Bourgogne. — Malversations des échevins vis-à-vis de leur nouveau seigneur qui ne prononce contre eux aucune punition. — Cession de la seigneurie de Béthune par le duc de Bourgogne à Guillaume de Namur. — Construction du beffroi. — Création de huit places de courtiers à vie. — Ordonnance du comte de Namur touchant la justice échevinale. — Invasion des Anglais dans les faubourgs de Béthune. — Modification des ordonnances concernant le renouvellement de la loi. — Confirmation des statuts et règlements des corporations des Archers et Arbalétriers. — Conduite admirable de Jeanne de Béthune auprès de Jeanne d'Arc. — Administration de Jeanne de Harcourt ayant pour douaire la seigneurie de Béthune. — Visite du duc de Bourgogne à Béthune. — Les turlupins. — Sentences des délégués du duc de Béthune concernant certains points en litige entre Jeanne de Harcourt et les bourgeois de Béthune. — Ordonnances échevinales touchant les incendies. — Disette et maladie contagieuse. — Incendie de la halle échevinale. — Sa reconstruction. — Ordonnance de Jeanne de Harcourt concernant le droit de défense des bourgeois contre les malfaiteurs. — Mort de Jeanne de Harcourt. — Le comte de Charolais, devenu seigneur de Béthune, visite ce domaine. — Louis XI, à la mort de ce seigneur, s'empare de Béthune — Ses libéralités en faveur de cette ville. — Guerre entre Maximilien et Louis XI. — Marguerite, fille de Marie de Bourgogne. — Son passage à Béthune. — Guerre dans l'Artois. — Le traité d'Arras. — Visite à Béthune de Philippe-le-Beau, devenu seigneur de cette ville. — Son ordonnance touchant le transport des blés en un temps de disette. — Mort de Philippe-le-Beau. — Charles-Quint, son fils, lui succède sous la tutelle de Maximilien, son aïeul.

Philippe le Hardi

Louis de Male laissa pour héritière sa fille Marguerite, épouse de Philippe-le-Hardi, duc de Bourgogne qui, aussitôt après la mort de son beau-père, prit le titre de seigneur de Béthune.

Les échevins, croyant échapper au contrôle de leur nouveau seigneur, trop occupé, selon eux, des affaires de Flandre et de France pour prendre garde à celles de leur petite ville, se hasardèrent à commettre, à l'encontre de ses droits, plusieurs abus de pouvoir : ils laissèrent falsifier le registre aux chartes, rendirent des jugements plus conformes à leurs intérêts qu'à l'équité, retenant, en outre, au profit de la ville, une partie des amendes qui devaient revenir au seigneur. Informé de ces divers méfaits, le duc de Bourgogne cassa les jugements trouvés injustes, annula les falsifications commises et relevées sur le registre aux chartes, obligea la ville à lui restituer les amendes injustement perçues. Il n'infligea cependant aux coupables aucune punition, voulant, dans cette circonstance, selon le texte de ses lettres du 10 septembre 1386, tenir compte de leur fidélité constante à son gouvernement et à sa personne (1). En outre, dans le même temps, pour montrer tout le cas qu'il faisait de leur dévouement, il accordait aux habitants de cette ville le privilège « *de prendre, cueillir, lever et avoir ung longuet* « sur tous les marchands forains *venans et arrivans* « sur la rivière », pendant l'espace de quatre ans (2).

Cependant quelque temps après, pour des raisons de haute politique et peut-être aussi par suite du mariage de sa fille Marguerite avec Guillaume de Namur, il cédait à ce dernier, par une convention du 1er décembre 1386, « le château, la ville et la châtellenie « de Béthune y compris la haute, moyenne et basse « justice, les fiefs, arrière-fiefs, rentes, revenus, pro- « fits et émoluments seigneuriaux », en échange de la seigneurie et du *port* de l'Ecluse, avec la haute, moyenne et basse justice, fiefs et arrière-fiefs dont les revenus maritimes étaient considérables.

Guillaume de Namur Guillaume de Namur, ayant reçu le serment des échevins de Béthune et prêté également le sien, prit possession, en 1386, de la terre et seigneurie de cette ville, *laquelle*, dit Ferry de Locre à cette occasion, était un des *beaux et grands héritages de tout le pays*(3). Le 14 novembre 1387, le roi Charles VI, prenant en

(1) Arch. du Pas-de-Calais, chartes d'Artois.
(2) Arch. municip, AA. 5.
(3) F. DE LOCRE, *Chron. belg.*, p. 483.

considération la supplique que lui avaient adressée récemment les échevins au sujet des privilèges de leur ville, déclarait les maintenir tous sans exception, et ordonnait aux justiciers et autres officiers royaux de respecter, sans jamais leur porter atteinte, toutes les franchises et immunités dont le magistrat, les bourgeois et toute la communauté de cette ville étaient en possession (1).

A cette date, le beffroi, construit en 1346 avec des matériaux peu solides et qui ne reposait que sur quatre piliers de bois, menaçait ruine. Guillaume de Namur autorisa les échevins, par lettres du 6 mai 1388, à le reconstruire et à employer la pierre pour cette nouvelle construction, *afin que ce puisse être*, comme il est dit dans ce document, *chose perpétuelle*. Il leur permit d'y joindre une horloge; mais moins libéral que le comte Eudes de Bourgogne, il leur retira le droit d'y établir une prison.

Pour aider la ville, dont les finances étaient obérées, à supporter la dépense prévue pour un pareil travail, il autorisa les échevins, par lettres du 29 janvier 1389, à créer huit places de courtiers à vie, qui seraient vendues au profit exclusif de la commune. Il permettait, en même temps, de percevoir, pour droit de courtage, quatre deniers parisis par chaque muid de grains.

A cette époque où les affaires commerciales, entravées par des guerres continuelles, étaient en souffrance, une foule de commerçants se voyaient obligés, pour faire face à leurs obligations de paiement, de contracter des emprunts pour lesquels on exigeait des hypothèques ou bien de créer des rentes sur leur maison. En vertu d'une délibération prise en chambre échevinale, le 19 février 1399, pour toute la communauté de la ville, il fut décidé 1° qu'à l'avenir les proprié-

(1) Arch. municip., AA. 5.

taires ne pourraient créer de nouvelles rentes sur leurs maisons; 2° que, lors de la vente des rentes antérieurement établies, les propriétaires de ces maisons auraient le droit de les retirer, dans les quinze jours, en en payant le prix aux acquéreurs. Cet acte fut confirmé par lettres du comte de Namur, en date du 13 mars 1400.

Les justiciables de l'échevinage se plaignaient de la lenteur de la justice, notamment en matière de créances et de dettes. Les échevins reconnaissaient le bien fondé de ces réclamations, alléguant toutefois, pour s'excuser, la multiplicité des affaires de cette nature. Pour remédier à cet abus, le comte de Namur ordonna, par lettres du 4 mai 1400, que deux échevins, assistés du clerc de l'échevinage, auraient la connaissance de ces causes, lorsqu'elles n'excéderaient pas dix livres; que les audiences de ce tribunal auraient lieu les jeudi et samedi matin de chaque semaine; qu'en cas d'appel, la cause serait portée devant le bailli et les francs hommes du château qui, le plus vite possible, en jugeraient. Par la même ordonnance, il assignait au clerc pour l'enregistrement de chaque cause, à la première *présentation*, quatre deniers, à chaque témoin deux deniers, à chaque condamnation six deniers, et aux échevins quatre deniers par témoin.

Ces sages mesures commençaient à laisser respirer les Béthunois de leur accablement, lorsque les apprêts d'une guerre nouvelle contre l'Angleterre, guerre tout-à-fait impopulaire, vinrent troubler tout-à-coup ce commencement de tranquillité. Nos pères, sous l'impression de leur mécontentement, s'opposèrent à la levée d'un subside destiné à assurer la protection de leurs frontières (1). Bientôt, malgré cette résistance et celle de tout le pays, la guerre, provoquée,

---

(2) KERVYN DE LETTENHOVE, *Hist. de Flandre*, t. III, p. 58.

par la politique de Philippe-le-Hardi, duc de Bourgogne, fut déclarée. Les Anglais ne tardèrent pas à parcourir l'Artois, y portant le feu et le carnage. Arrêtés devant Béthune qui leur ferma ses portes, ils pillèrent le prieuré du Perroy, dévastèrent ses bois et ravagèrent ses terres. Toute l'avouerie de Béthune eut le même sort. En présence d'une telle dévastation, les bourgeois et habitants de cette ville finirent par voter le tribut militaire exigé pour mettre tout le pays à l'abri des attaques de l'ennemi (1).

Les échevins qui s'efforçaient ainsi d'éloigner de la ville les horreurs des guerres étrangères, n'étaient pas moins soucieux de préserver leurs administrés de tout ce qui pouvait amener, dans cette cité, des dissensions intestines. C'est pour cela que, de concert avec les bourgeois, ils demandèrent à Guillaume de Namur de les autoriser à changer le mode du renouvellement de la loi qui, chaque année, donnait lieu à des convoitises fâcheuses, à des compétitions passionnées et, par suite, à des agitations et des troubles. Guillaume de Namur, faisant droit à ces réclamations parfaitement motivées, régla de la manière suivante, par lettres du 14 août 1409, ce mode d'élection : « quinze bour« geois seront choisis et nommés par le bailli du sei« gneur et les notables de la ville, pour conduire, « régler, administrer, pendant toute leur vie, les af« faires de l'échevinage. Parmi ces élus, dix seront « choisis pour administrateurs de la ville, leur ges« tion durera une année entière. Puis cinq d'entre « eux sortiront de charge et seront remplacés par « leurs collègues qui, jusques alors, n'auront pas été « en exercice. Aucun d'eux ne pourra être mis en « charge avec son père ou son frère ».

Guillaume de Namur, qui s'était fait dans les armes une réputation méritée, s'attachait à maintenir les cor-

(1) F. de Locre, *Chron. belg.*, p. 494.

porations instituées pour la défense de la ville. En 1413, il renouvela les réglements de la confrérie des arbalétriers, établie, selon ses ordres, le 1ᵉʳ mai 1396, par Pierre d'Aisne, grand-bailli de Béthune, et par les échevins. Par les mêmes lettres, il confirma le réglement des grands archers de St-Sébastien (1).

Jean-sans-Peur suivit cet exemple. En 1405, il établit dans ses états d'Artois des archers et des arbalétriers, leur donnant des maisons où ils pouvaient s'exercer (2). En 1414, il les réunissait sous les murs de Béthune à la nombreuse armée qu'il destinait à secourir la ville d'Arras assiégée par Charles VI.

Le 15 octobre 1415, à dix lieues de Béthune, dans la plaine d'Azincourt, la France éprouvait un de ces grands échecs qui rappelle le souvenir de Crécy et de Poitiers. Cent vingt seigneurs et huit mille gentilshommes français y succombèrent. C'était l'élite du royaume. Une cruelle consolation, dans le récit funèbre de ce désastre, reste à l'histoire de cette cité, c'est de compter, parmi ces illustres victimes de leur dévoûment à la France, le sire de Béthune.

Quinze ans plus tard, Jeanne de Béthune, fille du sire de Béthune, mort pour la France à Azincourt, épouse de Jean de Luxembourg dont le nom est tristement mêlé aux infidélités de cette époque, se montra la consolatrice dévouée de Jeanne d'Arc qu'elle entoura de ses soins et de ses caresses, essayant de tous les moyens pour l'arracher à ses persécuteurs ou du moins pour lui adoucir les amertumes de sa prison de Beauvais.

Telle ne fut pas la conduite d'Antoine de Béthune, le cousin-germain de cette noble dame, qui, sous la bannière anti-française du duc de Bourgogne, défendit

---

(1) Arch. municip.; HENNEBERT, t. II, p. 65.
(2) Dom DEVIENNE, *Histoire d'Artois*, t. II, troisième partie, p. 23 et 24.

la place de Senlis contre la pucelle. Sa mort fut tragique, il fut tué dans une émeute populaire (1).

Guillaume de Namur mourut le 10 janvier 1418, sans laisser de postérité. Marié en premières noces avec Marie de Bar, il avait eu pour seconde femme Jeanne de Harcourt à laquelle il assura pour douaire la seigneurie de Béthune. Ce domaine revenait en nue-propriété, comme diraient les légistes de nos jours, à son frère Jean III, dernier comte de Namur qui ratifia l'acte concernant le douaire de Jeanne. Cette comtesse prit alors le nom de dame de Béthune.

Jeanne de Harcourt

Jean de Namur, dont les ressources ne suffisaient pas à payer ses dépenses qui étaient excessives, résolut de vendre la seigneurie de Béthune. Il chargea Philippe de d'Huy et le prévôt de St-Aubin de proposer au duc Philippe de Bourgogne de faire cette acquisition. Celui-ci, désireux d'augmenter ses domaines et, par suite, sa puissance, accepta volontiers ces avances; le traité de vente à son profit fut conclu et signé par les parties, à Gand, le 16 janvier 1420. La somme dont on était convenu ayant été remise à Jean de Namur, le 27 mai 1420, le duc de Bourgogne apposa, le jour même, à titre de propriétaire, son sceau au bas de cet acte (2).

L'année suivante, le 11 septembre 1421, à son retour d'un pèlerinage qu'il venait de faire à N.-D. de Boulogne en actions de grâce de la prise de St-Riquier, où Baudoin de Baillencourt s'était couvert de gloire et avait reçu le surnom de Courcol, il passa par Béthune pour y visiter son nouveau domaine; il dîna au château et repartit ensuite, très satisfait, pour Arras (3).

Depuis plusieurs années, ce n'étaient pas seulement les armées étrangères qui ravageaient la seigneurie de

(1) BRAUN et STOGHENBERG, *Civitates orbis terrarum.*
(2) MIREUS, *Dipl. belg.*, t. IV, p. 611 et suiv.
(3) BAUDOIN, p. 45.

Béthune. Aux gens de guerre étaient venues se joindre une foule de bandits et d'hérétiques qui se réfugiaient au fond des forêts et portaient, pour cette raison, le nom de *turlupins*. Ils dévastaient tout le pays, n'osant jamais cependant s'attaquer à la ville de Béthune.

Jeanne de Harcourt affectionnait tout particulièrement les habitants de cette cité dont elle pouvait d'autant mieux apprécier les qualités qu'elle vivait habituellement au milieu d'eux, ayant fait du *chastel* de cette ville sa principale résidence. Certains conflits, cependant, s'élevèrent bientôt entre elle et les échevins touchant la nature et l'extension de quelques uns de leurs droits respectifs. Les discussions sur ces différents points litigieux ne tardèrent pas à devenir animées, presque violentes. Les bourgeois qui tenaient à leurs privilèges et leurs franchises comme à la prunelle de leurs yeux, s'imposèrent aussitôt les plus grands sacrifices pour entamer, à ce sujet, un procès devant l'autorité compétente. L'affaire fut portée, comme elle devait l'être, devant le duc de Bourgogne, propriétaire de ce domaine. Retenu à Montreuil-sur-Mer par la maladie, il commit, par lettres du 22 juin 1421, Guillaume, seigneur de Bonnières et de la Thieulloy, chevalier, son conseiller et chambellan, gouverneur de la ville et baillage d'Arras, et Jehan Lesot, son lieutenant et conseiller, pour rendre, après avoir entendu les deux parties ou leurs délégués, *un appointement par voie amiable et raisonnable.* Ces deux commissaires se transportèrent à Béthune au mois de septembre 1421, et s'empressèrent d'y appeler Quentin Leblond, procureur général de la province d'Artois, Guérard Wembourg, bailli de Béthune, Jehan Perrenetté, conseiller de la comtesse de Namur, *héritière et usufruitière,* Pierre de Bellesaiges, son procureur, Jacques de le Brique, son receveur, Adam de Neuf-Villette, clerc du baillage de Béthune, d'une part, et, d'autre part, les échevins, les mayeurs, le prévôt et Jehan Thouret, leur procureur, ainsi que plusieurs autres notables de cette ville.

Après avoir présenté les lettres du duc de Bourgogne, qui les accréditaient comme ses délégués dans cette cause, ils portèrent les décisions suivantes ou *appointements lesquels soient demeurés en force de choses jugés sans appel.*

1. — En la halle des francs hommes de ladite ville, à porte ouverte, publiquement et en la présence de tous ceux qui y avaient voulu estre, tant les dits officiers de ma dite dame comme autres et après cry et publication au lieu et bretèque là où on a accoutumé faire cry, etc., etc. Après vérification des comptes qui avaient été clos, passés et reçus par devant et en présence du procureur général d'Artois en son hostel à Béthune, les commissaires déclarèrent les dits comptes bien et duement rendus. Dorénavant les échevins devront former deux chapitres de recettes, l'un pour les rentes et l'autre pour les cens.

2. — Lorsque le magistrat exemptera du droit de septième, il lui suffira d'en faire mention sur un registre spécial dont il donnera par extrait, copie au receveur pour être rapportée au jour de la reddition de son compte.

3. — Le montant des recettes des chaussées sera employé à leur réfection ; si, après cette dépense de réparation, il reste des fonds disponibles, ils serviront à l'entretien des sowez et des puits.

4. — Quant aux comptes des assises, les recettes et les mises seront indiquées à part et non par accouplement.

5. — Il y aura un chapitre spécial où seront inscrites les mises, pour gaiges, et pensions de la ville; on y indiquera les noms des pensionnaires, leur état, le montant de leurs gages. Ils devront donner quittance au receveur. Les employés du guet du beffroi figureront dans ce chapitre pour leur traitement et selon la forme indiquée plus haut.

6. — Les mises faites par les échevins aux jours de plaids et de trèves et celles de la garnison qui se font en l'endroit la halle seront payées sur les recettes et indiquées au chapitre des comptes, comme par le passé. Il en sera dressé un rôle scellé de deux sceaux des échevins et des sept hommes, élus selon les prescriptions de gonnelieu et commis, en vertu de ces mêmes ordonnances, pour vérifier les dits comptes.

7. — Chaque semaine, seront dressées, en la manière accoutumée, des cédules mentionnant les ouvrages qui auront été faits et les matières employées.

8. — Les présents et dons faits par la ville ne devront être délivrés par le receveur que sur le mandement des échevins.

9. — Les mises extraordinaires ayant pour cause les charrois faits entièrement pour le prince devront être indiquées au chapitre des dépenses ; on y mentionnera si elles ont eu lieu par mandement patent, par lettres missives ou par commandement verbal.

10. — Les receveurs appelés à payer les frais de monnaie ne le feront, comme pour les dons, que sur mandement des échevins.

11. — Le receveur sera tenu, lors de la reddition de son compte, de rapporter les quittances des rentes héritières qu'il aura payées.

12. — Si les échevins trouvent utile d'acheter des vins pour être distribués en cédule dans la ville, ils devront indiquer aux comptes les noms des vendeurs et le prix d'achat

13. — Toutes les recettes formeront un compte qui sera fait en trois expéditions. La reddition des comptes se fera chaque année après publication accoutumée en la halle des francs hommes, la porte ouverte, en la présence du bailli, des gens et officiers de la dame de Béthune et de tous ceux qui y voudront rester. Un des comptes sera donné au bailli et aux officiers, un second aux échevins et un troisième au receveur. A la fin du compte seront indiquées les dettes qui endettent la ville et ce qu'elle a. Le receveur aura soin de dresser, selon son devoir, avec exactitude son compte tant en recettes qu'en dépenses. Après avoir été vérifié ainsi qu'il a été déclaré plus haut, il devra être signé par le bailli, les officiers susdits et les auditeurs qui signeront de concert jusques en la fin.

14. — Les échevins de Béthune et les chanoines de Saint-Barthélemy seront tenus de préposer à l'administration des hôpitaux et des maladreries des gens notables et savants audit gouvernement, lesquels administrateurs devront, chaque année, rendre compte de leur gestion.

15. — Répétition de l'article précédent avec cette addition : Si quelques-uns de ces comptes n'avaient pas encore été rendus, il est ordonné aux échevins de faire réparer ce retard, suivant le mode prescrit, par leur commis dans le plus bref délai.

16. — Répétition de l'article précédent.

17. — Il est ordonné de faire publier annuellement les bans et les statuts de la ville au lieu où se font les cris et les publications. Les dits bans et statuts seront transcrits sur deux registres dont l'un sera remis au seigneur de Béthune ou à ses officiers et l'autre restera entre les mains des échevins.

Si dans ces bans et statuts l'on trouve quelques passages obscurs qui aient besoin d'interprétation, on la fera, mais elle sera publiée.

Ces bans et statuts ne pourront être corrigés, ni augmentés, ni diminués sinon d'un commun accord entre le Seigneur-Gouverneur et le Magistrat. Pour le fait des marchandises, il appartiendra aux échevins de faire les bans qu'ils jugeront convenables, en se conformant toutefois aux décisions précédemment rendues sur cette matière.

18. — Les échevins et les bourgeois prétendaient qu'ils n'étaient pas tenus de faire le guet au château. Cependant, pour l'honneur et déférence de la dame du castel, ils y consentent, mais à la condition que, pour cette garde, on mettra à leur disposition une place convenable et qu'on leur donnera des lettres de non-préjudice. Cette demande est agréée, mais seulement à titre provisoire, jusqu'au retour de la comtesse.

19. — Le bailli et les échevins seront astreints à tenir plaids de quinzaine en quinzaine.

Les autres articles n'ont guère d'importance historique. Nous ne ferons que les citer.

20. — Plainte mal fondée du procureur de la dame de Béthune contre la nomination de Jehan Grenet, comme mayeur et Pierre Robelique, comme prévôt.

21. — Cet article s'applique au salaire du greffier.

22. — Salaire du prévôt et mayeur pour s'être trouvés au Maretz.

23. — Injures de Jehan de Fiefs et Pierre Robelique, mayeurs et Jehan Fabien, échevin, contre le forestier des bois de Béthune.

24. — Commissions données par le bailli et les ajournements prononcés par lui à l'encontre des bourgeois et des habitants et au préjudice de l'échevinage sont déclarées nulles comme contraires aux usages et coutumes de la ville.

25, 26, 27, 28. — Les mêmes que le précédent.

29. — Assistance obligatoire du bailli ou de son lieutenant à la publication des bans.

30. — Condamnation des sergents pour avoir reçu indûment de l'argent des bourgeois et habitants aux franches foires.

31. — Obligation pour les sergents et les officiers du baillage, à l'exception du bailli, du procureur, du receveur et du clerc, d'ouvrer et de travailler aux réparations de la forteresse de la ville comme les autres habitants, sur première réquisition.

32. — Tous clains et arrêts seront amenés à la connaissance des échevins.

33. — Les exploits contraires à l'article précédent sont déclarés nuls.

34. — Si ces différentes décisions paraissaient obscures, on recourrait au duc Philippe.

Ces difficultés n'étaient pas les seules pour lesquelles la comtesse de Namur et le magistrat de Béthune avaient sollicité et obtenu, dans leur différend, une officielle solution. Leurs réclamations litigieuses portaient en outre sur quatre autres points principaux, également importants : 1° Les échevins prétendaient qu'en vertu des usages anciens, les bourgeois et habitants de Béthune pouvaient prendre, le jeudi de chaque semaine, dans les bois de cette ville, un fagot pour un denier, cent fagots pour huit sols parisis, et pour la voiture quatre sols. La comtesse de Namur, s'appuyant sur la dépréciation des monnaies qui avaient cours de son temps, exigeait une augmentation de prix. Il fut établi, sur ce point, que les échevins restitueraient, pour le passé, cent cinquante écus à la comtesse, mais que les choses resteraient en l'état jusqu'au retour du duc de Bourgogne ; 2° Le bailli avait la prétention de sceller les lettres de l'échevinage avec le scel aux causes, percevant, pour cela, un droit personnel. Il fut résolu que provisoirement les échevins se serviraient de cyrographe qui aurait la même valeur que leurs sceaux ; 3° le bailli prétendait avoir le droit d'afforer par jugement avec les échevins. On décida qu'il ne pouvait être à la fois *juge et conjureur avec eux pour afforage ni ailleurs*. On ajouta que les échevins afforeraient les vins *au conjurement du bailli ou de son lieutenant ou autres sergeants par lui commis*. Le procureur de la comtesse voulait obtenir les comptes *précédemment visités*. On décida que ni la dame de Béthune ni son procureur n'auraient le double ni même une copie des anciens comptes (1).

Cette dernière sentence dons nous venons de donner le précis ne fut agréée d'aucune des deux parties. Cependant la comtesse de Namur, voulant terminer amiablement ce différent, assembla dans la cour de son château les bourgeois et habitants de cette ville, pour s'entendre avec eux sur les moyens à prendre à l'effet de donner, mais *sans figure de poursuites judiciaires*, une solution à ces difficultés. Sur leurs requêtes, le duc de Bourgogne nomma pour commissaires dans cette affaire, jugée grave à cette époque, Martin, évêque d'Arras, Jehan, évêque de Tournai et Hue de Lannoy, chevalier, gouverneur de Lille, qui rendirent les *appointements* suivants : « Le bailli où
« son lieutenant sera présent, s'il le trouve bon, avec
« les échevins, à l'afforage des vins; ce qui se fera
« amiablement. — Les échevins seront seuls en droit
« de modifier les prix de vins qui se vendent dans la
« ville. — La ville n'est tenue au guet du château que
« pour cause de danger; et dans ce cas, elle enverrait
« à ses frais, deux hommes pour cette garde ou paie-
« rait six sols parisis par chaque nuit. — Les habi-
« tants jouiront du droit ancien, par rapport à l'achat

---

(1) Arch. municip., AA., 5.
Furent présents comme assistants Monseigneur de Beaufort, chevalier, les échevins, prévôt et mayeurs, Jacques de le Brique, receveur de la comtesse de Namur, Jehan le Bailly, son conseiller en cette poursuite, Hue du Petit Rien, Pierre de Crespieul, *escuyer*, Jehan du Maisnil, clerc du procureur d'Artois, Thomas le Cuvelier, Bourgeois, Jehan Wattel, hautelisseur, Bourgeois, et plusieurs autres bourgeois et manants de Béthune.

« des fagots, mais le paiement se fera selon la valeur
« de la monnaie courante. — Le bailli et les éche-
« vins scelleront ensemble les lettrages du seigneur,
« les saisines et dessaisines et les sentences qui en
« dépendent. — Le bailli conjurera; ces lettres seront
« alors exécutoires ».

Le magistrat de Béthune qui, *dans ce grand débat,* comme l'appelait le duc de Bourgogne, avait fait preuve d'une habileté remarquable et d'un absolu dévouement aux intérêts de la ville, publia, le 1er février 1424, une ordonnance sur les incendies qui témoigne de nouveau de sa sagesse et de son activité dans la gestion des affaires communales. En vertu de ce *ban,* les maçons, les charpentiers et autres gens de métier étaient tenus, sous peine d'être punis à *la volonté du seigneur et de la ville,* de se porter sans retard là ou un incendie viendrait à se déclarer. Tous les habitants indistinctement devaient, *sous les mêmes peines,* être en *permanence et vigilance,* en cas de feu, dans leurs quartiers, faire la chaîne et *jeter l'eau comme ils pouvaient.* Si quelqu'un y était blessé, la commune se chargeait de le faire soigner à ses frais.

Ces mesures, si sages qu'elles fussent, étaient insuffisantes pour prévenir et arrêter les incendies qui si facilement pouvaient éclater et se propager dans cette ville où les maisons, à cette époque, étaient étroitement serrées les unes contre les autres et, en même temps, construites en bois. Les échevins, pour faciliter dans ces sortes de construction l'emploi de matériaux plus solides et moins combustibles, firent l'acquisition, en 1431, après autorisation de la comtesse de Namur, d'un manoir et d'un four, sis derrière la halle échevinale, entre la rue du Pot-d'Etain et la grande boucherie, afin d'y établir un magasin de chaux, de briques et de pierres (1).

(1) Arch. municip. DD., 14.

« Tandis qu'on se précautionnait ainsi contre le danger des incendies, des fléaux d'une autre nature sévissaient dans cette ville. Depuis un certain temps, les terres, originairement si fécondes des environs de Béthune, étaient ravagées par les armées anglaises ou flamandes, au point que, désertées par leurs habitants, elles restaient incultes. Cette crise agricole devenue, en même temps, commerciale et industrielle, avait eu pour conséquence une détresse universelle. En 1438, la famine survint, précédée en 1429, d'une peste ou maladie contagieuse. Les échevins étaient impuissants contre l'invasion presque simultanée de tous ces fléaux. Voulant venir en aide aux *bonnes gens* de Béthune dans cette affreuse disette, les échevins, prévôt et mayeurs firent frapper, en 1438, des méraux qu'ils distribuèrent à leurs administrés *pour avoir pour leur argent du pain chacun par ordre et à porcion* (1).

Cette situation, déjà si triste, fut encore aggravée par un incendie qui, le 5 août 1447, consuma la halle échevinale et presque toutes ses archives. Les échevins, désireux de remplacer dignement cet édifice, brûlé une première fois en 1137, et qui devait être, dans l'avenir, le noble témoin de la grandeur municipale, formèrent et réalisèrent aussitôt le projet de le reconstruire dans des proportions et avec un luxe en rapport, sinon avec leurs ressources, du moins avec l'importance de la cité. Les constructions furent faites sur l'emplacement de l'édifice incendié.

Tandis que s'élevait cette nouvelle halle échevinale, asile et rempart de la liberté de cette commune, la ville, envahie par une foule d'aventuriers et de repris de justice, avait perdu sa sécurité. Le désordre était tel qu'on ne voyait circuler, est-il dit dans une charte

---

(1) 24 sols furent donnés à Baudoin Lebcel, Barbier, et Piérot Depretz, pour avoir procédé à cette distribution de méraux. — Comptes de la ville.

de Jeanne de Harcourt, *tant de jour comme de nuit,* que des gens armés, prêts à attaquer plus encore qu'à se défendre. Le réglement de Philippe-le-Bon, concernant la prohibition du port d'armes par les étrangers dans la ville était audacieusement violé. Jeanne de Harcourt, informée de cet état de choses par les échevins, décréta que doresnavant les habitants, *bourgeois, fils bourgeois ou autres,* qui seraient maltraités, *vilénés,* par un étranger pourraient crier : *commune ou bourgeoisie.* A cet appel, les *bourgeois et autres* devaient courir au secours du *vilené, défaire la mélée,* arrêter les malfaiteurs et les remettre sans délai entre les mains de la justice, c'est-à-dire du bailli, représentant officiel du pouvoir seigneurial. Si l'étranger résistait, les bourgeois pouvaient, sans craindre de forfaire à la dame de Béthune, employer contre lui la violence. Mais si, par une vaine frayeur, ou pour ameuter le peuple, et sans cause suffisante, un bourgeois criait : *commune ou bourgeoisie,* il serait puni à la discrétion du bailli et des échevins. Dans le cas où un étranger, coupable de voies de faits ou d'insultes à l'égard d'un bourgeois, parviendrait à s'échapper et ne paierait point dans le délai de quarante jours l'amende prononcée contre lui, le bailli, se conformant aux règlements anciens, devait frapper personnellement et de *ses mains* le premier coup contre la maison du *forfaiteur,* la faire abattre immédiatement sous ses yeux et en vendre le terrain. Quiconque demeurant dans la ville ou dans la châtellenie de Béthune, se serait rendu coupable du même méfait, serait banni à moins qu'il ne préférât payer soixante livres applicables au seigneur, toute réserve faite des droits des échevins, du prévôt et des mayeurs ainsi que de la personne *vilenée.*

La charte qui contient ces ordonnances fut signée au château de Béthune par la comtesse de Namur, Bon de Saveuse, Jehan Lebas, Lieutenant, et Adam de

Neuvilette, receveur de Béthune. Ce fut le dernier acte émanant de Jeanne de Harcourt qui mourut à Béthune, le 16 février 1445. Eléonore de Poitiers en a fait un éloge pompeux et mérité : « Madame de Namur, dit-
« elle, était la plus grande sachante de tous les Etats
« qui fut au royaume de France et avoit un grand
« livre ou tout estoit écrit et la duchesse Isabeau,
« femme du bon duc Philippe de Bourgogne, ne fai-
« sait rien de telles choses que ce ne fut par conseil
« et de l'avis de madame de Namur » (1).

A la mort de Jeanne de Harcourt, le comte de Charolais, auquel l'histoire a donné le surnom de Téméraire, prit en main l'administration de la seigneurie de Béthune dont il était le propriétaire en vertu d'une donation de son père faite en sa faveur dans l'année 1421. Le 13 mars 1456, il se rendit à Béthune; on lui fit une réception solennelle avec tout le raffinement du luxe et toute la naïveté des pompes de ce temps. Toutes les maisons de la ville, depuis la porte du Carnier jusqu'à l'église des Cordeliers, avaient leurs façades couvertes de riches tentures qu'avaient ornées, pour emprunter les expressions de nos archives, de *Laches Augnes le Brouderesse et Marie, femme de Jehan le Wedeur.* Pour recréer le prince et sa cour, les vicaires de St-Barthélemy, les habitants du Marché et du Rivage représentèrent des *mystères, plusieurs jus,* qu'ils s'étaient procurés à Cambrai, à Arras et ailleurs. Les fêtes furent brillantes et durèrent plusieurs jours. Le comte de Charolais accueillit d'autant plus volontiers cette manifestation, qu'il y trouva l'occasion de montrer à son père l'indignité de la conduite des sires de Croy, avec lesquelles il venait d'avoir des démêlés au sujet de cette seigneurie dont le douaire était éteint par la mort de Jeanne de Harcourt (2).

Charles le Téméraire

(1) Dunod du Charnage, *Mémoire pour servir à l'histoire de Bourgogne,* p. 749.
(2) Kervyn de Lettenhove, *Hist. de Flandre,* t. IV, p. 8.

Pour éviter, à l'avenir, toute contestation de cette nature, il fit poser aux limites de Béthune, en 1466, comme témoins de l'étendue de ce domaine à la fois seigneurial et communal, de grandes pierres sur lesquelles était sculpté en relief l'écusson de Béthune. Quelques unes de ces pierres existaient et se voyaient encore, en 1830, à l'extrémité des faubourgs d'Arras, de Lille et de St-Pry.

Le 6 janvier 1477, Charles le Téméraire succombait dans les plaines de Nancy, victime de ses témérités belliqueuses et probablement aussi de la trahison; triste couronnement d'une vie pleine d'aventures sinistres, mémorable exemple de la vanité de la puissance et de l'orgueil.

Marie de Bourgogne et Maximilien

On savait à peine à Béthune la mort de Charles le Téméraire que déjà, foulant aux pieds les droits de Marie, fille et héritière de cet illustre défunt, Louis XI était entré en Artois, impatient de s'emparer des villes et des places fortes de cette province. Cette princesse avait des droits incontestables sur la ville et la châtellenie de Béthune, devenues son domaine seigneurial depuis la mort de son père. Mais cette considération n'était pas de nature à arrêter Louis XI dont les ardentes et coupables convoitises ne se laissaient pas refréner par la vertu de justice. Au mois de mars 1477, il se présentait en armes devant cette cité, venant prendre possession de ce fief qui, disait-il, relevait de la couronne. Ce qui n'était nullement fondé en droit, puisque cette seigneurie, achetée par Philippe-le-Bon pour lui, ses héritiers mâles ou femelles, au comte de Namur, n'avait rien de ce qui constituait les apanages de France. Quoi qu'il en soit, les habitants de cette ville, que Louis XI s'était efforcé, en tous temps, de s'attacher, ne lui étaient pas hostiles. En 1459, lorsqu'il n'était encore que dauphin, il avait eu la délicate attention de leur faire part de la naissance de son fils. A cette occasion, ils avaient fait une grande fête dont le *chevaucheur* du duc de Bourgogne l'avait informé et qui l'avait profondément touché. A partir de ce moment, ils lui avaient voué une sorte d'affection personnelle. Aussi ne s'opposèrent-ils pas au sire de Chimay, Philippe de Croy, qui lui livra cette place (1). A son entrée dans la ville, Louis XI s'empressa de confirmer les chartes octroyées à cette commune par ses anciens seigneurs.

Depuis longtemps les finances de Béthune étaient en fort mauvais état. Les échevins avaient dû, pour le bien de la communauté, contracter d'importants emprunts, pour lesquels ils devaient payer des rentes viagères. L'insuffisance des recettes communales ne leur permettait pas de s'acquitter de ces divers paiements. Le roi, instruit de cette triste situation, fit à la ville la donation pleine et entière de toutes les rentes viagères appartenant à des particuliers dont les biens avaient été confisqués pour avoir tenu naguère le parti contraire à la France (2). Il abandonna également au Magistrat de Béthune, mais à condition d'en employer le produit à la réparation des fortifications de la ville et du château, le montant des confiscations prononcées après enquête contre tous ceux qui, dans le comté de St-Pol, l'avouerie de Béthune, le baillage de Lens et le pays de l'Alleu, s'étaient montrés rebelles à la cause royale. Parmi les victimes de cette confiscation se trouvaient les seigneurs d'Allouagne, de Lespesse et de La Fosse (3).

(1) Ce seigneur, un peu plus tard, fut fait prisonnier près de Douai. Les Flamands, qui ne lui pardonnaient pas d'avoir livré Béthune aux Français, le conduisirent à Bruges, quoiqu'il offrît une rançon de trente mille couronnes.

(2) Ces rentes appartenaient à Pierre Barre, Robert Waghe ou Le Waghe, maître Jean d'Auffral, devenu plus tard maître des requêtes de Maximilien d'Autriche, Huc de Bach, Jehan Grault, Jehan Picquet, demoiselle Philippe Grault, veuve de Jehan de Salenghes, Gernier Pourcelet, Baudin Delecroix, Jehan Lenglet, Georges Verdière, Mme Marguerite Deleplanque, Bastien de Menin, Guérard Bosch Marie Delannoy, Jehanne de Bernicourt, veuve de Jehan de Watrelet, messire Ernoult de Gouy, Jehan Scocbene, Jehan de Bernennicourt, Jean de Kescamps, Jean du Buis, Jehan d'Ablain, Judes de Vischery ou Viscery.

(3) Arch. municip., DD. 1, FF. 9.

Louis XI, croyant avoir suffisamment pourvu, par ces dons, aux besoins de la ville, fit venir de la Normandie mille pionniers dont le travail destiné aux fortifications devait tomber à la charge de la commune. Mais le manque d'argent se faisant sentir de nouveau, les pionniers se retirèrent et leurs travaux restèrent inachevés.

Robert, Bâtard de Saveuse, conseiller et chambellan de Louis XI, l'avait beaucoup aidé dans cette campagne, couronnée en Artois d'un grand succès. Pour l'en récompenser, le monarque français lui fit l'abandon, comme s'il en avait été le propriétaire et le maître, de tous ses droits sur les ville, château, terre, avouerie et seigneurie de Béthune, appartenances et dépendances *d'icelle*, ainsi qu'il est dit dans l'acte de cession fait à Arras au mois de septembre 1477. Mais par suite du traité d'Arras en date du 23 décembre 1482, cette donation fut révoquée sans avoir eu son effet.

Cependant la guerre se faisait entre Maximilien et Louis XI. Au mois de septembre 1479, les troupes françaises qui occupaient Thérouanne, Béthune et St-Pol, envahirent le pays de Bourbourg sans rencontrer d'armée qui mit obstacle à leur invasion. La ville de Bourbourg fut pillée et incendiée; la Flandre eût été conquise si Jean de Dadizeelle, faisant en toute hâte sonner le tocsin dans les campagnes, n'eût réussi à arrêter les Français près de Cassel en leur opposant les milices communales accourues à son appel. La garnison de Béthune reprit son cantonnement dans cette ville où elle ramena un grand nombre de prisonniers (1).

En 1480, une maladie contagieuse faisait de nombreuses victimes dans Béthune. Pour se rendre le ciel propice, nos pères placèrent devant l'image de saint

(1) Arch. du Nord de la France, 2e série, t. I, p. 20. — KERVYN DE LETTENHOVE, *Hist. de Flandre*, t. IV, p. 175.

Antoine une bougie pesant huit livres et mesurant le circuit de la ville. Cet immense luminaire fut roulé autour d'un *molinet* dû au ciseau de Charles Genelle, *Hugier*, charpentier (1). En 1493, un semblable *ex-voto* fut placé au même endroit pour un motif semblable.

Le 25 mars 1482, Marie de Bourgogne mourut d'une chute de cheval. « Elle chevauchoit, dit la chro« nique, un hobin ardent ; il la fit choir sur une « grande pièce de bois, ce qui causa sa mort. » Elle laissait deux petits enfants, Philippe et Marguerite. Pendant les cinq années de son administration, Béthune fut constamment occupée par les Français.

Philippe le Beau

Selon les clauses de son contrat matrimonial, en date du 18 août 1477, l'autorité de Maximilien, duc d'Autriche, époux de Marie de Bourgogne, finissait par la dissolution de son mariage qui en était la base. La seigneurie de Béthune revenait donc, par droit d'héritage, à Philippe dit le Beau, fils de Marie.

Mais en vertu d'un traité conclu le 23 décembre 1482, à Arras, la sœur de Philippe-le-Beau, Marguerite, qui n'avait encore que trois ans, devait épouser le dauphin, fils de Louis XI, et recevoir en dot le comté d'Artois, notamment la seigneurie de Béthune dont le roi était en possession.

L'année suivante, conformément à ce traité, la future dauphine fut remise à Mme de Beaujeu, fille aînée du roi, qui lui fit visiter les principales villes de son comté. Cette jeune princesse fut d'abord conduite à Béthune où les habitants lui firent une magnifique réception. Les rues qu'elle traversa étaient ornées de tentures. On avait dressé sur son passage cinq échafauds : sur le premier on avait représenté un dauphin; sur le second une marguerite; sur le troisième une couronne; sur le quatrième un falot; sur le cinquième

(2) Arch. municip., comptes de 1480.

un fol tout d'argent. Les représentations furent *mimiques.*

Sur le marché, en face de la halle échevinage, *deux chevaucheurs* construisirent, sur la demande des échevins, un manège de chevaux de bois sur lesquels ils exercèrent à l'envi leur talent d'équitation (1). Les corps de métier chantaient en chœur les vers d'une ballade composée l'année précédente par Guillame Coquillard, official du diocèse de Reims :

> Bons esperitz et vertueuls courages
> .... Regardez les œuvres déifiques
> Dont Dieu nous a si grandement douez...
> Vouloir divin a produit ces ouvrages...
> Du ciel sont cheues ces plaisantes images...
> .... Ces trois dames lesquelles cy voyer :
> C'est France et Flandre et la paix entre deux.

Malheureusement cette paix ne dura pas. Maximilien, reconnu pour *mainbourg* ou tuteur de son fils Philippe, envahissait l'Artois au printemps de 1486, avec une armée composée de 15,000 suisses et lansquenets et d'une nombreuse gendarmerie wallonne et teutonique (2). Il venait d'obliger tous les habitants de Lille et de sa châtellenie âgés de 18 à 60 ans à prendre les armes et à s'équiper à leurs frais pour soutenir la guerre contre la France. Les lillois furent tenus de porter la croix de Bourgogne qui était la croix de Saint André, devant et derrière et d'être munis d'un arc et d'une pique de douze pieds (3).

La garnison de Béthune, que la présence de cette puissante armée n'intimidait pas, faisait de nombreuses excursions dans tout le pays. Le 17 juin 1486, cent vingt hommes sortirent de la ville à dix heures du matin et allèrent s'emparer par surprise, près de

(1) Arch. municip., comptes de 1483.
(2) Dom Gérard, p. 102.
(3) Panckoucke.

Fournes, du château de Rosambois dont le seigneur avait fait une forteresse et où il entretenait une garnison (1).

Ce n'était encore qu'une sorte d'escarmouche. Bientôt la guerre prit des proportions plus considérables. Le 27 mai 1487, les français s'emparaient de St-Omer. Deux mois après, le 26 juillet, le sire de Crèvecœur reconquit l'importante forteresse de Thérouanne. Ce premier revers des allemands fut suivi d'un second échec.

Les hommes d'armes allemands et bourguignons qui se trouvaient sous les ordres de Philippe de Clèves avaient voulu réparer la perte de Thérouanne en enlevant la ville de Béthune, où, sur le témoignage perfide d'un archer français, gagné par le maréchal d'Esquerdes, ils croyaient avoir des intelligences assez puissantes pour leur livrer la place sans coup férir. Philippe de Clèves avait partagé sa troupe en deux corps, mettant les gens de pied sous les ordres du comte de Nassau et de Gérard de Boussut, se chargeant lui-même de conduire la cavalerie. — C'était une des pratiques de César, comme il est marqué dans les commentaires de ce grand homme de guerre. L'application était heureuse, pourvu qu'il ne survînt ni erreur, ni accident. — Cette armée se composait de trois mille hommes. D'Esquerdes, qui était occupé à fortifier Thérouanne, averti de la marche de l'ennemi, alla à sa rencontre avec deux mille hommes et se mit en embuscade. Ayant laissé passer la première division, il fondit sur elle et l'écrasa. Philippe de Clèves, surpris, décontenancé, prit la fuite. Le corps, commandé par le comte de Nassau, fut également mis en déroute. Près de neuf cents d'entr'eux restèrent sur le champ de bataille. Le comte de Nassau fut fait prisonnier et avec lui Charles de Gueldre, Pierre de Hennin, Gérard

(1) Louis Batsis, *Chronique de Flandre et d'Artois.*

de Boussut, Georges Vander Gracht, Charles et Philippe de Moerkerke, Jean de Commines, Jean de Praet, Jean d'Overschelde, bailli d'Ypres, Jacques de Heere, bourgmestre du Franc, et tous les chevaliers du parti de l'archiduc. Cette action se passa en 1487, à une demi-lieue de Béthune, sur la route de Merville. On l'appela la journée des fromages, par allusion au grand commerce que Béthune faisait alors de cette denrée.

Maximilien dont les rêves de gloire, traversés par cette défaite, commençaient à s'évanouir, adhérait le 16 mai 1488, au traité d'Arras. Revenu, trois jours après, aux illusions de son ambition, il retirait son adhésion ; et les hostilités, par ses ordres, recommençaient en Artois.

La reddition des habitants d'Arras, qui n'avaient cessé de regretter leur union à la France, l'affermit dans ses ambitieux projets. Mais il était bien évident que ni le nombre de ses hommes d'armes, ni la situation de son trésor, depuis longtemps épuisé, ne pouvaient lui permettre de continuer cette campagne avec ses seules forces. De son côté, Charles VIII, qui venait de perdre Arras, sentait le besoin de cesser une guerre où il avait éprouvé de graves échecs. Le 23 mai 1493, ces illustres belligérants concluaient le traité de Senlis par lequel Charles VIII « renonça à la main de Marguerite
« et rendit à son père les comtés de Bourgogne, d'Ar-
« tois, de Charolais et la seigneurie de Douriers, se
« réservant toutefois les droits seigneuriaux, le res-
« sort, la souveraineté et l'hommage, et ne retenant
« Hesdin, Aire et Béthune, qui étaient en la posses-
« sion et en la garde du maréchal d'Esquerdes que
« jusqu'à l'époque où Philippe aurait atteint l'âge de
« vingt ans, *ce qui devait arriver la veille de St-Jean-*
« *Baptiste de l'an 1498* ».

La paix dura jusqu'à l'avènement de Louis XII au trône. Les hostilités reprirent alors pour ne cesser que par le traité de Paris, conclu le 18 juillet 1498 et par lequel il fut stipulé, entr'autres choses, que la ville de Béthune serait remise à Philippe-le-Beau, aussitôt après l'évacuation de la Bourgogne par les armées allemandes.

Cette clause ayant été exécutée, Philippe rendit hommage, le 5 juillet 1499, au roi Louis XII qui lui fit remettre aussitôt la ville de Béthune.

L'archiduc vint dans cette ville, le 8 novembre 1499, assembla le magistrat, lui représenta qu'en vertu des traités de Senlis et de Paris, cette place était remise, selon le droit, sous son obéissance. Il réclama le serment des échevins. Ceux-ci, qui regrettaient la domination française, lui répondirent avec une certaine fierté que, préalablement, il devait jurer de maintenir leurs chartes, leurs franchises et leurs coutumes. Philippe ayant accédé à leur demande, ils lui jurèrent *sur leur part de paradis* de le servir tant de leur corps que de leurs biens comme de bons et fidèles sujets. Il y eut, à cette occasion, dans la ville, une fort belle fête à laquelle Philippe-le-Beau prit part avec une si vive ardeur qu'on crut y voir percer les signes d'une grande légèreté de caractère.

Béthune, occupée depuis vingt-deux ans par les Français, rentrait ainsi sous le gouvernement d'un descendant de Philippe-le-Bon.

A partir de cette époque, l'entente la plus parfaite ne cessa de régner entre Philippe-le-Beau et les Béthunois. A défaut de lien patriotique, la religion dont ils étaient également animés cimenta leur indissoluble union. Cet illustre seigneur n'entreprenait rien d'important sans avoir réclamé les prières de ses sujets dont il connaissait la piété. Comme il allait se rendre en Espagne avec sa jeune épouse, fille de Ferdinand d'Aragon et d'Isabelle de Castille, pour y visiter son nouveau royaume, il fit donner avis, par le comte de Nassau, le 15 décembre 1501, au magistrat de Béthune de son prochain départ, l'engageant à ordonner prédication et procession pour le succès de son voyage.

Charitablement soucieux des besoins des habitants de cette ville qui, en 1502, étaient soumis aux plus pénibles privations, par suite de la rareté du blé, il défendait, le 20 septembre de cette calamiteuse année, sous peine d'amende, de transporter et de vendre au dehors le blé récolté dans le pays. Le 26 du même mois, les échevins, interprétant et complétant cette sage ordonnance, prescrivaient aux marchands de blé qui s'approvisionnaient sur le marché de Béthune d'en revendre, au prix d'achat, la moitié de leur acquisition aux habitants de cette ville (1).

La paix, objet des prédilections de tout le pays, ne paraissait pas devoir se fixer longtemps dans cette province. Des défiances existaient entre Philippe et Louis XII. Le moindre incident pouvait amener la guerre en Artois.

En prévision de ce conflit qui paraissait imminent, l'archiduc Maximilien sachant que les Béthunois se portaient, par sympathie et tradition, vers la France, vint à Béthune, en 1505, à l'effet de s'assurer de l'attachement de nos pères et d'exciter leur zèle en faveur de sa cause ou plutôt de celle de son fils, leur seigneur.

L'avenir, tel que le redoutait Maximilien, était gros, en effet, de nuages. Les complications commençaient à surgir. Philippe mourait le 25 septembre 1506, en Espagne. La nouvelle officielle en fut transmise, le 4 octobre suivant, au magistrat de Béthune.

Ce prince laissait ses vastes états à son fils Charles, âgé de cinq ans, auquel on donna pour tuteur Maximilien son aïeul, et pour curateur Louis XII, roi de France.

(1) Arch. communales.

CHAPITRE VIII

Suspension de cloches d'alarme aux portes et aux tours. — Traité de paix. — Fêtes dans la ville. — Guerre en Artois. — Établissement d'une fabrique de sayeterie. — Fabrication de méreaux. — Suppression de cette monnaie. — Donation par Charles-Quint d'un vaste bâtiment situé sur le marché aux poissons. — Ratification des privilèges, sauf la création de la loi réservée au seigneur. — Réjouissances à l'occasion de l'élection de Charles-Quint, en qualité d'empereur d'Allemagne. — Préparatifs de guerre. — Secours accordés aux habitants d'Hesdin venus se réfugier à Béthune. — Paix des dames. — Traité de Cambrai. — Fêtes à l'occasion de la paix. — Déplacement de l'église St-Vaast. — Construction de la nouvelle église dans l'intérieur de la ville. — Condamnation de Noël Duhem, réclamant contre cet état de choses. — Visite de Charles-Quint en 1534, en 1540. — Incendie dans la rue de la Vigne. — Ordonnances échevinales touchant les couvertures des maisons de la ville. — Visite de Charles-Quint et de Philippe, son fils, en 1549. — Guerre ; prières publiques pour la paix. — Trêve de Vaucelles.

La guerre ne tarda pas à reparaître dans les Pays-Bas et les hostilités semblaient devoir prendre des proportions considérables. Ce fut à cette occasion que les arbalétriers et les archers de Béthune se réorganisèrent. Ils eurent pour chefs Philippe de Bernemicourt, de Sevelinghes, Jehan de Planques et de Longastre. On répara les fortifications et l'on remit l'artillerie en bon état. La ville était divisée, depuis longtemps, par quartiers; à chacun d'eux était attaché un échevin chargé d'organiser la garde bourgeoise. Aux cinq portes se trouvaient des cloches d'alarme. En 1507, on en plaça dix pesant 750 livres aux tours et aux portes ; fournies par Jehan Prévost, fondeur à Arras, elles étaient suspendues sous des tabernacles ou chapiteaux.

Cette guerre prit fin en 1508 par le traité de Cambrai. Marguerite d'Autriche en informa par lettres, en date du 11 décembre 1508, le magistrat de Béthune.

Charles-Quint

Le 6 janvier 1509, la ville en célébra la fête. A cette occasion, Surcle, Jehan le Tardieu et leurs compagnons *jouèrent un beau jus de la paix;* Hacquin, le *Sot de la ville,* fit plusieurs joyeuses folies; le *prince d'Estain* et plusieurs enfants firent *récréation;* Guillaume Bachelèr *représenta une moralité;* un franciscain prêcha sur le marché (1).

L'Artois jouissait de cette paix depuis plusieurs années, lorsque le roi d'Angleterre et l'empereur Maximilien y portèrent la guerre. Thérouanne ayant été prise et livrée aux flammes après la bataille d'Enguinegatte, Maximilien, devenu maître de cette malheureuse ville, faisait ordonner, en 1512, au magistrat de Béthune d'y envoyer un grand nombre de maçons et de pionniers pour en raser la forteresse et les fortifications. Ces ouvriers, honteux, pour ainsi dire, de la besogne qu'on leur imposait, se rendirent à Thérouanne, selon les expressions de nos archives communales, par *sentiers et voyettes.*

Ces travaux de démolition, qui blessaient leur patriotisme, leur venaient cependant en aide dans ce temps de grande détresse où beaucoup d'entr'eux allaient être forcés de quitter la ville pour trouver ailleurs des occupations rémunératrices.

Les échevins réunis aux *notables* de la ville, voulant de leur côté, remédier, autant que possible, à cette désastreuse situation, demandèrent à Maximilien et à Charles, son petit-fils, l'autorisation d'établir dans cette cité des fabriques de *sayeterie.* — C'est le nom donné à une étoffe de laines fabriquée dans le pays. — Cette supplique fut favorablement accueillie par ces autorités supérieures qui avaient tout intérêt à être agréables aux habitants de Béthune et à rendre prospère cette ville dont l'importance, au point de vue militaire, était jugée considérable. Le décret d'autorisa-

(1) Arch. munle., comptes de 1509.

tion portait que les ouvriers employés dans ces fabriques ainsi que les marchands qui en vendraient les produits seraient tenus de résider dans la ville. Cette industrie avait ses statuts et règlements, dressés simultanément par le gouverneur et les échevins. Elle prit, en peu de temps, un accroissement remarquable et ne cessa d'être un des éléments les plus féconds du commerce béthunois.

Ce fut également dans l'intérêt du commerce de la ville et presque à la même date que les échevins supprimèrent les monnaies ou plutôt les fractions de monnaies communales appelées *méreaux* ou *plommets*. Cette monnaie, composée d'abord de plomb et plus tard d'un mélange d'étain et de plomb, n'avait presque aucune valeur intrinsèque; aussi n'était-elle, en réalité, qu'une simple marque de convention, admise pour suppléer la monnaie seigneuriale dans les transactions de peu d'importance, mais cependant les plus ordinaires de la vie. Ces méreaux qui étaient fort minces, d'un métal fragile et oxidable, avaient perdu leur empreinte à la fin du quinzième siècle. Ce qui rendait facile la contrefaçon. Pour obvier à ce grave inconvénient, les échevins décidèrent, dans leurs séances des 4 et 15 avril 1499, le retrait de tous ces méreaux. Cette décision fut mise à exécution le 12 mai suivant.

Cependant comme cette monnaie offrait de grandes facilités pour l'appoint des comptes et pour le paiement des denrées les plus usuelles et d'un prix minime, on regretta bien vite cette suppression, et l'on fit une nouvelle émission de méreaux. Mais à peine cette monnaie eut-elle reparu que, pour n'être pas soupçonnés d'attenter au droit régalien, les échevins en ordonnèrent, le 30 décembre 1506, la suppression. Cette ordonnance n'ayant point eu son effet, les échevins, sous l'influence d'une haute volonté, s'empressèrent, conjointement avec le gouverneur de la ville, de publier, le 10 décembre 1507, un *ban* ordonnant de nouveau cette démonétisation. Il y eut des réclamations de la part des habitants.

En 1514, le gouverneur de Béthune et les autres officiers de l'archiduc, cédant à ces réclamations, autorisèrent une nouvelle émission de méreaux. Le total des pièces frappées à cette date s'éleva à 23.318, et produisit 164 livres 18 sols 7 deniers tournois.

En 1516, les échevins, s'autorisant, cette fois, de leurs privilèges, faisaient une autre émission de méreaux représentant, tous frais déduits, une valeur de 142 livres 9 sols tournois.

En 1519, il est fait mention, dans les comptes de la commune, d'une nouvelle fabrication produisant, déduction faite des frais, la somme de 130 livres 1 sol 6 deniers.

En 1521, le magistrat faisait fabriquer 71,594 méreaux rapportant à la ville un bénéfice net de 24 livres 4 sols 6 deniers.

Mais un grand nombre de pièces fausses ayant été mises en circulation dans l'année 1530, et plusieurs faussaires étant parvenus à échapper aux investigations et poursuites de la justice, le gouverneur de Béthune et les autres officiers de l'empereur Charles-Quint, de concert avec les échevins, le prévôt, les mayeurs et plusieurs notables, décidèrent, le 10 mai 1531, que tous les méreaux communaux seraient échangés, dans l'intervalle de quinze jours, contre la monnaie du souverain; « que pour le plus évident
« prouffit de la ville on prendrait jusques à la somme
« de huit cent huit livres à trois vyes au denier dix,
« à deux vyes au denier huit et à une vye au sixième
« denier pour icelle somme tourner à ravoir et à rap-
« peler les dits plommets » que l'on supposait être de plus de cent mille. Les notables bourgeois qui

prirent part à cette délibération se nommaient Jacques Lombart, Robert Vittu, Jehan du Saultoir, Guillaume de Beugin, Baudin de Squire, Nicolas du Panstiche, Jehan de le Fosse, Jehan Monpetit. Le président de l'échevinage avait nom Hutin Naye. Les méreaux, mis en retrait, furent recueillis et remboursés, au nom de la ville, par Guillaume de Beugin, Jehan Maillet, Ambroise Dassonneville, tous bourgeois de Béthune, et Jehan Jullien, argentier.

La ville, à cette époque, était si dénuée des ressources, qu'il lui fallut dix ans pour payer les rentes constituées pour cette suppression de méreaux (1).

Charles-Quint, instruit de la triste situation financière dans laquelle Béthune se trouvait, lui fit, en 1516, donation d'une vaste maison située sur le Marché-aux-Poissons. Une partie de ce bâtiment servit à l'agrandissement de ce marché; le reste fut affecté à l'usage du poids public, situé précédemment au fond de la rue des Tanneurs; au logement de la maréchaussée et du receveur des deniers communaux; au magasin des fournitures militaires. La prison de la ville fut établie dans une autre partie de ce vaste bâtiment.

Cette donation, si importante qu'elle fut, était loin de compenser, dans un autre ordre de biens, le dommage que Béthune eut à subir, dans la même année, par la perte d'une de ses plus précieuses libertés. Charles-Quint qui craignait, ce semble, que son action gouvernementale ne fût amoindrie dans le cercle étroit que lui traçaient les vieux souvenirs des franchises communales, avait décidé de rompre, sous ce rapport, avec les temps du moyen-âge; une ère de despotisme succéda, sous son administration, au règne de la liberté. Il changea le mode de renouvellement du corps échevinal de Béthune. Il se réserva, au mois de mai 1516, *la création de la loi;* en d'autres termes, il s'at-

(1) Arch. municip., comptes de 1541, 1542.

tribua le droit de nommer les échevins En même temps, par une sorte de dérision, il confirma les privilèges, libertés, franchises, droits, usages, anciennes coutumes et communes observances aux échevins, prévôt, mayeurs et conseil de la ville de Béthune, tant pour eux que pour les bourgeois, manants, habitants et toute la communauté d'icelle ville.

Au reste, par cette mesure qui était une atteinte mortelle aux libertés et privilèges de cette commune, Charles-Quint faisait, ainsi qu'il le disait, *comme a été fait depuis aucun temps en ça et meismement en l'année dernièrement*. Maximilien, son aïeul et tuteur, par une ordonnance donnée à Malines, le 5 novembre 1508, avait en effet établi que les bailli, gouverneur et autres officiers seigneuriaux de Béthune, s'étant préalablement concertés avec quatre des plus notables de cette cité, devraient déposer les échevins à l'époque du renouvellement de la loi, quels que fussent, d'ailleurs, les titres, chartes qu'ils pourraient invoquer en faveur de leur inamovibilité. Ces électeurs devaient alors, munis de pleins pouvoirs, procéder à la nomination d'autres échevins ayant une bonne réputation. Ceux-ci pouvaient être choisis parmi les *gentilshommes, bourgeois et non bourgeois*, pourvu qu'ils fussent habitants de cette commune. Les nouveaux élus devaient prêter, entre les mains du bailli, le serment d'être bons et loyaux sujets de leur seigneur et de se consacrer sans réserve au bien de la ville. Cette ordonnance, en date de 1508 ainsi que celle de Charles-Quint en 1516, soulevèrent de fortes et unanimes réclamations. Nos pères surent défendre, avec une énergie digne de tout éloge, la liberté communale qui leur était aussi chère que la vie. S'ils ne voulurent point recourir aux armes, remède pire que tous les maux, du moins ils ne reculèrent devant aucune démarche pour le maintien de leurs droits. Aussi ces deux ordonnances ne furent elles mises à exécution qu'en 1541. Ce fut seulement à partir de cette dernière année que l'organisation communale de Béthune qui, au moyen-âge, avait été la règle normale de la vie intérieure de cette cité, disparut avec ses garanties de protection.

On lira avec intérêt le document dont nous venons de parler et qui porte en marge : *May 1516, ratification des privilèges de Béthune, sauf la création de la Loy réservée au Seigneur.*

CHARLES, PAR LA GRACE DE DIEU, roy de Castille, de Léon Grenade, d'Arragon, de Navarre, des Deux-Céciles, etc., savoir faisons à tous présens et avenir, nous avons reçu l'umble suplication de nos bien-amés les Eschevins, Prévost, Mayeurs et conseil de notre ville de Béthune, tant pour eulx comme pour les bourgois manans habitans et toute la communauté d'icelle ville, contenant comme feux nos prédécesseurs comtes et comtesses d'Arthois que DIEU absoille leurs ayent par ci-devant par plusieurs leurs lettres patentes en forme de chartres et aultrement donné et accordé plusieurs beaulx privilèges, libertés, franchises, usaiges, anciennes coustumes et observances, desquels privilèges, franchises et libertés dessus, ils ont tousjours depuis en vertu de ses lettres et aultrement deuement joy et usé, en nous supliant très humblement que a ceste notre première et joieuse entrée et réception à la seigneurie de nostre pays et conté d'Arthois, leur vœullons confermer ratifier et approuver leurs d. privilèges, libertés, franchises et anciennes coutumes et sur ce leurs impartir notre grâce. Pour ce est-il que nous ces choses considérées aux d supliants, inclinans favorablement à leurs supplication et requeste, loué, gréé, conferme, ratifié et approuvé et de nostre certaine science, auctorité et pleine puissance, louons, gréons, conferons, ratiflions et approuvons par ces présentes tous les d. privilèges, libertés, franchises, droiz usaiges, anciennes coustumes et communes observances à eulx octroiées et accordés par nos d. prédécesseurs dont par cy devant et meismement jusques au trespas de feu nostre très chier seigneur et bisaïeul le duc Charles de Bourgoigne, conte d'Arthois, etc., dont Dieu ait l'âme, ils et leurs prédécesseurs ont deuement joy et usé, saulf et réservé en ce la création de la loy d'icelle ville, de laquelle création de loy nous avons retenu et retenons la disposition pour nous et nos successeurs contes et contesses d'Arthois, et pour en user comme a esté fait depuis aucun temps encà meismement en l'année derrenièrement passée, sy donnons en mandement à nos tres chier et feaulx les chanceliers président et gens de nos privé et grand consaulx, présidens et gens de notre Chambre de Conseil en Flandres, lieutenant, gouverneur et capitaine-général d'Arthois, gouverneurs d'Arras et dudit Béthune et à tous nos aultres justiciers et officiers cui ce puet et pourra toucher et regarder leurs lieuxtenans et à chacun d'eulx en droit soy et sy comme à luy appartiendra que de notre présente grâce, confirmation, approbation et de tout le contenu en ces d. présentes selon et par la manière que dit est ils facent seuffrent etc. Laissent les d. suplians plainement et paisiblement joir et user sans leurs faire mestre ou donner ne souffrir estre fait, mis ou donné ores ne en tems avenir aucun destourbiers ou empêchement, au contraire, car ainsi nous plaist il et affin que ce soit chose ferme et estable à toujours nous avons faict mestre nostre scel à ces présentes saulf en aultres choses nostre droit et l'aultry en toutes. Donné en nostre ville d'Arras, au mois de may l'an de grâce mil cinq cent et seize et de nostre règne le premier.

« Sur le reply, est-il ajouté, estoit écrit par le roy en son Conseil et plus bas scellée, sur hach de soie verd et rouge d'un grand scel de cire verd. »

En 1519, le 5 juillet, Charles-Quint, qui avait pour concurrent François Ier, fut élu empereur d'Allemagne par la diète des électeurs réunis à Francfort (1). Les réjouissances par lesquelles Béthune solennisa, pendant trois jours, ce glorieux avènement de son seigneur à l'empire, effacèrent toutes celles dont nos archives municipales aient fait, jusques alors, mention. Chaque rue mit tout en œuvre pour se signaler par ses belles *allumées*. Le prince et le capitaine des *surcroits* firent *ébatement* à St-Antoine; les habitants de la rue de la Louche placèrent de nombreuses lanternes autour des rosettes et au-dessus du dragon du beffroi du haut duquel on jeta des oublis payés par la ville sept sols six deniers. Le magistrat fit venir deux artistes de Douai qui jouèrent *jœux et farsses* et auxquels on alloua huit sols. Adrien Benoit récita *plusieurs bala-*

(1) Van Hasselt, p. 313. Arch. municip., comptes de 1519.

des et dictons à plaisanche. Pierre Blioult, Ansselet et le *prince des duremenées* prêtèrent également leur talent d'acteurs pour cette fête (1).

A ces joyeuses manifestations succédèrent presque aussitôt les appréhensions d'une guerre prochaine et terrible. François Ier et Charles-Quint ne se pardonnaient pas leurs compétitions réciproques à l'empire d'Allemagne. Cette rivalité d'un jour fit naître entre ces deux concurrents une haine de toute la vie. Cependant aucun d'eux ne voulait prendre sous sa responsabilité l'initiative des hostilités; ils se contentèrent, pendant plusieurs années, de se regarder d'un air menaçant, comme deux champions implacables qui se mesurent des yeux, avant d'en venir aux mains. Dans l'attente de cette guerre qui ne pouvait manquer d'éclater prochainement, Charles-Quint fit des préparatifs d'attaque et de défense. En 1521, il envoyait à Béthune deux seigneurs espagnols, également habiles et dévoués, qui ordonnaient à un peintre de Douai, nommé Jehan le Franc, de lever le plan de la ville, du château, des portes, tours, murailles, pour lui être soumis, de manière à ce qu'il pût se rendre compte personnellement des endroits faibles de la place. Ces plans ayant été approuvés par l'empereur, des ouvriers, pris dans la ville et recrutés même au dehors, dans les villages circonvoisins, tels que le Locon, Lacouture, Lestrem, Essars, Hersin, Verquin et Nœux, travaillèrent, par ordre de l'autorité, aux fortifications. Sept bourgeois de cette cité étaient chargés de visiter journellement ces travaux.

François Ier, voyant que Charles-Quint se préparait activement à la guerre, rassembla une de ses armées à laquelle il donna l'ordre d'entrer en Artois. Au mois de novembre 1521, les Français s'emparèrent d'Hesdin. Les dégâts auxquels ils se livrèrent dans

(1) Arch. municip., comptes de 1521-1522.

cette malheureuse ville les rendirent tellement odieux que le souvenir de leurs excès n'était pas encore effacé dans la mémoire du peuple de cette contrée, il y a un siècle.

Un certain nombre de bourgeois d'Hesdin pour qui cette place n'était plus habitable se rendirent à Béthune où ils furent accueillis comme des frères par les échevins qui leur firent distribuer en deux fois la somme, relativement importante à cette époque, de trente-quatre sols (1). Si l'Église n'était pas toujours assez puissante pour arrêter les pillages et les déprédations des gens de guerre, du moins le peuple, formé par ses leçons, allégeait, suivant ses ressources, *pour Dieu et sous forme d'aumônes*, la misère des vaincus. Cette affreuse dévastation dont la ville d'Hesdin fut la triste victime n'eut guère d'autre résultat que celui d'inspirer momentanément aux habitants de Béthune une sorte d'horreur pour les Français.

Cependant l'armée impériale se permettait des violences semblables. Le pauvre pays d'Artois, selon l'expression pittoresque de Baudoin, était *merveilleusement abattu et désolé* par les troupes de Charles-Quint aussi bien que par celles de François Ier, qui, séparément, traversaient le pays comme un incendie, et dévoraient tout ce qu'elles rencontraient devant elles. On ne peut concevoir l'atroce barbarie avec laquelle se faisait cette guerre.

L'empereur des Turcs dit, à cette occasion, une parole qui montre combien étaient cruelles et désastreuses ces hostilités : « Si les infidèles arrachent les cheveux aux chrétiens, leurs princes ne cessent d'en déchirer les entrailles. »

En 1522, Charles-Quint qui tenait plus que jamais à mettre Béthune en bon état de défense faisait exécuter de nouveaux et importants travaux aux fortifica-

(1) Arch. municip., comptes de 1521-1522.

tions de cette place. Dix-huit maçons sous la conduite de Noël, maître des œuvres de Douai, y travaillèrent sans relâche. Vingt-sept charpentiers parmi lesquels se distinguait Jehennet Cornet y furent pareillement et constamment employés, ainsi que neuf ferronniers et serruriers (1).

Une épidémie meurtrière accompagnait la guerre. La suette que quelques-uns nommaient la peste d'Angleterre pénétra dans cette contrée où elle fit d'innombrables victimes. La durée de cette maladie était ordinairement de vingt-quatre heures, et ceux qui en étaient atteints l'étaient presque toujours mortellement. C'était la justice de Dieu qui passait, moissonnant, pour ainsi parler, ceux qu'épargnaient les discordes des humains. Un fléau appelait un autre fléau pour lui servir d'expiation.

La guerre interrompue dans sa marche depuis la bataille de Pavie, — une de celles dont le nom est sinistre dans l'histoire de France, — recommençait, dans l'année 1527, ses ravages en Artois. Les Français qui voulaient effacer l'impression fâcheuse que leurs agissements à Hesdin avaient laissée dans l'esprit des Béthunois, s'étaient approchés de Béthune dont ils désiraient s'emparer, pour montrer, par une conduite conciliante et digne, qu'ils méritaient encore l'estime et l'affection des habitants de cette ville. Eustache d'Incourt, un *des capitaines de la ville d'Hesdin sous la charge du roi François*, tenta, le 27 mars, de mettre à exécution ce projet. Il parvint à *suborner et séduire* un habitant de la ville d'Aire, nommé Eustache Cordier, qui s'engagea, moyennant rétribution, à lui indiquer la hauteur des murailles de cette ville, la profondeur et la largeur des fossés contigus à la grosse tour, l'inventaire de l'artillerie mise en défense près de cette grosse tour. Mais Eustache Cordier, qui n'é-

(1) Arch. municip., comptes de 1522-1523.

tait qu'un fourbe, informait, en même temps, de cette convention le comte de Rœux, général des armées impériales. Les Français, se voyant ainsi trahis par leur prétendu complice, abandonnèrent leur entreprise (1).

Cette tentative, quoique restée infructueuse, mit de plus en plus en éveil la sollicitude des officiers de l'empereur. Dans le courant des années 1528, 1529 et 1530, ils firent exécuter d'importants travaux aux fortifications de cette ville dont l'enceinte, pour la rendre moins accessible, fut diminuée, surtout du côté de la rue des fers. On établit un bastion dans le terrain des Récollets, de sorte que de leur couvent il ne resta que l'église, la sacristie et une partie du dortoir dont on fit plus tard une brasserie à l'usage exclusif des religieux (2).

Le comte de Rœux, redoublant de prévoyance, jetait des garnisons dans toutes les places importantes de l'Artois et notamment à Béthune.

Cependant, Louise de Savoie, mère de François Ier, et Marguerite d'Autriche, gouvernante des Pays-Bas pour Charles-Quint, travaillaient à mettre un terme à cette guerre qui durait depuis si longtemps. De leurs conférences mystérieusement engagées entre elles sortit le 5 août 1529, le traité de Cambrai qui fut appelé le traité des dames. Par une des clauses de ce traité François Ier renonçait formellement à tout droit de suzeraineté sur la Flandre et sur l'Artois.

Le 18 août, les lettres annonçant aux habitants de Béthune la conclusion de la paix furent lues en l'église St-Barthélemy où l'on chanta ensuite le *Te Deum* en présence de Mgr. le gouverneur, de ses officiers, de messieurs les échevins, mayeurs et prévost. Une seconde publication à la bretèque fut faite après cette

---
(1) Arch. municip., comptes de 1526-1527.
(2) Arch. municip., comptes de 1528, 1529 et 1530 ; HENNEBERT, t. II., p. 64.

cérémonie religieuse. Cette paix était si ardemment désirée que le messager qui en apporta la nouvelle par lettres officielles reçut du magistrat une gratification de six carolus d'or. *Pour inciter le peuple à joie et récréation honnête,* comme il est dit dans nos archives communales, messieurs de l'échevinage accordèrent, à l'occasion de cet heureux évènement, aux rhétoriciens de cette ville, différents prix, aux conditions suivantes :

1° Un écu d'argent empreint d'une aigle de sable mais liée par un nœud d'amour à un lys, pour celui qui fera la meilleure ballade sur ce refrain :

Par paix est joint l'aigle à la fleur de lys.

2° Un écu d'argent de la valeur d'un tiers d'once sur lequel seront gravées deux femmes tenant l'emblème de la paix, à celui qui fera la meilleure petite ballade sur ce refrain :

Saiges dames sont à prisier.

3° Un écu d'argent à l'effigie de l'empereur pour celui qui fera le meilleur rondeau sur ce refrain :

A l'Empereur soyons fidèles.

4° A celui ou ceux qui joueront la meilleure moralité touchant la paix, sera donné un écu d'argent représentant un beffroi et les armes de la ville.

5° A la plus belle compagnie qui viendra en cette ville sera donné un cheval d'argent (1).

Les études, comme on le voit, florissaient à Béthune et y étaient encouragées. Alors commençait cet âge littéraire qui appartient à la renaissance. Les sujets proposés par le programme ci-dessus décrit semblent caractériser assez bien cet âge où dominait une empreinte d'élégance frivole et de grandeur sans majesté. C'était un reflet du caractère de François Ier plutôt que de celui de Charles-Quint.

Les échevins de Béthune, qui redoutaient la reprise des hostilités, s'attachèrent à faire exécuter à la lettre,

(1) Arch. municip., BB., 6.

en ce qui concernait la ville, toutes les clauses du traité de Cambrai. Ils ne voulaient donner lieu à aucun prétexte de rupture de la paix. Ce fut pour ce motif qu'ils firent arrêter et jeter en prison Guillaume Lebroy, coupable d'avoir contrevenu à certaine clause de ce traité, en mettant Dom Jean de Vaulx en possession du prieuré de St-Pry, sans en avoir obtenu préalablement l'agrément de l'empereur (1).

Le magistrat de Béthune comptait sur une paix durable. Dans cette persuasion, il fit rentrer dans les magasins de la ville, le 2 décembre 1529, les arquebuses à crochet qui avaient été prêtées, pendant la guerre, à la municipalité de Lillers.

En même temps, comme on était tout à la joie, le magistrat de Béthune faisait aux *hacquebuttiers*, à l'occasion de leur fête, un don de 40 livres de plomb pour être transformées en balles, et de 40 livres de poudre.

La confiance des échevins dans la durée de la paix ne les empêchait pas cependant de se précautionner contre le retour de la guerre. En 1531, ils demandaient un devis des travaux à exécuter pour l'établissement de six canonnières à la porte des Fers.

L'empereur ne voulant plus que ses sujets, depuis le traité de Cambrai, connussent d'autres juridictions judiciaires que celles établies dans ses états, institua, par un édit du 20 juin 1530, le *Conseil provincial d'Arras*, dont les sentences en appel devaient être portées au *Conseil souverain de Malines*. Par une exception honorable pour notre ville, les jugements de la gouvernance de Béthune restèrent, comme par le passé, du ressort de la gouvernance d'Arras. Mais les jugements de la gouvernance d'Arras ne devaient plus être portés en appel devant le parlement de Paris. C'était au Conseil d'Artois que cet appel arrivait immédiatement pour

(1) Arch. municip., BB., 8.

être porté ensuite, s'il y avait lieu, au Conseil de Malines.

Charles-Quint qui s'occupait de régler ainsi les diverses juridictions des tribunaux de ses états portait plus activement encore son attention sur les choses de la guerre. Voulant resserrer l'enceinte des fortifications du côté du faubourg Catorive, il ordonna, en 1533, le déplacement de l'église St-Vaast et sa réédification dans l'intérieur de la ville. La commune, ainsi qu'on peut le constater par les comptes municipaux, n'alloua absolument rien pour ces travaux. Les bourgeois contribuèrent seuls à cette construction par des dons volontaires (1).

Le mobilier de l'ancienne église fut transporté dans la nouvelle où les offices religieux, fondés ou simplement paroissiaux, ne tardèrent pas à être célébrés et avec plus de pompe que précédemment. Le conseil privé de l'empereur ordonna, par un arrêt, porté à Bruxelles le 23 octobre 1544, que, sur l'emplacement de l'ancienne église, il serait élevé une chapelle avec autel où l'on célébrerait, fêtes et dimanches, une messe basse pour la commodité des habitants des faubourgs. Le vicaire capitulaire, chargé de l'administration diocésaine pendant la vacance du siège épiscopal, autorisa, par une ordonnance, cette translation. L'abbé de St-Bertin de qui relevait le patronage de cette cure y donna également son adhésion officielle.

Ce ne fut pas sans une certaine opposition de la part de quelques paroissiens de St-Vaast que s'opéra ce changement. Mais par leur intervention, à la fois ferme et modérée, l'archidiacre d'Arras et le magistrat de la ville parvinrent bientôt à les apaiser; et l'ordonnance de l'empereur eut sa pleine et entière exécution.

(1) *Histoire anonyme de la ville de Béthune*, publiée par M. QUARRÉ-REYBOURBON, p. 33.

Cette soumission, devenue dès lors générale, ne fut troublée qu'en 1575 par une sorte d'énergumène. Un maréchal-ferrant, nommé Noël Duhem, réclama publiquement et en termes insolents, la *messe chantée* dans l'ancienne église de Catorive. Il ameuta le peuple et l'excita à la révolte. S'adressant au gouverneur de Béthune, il s'écriait avec une grande violence de langage *qu'il poursuivrait sa demande de la haute messe jusqu'à la mort, et qu'il ne s'en désisterait ne déporterait voires quand on le debvrait faire morir et tirer à quatre chevaux.* Ces paroles séditieuses le firent arrêter. Il fut condamné, le 11 octobre 1575, par l'échevinage à rétracter ses paroles à genoux, à demander *grâce* à Dieu, à l'empereur, à ses officiers et à payer six livres d'amende. Il en appela à la gouvernance de Béthune qui confirma ce jugement. Enfin sur un nouvel appel de sa part, la gouvernance d'Artois confirma, le 5 avril 1576, la sentence des échevins, l'aggravant même en portant l'amende à huit livres.

Béthune jouissait, à l'intérieur et à l'extérieur, d'une paix profonde, et rien n'annonçait la prochaine réapparition de la guerre. Cependant les causes de discorde subsistaient entre l'empereur d'Allemagne et le roi de France; les hommes clairvoyants s'attendaient tous les jours à une nouvelle prise d'armes de la part de ces deux implacables rivaux. Charles-Quint profita de ces jours de repos pour visiter cette ville qu'il n'avait jamais vue, quoiqu'il en fût le seigneur. Il y était amené par son désir de s'attacher par sa présence le fidèle dévouement des habitants. Le 3 octobre 1534, il entrait dans la ville, mais c'était pour en sortir presque aussitôt. Nous ne trouvons, pour signaler son passage dans nos murs, que cette simple note de dépenses inscrite dans les comptes de l'argentier de la ville : « Le total des dépenses faites par ordre du ma-
« gistrat à l'entrée de Charles-Quint dans Béthune, le

« 3 octobre 1534, fut de 338 livres 1 sol 5 deniers obole ».
Ce qui témoigne du peu d'éclat de cette réception.

Cependant les hostilités, tant redoutées, ne tardèrent pas à recommencer. Les sombres jalousies entre l'empereur et le roi s'étaient accentuées de nouveau. François Ier fit marcher une armée pour s'emparer de l'Artois. Elle était composée d'un corps de cavalerie et de vingt-cinq mille hommes de pied. Elle s'empara d'Hesdin, de St-Pol, de St-Venant et de Lillers. Les habitants de Béthune, enfermés sous l'œil des impériaux dans l'enceinte de leurs murailles, ne se hasardèrent en rase campagne que fortuitement et sans entrain, n'étant pas poussés par un sentiment d'animosité patriotique contre les Français avec lesquels ils auraient pactisé plus volontiers qu'avec les Allemands et les Espagnols. Le 1er mai 1537, le gouverneur de cette ville, Frédéric de Melun, ayant appris que des voitures devaient sortir du camp des Français pour charger des farines, mit quinze cents hommes en embuscade près d'un petit pont sur lequel ils devaient passer, et détacha trois cents cavaliers pour couper le convoi et mettre ainsi les Français entre deux feux. Les mesures furent si bien prises que le convoi fut enlevé ainsi qu'un commissaire des vivres porteur d'une grosse somme d'argent. Cependant le bruit du combat ou plutôt les acclamations joyeuses des troupes bourguignonnes ayant été entendues de Lillers, l'officier français, Martin du Bellai, historien, qui y commandait sortit de cette ville avec cent chevaux et marcha résolument aux impériaux. Ceux-ci ne les eurent pas plutôt aperçus qu'ils abandonnèrent leur prise, heureux qu'ils étaient de venir s'abriter de nouveau derrière les fortifications de Béthune (1).

Une trêve de dix années, signée à Nice le 18 juin 1538, mit fin momentanément à cette guerre.

(1) Dom Devienne, 4e partie, p. 49 et 50.

La fortune de Charles-Quint commençait à s'éclipser. Les provinces belges et particulièrement la ville de Gand, impatientes du joug espagnol, se débarrassèrent des officiers impériaux et envoyèrent à Paris des députés pour offrir leur dévouement au roi de France et se mettre sous la garde de son épée. Le roi donna une haute preuve de sa loyauté en repoussant ces offres, quelque séduisantes qu'elles fussent.

Charles-Quint avait hâte de châtier ses sujets devenus rebelles dans les Pays-Bas. Il était alors en Espagne. Il accepta l'offre que lui fit François Ier de lui donner passage dans ses États pour se rendre en Belgique. Il traversa la France parmi des fêtes et des hommages. Béthune, à cette occasion, fut en réjouissance pendant sept jours. *La table* et les confrères de St-Léger jouèrent par personnages, au cimetière de St-Barthélemy, trois jours durant, la vie de leur glorieux patron. Un clerc habitué de St-Barthélemy, *fils de teste de sot*, joua plusieurs *farsses et ebattements*. Le *capitaine des hochettes*, de la rue du Carnier, fit également une représentation de mystères; Jehan du Bois orna cette rue d'une fontaine. Pour cette solennité, on fit *au sot de Béthune*, nommé *Anselot Dupuich*, un paletot bigarré et brodé sur la manche avec *lettres de broudure* que Jehan Clavel *y traça*. On cite encore Pierre Blioul, Colin Wibaut, Nicolas Parmentier, Anselot Dupuich le jeune, Tardieu dit Ponchin, Adrien Benoît qui jouèrent alors plusieurs moralités et lurent plusieurs ballades. Il y eut des joutes où l'on remarquait un *homme assis sur un tonneau troué par estain*; le tonneau était plein d'eau, de telle sorte que, soumis à certaines oscillations, il se déversait sur les jouteurs. — On livra, en même temps, ce qu'on appela *la chasse à l'homme sauvage au marché et par les rues de la ville* (1).

A ces réjouissances succéda bientôt une solennité

(1) Arch. municip., comptes de la ville, 1538-1550.

funèbre. Le 29 mai 1539, on célébra à Béthune un service pour le repos de l'âme de l'impératrice Isabelle, femme de Charles-Quint, morte à Tolède.

Charles-Quint, qui s'était engagé à donner le Milanais à l'un des fils du roi de France, avait violé son engagement. C'était une sorte de déclaration de guerre. Dans ces circonstances graves, il trouva bon de visiter, le 20 novembre 1540, la ville de Béthune qui lui parut très exposée aux attaques de l'ennemi.

Ce fut un samedi, à 5 heures du soir, qu'il fit sa joyeuse entrée dans cette ville. Les ouvriers avaient quitté leur travail vers 2 heures, selon la coutume religieusement observée, la veille des dimanches et fêtes. Ils s'étaient portés en foule à la rencontre de l'empereur qui arrivait par la porte du Carnier. Il était accompagné de sa sœur Marie, reine de Hongrie et régente des Pays-Bas, de la duchesse douairière de Milan, sa mère; le comte de Rœux, gouverneur général de Flandre et d'Artois, le comte d'Epinoy, le sire de Molembois et un grand nombre de ducs, de comtes et de chevaliers formaient sa brillante escorte. Les habitants n'avaient rien négligé pour donner à cette réception une magnificence à laquelle avait droit ce puissant empereur qui commandait à deux mondes et ne croyait pas s'abaisser en prenant le titre de seigneur de Béthune. En l'absence du gouverneur, retenu chez lui pour cause de maladie, le comte d'Epinoy, sur la demande du magistrat, se mit à la tête du cortège. Le clergé séculier et régulier s'arrêta près de la porte du Carnier. Les officiers de la gouvernance, le corps échevinal en grand costume et à cheval, les confréries des arquebusiers, des arbalétriers, des archers, *embastonnés, enseignes déployées, vêtus en saye de livrée*, s'avancèrent jusqu'à une lieue au-delà de la ville. A l'arrivée de l'empereur, les cavaliers mirent pied à terre. Huttin Naye, seigneur de la chapelle, prévôt de Béthune, le complimenta en fort bons termes, le remerciant respectueusement de sa visite dont sa bonne ville de Béthune était fière et heureuse. Jehan de Vignacourt, seigneur de Berlette, premier échevin, lui présenta les chefs de la ville et le harangua. Il était cinq heures lorsque l'empereur parut à la porte du Carnier. Des torches éclairaient son passage; des cordes auxquelles étaient gracieusement pendues des croix de Bourgogne étaient tendues dans les rues. Les bassins des barbiers suspendus à de grandes croix de Bourgogne contenaient des flambeaux allumés. Les corporations et confréries avaient fourni, pour leur part, 463 torches. Nous trouvons dans nos archives communales la liste des corporations qui les avaient achetées et fait porter par leurs associés : les porteurs au sac en avaient 160; les drapiers, 40; les merciers, 40; les briseurs de grès et maçons, 40; les cordonniers, 12; les barbiers, 12; les charpentiers, 12; les bouchers, 20; les avaleurs ou déchargeurs de vin, 13; les cordiers, 6; les passementiers, 12; les confrères de Saint-Jacques, 2; les saveliers, 6; les poissonniers, 12; les marchands de blé, 12; les taverniers, hôteliers et cabaretiers, 12; les fariniers et fruitiers, 20; les pelletiers, wantiers et marchands de laine, 12; les ferronniers, maréchaux, estainiers, 20. Au dessus du dragon du beffroi était placée une couronne impériale qu'on avait illuminée. Le vent, pour montrer combien vaine était cette marque de haute dignité, la renversait le lendemain. D'ordinaire, aux fêtes où l'on représentait des mystères, on suspendait à l'entrée de la halle échevinage un drap écarlate ou blanc, sur lequel se voyaient les armes de la ville. Pour honorer le deuil de l'empereur qui récemment avait perdu son épouse, on suspendit, sur la façade de la halle, selon les instructions du gouverneur de la province, un pal de *damas noir; ce pal avait cinq aunes de long et autant de large; il était entouré de franges de fine soie de la hauteur d'une bonne palme.* On avait élevé des *hourds,* échafauds, pour faire *histoires et remonstrances par personnaiges.* Nous en donnons le précis tel que nous l'ont transmis nos archives municipales :

1° David, vainqueur de Goliath. Les personnages figurant dans cette moralité représentaient David, Samuël, Saül, Jonathas, Michol;

2° La bénédiction que Melchisedech donna à Abraham avant qu'il eût remporté sa victoire sur les quatre rois;

3° Salomon, pour régir son peuple, a obtenu de Dieu trois choses, *c'est à savoir : sapience, droit jugement et paix;*

4° Comment Suzanne fut délivrée par Daniel.

Nos archives communales ont soin de faire remarquer que sa majesté possédait personnellement toutes les vertus des personnages figurant dans ces différentes scènes. L'empereur assista à ces représentations. Puis il se rendit, acclamé par toute la population, sous de splendides arcs de triomphe, chez le seigneur d'Antigneulles où son logement avait été préparé. Le lendemain, le magistrat, en grand costume, assista, présenté par le comte d'Epinoy, au lever de l'empereur et lui offrit de riches présents parmi lesquels on remarquait un bassin et une aiguière d'argent pesant 15 marcs 2 onces 6 esterlins d'argent. On lui fit également don de deux pièces de vin. Les dignes représentants de notre cité demandèrent ensuite à sa majesté, par une supplique fort bien rédigée, de daigner leur accorder un secours de vingt mille florins pour les aider dans les travaux qu'ils comptaient faire exécuter sans retard, pour cause d'urgence, aux fortifications. L'empereur remit cette pétition à son grand-maître de l'artillerie, promettant de l'examiner, à son retour de l'assemblée des Etats qu'il allait présider à Arras. Pour prendre une idée de cette requête, il visita, avant son départ, les fortifications de la ville.

Les échevins, voulant se ménager, dans la poursuite de cette affaire, l'appui des hauts dignitaires de l'entourage de l'empereur, leur firent de précieux présents. La reine de Hongrie reçut une pièce de vin blanc, la duchesse de Milan une pièce de vin rouge. Le maître des ouvrages du château de Gand, le clerc du receveur général, les huissiers du grand-conseil de Malines eurent également une part notable dans ces généreuses libéralités. Les serviteurs et domestiques de la maison impériale reçurent des dons en argent.

Toutes ces largesses n'eurent pas le succès que les échevins en espéraient. L'argentier, Adrien Hennedouche, faisait remarquer, dans un mémoire adressé à la cour impériale le 7 septembre 1541, que les ressources de la ville étaient insuffisantes à couvrir les dépenses exigées pour des travaux aux boulevards. Il lui était répondu que Béthune avait à fournir, sur la caisse municipale, le montant intégral de cette dépense.

La reine de Hongrie, gouvernante des Pays-Bas, était à même, cependant, d'apprécier cette situation financière. Le 10 septembre 1541, elle visitait la ville de Béthune où elle reçut le plus chaleureux accueil. Les échevins, le prévôt et les mayeurs étaient allés à sa rencontre, lui faisant respectueusement, ainsi qu'aux gentilshommes de sa suite, de précieuses courtoisies de vin. Toutefois, cette princesse, qui refusa à la ville toute espèce de secours pour les travaux à exécuter aux boulevards, exempta, par lettres en date du 3 octobre 1541, cette commune de toute dépense et de toute corvée pour le creusement d'un fossé autour de ces boulevards, exigeant que ces travaux fussent exécutés par les habitants des villages voisins, fussent-ils en dehors du baillage de Béthune (1).

(1) Arch. municip.

Tandis que l'autorité gouvernementale ordonnait ces ouvrages de défense en prévision d'une nouvelle guerre avec François Ier, le territoire de Béthune était ravagé par une bande de malfaiteurs qui avaient pour chef un nommé Grand-Guillaume. Ce célèbre brigand se réfugiait avec sa bande au château d'Olhain pour y vivre du produit de ses rapines et y fabriquer de la fausse monnaie. Cet état de choses durait depuis dix-neuf ans lorsque les archers d'Arras, après un combat violent, s'emparèrent, en 1569, de ce dangereux bandit, dans la forêt de St-Pol où il fut pendu. D'où la coutume est venue de représenter, à Béthune, pendant des siècles, au milieu de la place, en temps de foire, un sauvage d'une haute stature, ayant une massue à la main, symbole de la force de cet insigne voleur (1).

Des calamités nombreuses et de diverses espèces affluaient dans cette pauvre cité. En 1545, il survint, dans tout le pays d'Artois, une affreuse sécheresse. Depuis le 15 juillet jusqu'à la fin de septembre, il n'y tomba point une seule goutte de pluie. Ce qui amena une effroyable mortalité chez les animaux et compromit considérablement la récolte des céréales. Pour comble de malheur, un incendie éclatait à Béthune le 4 octobre 1546. Le feu, qui avait pris à l'hôtellerie du Cerf, consuma entièrement la rue de la Vigne (2).

Les autorités municipales prirent des mesures pour améliorer les finances de la ville et diminuer les dangers d'incendie. Le 1er février 1548, le magistrat faisait des règlements à ce sujet. L'article premier portait que *doresnavant les échevins ne mangeraient plus en la halle, les mercredis et vendredis, après avoir tenu chambre, ainsi qu'on avait coutume de le faire.* Neuf autres articles prescrivaient des réductions de dépenses.

---

(1) SAUVAGE, *histoire de St-Pol*, p. 119. — TERNINCK, *la chaussée Brunehaut*, p. 25. — *Histoire anonyme de la ville de Béthune*, publiée par M. QUARRÉ-REYBOURBON, p. 34.
(2) Arch. municip.

Le 5 juin 1556, le magistrat, le gouverneur, les chanoines de St-Barthélemy, les gentilshommes, les connétables des arquebusiers, arbalétriers et archers, les prévôts et mayeurs des corps de métiers, assemblés en chambre échevinale décidaient de faire couvrir en tuiles les maisons et édifices de l'intérieur de la ville qui étaient couverts *d'estrain*. Cette mesure était sage. Elle trouva cependant de l'opposition chez les habitants et ne put être mise à exécution qu'en 1571 (1).

Charles-Quint, dont le trésor était épuisé, ne pouvait venir en aide aux finances de la ville. Il comprenait cependant qu'il avait besoin de s'attacher cette cité, surtout à ce moment où il pensait à abdiquer en faveur de Philippe, son fils (2). Il devait savoir, comme l'écrivait Marillac à Henri II, que « le peuple de Flan-
« dre et d'Artois haïssait si fort les Espagnols qu'il
« ne pouvait, en aucune manière que ce soit, gouster
« leurs façons, tant s'en fallait qu'il se rangeat à leur
« gouvernement ».

Aussi, pour préparer le règne de son fils à Béthune, sans s'imposer aucun sacrifice d'argent, il décida qu'il ferait avec lui une solennelle et joyeuse visite à cette bonne ville. Cette visite eut lieu le 3 août 1549. Le prince impérial qui venait de St-Omer fut reçu au faubourg Catorive par le chapitre de St-Barthélemy, le clergé de la paroisse St-Vaast, les religieux franciscains, les échevins, mayeurs, prévôt de la ville, le gouverneur, les gentilshommes de Béthune et des villages voisins, tous à cheval. Les arquebusiers, les archers, les arbalétriers formaient la haie. Les deux sergents de la ville portaient, séparément, pour la première fois, une masse d'argent, pesant trois marcs, un

(1) Arch. municip.
(2) Déjà, lors de sa visite à Béthune en 1540, il avait donné à son fils, Philippe, l'investiture du duché de Milan, afin de lui laisser, est-il dit dans cet acte, une part plus grande dans le gouvernement de ses provinces. — *Collection autographique* de M. Dancoisne.

dizain, que l'orfèvre Jehan Levasseur avait livrée à la municipalité, moyennant cinquante-deux livres. Philippe entra par la porte de la Vigne, vers six heures du soir, au bruit de l'artillerie des remparts. On avait élevé sur la place, près de la rue de la Vigne, un grand *hourd*, échafaud, sur lequel on représenta Samson terrassant un lion, et, plus tard, emportant les portes de Gazza. Le prince, ayant assisté à cette représentation, se dirigea vers l'hôtel de M. de la Thieuloy où il devait prendre son logis. Il se porta ensuite avec son escorte à la porte St-Pry où se trouvait l'empereur. Après avoir reçu les compliments des autorités locales, il monta aux remparts dont il fit l'inspection en compagnie du comte de Rœux, gouverneur général de la province. Les acclamations les plus chaleureuses ne parvinrent pas à l'émouvoir, pas plus que les intermèdes et les divertissements scéniques de la place n'avaient pu le réjouir. Dominé par une sombre mélancolie, son cœur, fermé à toute espèce d'enthousiasme, avait paru insensible à ces émouvantes démonstrations. L'éclat de cette grande fête n'avait eu, ce semble, aucun charme pour son imagination. N'ayant pas su répondre aux avances, tout à la fois respectueuses et affectueuses des bourgeois de Béthune, il leur avait déplu. Sa présence sur laquelle son père avait compté pour lui assurer la fidélité des habitants de cette bonne ville avait donc produit un effet tout opposé. Le lendemain, l'empereur et Philippe partaient pour Lille, ne recueillant à leur départ qu'un insuffisant témoignage de dévouement.

Cependant la guerre se continuait ardente, implacable entre la France et l'Espagne. Henri II, déplaçant le théâtre de ses opérations militaires, paraissait vouloir diriger son armée vers l'Artois.

En prévision de cette attaque, Marie, gouvernante des Pays-Bas, ordonne au comte de Rœux de faire fortifier le plus possible la ville de Béthune, de démolir, sans espoir de reconstruction dans l'avenir, toutes les maisons situées aux faubourgs à une distance de quatre cents pieds des fossés de la place. De son côté, le gouverneur d'Arras informe celui de Béthune qu'une brèche existe près de la porte des Fers; qu'il est urgent, par précaution, de rehausser d'un *avant-pied* de terre l'endroit où se trouve béante cette brèche et d'y placer quelques arquebuses à crochet.

On augmenta le guet; on fit placer çà et là des barrières, une près du *bas jardin*, une autre proche la grosse tour, trois autres au faubourg du Perroy; on exécuta de nombreux et importants travaux aux fortifications, notamment au boulevard St-Pry. Dans une assemblée municipale à laquelle assistèrent les gentilshommes et les bourgeois, il fut défendu d'exporter aucun sac de blé hors de la ville; en même temps il fut ordonné aux personnes riches de se munir de farine pour deux mois (1).

Tandis que se faisaient tous ces travaux de défense matérielle, le magistrat de la ville s'efforçait de désarmer, par la prière, la colère de Dieu pour obtenir de sa miséricorde le bienfait de la paix. Le 25 septembre 1551, il ordonna, de concert avec le lieutenant du gouverneur et les chanoines de Saint-Barthélemy, qu'à cette intention une procession aurait lieu, le dimanche suivant, dans l'enceinte de la place; il était prescrit, en même temps, que chaque habitant nettoierait, la veille, le devant de sa maison et assisterait avec recueillement à cette cérémonie impétratoire. Le 14 mars 1552, alors qu'une armée de soixante mille hommes commandée, au nom d'Henri II, par le connétable de Montmorency, ravageait, brûlait impitoyablement les campagnes, le magistrat de Béthune prohibait « toute espèce de divertissements publics, afin « que Dieu, notre créateur, comme il était dit dans

(1) Arch. municip.

« *ce ban*, voulût bien inspirer le cœur des princes à
« arriver à une bonne paix, union et concorde, dé-
« fendant à tout habitant, manant et spécialement
« aux taverniers et cabaretiers de faire danser et pren-
« dre esbats à peine d'amende. »

Toute la ville était dans la consternation. L'hôpital St-Jean ne suffisait pas à contenir « les Allemans et
« aultres nations estrangères survenus et amenez mal-
« lades audict hospital en grand et excessif nombre,
« comme aussi pluiseurs pionniers pareillement y
« amenés, lesquels, au siège devant le chasteau de
« Hesdin, averoient esté quasy tous bruslez (1) ».

Ce fut au milieu de ces mouvements de guerre que Charles-Quint, désillusionné des gloires humaines dont il découvrait le néant, laissa, sans aucune réserve personnelle, tous ses Etats entre les mains de son fils Philippe. Toutefois, avant de quitter le pouvoir suprême, il voulait léguer la paix à l'Artois. Des négociations furent entamées avec Henri II ; elles aboutirent à une trêve signée à Vaucelles, près de Cambrai, trêve de cinq ans qui dura à peine cinq mois (1556).

(1) Arch. municip.; Arch. de l'hospice 1552-1553, comptes.

CHAPITRE IX

Reconstruction de la porte de la Vigne. — La peste. — Première entrée solennelle du comte d'Egmont. — Première visite épiscopale de l'évêque Richardot. — Le protestantisme. — Ses crimes au triple point de vue religieux, politique et social. — Mesures de défense prises contre le protestantisme. — Impôts désignés par ces mots: centième, vingtième, dixième. — Protestations contre ces impôts. — Les Etats d'Artois se transportent à Béthune. — Acquisition de plusieurs pièces d'artillerie. — La milice bourgeoise marche contre un corps d'Espagnols mutinés. — Les Etats d'Artois, notamment les magistrats et bourgeois de Béthune, s'engagent à demeurer fidèles, invariablement et pour toujours, à la religion catholique. — Contribution extraordinaire par capitation. — Confédération de plusieurs villes du Nord et de l'Artois. — Serment des échevins et des bourgeois de Béthune de vivre et de mourir dans la religion catholique. — Première visite de l'évêque Moulart. — Les faubourgs s'arment pour se défendre contre les Espagnols. — Réclamation des échevins contre la nomination du gouverneur de Béthune, Spinola, qui était d'origine étrangère. — Reconstitution des compagnies bourgeoises. — Traité de Vervins.

Philippe profita de la trêve de Vaucelles pour faire réparer les murs de Béthune qui tombaient en ruines. La reconstruction de la porte de la Vigne date de cette époque. Les bourgeois supportèrent la totalité de ces dépenses.

Philippe II

Dans ces temps extraordinairement troublés où les questions politiques et même religieuses commençaient à diviser profondément les esprits en Artois, les réunions nombreuses n'étaient pas sans danger. Le 30 avril 1557, les échevins portèrent une ordonnance par laquelle ils limitaient à vingt le nombre des convives dans les repas de noces (1). Déjà, par un édit du 7 octobre 1531, l'empereur avait prescrit cette mesure pour tous les Pays-Bas.

Des fléaux de différente nature se succédaient alors presque sans interruption dans notre petite ville. La

(1) Arch. municip.

guerre qui avait repris avec un acharnement inouï empêchait toute transaction commerciale. Epuisés de ressources les bourgeois étaient devenus impuissants à payer les arrérages des aides votés par les Etats d'Artois. En même temps, la peste se déclarait dans cette cité. Elle y fit de tels ravages que, depuis le mois de mai jusqu'au mois de septembre 1557, le nombre des victimes de cette terrible maladie s'éleva à plus de deux mille. On fit une procession publique, le 3 septembre, pour obtenir de Dieu un regard de miséricordieuse compassion sur cette malheureuse population (1).

Au printemps de l'année suivante, cette meurtrière épidémie continuait de sévir avec la même violence dans la ville. Les Charitables de St-Eloi ne pouvaient plus suffire à enterrer les morts; il fallut leur adjoindre, par voie de réquisition, pour ces funèbres fonctions, de nombreux auxiliaires. Les cimetières contigus aux églises étant devenus également insuffisants à contenir la dépouille mortelle des innombrables victimes de ce fléau, il fut décidé, le 27 avril 1558, dans une assemblée à laquelle assistèrent les prieurs de St-Pry et du Perroy, les chanoines de St-Barthélemy, les curés de la ville, les gentilshommes et les officiers du roi, les bourgeois, le prévôt et les mayeurs de la confrérie de St-Éloi, que, par mesure urgente de salubrité publique, les cadavres des pestiférés seraient enterrés dans les cimetières hors des murs, tels que ceux du Perroy, des trois près St-Jean (2). Il fut ordonné de se régler, pour le choix du cimetière, sur la proximité des maisons mortuaires. Depuis le 25 avril jusqu'à la fin de l'été, les échevins, dont la place, à cette époque, était loin d'être une sinécure, ne furent occupés qu'à édicter des mesures, à la fois préventives

(1) Arch. municip., BB. 9.
(2) Arch. municip., BB. 10.

et curatives, contre la maladie, et à voter des subsides pour ceux qui en étaient atteints.

Cette peste fut attribuée à la présence d'une foule de mendiants et de gens sans aveu qui, pendant la guerre, étaient venus se réfugier sur le territoire de Béthune. Le nombre de ces étrangers était *grand et excessif* au point que *l'hôpital Saint-Jean fut obligé d'édifier une chambre nouvelle pour eux* (1). Le 28 avril 1558, les échevins ordonnèrent leur expulsion; le 28 décembre de la même année, ils défendaient aux habitants de leur louer des maisons et aux religieux de leur donner l'hospitalité (2)

Le comte d'Egmont, récemment nommé gouverneur général de l'Artois, fit, en cette qualité, son entrée solennelle à Béthune, le 8 novembre 1559 (3). La ville, malgré la triste situation que venait de lui laisser l'épidémie, fit une magnifique réception à cet illustre gouverneur, glorieusement connu pour ses victoires de St-Quentin et de Gravelines. Les échevins, voulant lui témoigner leur admiration, offraient, en 1563, à sa noble épouse, la princesse de Gaure, une coupe d'argent façonnée par l'orfèvre Amand de Fraimentel, et dorée par un autre orfèvre, nommé Pierre Casier.

La ville était également généreuse vis-à-vis de ses gouverneurs particuliers. En 1558, elle offrait à Gilles de Lens, son gouverneur, deux flacons d'argent achetés à l'orfèvre Jehan Le Vaasseur, et payés deux cent soixante-treize livres douze sols.

Le 13 mars 1561, Richardot, évêque d'Arras, fit sa première entrée à Béthune (4). Ce prélat fut reçu près de la chapelle de N.-D. du Perroy, par le gouverneur, les officiers du roi, les échevins, mayeurs, prévôt, le chapitre de St-Barthélemy, le clergé de la paroisse St-Vaast. Revêtu de ses ornements pontificaux, il se

(1) Arch. de l'hospice, comptes 1558-1559.
(2-3-4) Arch. municip., BB. 10.

rendit processionnellement à l'église St-Barthélemy. Tous les habitants étaient sur pied, toutes les maisons pavoisées. En entourant ainsi de ses pieux hommages son vénérable évêque, Béthune prouvait son inviolable attachement au catholicisme que le protestantisme outrageait, à cette époque, dans tout le pays, avec une violence sans bornes.

La paix, signée le 3 avril 1559, à Câteau-Cambrésis, permettait d'espérer qu'une ère de prospérité relative allait enfin commencer pour cette cité, ravagée depuis si longtemps par d'interminables fléaux.

Malheureusement le protestantisme s'était levé, jetant partout où il se montrait le levain des haines religieuses, politiques et sociales. La réforme ne se bornait pas, en effet, à modifier la foi catholique ; elle touchait, en même temps, pour les altérer, dans leur nature, aux idées sociales existantes. Elle mettait le trouble partout, dévastant non-seulement les églises, les consciences, mais encore les foyers, les habitudes, les traditions, les mœurs antiques de la famille, les bases mêmes de la société. Autour de sa bannière se rangèrent toutes les révoltes, celles du souverain contre le pontife de Rome, celles du gentilhomme contre son roi, celles du vassal contre son seigneur, celles du pauvre contre le riche. C'était une sorte d'anarchie universelle ouvrant au monde une affreuse carrière de crimes et d'expiations.

Comme historien, comme Français et surtout comme prêtre et Béthunois, j'ai le droit et le devoir d'accuser hautement, devant Dieu et devant les hommes, cette hérésie qui, dans le pays avoisinant cette ville, excita ses disciples aux plus abominables profanations et aux crimes les plus épouvantables, tels que le pillage, le meurtre et l'incendie.

Au mois de juillet 1566, Marguerite de Parme écrit aux autorités de Béthune : « Des troubles sérieux ont

« éclaté en Flandre pour cause de religion. Les pro-
« testants se livrent aux plus horribles dévastations.
« L'église de Bondues a été ravagée et pillée; Loos,
« Marquette, Tourcoing, Armentières, Bailleul, Ypres
« sont à la merci des novateurs qui, ne reculant de-
« vant aucun crime, brisent les images et commettent
« des désordres inouïs. Ils chassent les prêtres de
« leurs presbytères, les religieux de leurs couvents,
« arrachent les dalles sépulcrales, maudissent leurs
« pères dans leurs tombes, au milieu de chants obs-
« cènes, sous l'empire d'une honteuse et sacrilège
« ivresse ».

D'après Winckins, « Dom Serpet ou Serpel, aumô-
« nier des nonnes de Beaupré, près de la Gorgue, s'é-
« tait opposé aux premières prédications des héréti-
« ques. En août 1566, il venait de mourir, et sa fosse
« était à peine fermée quand les nouveaux iconoclastes
« arrivèrent à l'abbaye, prêts à tout détruire comme
« autrefois les terribles Normands ». L'église est d'a-
bord pillée. De là, ils vont se gorger de vins et de
viandes et absorber toutes les provisions du monial (1).

Le 29 août 1567, les huguenots arrivent à l'abbaye
de Vaucelles, mettent le feu aux bâtiments, arrachent
de son tombeau le cadavre d'un religieux nommé
Dom Eloi Serpette, le traînent par les pieds et les
mains dans le cloître, l'attachent ensuite à un sapin
du préau, lui infligent une longue flagellation, le re-
jettent enfin dans sa fosse sur laquelle ils brûlent tous
les objets du culte.

A partir de 1566, la lutte sur les confins de Béthune
fut politique plus encore que religieuse. Des seigneurs
d'Artois parmi lesquels nous citerons notamment
Charles de Houchain, seigneur de Longastre et son
beau-frère Adrien de Berghes, seigneur d'Olhain, fré-
quentaient les prêches avec des gens d'armes et sou-

(1) Tome II *des Troubles*, p. 281.

tenaient ouvertement les gueux. Ils n'étaient pas précisément hérétiques, mais, selon le mot du droit canonique, c'étaient des fauteurs de l'hérésie. Quand on ouvrit le temple des protestants à Estaires, ils ouïrent le prêche, se rendirent ensuite sur la place où ils crièrent en agitant les mains : « Vivent les gueux ! » et firent sonner la trompette. Ils partirent alors en bateau pour Merville où ils continuèrent à encourager de leur présence, de leurs paroles et de leurs actes, les sectaires de ce pays.

Pour mettre en plus grand jour cette double révolte contre l'autorité religieuse et contre l'autorité civile, c'est aux faits seuls que nous continuerons d'avoir recours et qui se sont passés dans notre région. Le 15 août 1566, le seigneur de Vendeville se montrait à Estaires où il assistait à deux prêches, comme on disait alors, sur le marché. Il était entouré d'une compagnie de hallebardiers; et il enrôlait des hommes d'armes, sur l'ordre du prince de Nassau. Le jour de St-Christophe et de St-Jacques de la même année, le curé de *La-Venthie*, menacé de mort pour avoir voulu empêcher des comédies jouées par les sectaires, découvrit par une de leurs conversations qu'à l'occasion des noces du seigneur d'Olhain qui allaient se faire à Béthune, ils se rendraient en armes dans cette ville pour s'en emparer. Il en avertit le gouverneur de cette place, M. de la Thieuloy, qui déjoua leur projet.

Les novateurs s'attaquaient également à l'ordre social. Tout en se proclamant les protecteurs et émancipateurs de l'esprit humain, ils livraient aux flammes les bibliothèques des monastères où reposaient tant de glorieux monuments de littérature et de science, fruits accumulés des travaux de plusieurs siècles. « Toute
« la fin de leur commotion tendoit de faire les riches
« devenir povres et les povres devenir riches, et en
« effect, tous biens communs, ce qui estoit l'opinion

« de plusieurs luthériers.... et quand les povres ren-
« contraient les riches, en allant leur chemin par les
« rues, ils leur disoient par grant envie: passez oultre!
« le temps viendra de brief que posséderons vos ri-
« chesses à nostre tour, car vous les avez assez pos-
« sessées et vous possesserez nos povretés à vos
« tours...... » (1).

Assurément, les novateurs n'étaient pas, tous, des communistes tels que les a dépeints le président de Flandres, Pierre Trayspil dont nous venons de citer les paroles. Au contraire, la réforme dans l'Artois recrutait un grand nombre de ses partisans parmi les classes élevées de la société. Ses adeptes étaient pour la plupart des seigneurs qui n'auraient pas été fâchés de secouer le joug de la vassalité et de s'enrichir aux dépens des monastères. Or, la prétendue réforme était comme le passeport et le manteau de toutes ces convoitises. C'était aussi le levier dont on se servait pour remuer les masses. Mais précisément à cause de ces ambitieux desseins des seigneurs que favorisait la réforme, les classes inférieures de la société se montrèrent tout à fait rebelles au protestantisme. Elles sentaient qu'on en voulait aux franchises, aux libertés communales dont elles jouissaient depuis des siècles. Dans cet intérêt politique facile à comprendre et en même temps par un zèle religieux dont on ne saurait nier la sincérité, elles voulurent rester catholiques. C'est là l'histoire de Béthune. Quoiqu'il en soit, en se faisant ainsi communiste, démocratique, aristocratique, selon les besoins variés de sa cause, cette secte « semait ici
« dans le champ et le gueret, comme on disait alors,
« la graine des partialités, des dissensions et des
« crimes ».

Les violences contre les biens et les personnes se

---

(1) Le président de Flandre, Pierre Trayspil, informant Marie de Hongrie en 1538 des progrès de la réforme.

multipliaient. Le lundi de la Pentecôte 1568, les calvinistes de Lestrem attaquent sur le chemin de Béthune leur curé et le bailli Jean Richebé qui, blessés grièvement, sont transportés dans cette ville où ils ne tardent pas à expirer.

En 1568, Jehan Martin, curé de Richebourg est assailli, au sortir d'un office du soir appelé le *salut*, par des calvinistes de sa paroisse qui le frappent de leurs épées; les coups en furent amortis par les livres qui couvraient sa poitrine et dont il s'était fait une cuirasse. Déjà en 1567, le lendemain de la St-Barthélemy, ces scélérats, le rencontrant sur le chemin de Béthune d'où il revenait, l'avaient blessé avec un pique. Enfin en 1570, le malheureux vieillard fut pendu et brûlé par les gueux des bois, « *et plus quam systica morte peremptus est* », dit le P. Winckins.

En un mot, tout, sur les confins de Béthune, était rempli de crimes dont le récit, d'après l'auteur que nous venons de citer, fait frémir. On leur opposa des supplices. En 1512, François de Lescluse, de Lestrem, est exécuté à Béthune. — Dans le compte de confiscation du 30 mars 1567, rendu par Charles de la *Bruvière*, receveur de sa majesté, quartier de Béthune, on lit aux dépenses : « Audit Mr Jean de Lattre
« pour les exécutions de deux autres sentences ren-
« dues par ledit prévôt des maréchaux allencontre de
« Antoine Lévêque, natif de Fleurbaix, et Aléaume
« Gasquières, natif de Merville, chargiés d'avoir as-
« sisté au massacre et meurtre de feu Dentelin Genti-
« blieux, prévôt précédent, et fait plusieurs actes sé-
« ditieux....... pour avoir en premier lieu mis à la
« torture ledit Antoine au château de Béthune XXX s.;
« et pour après la sentence lui avoir rompu les quatre
« membres sur une croix au marchié dudit Béthune,
« à l'advenant de XXX s.; et depuis pour lui advanché
« la mort et tserché le teste en faveur de sa conver-

« sion XXX s.; et au regard dudi Aléaume, l'avoir
« brûlé tout vif signant sa sentence, LX s.

Cette double exécution eut lieu en vertu d'une sentence du Conseil des troubles. Comme on le voit, la torture fut appliquée dans cette circonstance contre un des criminels. Ce fait judiciaire n'est pas le seul que nous ayons à constater dans l'histoire de Béthune : Le 12 juin 1529, deux chirurgiens visitaient un prisonnier nommé Philippot Bouchez qui, ayant subi la question extraordinaire, avait les membres *débilités*; ils ordonnèrent divers onguents réconfortatifs pour lui *restaurer le poing droit*. Les parents de ce malheureux furent autorisés, sur leur demande, à le faire transporter, *vu sa faiblesse,* au château où ils durent payer la *somme de douze sols*.

Le 17 août 1568, sont condamnés par le Conseil des troubles au bannissement perpétuel avec confiscation de leurs biens : Philippe de Bailleul, Charles de Houchain, seigneur de Longastre, Adrien de Berghes seigneur d'Olhain, Eustache de Fiennes, seigneur d'Esquerdes, Guillaume de Fiennes, seigneur de Lambres, etc., etc....

Pour préserver la ville de Béthune de la sinistre présence de l'hérésie et des hérétiques, nos échevins prirent des mesures beaucoup moins violentes mais en réalité plus efficaces. Comme les nouvelles doctrines s'attaquaient principalement au dogme de la présence réelle de Jésus-Christ dans l'eucharistie, les échevins et les habitants de cette cité, sous l'inspiration de leur foi, qui, n'ayant jamais subi la moindre altération, était restée vive et profonde, se firent un pieux devoir d'honorer plus que jamais, intérieurement et publiquement, l'adorable sacrement de nos autels. A partir de l'année 1531, ils déployèrent selon leurs ressources et même au-delà, toutes les magnificences dans les processions de la Fête-Dieu, *en l'hon-*

neur de Dieu; ce fut pour honorer *le vénérable,* selon le mot adopté pour désigner le Saint-Sacrement, que, dans ces splendides processions, on s'efforça de rendre plus somptueuses qu'autrefois les représentations scéniques *des mystères,* disposées, à cette époque, pour être une solennelle et vivante protestation contre l'hérésie. En 1532, au moment où le Saint-Sacrement passait processionnellement, entouré de toutes les autorités, des artistes faisaient, auprès de la chapelle de St-Nicolas, une fort belle *remonstrance dogmatique.* En 1544, les voisins de la rue de la Croix font, à l'heure où la divine hostie est portée en procession, une *remonstrance* contenant quatre articles de la Passion. Parmi toutes celles qui, dans chaque rue, signalèrent le passage du St-Sacrement, nous remarquerons les *remonstrances* de la robe de N.-S. et de St-Etienne.

Voulant activer le feu sacré de cette dévotion envers la divine Eucharistie, Charles-Quint, dont la mission providentielle était de sauver, comme dit Bossuet, le catholicisme, obtint du souverain pontife, par une supplique personnelle, un diplôme d'érection de la confrérie du Saint-Sacrement dans la paroisse St-Vaast. Quelque temps après, les membres de cette confrérie se réunissaient dans cette église paroissiale pour y préparer leur réglement particulier (1).

Le mouvement catholique s'accentuait de plus en plus et d'une manière irrésistible dans toute la ville. Les corporations, si nombreuses à cette époque, également dominées par leur esprit de foi, demandaient unanimement à représenter des mystères, à la procession du lundi de la Pentecôte, de manière à rappeler aux catholiques toutes les phases des humiliations et des souffrances du Sauveur. Sur l'autorisation du magistrat qui leur partagea les rôles, les corps de métiers firent ériger trente-deux *hourds* (échafauds), pour

(1) Arch. municip., BB. 8.

la procession qui eut lieu en 1562 et à laquelle assistèrent une foule d'étrangers.

Pour embellir ces *hourds*, on eut recours à des peintres très renommés, entre autres à Jacques Josse. — Chaque hourd avait ce qu'on appelait un *conducteur*, c'est-à-dire un chef chargé de veiller à la représentation du mystère. On cite parmi eux Antoine Frétin qui, du pied de la croix, dirigeait les acteurs.— Chaque mystère avait deux scènes au moins, avec deux, trois et même quatre figures, et devait durer jusqu'à ce que la procession fût entièrement passée; ce qui exigea plusieurs heures (1).

On ne se borna pas à développer dans les âmes des fidèles le culte de l'eucharistie. Toutes les autorités religieuses, civiles et militaires, unies dans les mêmes sentiments de piété religieuse, rivalisaient de zèle et de sagesse pour mettre Béthune à l'abri des incursions des sectaires de la prétendue réforme.

Les sieurs d'Andrigue et de Lumbres avaient demandé aux échevins de cette ville l'autorisation de s'y réunir, le 23 octobre 1564, au nombre de quatre-vingt ou de cent gentilshommes avec leur suite. Nos magistrats en déférèrent à la gouvernante générale des Pays-Bas qui, suspectant les dispositions de la noblesse du pays vis-à-vis de la réforme, et pressentant, pour ainsi dire, ce qu'on appellerait plus tard le *compromis des nobles*, touchant les édits de Philippe II, défendit cette réunion; et ce fut avec raison, puisque ce seigneur de Lumbres fut condamné en 1568, comme il a été dit plus haut, au bannissement pour avoir pactisé avec les protestants.

Au mois de février 1566, les compagnies bourgeoises de Béthune se réorganisaient; on leur assignait leur poste, en cas d'alarme, sur les remparts. Le 26 mars de la même année, la régente des

(1) Arch. municip., BB. 10.

Pays-Bas écrivait aux échevins de Béthune *de faire bonne garde de leur ville* et de prévenir les conspirations.

Quelques jours après, c'était le comte d'Egmont, gouverneur de la province, qui engageait également les échevins à empêcher les séditions et à éviter toute surprise de la part des huguenots français. Pourtant, ce grand seigneur fut accusé plus tard d'être un des principaux instigateurs des troubles suscités par la plupart des nobles qui, dans les Pays-Bas, réclamaient l'abolition des rescrits royaux relatifs à la répression de l'hérésie. Le 5 juin 1568, le duc d'Albe le fit arrêter et décapiter. Sa mort, dit Jean de Toxis, fut pleurée, même par ceux qui l'avaient condamné à mort, *magno omnium mœrore*. Cependant sa culpabilité ne paraît pas douteuse. Jean-François le Petit, de Béthune, rapporte que le comte de Horn s'écria en apprenant sa propre condamnation « c'est le comte d'Egmont qui est cause de tout ceci; mais il n'y a plus de remède ».

Le 28 avril 1566, on faisait *procession, jeûnes et oraisons* dans toute la ville pour le maintien de la religion catholique (1).

Malgré les précautions soigneusement prises par le magistrat, il se répandait dans le pays des livres entachés d'hérésie. Au mois de mai, le roi faisait une ordonnance à ce sujet.

Au mois de juillet, les échevins, alarmés par les nouvelles qu'ils reçoivent de la duchesse de Parme touchant les déprédations horribles des hérétiques, font défense aux habitants de parcourir la ville après la retraite sonnée par la cloche des vignerons. Ils augmentent le nombre des gens du guet, leur distribuent des arquebuses, et se font inscrire pour commander, à tour de rôle, le guet de nuit (2).

(1-2) Arch. municip., BB. 11.

Au mois d'août, Arras et Béthune entraient dans la confédération des villes wallonnes qui déclaraient vouloir rester fidèles à la religion catholique.

Le 29 du même mois, défense est faite aux habitants de porter dague ou épée, et de recevoir, sans visite préalable et autorisation du magistrat, aucun meuble provenant de l'étranger; on s'était aperçu que, par ces sortes d'envois, les hérétiques avaient introduit clandestinement leurs imprimés ou manuscrits hétérodoxes dans la ville.

En octobre, nouvelles lettres de la régente ordonnant de renouveler les processions et prières publiques pour le repos et la tranquillité des Pays-Bas, invitant, en même temps, les autorités locales à prévenir tout ce qui pourrait donner lieu à des troubles et à les réprimer vivement s'ils s'en présentaient.

Les échevins, se conformant à ces instructions, prononçaient, quelques jours après, la peine du bannissement contre plusieurs habitants de Béthune, *pour le bien, repos et tranquillité d'icelle ville.*

Par une autre lettre, Marguerite de Parme défendait absolument d'autoriser aucune réunion de sectaires ni d'admettre en la ville aucun ministre de la réforme.

Dans le même temps, parut une ordonnance des échevins, défendant, sous peine de trois sols d'amende, de se promener dans les églises de la ville pendant les offices (1).

Le 16 mai 1567, ordre est donné à Florence Bonnart de quitter la ville pour avoir fait baptiser son enfant par un ministre de la réforme (2).

Le 27 septembre suivant, les autorités d'Arras, fidèles aux réglements de la confédération dont nous avons parlé, donnaient avis au magistrat de Béthune du rassemblement et de la marche des huguenots français en Picardie.

(1-2) Arch. municip., BD. 11.

Une excursion au dehors n'était pas sans danger. Pour ce motif, il est fait défense, le 5 mars 1568, aux habitants de Béthune d'aller boire chez les cabaretiers hors de la ville et de la banlieue.

Le 29 du même mois, le duc d'Albe fait savoir aux échevins de Béthune qu'il se réserve la connaissance de tous les procès intentés ou à intenter contre ceux qui auraient pris part aux troubles. Il avait institué sous le nom de *Conseil des troubles*, dont nous avons eu l'occasion de citer des sentences de mort, un tribunal exclusif, supérieur à toutes les constitutions et destiné à connaître de tous les crimes et excès délictueux commis tant en matière de religion qu'en matière d'Etat (1).

Le 30 avril, les échevins de Béthune sont avertis par le duc d'Albe de se mettre en garde contre les tentatives des huguenots français qui cherchaient à s'emparer de quelques villes des Pays-Bas. Ils reçoivent, en même temps que cette communication, l'ordre de mettre l'artillerie de la place en bon état.

Les officiers de la ville, échevins, mayeurs et prévôt, ardents à la défense de Béthune contre les hérétiques, s'engagent à faire personnellement le guet de nuit.

Les échevins qui, sous l'inspiration de leur foi, tenaient à protester officiellement contre les principales erreurs dogmatiques et les sacrilèges attentats des réformateurs, ces iconoclastes modernes, traitaient, le 18 février 1569, avec Blaye de Brulle, *tailleur d'imaiges*, pour l'acquisition d'un crucifix, de deux tableaux, l'un de la Sainte-Vierge, l'autre de St-Jean, qu'ils voulaient placer dans la chambre échevinale.

Le 15 mars de la même année, l'autorité municipale, en vertu d'ordre du duc d'Albe, fait une visite domiciliaire chez Robert Levesque, libraire, pour y saisir les livres hétérodoxes qui pourraient s'y trouver.

(1) Van Hasselt, p. 341.

Dans le même temps, le magistrat de Béthune défend à ses administrés de recevoir aucun *tablier*, commensal ou serviteur s'il n'est muni d'un certificat qui constate qu'il est *bon catholique* (1).

A la même date, les échevins, voulant manifester de plus en plus leurs croyances catholiques touchant le culte des images de Jésus-Christ et de ses saints, passent un marché avec Jehan Roye, peintre, pour l'acquisition de quelques-uns de ses tableaux représentant l'annonciation, le jugement dernier, la très sainte Vierge, St-Jean, la ville de Jérusalem qu'ils firent placer dans la chambre de leurs délibérations (2).

Les confiscations prononcées contre toutes les victimes du Conseil des troubles étaient loin de suffire, malgré leur importance, à combler le trésor public qui était vide. Un plan pour l'établissement des impôts fut dressé à Madrid et envoyé au duc d'Albe avec l'ordre de le faire exécuter sans retard. Il comportait deux mesures qui devaient être générales : d'abord la levée immédiate d'une contribution égale à la centième partie de la valeur de tous les biens ; puis, pour l'avenir, un droit fixe du vingtième sur la vente des immeubles, et du dixième sur les denrées et les marchandises. (Ce fut ce qu'on nomma le centième, le vingtième et le dixième denier) (3). Le duc d'Albe rassembla les Etats généraux à Bruxelles (mars 1569) et leur proposa lui-même ces impositions qu'il essaya de justifier par ces considérations, qu'ils existaient en Espagne sans y donner lieu à aucune plainte et qu'autrefois Charles-Quint avait également introduit sans aucune résistance dans les provinces de Flandre et d'Artois la taxe du centième denier sur tous les meubles et du cinquantième sur les transactions commerciales. Malgré ces raisons, les réclamations les plus

(1-2) Arch. municip., BB. 11.
(3) *Histoire de la Belgique*, par Moke, p. 403.

vives éclatèrent de toutes parts. Il était évident qu'un impôt du dixième sur chaque vente serait mortel au commerce, et par suite à la prospérité du pays, déjà compromise par les troubles intérieurs et par les commotions qui agitaient le reste de l'Europe.

Les Etats d'Artois étaient assemblés. Ils l'étaient presque toujours dans ces temps troublés où, sous le coup d'évènements graves et inattendus, il fallait pourvoir sans relâche aux besoins de la province. Le 4 avril 1569, ils étaient appelés à délibérer sur la question de l'impôt du centième. Avant de prendre une résolution à ce sujet, ils décidèrent que, selon les traditions, les députés consulteraient leurs commettants; et, pour ce motif, ils s'ajournèrent au 23 du même mois. Il y avait donc alors entre les députés et leurs électeurs des communications suivies, des échanges fréquents de pensées et de vues, des avis et des votes également partagés. « De cette manière, dit avec
« raison Dom Devienne, tout ce qui se passait d'im-
« portant, concernant les intérêts de la province, re-
« cevant une approbation générale, avait plus de con-
« sistance et devenait d'une exécution plus facile » (1).
Conformément à ces sages pratiques, le 5 avril 1569, les députés, les échevins et les bourgeois de Béthune se réunissent en assemblée générale dans la halle échevinale; ils se prononcèrent contre l'impôt du centième. Ce n'était pas sans danger qu'une délibération de cette nature était prise en opposition avec le terrible duc d'Albe qui, dans une circonstance identique, avait reproché aux Etats de Flandre de repousser cet impôt et d'encourager de leur autorité la désobéissance du peuple. Dans cette assemblée, Viglius qui s'était distingué par la franchise de son langage avait été menacé d'une sentence de mort (2). Les États d'Artois, parta-

(1 Dom Devienne, histoire d'Artois, 4e partie, p. 93.
(2) Kervyn de Lettenhove, histoire de Flandre, 4e vol., p. 141.

geant avec la ville de Béthune l'honneur de ce danger, refusèrent de voter le centième demandé; mais par compensation ils offrirent au roi deux cent mille carolus d'or. Ils motivèrent leur refus par cette considération que la taxe proposée par le duc d'Albe était *trop onéreuse et trop préjudiciable à la province*. Ils ajoutèrent que rien n'avait plus contribué à faire fleurir en Artois l'industrie et le commerce sous la domination Bourguignonne que la suppression de la plupart des taxes et des droits de tonlieu. Le duc d'Albe insista. Les Etats furent convoqués de nouveau pour le 12 mai. Les députés de Béthune en avertirent leurs commettants qui, le 24 avril, se réunirent une deuxième fois en assemblée générale et déclarèrent persister dans leur refus qu'ils mitigèrent toutefois par l'offre réitérée des deux cent mille carolus d'or. Le 23, les Etats votèrent dans le même sens.

Le 25, on apprit à Béthune que les deux ordres du clergé et de la noblesse ainsi que la ville de St-Omer accédaient à la demande du duc d'Albe (1).

Le 27, les bourgeois de Béthune déclaraient persister dans leur refus (2).

Le 28, les Etats, convoqués de nouveau par le duc d'Albe, renouvelaient leur vote du 23 avril (3).

Ce même jour, la ville de Lillers faisait, sur ce point, sa soumission. Son exemple n'ébranla point davantage les résolutions des bourgeois de Béthune.

Des troubles, prenant un caractère de *sédition et de rébellion*, éclatèrent, en ce moment, à Arras. Les Etats, qui ne se croyaient plus en sûreté dans cette ville, se transportèrent à Béthune où l'affaire du centième continua d'être mise en délibération (4).

La ville de Lens ayant également donné son adhésion aux propositions du duc d'Albe, Arras et Béthune, qui n'avaient plus la majorité dans le Conseil d'Artois, se décidèrent, le 6 juin, à cesser leur résistance (5).

(1-2-3-4-5) Arch. municip., BB. 11.

Le 15 octobre de la même année, les Etats, assemblés à Arras, offrirent au duc d'Albe de payer annuellement cent trente-cinq mille florins pour soustraire la province à l'impôt du 10ᵉ et du 20ᵉ dont il vient d'être également parlé. Le duc d'Albe insista; on accepta. Nous n'entrons pas dans les détails, les débats engagés pour la solution de cette affaire ne différant guère de ceux auxquels le *centième* avait donné lieu.

On procéda dès lors à la nomination des receveurs chargés de la perception de ces trois impôts (1).

L'impôt du 10ᵉ fut aboli en 1573 par Dom Loïs de Requesens, successeur du duc d'Albe dans le gouvernement des Pays-Bas (2).

La province d'Artois, à cette époque, était plus troublée que jamais. Une agitation sourde régnait dans tout le pays.

Afin de faire cesser les excès, dissolutions, scandales, noises et débats « qui se font journellement dans cette ville », les échevins de Béthune, dans leur séance du 22 juillet 1569, défendent les danses publiques et particulières, et interdisent aux jeunes gens le port de dagues et d'épées.

Ces dignes magistrats, qui ne se laissaient intimider, dans l'accomplissement de leurs devoirs, par qui que ce soit, portèrent plaintes, en 1570, contre le capitaine du château qui, au mépris des privilèges de la ville, avait emprisonné un bourgeois sans en avoir prévenu les échevins. Le duc d'Albe, qui n'aimait pas ces sortes de privilèges, incompatibles avec son administration dictatoriale, fit droit cependant à cette réclamation (3).

Ces échevins, dont l'autorité, dans ces temps d'indépendance et d'insubordination, n'était pas toujours suffisamment respectée, jugèrent bon, pour se donner,

(1-2) Arch. municip., BB. 12.
(3) Arch. municip., BB. 11.

au dedans et au dehors, plus de prestige, de renouveler entièrement, le 15 avril 1570, leur costume (1).

Béthune, à cette époque, n'était pas encore suffisamment pourvue de ces engins de guerre, devenus, pourtant, indispensables depuis l'invention de la poudre pour les combats en rase campagne et pour les sièges. Nos échevins, toujours prêts à tous les sacrifices, à toutes les dépenses, pour la défense de la ville, achetaient, le 23 août 1551, à maître Regnier René Blondel, *fondeur et marchand d'artillerie* à Arras, six pièces de canon de la forme d'une demi-serpentine de la longueur de 9 pieds, au prix de cinq florins l'une (2).

Le 6 juin de l'année suivante, un autre marché de même nature était passé entre les échevins et le même fondeur pour la fourniture de deux pièces de canon marquées des armes de la ville, d'une longueur de treize pieds et portant des boulets de trois livres de fer ; le tout en échange d'une somme de trente livres et d'un vieux canon pesant 3.400 livres (3).

Quelques jours après, le magistrat achetait à Namur six cents boulets de trois calibres différents, pesant ensemble dix milles livres, à raison de soixante-dix sols le cent (4).

La ville possédait alors, comme le constate l'inventaire dressé à cet effet, dix-huit canons, fauconnaux ou serpentines. Ce matériel de guerre se composait de diverses pièces d'artillerie et de canonnières, achetées et placées, pour le compte de la ville, en 1437, 1439, 1476, 1501, 1508, 1510, 1518, 1526. — En 1551, on comptait six canonnières au bastion de la porte du Carnier. — Leur dimension, à ces dernières dates, variait suivant la position qu'on leur donnait sur les remparts. Celles placées en 1439 par Huchon Dupire et Hannequin le Vasseur n'avaient que sept à

---

(1) Arch. municip., BB. 11.
(2-3-4) Arch. municip., BB. 12.

huit pouces de *croisure*; en 1501, on donnait quatre pieds d'ouverture vers la ville et deux pieds et demi extérieurement à celles qu'avaient construites Jacques Prévost, Pierre et Antoine Wiot, Jehan Rogeau et Tassart le Roi.

Pour garnir nos remparts de canonnières ou de rayères, les magistrats de Béthune avaient recours, dans ces temps reculés, aux plus habiles ouvriers. En 1508, Antoine Willemaire, maître des œuvres d'Arras, était officiellement consulté sur le nombre de canonnières qu'il était utile de placer à la porte St-Pry, et sur la hauteur qu'il fallait donner à leur emplacement. En 1526, Jehan Recullé, maître des œuvres, et Pierre de le Ruelle, tailleur de grès, se rendaient, sur l'ordre de M. de Rœulx, à Aire, St-Omer, Thérouanne, pour y visiter les canonnières et batteries placées aux boulevards et murailles de ces trois villes. Ce fut seulement après cette visite que fut réglé à Béthune l'emplacement de plusieurs canonnières.

Depuis longtemps Philippe II ne communiquait plus directement avec ses sujets des Pays-Bas. Aussi fut-on beaucoup étonné à Béthune d'y voir placarder un rescrit *royal*, en date du 16 juin 1575 (1), fixant au 1er janvier le commencement de l'année. Précédemment, l'année commençait le jour de Pâques; et, comme cette fête est variable, il arrivait que les années étaient d'inégale longueur; ce qui rendait très incertaines les dates antérieures à cette époque. Cette rectification chronologique fut parfaitement accueillie dans cette ville, tandis que les parlements français, y voyant un outrage à la solennité du jour de Pâques, se refusaient à enregistrer l'ordonnance dite du roussillon qui prescrivait cette innovation.

L'absence prolongée du roi dans les Pays-Bas et en Artois était une cause d'affaiblissement pour les au-

(1) Arch. municip., BB. 13.

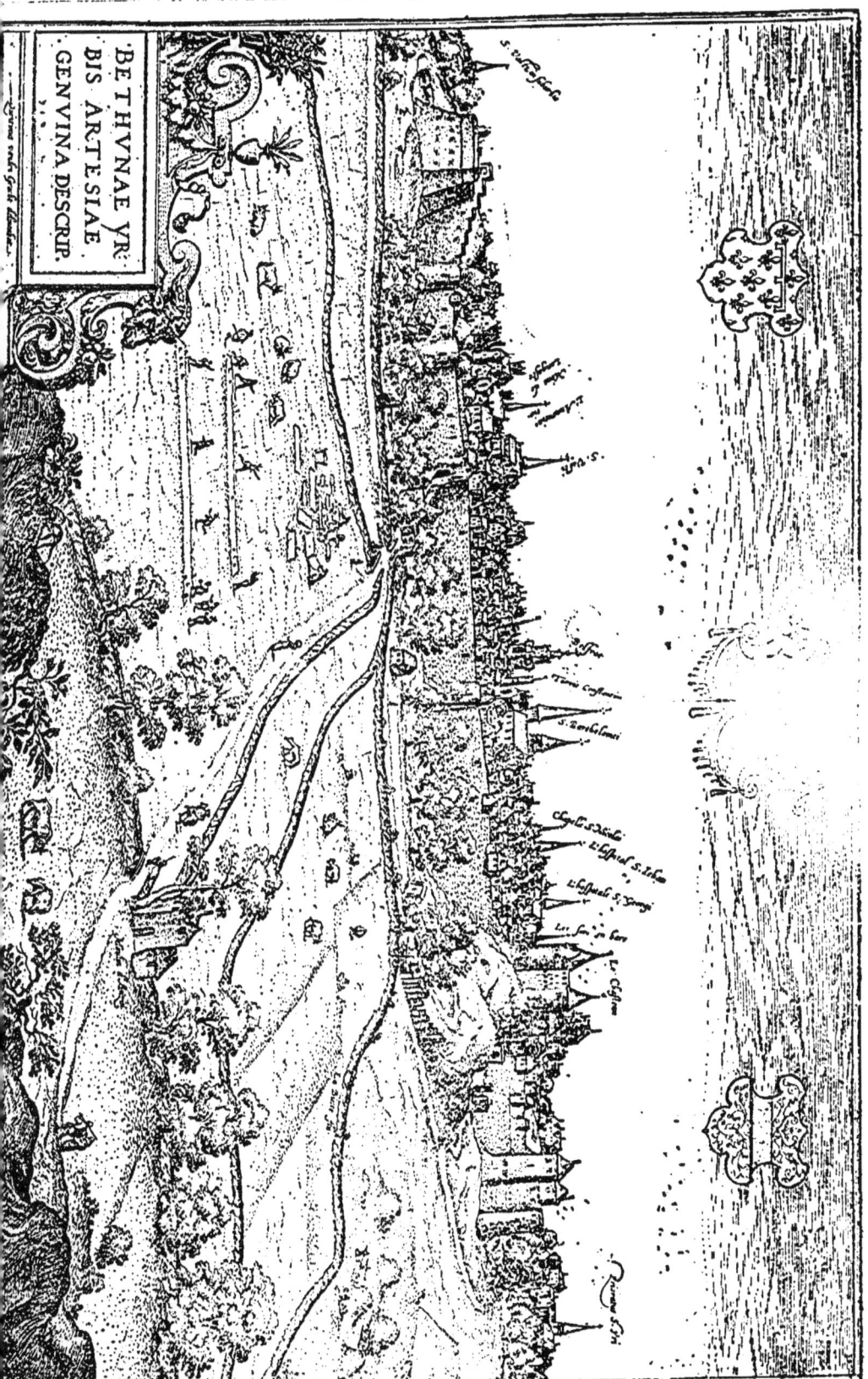

torités du pays qui, toutes, sentaient leur impuissance à contenir l'esprit de révolte que la réforme avait soulevé.

En 1576, un commencement de sédition éclatait dans l'armée espagnole. Un certain nombre de soldats appartenant au corps de chevau-légers s'étaient mutinés; le 23 février, Fernand de Lannoy, comte de Laroche, gouverneur général de l'Artois, en avertissait son collègue de Béthune, lui prescrivant pour ce motif d'armer immédiatement la milice bourgeoise et de tenir prêts deux cents arquebusiers pour marcher, si besoin en était, contre cette troupe rebelle (1).

Le 26 du même mois, cent cinquante hommes composés de jeunes gens, de porteurs au sac et d'arquebusiers sortaient en armes de la ville, se portant en toute hâte contre ces soldats mutinés que l'on disait campés sur la route d'Arras à Béthune. Nos concitoyens brûlaient du désir de combattre les espagnols qu'ils avaient en horreur. Cette satisfaction leur fut refusée; lorsqu'ils entrèrent à St-Nazaire, l'ennemi venait de se retirer. Ils revinrent à Béthune où ils reçurent des *courtoisies;* de nos jours, on leur aurait présenté les vins d'honneur (2).

Les Etats d'Artois, assemblés au mois de septembre 1576, dans l'abbaye de St-Vaast d'Arras, prenaient d'importantes décisions. Ils s'engageaient à demeurer fidèles invariablement et toujours à la religion catholique et à ne pas se départir de l'obéissance due au roi. Parmi les signataires de ces délibérations nous trouvons Guy Fournar, mayeur de Béthune, Dusautoir, échevin, et Valerand Monpetit, procureur-pensionnaire, tous les trois députés de cette ville (3).

A peine ces mesures d'ordre et d'apaisement étaient-elles votées par les Etats d'Artois, que la nouvelle de la prise d'Anvers par les Espagnols et des cruautés

(1-2-3) Arch. municip., BB. 13.

qu'ils y avaient commises jetait la ville de Béthune dans l'épouvante. Le 20 novembre 1576, nos échevins priaient instamment, sous cette impression de terreur, le gouverneur de cette cité qui se trouvait momentanément à Arras, de prendre toutes les mesures pour mettre la place à l'abri de *toute surprise* (1).

Les temps étaient de plus en plus critiques et l'argent manquait dans les caisses publiques. Les impôts, si multipliés et si chargés qu'ils fussent, ne suffisaient plus aux dépenses que nécessitaient les besoins de la guerre. Le 18 mai 1577, une contribution extraordinaire par capitation, sous forme d'impôt progressif, fut établie dans les Pays-Bas pour apaiser les troubles et surtout payer la solde des troupes espagnoles (2). Tous les sujets indistinctement de Philippe II en Artois, ecclésiastiques, nobles, bourgeois, habitants, manants, y étaient soumis. Le gouverneur-général lui-même n'en était pas exonéré. La taxe qui, pour un archevêque, était fixée à six cents florins, était plus ou moins élevée selon les ressources de chaque individu. Un pareil impôt ne fut accepté par les Etats d'Artois qu'après les plus orageux débats. Les députés de Béthune, Jacques Gossel, échevin, et Extase du Crocq, greffier, avaient émis à ce sujet, un vote favorable qui toucha tellement Don Juan que, le 22 juin, il en félicitait par lettre les bourgeois de cette ville. Quelle situation était faite alors à nos malheureux concitoyens qui, pour éviter de plus grands malheurs, étaient obligés non seulement de recevoir mais encore de nourrir eux-mêmes la servitude apportée et imposée chez eux par les troupes espagnoles! En réalité, nos députés ne votèrent cet impôt que par dévouement à la patrie. Peut-on avoir le courage d'être sévère envers des hommes dont les votes comportaient un tel degré de désintéressement et de patriotisme?

(1-2) Arch. municip., BB. 13.

Les magistrats de Béthune, liés par les traités au gouvernement de Philippe II, se préoccupaient avec raison de tout ce qui se faisait par Don Juan, l'auguste représentant du roi. Les députés qu'ils avaient envoyés aux Etats-Généraux de Bruxelles étaient chargés de les mettre au courant de tous les évènements un peu importants qui s'y produisaient. Jehan de Torpel, député de Béthune aux Etats susdits, informait ses concitoyens, le 25 juillet 1577, que Don Juan s'était emparé du château de Namur pour mettre sa personne en sûreté. De leur côté, nos échevins l'informaient que, le 2 août 1577, les Etats d'Artois avaient défendu à leurs députés d'accorder aucune demande d'argent sans leur consentement.

La ville de Béthune acceptait, sans y mettre toutefois d'enthousiasme, d'être soumise à Philippe II; elle était cependant en défiance contre le pouvoir gouvernemental qui, dans ces temps d'agitations religieuses et politiques, était disputé par quatre et même cinq partis, celui de Don Juan, celui du prince d'Orange, celui de Mathias, celui des Mal-Contents, enfin celui du duc d'Alençon. Sous l'impression de cette pensée de défiance, les bourgeois demandèrent par requête aux Etats-Généraux l'autorisation de démolir la partie du château faisant face à la ville. Les Etats-Généraux leur accordèrent, le 17 septembre 1575, cette autorisation, mais avec cette condition qu'ils construiraient sur cet emplacement deux plates-formes. Il leur était permis d'employer pour ce travail les matériaux provenant de cette démolition et d'en couvrir la dépense par un nouvel impôt sur les grains (1). A cette occasion et sur la demande des Etats, les bourgeois s'engagèrent par serment à conserver la foi catholique et à obéir fidèlement au roi.

Le 18 novembre de la même année, le lieutenant

(1) Arch. municip., BB. 13.

du château reçut l'ordre de remettre les clefs de cette forteresse au prévôt de la ville qui déclara, *au nom d'icelle*, prendre à sa charge les *soudoyers* de ce fort (1).

Malgré ces documents, pourtant si décisifs, Ferri de Locre, suivi par les auteurs modernes, MM. Herbaville et d'Héricourt, attribue à une émeute populaire ce démantellement d'une partie du château.

Les Artésiens convaincus qu'ils allaient se trouver dans des temps plus critiques que jamais, resserrèrent les nœuds de leur confédération qui datait du mois d'août 1566. Nicolas Duval, échevin d'Arras, et Robert Urbannet, licencié ès-lois et capitaine, furent envoyés, de la part des villes d'Arras, de St-Omer, de Béthune et d'Aire à Douai, Lille, Valenciennes et Mons, pour les amener à s'unir avec elles sur les bases de leur ancienne confédération. Toutes et chacune des villes confédérées se promettaient mutuellement assistance pour le maintien de leurs privilèges, immunités, droits et franchises, pour la garantie des *biens, honneurs, vie et libertés de leurs habitants*.

Instituée en dehors des partis et uniquement dans un but de défense contre eux, cette confédération ne pouvait se maintenir que par la fidélité de tous ses membres à cet article de leur convention. Bientôt, comme on pouvait le prévoir, les infractions sur ce point commencèrent; ce fut le signal de la désunion. Les Etats de Lille le étaient favorables au prince d'Orange ; ceux d'Artois le détestaient et se tournaient vers l'archiduc Mathias. La rupture du pacte d'union fut dès lors complète, quoiqu'elle ne fût pas officiellement dénoncée.

Arras était au pouvoir de quelques factieux qui menaçaient de se porter à des violences contre les Etats d'Artois. Les députés de cette assemblée provinciale, parmi lesquels se trouvait Valérand Monpetit, pensionnaire de notre ville, n'étant plus en sûreté à Arras,

(1) Arch. municip., BD. 13.

arrivèrent, le 14 octobre 1578, à Béthune où ils siégèrent jusqu'au 8 novembre suivant.

Au moment où ils allaient quitter cette ville pour rentrer à Arras, lieu ordinaire de leur séance, nos concitoyens, assemblés par ordre des échevins, juraient d'observer fidèlement la pacification de Gand, d'obéir au roi et de sacrifier leur vie pour le maintien de la religion catholique. Ces sentiments étaient absolument ceux des Etats d'Artois (1).

Le 3 février de l'année suivante, les principaux seigneurs du pays d'Artois, réunis au château de Béthune, témoignent solennellement de leur résolution de réconcilier cette province avec le roi (2).

La même année, un traité de paix, préparé à Arras le 28 juin 1579, fut conclu et signé à Mons le 12 septembre suivant. Parmi les 27 articles contenus dans cette pièce, il s'en trouve trois qui résument les vœux les plus ardents et invariablement constants de nos pères, et que nous résumons : « maintien de la reli-
« gion catholique, apostolique et romaine; obéissance
« due au roi ; expulsion des gens de guerre, Espa-
« gnols, Italiens, Albanais, Bourguignons et tous au-
« tres étrangers ».

Le calme se trouvait rétabli dans la province d'Artois. L'illustre évêque d'Arras, Mathieu Moulard, prélat respectable par ses lumières, ses talents et ses vertus (3), qui s'était particulièrement distingué dans sa ville épiscopale par son esprit de paix et de sagesse, profita de ces jours de tranquillité pour visiter son diocèse. Le 17 mars 1580, il fit sa première et solennelle entrée à Béthune dont il loua la religieuse conduite dans ce temps de divisions et de troubles (4).

Au commencement de décembre de la même année,

(1) Arch. municip., BB. 13.
(2) Laroche, p. 56.
(3) Dom Devienne, histoire d'Artois, t. 4, p. 113.
(4) Arch. municip., BB. 14.

la ville de Béthune recevait la visite d'Alexandre Farnèse, commandant général de toutes les troupes restées fidèles au roi. Ce grand personnage fut harangué, dans cette visite, par Vallerand Monpetit, échevin pensionnaire de la ville. Ce prince, très habile dans l'art de la guerre, profita de son passage à Béthune pour mettre cette place dans un état si parfait de défense que, pendant l'invasion de l'Artois par le duc d'Alençon, l'armée française, quoique forte de douze mille hommes, n'osa tenter aucune attaque contre elle.

Ce ne fut qu'en 1592, — décembre, — que des troupes espagnoles, cantonnées à St-Pol, se hasardèrent à paraître, mais sans aucun succès, dans les faubourgs de Béthune.

Pour se prémunir contre les dangers d'une autre démonstration de même nature, les magistrats ordonnaient, le 6 août 1593, aux habitants des faubourgs de s'armer et de nommer leurs dizainiers pour repousser avec avantage les Espagnols, s'ils osaient reparaître. Un échevin de la ville fut chargé de l'équipement et du commandement de cette milice *extra-muros* (1).

Le lendemain, 7 août, défense était faite à quiconque résidait dans les faubourgs de passer la nuit hors du territoire de la ville.

C'était un des privilèges de la province d'Artois que les gouverneurs des villes de cette région fussent choisis, comme on disait alors, *parmi les naturels du pays*. Les magistrats de Béthune invoquèrent ce privilège pour réclamer, en 1594, contre la nomination, en cette qualité, de Spinola qui était d'origine étrangère. Il fallut, pour régulariser sa situation, que Philippe II lui envoyât des lettres de naturalisation. Ce qui, pourtant, ne pouvait suffire, vu ses habitudes italiennes, à lui donner le moindre prestige auprès de la population.

(1) Arch. municip., DB. 18.

La guerre continuant de se perpétuer entre les Français et les Espagnols, les magistrats de Béthune jugèrent utile, au mois de décembre 1594, de reconstituer les compagnies bourgeoises. Précédemment, le 15 décembre 1590, ils avaient rendu, pour le même motif, une ordonnance touchant le renouvellement des quartiers des Canonniers. Antoine Carlier avait été nommé capitaine de cette compagnie d'élite et, Robert de Beugin, seigneur de Ponche, préposé à la garde de l'artillerie.

En 1569, François de Nédonchel, dont la fortune égalait le patriotisme, entretenait à ses frais une compagnie de miliciens à pied qu'il commandait en qualité de capitaine.

Avant l'année 1594, la milice bourgeoise se composait de quatre compagnies formées par quartiers et présentant un effectif de quatre cents hommes environ. Chaque compagnie avait un capitaine et un lieutenant.

En cas de guerre, la première compagnie gardait le rempart du bastion du Colombier près la porte de la Vigne.

La seconde était préposée à la garde du rempart, depuis la porte de la Vigne jusqu'à celle des Fers.

La troisième se tenait en armes depuis la porte des Fers jusqu'à la Tour-à-Vaches près du château.

Les hommes de la quatrième s'échelonnaient depuis la Tour-à-Vaches jusqu'au bastion du Colombier.

Les subdivisions des compagnies étaient formées de dix hommes; leur chef s'appelait dizainier. Le commandant d'une compagnie portait le nom de quartenier ou capitaine.

En 1594, la garde bourgeoise fut divisée en dix compagnies. Nous trouvons dans nos archives municipales une ordonnance des échevins qui nous apprend quelles étaient, à cette date, en cas d'alerte, les dispositions de cette milice :

1° En cas d'alarme, M. de Beugin se portera avec sa compagnie au rempart qu'il occupera depuis le bastion du Colombier jusqu'à la porte du Carnier. 2° La compagnie de Pierre Vaillant prendra position depuis la porte du Carnier jusqu'à celle de la Vigne. 3° La compagnie de Jean Loisel occupera la portion du rempart situé entre la porte de la ville et la Grosse-Tour. 4° La compagnie du sieur Delafosse aura la garde du rempart qui s'étend depuis la Grosse-Tour jusqu'à la porte des Fers. 5° La compagnie de Guillot Duquesne ira prendre position entre la porte des Fers et l'héritage de Jehan Duquesnoy, brasseur. 6° Celle de Jacques Lebrun stationnera depuis ce dernier point jusqu'à la porte Saint-Pry. 7° Celle de Gobin Boulet.... depuis la porte Saint-Pry jusqu'au château. 8° Celle de Gilles Endignier gardera tout le *contours* du château. 9° Celle de Pierre Gruson aura la garde de la partie du rempart qui s'étend du château à la porte du Marais. 10° Celle de Jehan Defontaines ira se placer entre la porte du Marais et le bastion du Colombier.

Les arbalétriers se tiendront en armes devant la halle échevinale et les archers près de la Gloriette, située sur le marché, au sud du beffroi (1).

Les jeunes gens se réuniront au château où ils attendront les ordres qui leur seront donnés.

A la fin de décembre 1595, Robert Ségard, François Monpetit et Antoine Delafosse, tous trois échevins, chargés en cette qualité, du service de l'artillerie, assignaient les postes que les artilleurs devaient occuper sur les remparts, en cas d'alerte :

A la Grosse-Tour, 4 hommes. — A la porte des Fers, 5. — Au bastion des Cordeliers, 5. — A la porte Saint-Pry, 4. — A la tour du Diable, 5. — Au Pavillon, 4. — A la porte du Marais, 4. — Au bastion

(1) Arch. municip., BB. 15.

du Colombier, 6. — A la porte du Carnier, 6. — Au bastion ou derrière les Faucilles, 7.

Le *Constantin,* maison contigue au beffroi, devait être occupé par M. Ségard en personne et quelques hommes d'élite (1).

Ces dispositions, prises, en temps de guerre, par la milice bourgeoise pour la défense de cette place, variaient selon les temps et les circonstances. Une ordonnance, en date de 1624, indique de notables différences avec celle de 1595 sur l'emplacement assigné à cette milice en cas d'alerte (2).

La garde bourgeoise, abstraction faite des arbalétriers, archers, jeunes gens et canonniers, avait 9 compagnies; chaque compagnie était composée de cinquante hommes.

La 1re compagnie devait occuper la portion du rempart qui s'étend depuis la porte St-André ou du Carnier jusqu'à la Hobette; la 2e, depuis la Hobette jusqu'à la Belle-Image où se fabriquait la poudre à canon; la 3e, la Belle-Image jusqu'à la porte des Fers; la 4e, la porte des Fers jusqu'au bastion derrière l'église des Cordeliers; la 5e, ce bastion jusqu'à la porte St-Pry; la 6e, cette porte jusqu'à la tour du Diable au château; la 7e, tout le circuit du château, depuis cette tour jusqu'à celle du Pavillon; la 8e, la tour du Pavillon jusqu'à la porte du Marais; la 9e, la porte du Marais jusqu'à celle de St-André ou du Carnier.

Les arbalétriers devaient se tenir devant la halle échevinale; les archers devant la gouvernance; les jeunes gens devant le château; les canonniers aux batteries placées à la Grosse-Tour, à la porte des Fers, au bastion et au cavalier des Cordeliers, à la porte St-Pry, à la tour du Diable, à la tour du Pavillon, au bastion de la porte du Marais, au bastion du Colom-

(1) Arch. municip., BB. 15.
(2) Arch. municip., BB. 17.

bier, derrière le moulin-à-vent, au bastion de la porte St-André et à celui des Faucilles.

Grâce à toutes ces mesures, prises par nos échevins en 1594, Béthune n'eut à subir aucun siège pendant la guerre de 1595 qui se termina en 1598 par le traité de Vervins.

Quatre jours après la conclusion de ce traité qui fut signé le 2 mai 1598, Philippe II annonçait, par lettres, le mariage de l'archiduc Albert avec l'infante Isabelle qui se trouvait investie de la souveraineté des Pays-Bas à laquelle se rattachait la seigneurie de Béthune.

CHAPITRE X

Première et solennelle visite d'Albert et d'Isabelle à Arras, où se rendit une députation de la ville de Béthune. — Sage et bienfaisante administration de ces nouveaux et illustres seigneurs de Béthune. — Défense de vendre du brandevin. — Donation du tiers des bois dérodés. — Maladies pestilentielles. — Mort d'Albert, suivie de celle de son illustre épouse Isabelle. — Guerre entre la France et l'Espagne. La petite guerre. Siège et prise de Béthune, par Gaston d'Orléans. — Articles de la capitulation.

Le 13 février 1600, Albert et Isabelle juraient, dans leur première et solennelle visite à Arras, de respecter les libertés des villes de la province et recevaient le serment de fidélité des Artésiens. Les magistrats de Béthune se firent représenter dans cette grande et auguste cérémonie par Oudart Desprez, écuyer, Antoine Casier, Barthélemy Courcol, Robert Ségard et Me Defrance, tous échevins auxquels s'était joint Vallerand Monpetit, conseiller pensionnaire de la ville. Béthune était dans l'allégresse; il lui semblait que, sous les nouveaux princes qui lui étaient donnés pour chefs, elle allait reprendre cette vie de paix et de bonheur dont elle avait joui, dans la pleine possession de ses franchises et libertés, sous le gouvernement glorieux et bienfaisant de ses anciens seigneurs. Ces consolantes prévisions se réalisèrent. L'archiduc ainsi que l'archiduchesse réussirent à faire oublier leur origine étrangère en s'associant généreusement aux périls et aux souffrances de l'Artois et tout particulièrement de la ville de Béthune dont ils cherchèrent par tous les moyens en leur pouvoir à améliorer la situation, si déplorable à cette époque. Bientôt, sous leur gouvernement salutaire, les campagnes redevinrent fertiles;

Albert et Isabelle

de nombreux travaux furent entrepris dans l'intérêt du commerce; on vit renaître l'industrie; l'abondance et le bonheur régnèrent dans toute la contrée. On changea l'époque de la foire d'été de cette ville afin de permettre aux étrangers de la fréquenter avec plus de facilité. Cette foire, qui avait lieu le 26 août, en pleine moisson, fut transférée au 22 septembre. Mais cette dernière date, coïncidant avec celle où s'ouvraient les franches fêtes de Tournay, d'Hesdin et de quelques autres villes voisines, un décret du 21 juillet 1606 rétablissait l'ancien état de choses. Le commerce prit une si grande extension que les transactions, ventes et achats se faisaient, malgré les lois existantes, les jours fériés. Il fallut édicter de nouvelles défenses pour réprimer cet abus (1). Le mouvement des affaires fut tel que le prix pour transport de voyageurs et de marchandises augmenta dans des proportions considérables. La location des chevaux fixée précédemment dans cette ville à *douze pattards* pour la journée et autant pour la nuit fut payée alors *seize pattards*.

Les ouvriers, aussi bien que les commerçants et chefs d'industries, étaient dans une grande aisance. Ils en profitaient pour se procurer une grossière et brûlante liqueur nommée brandevin qui, prise avec excès, jetait ses victimes, au grand détriment de leur santé et de l'ordre social, dans une crapuleuse ivresse et dans des transports frénétiques. Il fallut arrêter un tel désordre. A cette fin, les échevins, voulant « remé-
« dier, disaient-ils dans un ban qu'ils publièrent le
« 17 mars 1604, aux abus, débauches, ivrogneries
« publiques et scandaleuses qui surviennent journelle-
« ment par la boisson du brandevin, défendirent aux
« habitants d'en vendre ou d'en tenir en leur maison
« sous peine de douze florins d'amende (2). »

L'archiduc et l'archiduchesse avaient pour Béthune

(1-2) Arch. municp., BB. 16.

dont ils étaient les seigneurs, des attentions particulièrement bienveillantes. Par lettres-patentes du 2 septembre 1608, ils lui donnèrent la propriété pleine et entière du tiers des bois domaniaux, connus sous le nom de *bois dérodés* et sur lesquels les bourgeois n'avaient qu'un simple droit d'usage. Le partage qui en fut fait assigna à la ville les tailles du mont Liébau, du Courant et de Verquin, d'une contenance de 124 mesures 12 verges ; puis tous les bois sur la chaussée d'Arras, contenant 45 mesures 30 verges ; enfin le parc et le petit bois de Béthune, contenant 40 mesures, situés derrière le faubourg du Rivage, vers le bois de Beuvry dit le bois des *fillettes* (1).

Les échevins de cette époque, dont on ne saurait trop louer l'intelligente et constante sollicitude, profitèrent de ce temps paisible pour se précautionner contre le retour de la guerre. En 1605, ils procédaient à l'inventaire de l'artillerie et des munitions de guerre de la ville ; ils faisaient abattre les bois et haies qui gênaient le guet ; ils achetaient 2,215 livres de poudre à canon qu'ils payaient 43 florins le cent. Voulant récompenser les glorieux invalides de la guerre, ils décidèrent d'employer à l'entretien de deux soldats estropiés le boni du *Lombart*, autrement dit *table de prêt*, établi à Béthune, selon les lettres de Charles-Quint en date du 23 novembre 1548, par Barthélemy Salomon, natif d'Atsh-en-Piémont (2).

La prospérité, dont jouissait Béthune et qui était due à la bienfaisante et sage administration de l'archiduc Albert, fut troublée en 1603 et en 1619 par une maladie pestilentielle qui jeta la consternation et la mort dans presque toutes les familles. Nos pères ne trouvaient d'abri contre les ravages de cette terrible maladie qu'auprès des autels. Touchée de la confiance

(1) Arch. municip., DD. 4.
(2) Arch. municip., BB. 16.

des suppliants, la justice divine s'apaisa. Le 22 juillet 1619, une procession solennelle en actions de grâces eut lieu dans la ville; Monseigneur Herman Ottemberg, évêque d'Arras, la présida.

L'archiduc Albert mourut le 13 juillet 1621. Il ne laissait point d'enfant. Conformément à une clause de l'acte de 1598 qui avait prévu ce cas, la souveraineté des Pays-Bas et de la seigneurie de Béthune fit retour au jeune roi Philippe IV qui venait de monter sur le trône d'Espagne. Isabelle, épouse de l'archiduc et tante du roi, resta gouvernante générale de cette province et de notre ville avec toutes les prérogatives dont elle avait joui précédemment (1).

Philippe IV et Isabelle

Le 1ᵉʳ décembre 1633, l'archiduchesse Isabelle rendait son âme à Dieu. Il semblait que le ciel eût hâté sa mort pour lui épargner le spectacle qu'allait présenter, dans ses Etats, une lutte de plus en plus terrible, de plus en plus acharnée entre l'Espagne et la France.

Philippe IV

Le 19 mars 1635, la déclaration de guerre du roi de France, Louis XIII, au roi d'Espagne fut publiée à Béthune. Les hostilités s'ouvrirent, prenant, tout de suite, à leur début, les plus grandes proportions. Ce fut la première guerre systématique que la France entreprit. Cependant l'ensemble des opérations jusqu'à l'année 1640, date du siège d'Arras, ne répondit aucunement aux forces considérables déployées par les belligérants. Tout se passa en escarmouches; les armées ennemies se contentaient de promener réciproquement le ravage et l'incendie dans les campagnes (2).

Après la prise d'Arras, les Français et les Espagnols recommencèrent de part et d'autre ce que Dom De-

---

(1) Van Hasselt, page 400.
(2) Dom Devienne.

vienne appelle la *petite guerre*. Le 12 septembre 1640, le colonel Gassion, ayant sous ses ordres six cents cavaliers, escortait, à la tête de ces soldats, un convoi de fourrageurs. Le général Lamboi, informé de cette expédition, fit sortir presque entièrement la garnison de Béthune qu'il partagea en deux corps, dont l'un était composé de trois mille hommes à pied et l'autre de mille cavaliers. Lui-même, pour soutenir ces troupes, se plaça au coin d'un bois, ayant à sa disposition deux mille chevaux et deux mille fantassins. Ce qui portait sa petite armée à huit mille hommes. Lorsque les fourrageurs eurent chargé leurs chevaux et repris la route vers leur camp, situé près d'Arras, Lamboi commença l'attaque. Gassion, réunissant à la hâte toutes ses troupes, les divisa en deux colonnes; il fit avancer deux bataillons de fantassins qu'il plaça entre deux escadrons de cavalerie. Il s'élança alors, chargeant avec impétuosité les quatre escadrons espagnols et les fit plier. Mais quatre nouveaux escadrons se précipitèrent sur les Français; l'inégalité des forces allait forcer Gassion à la retraite, lorsque le marquis de Coassin se mit à la tête de cent trente chevaux qu'il disposa de manière à ce que les Espagnols, les ayant pris pour un corps considérable, abandonnèrent eux-mêmes la partie. Gassion, qui dans cette rencontre avait fait preuve de courage et d'habileté, revint à son cantonnement avec peu de perte et beaucoup de gloire (1).

Le 6 mars 1642, la cavalerie espagnole de la garnison de Béthune, appuyée d'une compagnie d'infanterie recrutée parmi les volontaires de cette ville, sortit de cette place et se dirigea vers le territoire d'Hesdin. Bellecourt, commandant de la place d'Hesdin, ordonna à Fricourt, cornette d'une compagnie de chevau-légers, de prendre vingt-cinq maîtres et de poursuivre l'en

(1) Dom DEVIENNE, 8e partie, p. 154.

nemi qui déjà se retirait, après avoir pillé le village de Brimeux-sur-Canche. Les Français, malgré leur impétueuse ardeur, ne purent atteindre la cavalerie espagnole qui était fort bien montée. Mais ils ne tardèrent pas à joindre la compagnie des volontaires. A leur approche, Ralé qui la commandait marcha contre eux. Il fut battu, perdit neuf de ses hommes, et fut fait prisonnier avec sa compagnie (1).

Le 11 juin 1643, vingt cavaliers et trente-deux fantassins de la garnison de Béthune se dirigèrent vers un village appelé Senlis, à quatre lieues de Bapaume, se proposant d'en enlever tout le bétail. Ils demeurèrent cachés, toute la journée du 12, dans la forêt de Bouzincourt, à une lieue et demie de Senlis. Le lendemain, vers dix heures du matin, ils tombèrent sur les bestiaux qui paissaient près de ce village, s'emparèrent de vingt-six vaches, de treize chevaux et de ceux qui les gardaient. Ils ne jouirent pas longtemps de leur butin. Bientôt le tocsin sonnait l'alarme, appelant aux armes toute la population. Le curé de Senlis s'avança contre les Espagnols à la tête de ses paroissiens. Un garde du corps de la reine qui, par aventure, se trouvait dans le village, prit le commandement que le brave curé, inhabile aux choses de la guerre, s'empressa de lui céder. Ce commandant improvisé sépara son monde en deux sections qu'il plaça en embuscades. Les fantassins ennemis tombèrent dans la première embuscade où ils eurent sept tués et trois blessés. Les cavaliers donnèrent également tête baissée dans la seconde et y laissèrent neuf morts et quatre blessés. Les braves paysans, dans cette double rencontre, perdirent six des leurs. Ils poursuivirent néanmoins avec acharnement les Espagnols qui, pour sauver leur vie, se réfugièrent dans les bois de Bucquoi. Les habitants des villages voisins, avertis par

(1) Dom Devienne, 3ᵉ partie, p. 179.

la voix du tocsin, accoururent, tuèrent treize Espagnols et firent huit prisonniers, de sorte qu'il ne rentra à Béthune que sept cavaliers et un fantassin (1).

La garnison de Béthune, comme on le voit dans les mémoires du temps, faisait fréquemment sur divers points de l'Artois ces sortes d'excursions qui avaient pour objet d'enlever des bestiaux, de piller le pays, de brûler des villages, et de commettre tous les excès qui sont les suites ordinaires de la guerre. Un écrivain de cette époque dit en parlant de Béthune : « c'est
« chose hideuse et pitoyable que de voir cette région
« où non-seulement tous les villages sont mis à feu et
« à sang, mais bien encore où tout le pays est ravagé,
« ruiné, détruit, sans qu'on y puisse labourer, dénué
« qu'il est de bétail, de maisons et de mains d'hom-
« mes, les pauvres habitants épars çà et là, pour-
« chassés et souvent occis avec pleurs et regrets des
« femmes qui leur survivent. »

Cependant toutes ces expéditions partielles étaient loin d'être décisives. Les Français résolurent de frapper un grand coup. Le siège de Béthune fut résolu.

Le 23 août 1645, l'armée française, commandée par Gaston d'Orléans, fut partagée en deux corps dont l'un, sous les ordres du maréchal de Gassion, débouchant par Estaires et Merville, prit, le jour même, position sous les murs de Béthune du côté du Rivage; et l'autre, arrivant de St-Venant sous la conduite du maréchal de Randzau, ferma, le 26, la ligne d'investissement près du château d'Annezin. Le maréchal de Gassion avait sous son commandement les gardes françaises et les suisses; le régiment de Picardie était commandé par le maréchal de Randzau. On commença sans retard à faire les logements. Celui que devait occuper le duc d'Orléans n'était qu'à une portée de mousquet des remparts. On dut, pour ce motif, lui en

(1) P. Ignace, t. VIII, p. 424.

assigner un autre. Gassion voulut le garder pour lui-même; mais son lit y était à peine dressé, qu'un boulet parti de la place le mit en pièces. Le duc d'Orléans, arrivé le 27 août, prit immédiatement ses mesures pour commencer l'attaque. Le lendemain, la tranchée fut ouverte sur deux points différents. Le travail d'une de ces tranchées, commencé au nord-est, fut poussé avec tant de vigueur, qu'avant même le développement de ses lignes d'attaque, Gassion enleva presque sans coup férir une longue digue en terre, protégée par un fossé et placée devant la contrescarpe. Un détachement du régiment de Picardie se logeait aussitôt sur cette position conquise, tandis que d'autres soldats, au nombre de cent du même régiment, s'emparaient de la gare et du faubourg du Rivage. De son côté, le maréchal de Randzau, qui avait fait du château d'Annezin le point central de ses opérations, ouvrit, le 27, une tranchée. Le même jour et le lendemain, il enlevait les chemins couverts avec une telle impétuosité que les Espagnols, tout-à-fait déconcertés, se réfugièrent en désordre dans la demi-lune. Les Français les y poursuivirent, s'en emparèrent ainsi que d'un ouvrage à corne, et y construisirent, en moins d'une heure, un retranchement qui les mit à l'abri du feu des remparts. Les assiégés firent, mais sans le moindre succès, deux sorties pour les en déloger.

Ces opérations, si importantes qu'elles fussent, n'étaient pas cependant décisives. Tant que la lunette d'Annezin, sise sur le front du château, n'était pas au pouvoir des assiégeants, la défense de la place restait possible. Aussi, est-ce sur ce point que les efforts de l'attaque et de la résistance se concentrèrent. Les Français ne pouvaient attaquer cette demi-lune, distante d'une centaine de mètres de leur position, qu'en se découvrant et s'exposant ainsi au feu de toute la courtine. Ce danger ne les arrêta pas; ils s'élancèrent, précédés de quatre soldats, qui, à coups de haches, rompirent la palissade, et suivis de deux sergents qui, à la tête de vingt-quatre soldats et du même nombre d'ouvriers, s'avancèrent pour s'y loger. Les assiégés se défendirent avec un courage qu'ils n'avaient pas encore montré, faisant armes de tout, même de leurs piques. Si vive que fut leur résistance, ils furent rejetés dans la ville. Cet échec causa une telle épouvante parmi eux qu'ils firent sonner le tocsin pour appeler tous les habitants sur les remparts. Profitant de cette frayeur qui glaçait tous les courages, Gaston envoyait, le 28, un tambour sommer les habitants et la garnison de se rendre, les prévenant que s'ils attendaient, pour livrer la ville, qu'on attachât le *mineur* à leurs murailles, on ne leur ferait aucun quartier. A cette sommation, l'effroi dans toute la ville fut à son comble. Le gouverneur et le commandant de la place demandèrent une suspension d'armes qui leur fut accordée. Des otages furent échangés; M. de Genlis était un de ceux qui furent choisis en cette qualité par les Français. Le lendemain, 29 août, les articles de la capitulation furent arrêtés et signés par Gaston d'Orléans et Fromont ou Froment.

Bien que la garnison assiégée ne se composât que de trois cents hommes de troupes réglées, de deux mille miliciens du pays et de trois cents habitants, la ville, d'après le témoignage des ingénieurs français, aurait pu résister, pendant un mois, à des forces beaucoup supérieures à celles dont le duc d'Orléans avait pu disposer.

Il est vrai qu'un auteur allemand a prétendu que les Français avaient poussé leur attaque avec une telle vigueur que, dans l'espace de deux jours, ils avaient jeté dans la place 132 boulets. Mais ce fait, qui ne repose sur aucun document officiel, n'est guère admissible, les assiégeants, comme le dit Dom Devienne, ayant eu à peine le temps de placer une batterie de six pièces de canon, sur toute leur ligne de circonvallation. La cause de la prompte reddition de la place est celle que nous allons indiquer. Entre les Béthunois et les Français il y avait un courant de sympathie, fort explicable, si l'on considère que leurs traditions, leurs coutumes, leur religion, leur civilisation, étaient les mêmes. Le désir d'échapper à la domination espagnole, qui était devenue oppressive et impuissante, accentuait, à cette époque, cette tendance des esprits à un parfait rapprochement. Ce fut à raison de ces dispositions et, par suite, du manque d'action des habitants dans la défense de la ville, que le siège fut de si courte durée (1). N'est-ce pas sous l'empire des mêmes sentiments que les échevins, prévôt et mayeurs de cette ville, offrirent, le 28 août, aux otages et parlementaires français, réunis pour préparer un projet de capitulation, une courtoisie de huit livres et un magnifique repas dont la dépense s'éleva à la somme de cent vingt-cinq florins deux sols (2)?

L'acte de capitulation est ainsi conçu :

SIÈGE DE BÉTHUNE EN 1645

ARTICLES DE LA CAPITULATION

Articles accordés par Son Altesse royale aux ecclésiastiques, nobles, officiers, échevins, prévôt, mayeurs, bourgeois, manants et habitants de la ville de Béthune :

Toutes offenses ainsi que tous actes d'hostilité commis avant et après le siège, seront entièrement oubliés et pardonnés. — La liberté de conscience n'existera ni dans la ville, ni dans la gouvernance,

---

(1) Dom Devienne, 5e partie, page 183. — Lequien, notice sur Béthune, page 158.
(2) Arch. municip., CC. 383.

ni dans les villages voisins. — La religion catholique, apostolique et romaine, sera publiquement conservée et maintenue — Le Roi sera supplié de n'établir dans la ville aucuns gouverneur, officiers, magistrat, soldats qui soient d'une autre religion. — La miraculeuse chandelle de la Confrérie de St-Eloi ainsi que les reliques et autres objets appartenant à ladite Confrérie, ne seront transportés hors de cette ville. — Trois mois sont accordés aux bourgeois, habitants, étrangers et réfugiés pendant le siège, de quelque qualité et condition qu'ils soient, pour prendre la détermination de rester dans la ville ou d'en sortir. — Les bourgeois absents pourront y rentrer sans être inquiétés pourvu qu'ils viennent en toute modestie et fidélité. — Il leur sera permis de voyager dans toute la France pour leurs négoces et affaires. — Dans le cas où ils voudront quitter la ville, ils auront trois mois pour vendre leurs meubles et un an pour disposer de leurs immeubles, crédits et actions. — Ceux qui se décideront à demeurer dans cette ville, jouiront de la libre disposition de leurs propriétés. — Il y aura exemption de la gabelle du sel pour les bourgeois et habitants de la ville, de la gouvernance et de son ressort. — Ils ne pourront être soumis à d'autres impôts qu'à ceux qui pèsent sur les bourgeois et habitants de la ville d'Arras. — Les biens-meubles et bestiaux des paysans et autres absents, mis par eux en garde, sûreté, dans la ville, pourront être enlevés par leurs mandataires, dans le délai de trois mois. — Les prévôt, chantre, chanoines de St-Barthélemy, les ecclésiastiques, les religieux ainsi que leurs suppots, les bénéficiers réguliers et séculiers, le collège des RR. PP. Jésuites, les couvents des Récollets, Capucins, ceux des filles hospitalières demeureront et seront maintenus en la possession paisible de leurs estats, offices, droits, rentes, dignités, honneurs, privilèges, franchises, libertés, exemptions, juridictions, collations de prébendes, bénéfices, offices, fonctions administratives et usages. — Il sera pourvu aux prélatures des abbayes, canonicats en la manière accoutumée. — Les privilèges tant généraux que particuliers dont jouissent la ville et gouvernance, bourgeois et habitants leur seront de point en point maintenus et gardés. — Les émoluments et exemptions dont jouissaient les officiers du Roi catholique, le magistrat de la ville, leurs officiers et suppots, les sergents de la gouvernance, seront maintenus et confirmés; il n'y aura d'exception, sur ces points, que pour les officiers de la gouvernance d'Arras établis à Béthune. Les corps et communautés des métiers et confréries jouiront de leurs anciens privilèges. — Les dettes contractées avant et pendant ce siège sous le nom de Sa Majesté catholique seront payées de ses domaines situés en cette ville. — Les receveurs du Roi, des Etats, de la ville, de la pauvreté, de la maladrerie, des hôpitaux ne pourront être inquiétés ni recherchés par les officiers de Sa Majesté, par les députés et magistrats de la ville, pour leur gestion antérieure au jour de la capitulation. — Les biens de la ville, des hôpitaux, des pauvres et de la maladrerie devront être régis et administrés en la manière accoutumée ; les comptes seront rendus comme par le passé. — Les bourgeois dont les biens auront été confisqués pendant la dernière guerre, pourront adresser des lettres de revendication à Sa Majesté et à Son Altesse royale qui statueront, par mode de grâce, sur leurs demandes. — Les curés des villages voisins, habitant dans le ressort de la gouvernance pourront librement s'en retourner chez eux pour faire leurs fonctions pastorales. — Toutes les rentes et dettes par le seigneur, les bourgeois, marchands et autres sont maintenus. — Tous les Etats qui ont été conférés et inféodés par Sa Majesté catholique et autres princes demeureront la propriété de ceux qui les possèdent ou en ont hérité en payant le relief en cas de mort et l'échange en cas de vente. — La table de prêt, ainsi que bagues, joyaux, pierreries, meubles placés en gage et contre avance en ladite table seront mis en la protection du Roi de France et maintenus dans leurs privilèges et prérogatives. — Les papiers, lettres et renseignements concernant la ville et la gouvernance demeureront en leurs archives respectives. — Les étrangers réfugiés et enfermés dans la ville pendant le siège qui sortiront de la ville, recevront un sauf-conduit tant de corps que de biens pour se rendre à Lille ou à Aire, à leur choix. Ils emporteront ce qu'ils voudront hormis les munitions de guerre et de bouche. Ils pourront se servir de bateaux pour y charger et emporter leurs meubles. — Les soldats se contenteront du logement et des places selon l'usage reçu en France. — En seront exempts les ecclésiastiques, les gentilshommes, les nobles, les officiers royaux, le magistrat, leurs officiers et suppots. — Toutes les causes commencées au siège de la ville ou de la gouvernance se poursuivront selon les règles précédemment reçues. — Les cloches de la ville seront rendues.

Fait et arrêté par Son Altesse royale, au camp de Béthune, le 29 jour d'août 1645.   (Signature illisible).

Quelque temps après, la ville demandait respectueusement au Roi la ratification de cette capitulation et, en même temps, vu la *détresse de ses finances, la décharge et exemption de toutes charges anciennes et nouvelles, réelles et personnelles,* c'est-à-dire *de toutes impositions, tailles, aides et autres subventions* comme aussi *de tous subsides,* en un mot de toutes *charges publiques* auxquelles elle pourrait être soumise; elle suppliait Sa Majesté de n'être tenue qu'aux *impôts et assises existant avant la domination du Roi catholique.*

Voici le préambule de cette supplique :

« Les échevins, prévôt, mayeurs, manants et habitants de la ville
« de Béthune, réunis à l'obéissance de Votre Majesté sous la glo-
« rieuse conduite de ses armes, sous Son Altesse royale, viennent
« rendre par leurs députés à Votre Majesté tous leurs humbles hom-
« mages et soumissions auxquels tous humbles, tous obéissants et
« tous fidèles sujets et vassaux sont tenus et obligés. »

Le Roi ratifia, le 28 décembre 1645, la susdite capitulation, mais avec cette réserve touchant la demande d'exemption de toutes charges :

« Sa Majesté a déchargé et décharge le corps et communauté
« de la ville de Béthune de tous ce qu'ils pourraient devoir, jus-
« qu'au jour de la reddition de cette ville en l'obéissance de Sa Ma-
« jesté, de toutes impositions quelles qu'elles soient. Mais attendu
« la nécessité de pourvoir à diverses dépenses de la guerre, et même
« pour la garnison de ladite place, elle veut et entend que toutes
« les impositions établies avant qu'elle soit sous la domination du
« Roi catholique y soient continuées sans qu'elles soient aucune-
« ment excédées ni qu'il en puisse être fait de nouvelles. »

Cet acte de ratification avait pour préambule la phrase suivante :

« Le Roi par l'avis de Reine régente sa mère, a eu très agréable,
« l'hommage de la soumission que lui ont rendu au nom des Magis-
« trat et habitants de la ville de Béthune par leurs députés et les
« assure d'un bon et favorable traitement, les considérant comme
« ses bons et fidèles sujets » (1).   Signé : LOUIS.

(1) Arch. municip., AA. 8.

CHAPITRE XI

Tentative des Espagnols contre Béthune. — Mort du maréchal Gassion. — Pillage et incendie de la ville de Bailleul par les soldats de la garnison de Béthune. — Enlèvement par ces mêmes soldats d'une compagnie de cavalerie espagnole logée dans un faubourg d'Aire. — Le traité des Pyrénées. — Tentative d'usurpation des pouvoirs judiciaires des échevins par les officiers de la gouvernance. — Sentence du Conseil provincial d'Artois concernant la suppression de ce pouvoir. — Nomination des échevins par un commissaire royal. — Démolition de la halle aux draps. — Réglementation de la corporation des mesureurs de grains. — Visite de Louis XIV et de sa noble épouse à Béthune. — Travaux de réparations aux fortifications. — Construction du fort St-Ignace. — Construction des casernes. — Création d'un office de maire. — Augmentation considérable de la garnison de Béthune. — Refus du pays de Lalleu de payer la contribution exigée en 1700. — Institution d'un subdélégué de l'intendant. — Passage des ducs de Bourgogne et de Berry. — Rigueur de l'hiver 1709. — Siège et reddition de la ville de Béthune. — Nécrologie du siège. — Articles de la capitulation. — Héroïques paroles de Louis XIV. — Renouvellement du corps échevinal. — Assemblée d'une partie des États d'Artois à Béthune. — Élections des députés au Conseil général de La Haye. — Règlement du magistrat touchant l'assistance aux séances échevinales. — Le traité d'Utrecht par lequel la ville et la châtellenie de Béthune rentrent sous l'obéissance du roi de France. — Fêtes très solennelles à cette occasion. — Lettres du ministre Voisin à ce sujet. — Règlement des échevins pour le marché au blé. — Fêtes à l'occasion de la prise de Rastadt. — Mort de Louis XIV. — Services funèbres pour le repos de son âme.

Vers la fin de l'année 1646, les Espagnols firent une tentative contre Béthune qu'ils espéraient surprendre, à l'aide d'un stratagème assez ingénieux. Une centaine de leurs soldats déguisés en femmes s'introduisirent dans la ville. Leur projet était de s'emparer d'une des portes et d'en livrer l'accès à un détachement espagnol embusqué dans les environs. Ils restèrent, quelque temps, cachés dans l'intérieur de la place; mais ne voyant paraître aucune troupe des leurs pour les seconder, et se défiant d'ailleurs de la facilité avec laquelle on leur avait accordé l'entrée de la ville, ils se retirèrent. A peine étaient-ils sortis de la place, qu'ils aperçurent le détachement chargé de les soutenir et qui n'attendait, pour cela, que le signal convenu. Ils jugèrent avec raison qu'il y aurait de l'imprudence à retourner sur leurs pas pour tenter une seconde fois la fortune par le même stratagème; c'était dangereux. Ils abandonnèrent, pour le moment, la partie (1).

En 1647, les Espagnols, qui avaient porté la plus grande partie de leurs forces en Artois, s'étaient emparés de plusieurs villes parmi lesquelles se trouvait Lens, dont la prise, un an auparavant, avait coûté la vie au brave maréchal de Gassion, si vénéré à Béthune depuis le siège de 1645. Condé n'avait pu empêcher ces désastres; sa grande renommée pouvait en souffrir, et déjà la forfanterie espagnole l'accablait de ses sarcasmes. Il vint à Béthune où peut-être il conçut son plan de campagne contre l'archiduc Léopold. Quoiqu'il en soit, c'est sous les murs de Béthune qu'il rassembla son armée pour la conduire dans la plaine de Lens où la victoire l'attendait, pleine de déférence pour son génie et la vaillance de ses soldats.

Désappointés par cette défaite et découragés par l'attitude de plus en plus hostile des habitants de Béthune, les impériaux n'osèrent plus reparaître, durant plusieurs années, dans cette région. Le marquis de Créquy, gouverneur de Béthune, profita de leur éloignement pour ravager le pays qui subissait encore leur domination.

Le 8 août 1653, deux mille Français, réunis sous son commandement, allaient piller et incendier la ville de Bailleul (2). Au mois de mai 1657, le même gouverneur fit sortir de Béthune soixante cavaliers et le même nombre de fantassins, leur donnant l'ordre d'aller enlever une compagnie de cavalerie espagnole logée dans un des faubourgs d'Aire. Cette expédition réussit complètement. Après avoir tué une partie des

(1) Dom Devienne, 8e partie. p. 183.
(2) Despringher, *Bellebrand*, p. 19.

cavaliers espagnols, et fait plusieurs prisonniers, la petite colonne française rentra à Béthune, chargée d'un énorme butin, et n'ayant perdu que quatre hommes (1).

Le 3 mai de l'année suivante, le même gouverneur datait de cette ville une lettre qu'il adressait à Mazarin pour l'informer que l'armée ennemie cherchait à s'ouvrir un passage vers Béthune par la Lys et l'Escaut.

Le traité des Pyrénées, conclu, le 7 novembre 1659, entre Philippe IV et Louis XIV, mit heureusement fin à la guerre et aux prétentions de l'Espagne sur la ville et la châtellenie de Béthune.

L'occasion parut favorable aux officiers du roi ainsi qu'aux hommes de la gouvernance d'usurper, en partie, les pouvoirs judiciaires des échevins de cette ville. Leurs exigences n'étaient pas soutenables; ils furent obligés, selon la notification de l'autorité royale, de le reconnaître devant l'assemblée échevinale, le 7 juillet 1663 (2).

Cependant ce pouvoir de justice possédé depuis plusieurs siècles par nos échevins, et dont les habitants de Béthune s'étaient toujours montrés si jaloux, allait leur être enlevé. Une sentence du Conseil provincial d'Artois, en date du 17 avril 1680, défendit aux échevins et aux greffiers de rendre leurs jugements à une autre conjure qu'à celle du lieutenant général, à peine de nullité et de tous dépens, dommages et intérêts (3).

Seize ans avant cette sentence qui enlevait, en partie, à nos échevins le droit de justice, l'Etat, par une ordonnance du 8 avril 1664, exigeait que les magistrats municipaux de la province d'Artois fussent déchus de leur mandat et renouvelés par un commissaire royal chargé de n'admettre à ces fonctions que des bourgeois *de probité, capables et bien affectionnés au ser-*

(1) Dom Deviesse, 5e partie, p. 222.
(2) Archives du Pas-de-Calais, dossier de Béthune.
(3) Recueil des grands baillis, p. 154 et 155.

vice du roi. La commission, pour le renouvellement de la loi, fut adressée à l'intendant de la province qui, sans retard, y procéda après avoir consulté les officiers de la gouvernance et les quatre premiers échevins en exercice.

La même année, par une triste coïncidence, la halle aux draps qui, précédemment, avait servi de salle de votes pour l'élection des magistrats par les bourgeois, fut démolie pour cause de vétusté. Pour empêcher, ce semble, sa reconstruction, le terrain que couvrait cet édifice fut donné en arrentement.

Le gouvernement du roi, non content d'intervenir dans la nomination des échevins, réglementait également, l'année suivante, la corporation des mesureurs de grains. Il voulut constituer ces offices en charges héréditaires. La ville de Béthune, désireuse de conserver l'ordre de choses établi jusques alors, paya pour cela deux mille cinq cents livres. Elle fut cependant forcée, malgré cette onéreuse convention, d'aliéner, quelque temps après, ces offices pour quarante ans.

Toutes ces mesures liberticides ou simplement financières s'imposèrent sans provoquer ni réclamations ni plaintes de la part des habitants. Ils sentaient qu'un régime nouveau venait d'apparaître et qu'ils devaient concourir, selon leurs ressources et même par la perte de ce qu'ils avaient de plus cher, à payer la gloire dont la France allait bientôt se couvrir.

Telles étaient les dispositions des autorités municipales et de tous leurs administrés lorsque Louis XIV et la reine visitèrent, pour la première fois, le 26 mai 1670, leur bonne ville de Béthune. Leurs majestés arrivaient de Cambrai et se dirigeaient vers St-Omer par St-Venant. Elles étaient entourées de toute la noblesse de la Cour et suivies du marquis d'Humières, gouverneur général de la Flandre française. Le duc d'Elbœuf, gouverneur de la place, leur présenta les clefs de la ville à la porte des Fers. Ce fut une entrée splendide; mille acclamations volaient dans l'air. Les rues des Fers, des Treilles, de la Croix St-Barthélemi, du Château, étaient ornées de riches tapisseries. Le roi et la reine se rendirent au château pour y recevoir les hommages du corps de ville.

La reine dont la beauté parut éblouissante était vêtue d'une robe noire en broderie d'or. Louis XIV, après la réception au château, monta à cheval et fit le tour des remparts pour se rendre compte de l'état des fortifications. Son aspect charma toute la population. La royauté se montrait pour la première fois à Béthune avec des formes inaccoutumées de majesté et de bonne grâce. Toutes les classes de la société rivalisèrent de joie et d'enthousiasme. Le soir, il y eut illumination et feu de joie; on avait placé de nombreux fallots au sommet de la tour St-Vaast et au clocher de St-Barthélemi. Le lendemain, après avoir entendu la messe dans le chœur de l'église St-Barthélemi, leurs majestés quittèrent Béthune, se rendant par Saint-Venant à St-Omer [1].

En 1677, vers la fin du mois d'avril, Louis XIV passait de nouveau à Béthune, se rendant à St-Omer pour y féliciter son armée de la reddition de cette place.

En 1680, il traversait pour la troisième fois la ville de Béthune d'où il allait visiter la côte maritime de la province d'Artois.

La présence du monarque français dans cette cité, à ces dates différentes, donna lieu deux fois à des fêtes magnifiques.

Ces fréquentes visites eurent l'avantage d'éclairer Louis XIV sur l'insuffisance des fortifications dont il décida en principe les grands travaux de constructions et de réparations. C'est ce qui nous valut le fort St-Ignace et la double ceinture de bastions et de murail-

---

[1] Additions aux mémoires du P. IGNACE, t. I, f° 60.

les dont le génie de Vauban entoura la place. Le fort St-Ignace fut ainsi nommé pour honorer le fondateur de la Société de Jésus à laquelle était confiée alors la direction du collège situé à quelques mètres en face de ce fort.

Ce fut dans le même temps que les casernes de cette ville furent construites (1). Celle de St-Vaast porte le millésime de 1690. Il est dit dans nos archives communales, novembre 1695, que la dame de Lachapelle qui avait vendu aux Etats d'Artois un terrain racheté depuis par les échevins de Béthune, pour y bâtir, comme ils l'ont fait, *les nouvelles casernes près l'église St-Vaast*, demandait à être payée du droit de mouvance qui lui était dû (2).

Louis XIV, qui avait le souci des choses de la guerre, apportait les mêmes soins à celles de la paix.

Un édit royal, promulgué au mois d'août 1692, créait pour la ville de Béthune un office de maire; lequel office, constitué en charge héréditaire, était à la nomination du roi (3).

Ce magistrat, placé à la tête de l'administration municipale, était investi du droit de présider les assemblées communales, de prendre la première place dans les cérémonies, de haranguer les personnages importants à leur entrée dans la ville, de veiller à la gestion générale des affaires locales, d'assister comme député aux Etats d'Artois. Il était autorisé à prélever, sous forme de subvention, quinze sols pour chaque pièce de bière forte qui se consommait dans la ville.

Le premier maire de Béthune, nommé par Louis XIV, moyennant la somme fixée par son gouvernement, fut M. Maximilien du Boirrond, qui occupa cette charge jusqu'à sa mort arrivée le 28 décembre 1698.

Jean-Augustin Wallart acheta cet office à ses héri-

(1) *Histoire générale des Pays-Bas*, t. 1er.
(2) Arch. municip., CC. 14.
(3) Arch. municip., BB. 18.

tiers. En 1700, les bourgeois de la ville voulurent lui racheter, pour une somme fixe, son droit sur la bière. Il repoussa leurs avances. En 1709, les échevins et les autres officiers du magistrat lui proposèrent de lui racheter son office de maire qu'ils voulaient réunir au corps de ville. Il y consentit et le contrat approuvé par le roi, suivant l'avis favorable de M. de Bernage, intendant-général des provinces d'Artois et de Picardie, fut fait moyennant une rente annuelle de 1200 livres, « monnaie d'Artois, créée au profit du « sieur Wallart, ses hoirs ou ayants cause; les magis-« trats de la ville se réservant, à leur volonté, le droit « de rachat par le paiement de 24,000 livres, qu'ils « pourraient faire à quatre paiements égaux en tel or; « monnaie qui aurait cours alors en ce pays ». Cette convention fut signée dans l'hôtel échevinal, le 26 janvier 1709 (1).

L'année même où fut créé l'office de Maire à Béthune, paraissait un autre édit du roi portant création de deux charges de chirurgiens royaux dans la ville et d'une charge de médecin royal dans le ressort de cette cité. Aux chirurgiens et médecins royaux appartenait la connaissance des cas de médecine et de chirurgie judiciaire. En mai 1694, Ignace Lesaux achetait une de ces charges qu'il payait à l'Etat deux cent quatre-vingts livres.

Par un autre édit de la même année, Louis XIV constituait les offices de barbiers, perruquiers, baigneurs et étuvistes en charges vénales, héréditaires, susceptibles de rachat. En 1695, six de ces charges furent créées à Béthune; chaque barbier paya son office cent livres.

En 1694, le gouvernement demandait à la ville de Béthune de fournir 910 setiers de blé pour l'approvisionnement des troupes de la place, faisant remar-

(1) Arch. municip., BB. 10.

quer au magistrat qu'en cas de refus la garnison y serait augmentée de six bataillons qui seraient logés et nourris aux frais de tous les habitants. Le 17 mai 1694, Bignon, intendant de la province, arrivait à Béthune pour y régler cette affaire. La ville finit par céder, aimant mieux fournir les setiers de blé que de subir une augmentation de garnison (1).

L'entente n'existait pas toujours entre les bourgeois de Béthune et les troupes qui y tenaient garnison. En 1709, les officiers de l'état-major s'arrogeaient le droit de s'emparer, pour leur logement personnel, des maisons des habitants, s'engageant toutefois à en payer la location. Sur la plainte des bourgeois, Louis XIV ordonnait à l'intendant de la province d'empêcher le retour de pareilles vexations (2).

Au reste, la construction des casernes, qui remonte, comme nous l'avons dit, à cette date, allait enlever cette cause d'abus.

Mais il ne suffisait pas de pourvoir au logement des troupes. Il fallait les solder et les nourrir ; ce que l'Etat, manquant d'argent et de crédit, ne put faire en 1709. Les bourgeois de Béthune craignant, à cette occasion, quelque violence de la part de ces soldats, dont la discipline s'était beaucoup relâchée, contractèrent un emprunt qui leur permit d'avancer au trésorier de la guerre l'argent nécessaire pour payer tous les arriérés de cette solde.

A cette époque, Béthune avait une garnison très nombreuse En 1698, on y comptait cinq régiments. Le maréchal de Boufflers, en prévision d'une guerre prochaine, voulait y envoyer trois autres régiments Irlandais. Il fallut l'intervention du gouverneur de Béthune auprès de ce chef d'armée pour obtenir de lui un contre ordre. En 1706, la garnison de cette ville était si considérable qu'une fraction composée de gens

(1-2) Arch. municip., BB. 18.

d'armes, de chevau-légers et de gardes du roi fut campée sous des tentes dans les faubourgs. Les équipages eurent leur campement dans les marais qui avoisinent Béthune.

En 1709, sur les ordres du commandant de la place, on construisit sur les remparts de la ville des hangars pour y loger des chevaux. On employa, pour couvrir ces écuries, 2.410 bottes de paille qui coûtèrent 168 livres 14 sols.

Les guerres continuelles suscitées ou subies par Louis XIV avaient tellement épuisé le trésor de l'Etat, que le gouvernement, pour se procurer ce qu'un ministre de cette époque appelait le *nerf de la guerre*, exigea sans retard de tous les Français sans exception le paiement des impôts auxquels ils étaient soumis. Les habitants du pays de Lalleu, faisant valoir les privilèges dont ils jouissaient depuis des siècles, refusèrent de se soumettre, en 1706, à toute espèce de contribution. Vainement il leur fut rappelé que le privilège dont ils se prévalaient touchant l'exemption de tout impôt leur avait été retiré en 1671. Il fallut recourir à la force pour les amener à payer cette imposition. M. de Magnac, commandant de la place de Béthune, pénétra dans leur pays à la tête de douze cents hommes qui devaient y vivre aux dépens des récalcitrants jusqu'au paiement intégral dudit impôt. Ce noble commandant, qui tenait en grande estime les Lalleuciens dont il appréciait à la fois la simplicité et la fidélité, tenta de les ramener par la persuasion au devoir de l'obéissance; il les assembla en très grand nombre; et, monté sur un tonneau, afin de se faire mieux voir et entendre, il leur rappela l'édit de 1671 qui avait aboli leur privilège concernant l'exemption des impôts. Ils lui répondirent avec une grossièreté qui avait son excuse dans leur excessive ignorance « *qu'il avait bu dans le pot de bagnoles* » et que, pour eux, ils né consentiraient à payer cet impôt qu'autant que l'ordre leur viendrait « *del bouque du roi* (1) ».

Louis XIV, voulant faciliter l'expédition des affaires, et peut-être aussi dans l'intérêt du trésor dont l'épuisement ne permettait plus une dépense de quelqu'importance, venait de créer dans chaque province l'office de sub délégué de l'intendant. Ce fonctionnaire dont les pouvoirs ressemblaient à ceux de nos sous-préfets actuels, était chargé de faire parvenir à l'intendant les pièces qu'on lui adressait en y joignant son avis sur leur contenu. Il transmettait aux maires des communes de son ressort les instructions de l'intendant. Il avait voix délibérative dans les affaires de l'échevinage. Cet office se payait trois mille livres. Au mois de décembre 1707, Jacques-François Damiens de la Ferté fut nommé pour Béthune à cette charge (2).

Le 6 décembre 1708, les ducs de Bourgogne et de Berri, petits-fils de Louis XIV, passèrent à Béthune. Ils revenaient de la campagne de Flandre où leurs vertus privées s'étaient montrées plus remarquables que leurs talents militaires. Ils logèrent à l'hôtel de St-Floris. Complimentés par le Maire, M. Wallart, qui leur fit présent, au nom de la ville, de deux pièces de vins, ils furent accueillis par la population avec les démonstrations de respect dont elle avait entouré, le 8 juin 1698, le passage du duc du Maine, fils légitimé de Louis XIV; mais l'enthousiasme fit défaut, surtout lors de la visite du duc de Bourgogne et du duc de Berri. Les circonstances n'y prêtaient pas. La France pliait sous le poids des maux de la guerre. Le peuple était foulé par les impôts; la ruine était extrême; et, comme si la Providence eût voulu à son tour humilier l'orgueil de Louis XIV et de la France qui, dans leurs rêves interminables d'ambition, s'é-

(1) Philippe Lebas, *Dictionnaire encyclopédique de l'histoire de France*, t. XII, p. 457.
(2) Arch. municip., BB. 18.

taient raidis contre les épreuves, l'hiver de 1709 fut des plus rigoureux; c'était le plus cruel qu'on eût vu depuis cent ans. Les blés périrent gelés dans la terre. L'abondance des années précédentes était épuisée. La misère fut telle que le roi se vit réduit à porter sa vaisselle d'or à la monnaie pour être fondue, et que madame de Maintenon se condamna, dans le somptueux Versailles, à se nourrir de pain d'avoine. On ne mangea dans Béthune que du pain bis pendant plusieurs mois; souvent les pauvres en furent privés. Aussi la mortalité fut-elle considérable dans cette ville. Les cimetières suffisaient à peine à recevoir les cadavres de ceux qui étaient morts de froid et de faim. Celui du faubourg Catorive où l'on enterrait rarement devint lui-même trop petit (1). Le présent était fort sombre; l'avenir se montrait sous un aspect sinistre.

Tandis que des plaintes et des murmures s'élevaient presque partout et même au sein de la Cour contre l'obstination du roi à soutenir une guerre désastreuse, nos pères, au lieu d'aggraver cette affreuse situation par des récriminations, rivalisèrent de patriotisme. Chacun d'eux offrit son courage, chacun d'eux apporta ses secours. Le gouverneur de Béthune, Dupuich de Vauban, neveu de l'illustre Vauban, leur donnait l'exemple. Depuis son arrivée à Béthune en 1704, il avait travaillé sans relâche et avec succès à soutenir l'illustration du nom qu'il portait. Le siège de Béthune allait lui donner l'occasion de mettre de plus en plus en relief son grand courage et ses hautes capacités militaires.

Le 15 juillet 1710, un convoi de 150 chariots, chargés de farine et d'eau-de-vie, traversait Beuvry, venant de Lille, sous la conduite de 50 maîtres de l'armée ennemie. La nouvelle en était apportée à Béthune vers onze heures du matin par des paysans. A

(1) P. IGNACE, *mémoires*.

deux heures de l'après-midi, apparaissaient, sur les hauteurs de la Chartreuse à Gosnay, plusieurs escadrons s'étendant à droite et à gauche de la route de St-Pol. A quatre heures, se déployaient avec leurs drapeaux, du côté de la porte d'Arras, de nombreux bataillons d'infanterie. C'était le siège de Béthune qui commençait.

L'armée assiégeante dite *l'armée des alliés* se composait, le 10 août, de dix-huit escadrons et de trente bataillons commandés par les généraux Fagel, hollandais, et Schullembourg, saxon, placés sous les ordres du prince Eugène, qui avait établi son quartier général à Beuvry, et du duc de Marlborough qui avait le sien à Hinges. Le 19 août, cette armée déjà si considérable recevait un renfort de quatorze bataillons et de vingt escadrons commandés par le lieutenant-général Rosy et le major-général Villégas, puis quatre mille hommes qui avaient été détachés de la grande armée en qualité de travailleurs ou pionniers.

La garnison n'avait à opposer à cette formidable armée que deux escadrons de dragons, cinquante maîtres et neuf bataillons, savoir: 2 de Luxembourg, 2 de Miromesnil, 1 d'Aunay, 2 de Thorigny, 1 d'Artagnan, 1 du Thil, auxquels il faut ajouter 200 hommes de bombardiers et grenadiers. Ce qui formait un effectif de 3,220 soldats parmi lesquels furent choisis 70 ouvriers pour servir les ingénieurs et l'artillerie. Les officiers généraux étaient M. de Vauban, lieutenant-général des armées du roi et gouverneur de Béthune, M. de Bout, maréchal de camp et MM. de Miromesnil, de Mahony, du Thil et Saint-Sernin, brigadiers. Les ingénieurs préposés à la défense de la place étaient M. des Forges, ingénieur en chef de la place et brigadier d'ingénieurs, MM. de Salmon, la Gibaudière et Perdigner, ingénieurs.

M. de Vauban, gouverneur de Béthune, allait donc

avoir à lutter contre Eugène et Malborough, ces deux grands hommes de guerre qui avaient arrêté la fortune de Louis XIV. Cela même exalta son courage. Ses mesures de défense furent savantes, ses mouvements actifs et médités. Il sut rendre aux soldats de la France une confiance qui depuis longtemps avait cessé de les animer.

L'enceinte de la place était flanquée de huit bastions : 1° celui de St-Ignace, qui était le point important de la place; 2° celui de la porte d'Arras; 3° celui des Récollets; 4° celui de la porte St-Pry; 5° celui du Château; 6° celui de la Porte-Neuve; 7° celui de la Vieille-Porte; 8° celui de la porte du Rivage. Dom Devienne n'en comptait que six; il retranchait ceux de la porte d'Arras et du Château.

Ces bastions, ainsi que la courtine, étaient précédés d'un fossé large, profond et couverts par des contre-gardes, demi-lunes et autres ouvrages qui les protégeaient. Sur tout le parcours de la place existaient des chemins couverts et sûrs; il y en avait deux qui reliaient la porte d'Arras à la Porte-Neuve; c'était un supplément de défense pour ces terrains qui, par leur altitude, étaient inaccessibles aux inondations amenées, en cas d'attaques extérieures, dans les fossés de la place. Les redoutes et les lunettes éclairaient, pour ainsi dire, l'ensemble de ces ouvrages défensifs.

Le jour même de l'investissement de la place, les grenadiers de la garnison brûlaient, par ordre du gouverneur, les maisons des faubourgs, un moulin à tordre huile appartenant à Adrien Vaillant, et coupaient les arbres depuis la Porte-Neuve jusqu'à St-Pry.

De leur côté, les ennemis travaillaient à détourner à Gosnay les eaux de la Lawe dont la ville se servait, comme moyen de défense, pour inonder les fossés des fortifications et les terrains adjacents. A cet effet, ils creusèrent, pour y déverser ces eaux, un canal qui, partant du moulin de Fouquereuil et longeant l'église d'Annezin, aboutissait à l'extrémité du faubourg d'Aire.

Un peu plus tard, le 30 juillet, ils employèrent deux mille hommes à creuser un autre canal du côté de Verquigneul, à l'effet de faire écouler par cette coupure dans la rivière de la Louane les eaux qui couvraient la chaussée d'Arras et le vallon des Houches, entre le mamelon de Béthune et le contrefort de Fouquières. Ces eaux alimentaient ce qu'on appelait alors la *grande inondation* ou *l'inondation supérieure*.

Le 16 juillet, ils complètent l'investissement de la place en établissant, à des distances rapprochées, des petits camps de cavalerie et d'infanterie du côté de Beuvry, Verquigneul, Verquin, Fouquières et au delà d'Annezin vers Hinges et Hingettes.

De leur côté les assiégés perfectionnaient leurs moyens de défense, en comblant les fossés et coupures qui pouvaient servir d'abri aux ennemis. En même temps, le gouverneur fait enlever chez les cabaretiers l'eau-de-vie, le vin, une grande partie de leur bière, et chez les cultivateurs et marchands de grains et de bois 295 rasières de blé, 1200 rasières d'orge, une quantité considérable de combustibles, pour servir aux provisions de bouche et de guerre.

Les 18 et 26 juillet, le magistrat, voulant éviter le bombardement de la ville, envoya pour obtenir cette faveur, une députation composée de MM. de Grancourt, chanoine, le marquis de Saint-Floris, Guy Joie, avocat, Philippe Desercin, et de Lannoy, échevins, au baron de Schullembourg logé à l'abbaye de Chocques, puis à MM. les députés de Hollande, logés au château de Beuvry (1).

Les députés devaient voir également, pour le même motif, les chefs de l'artillerie et leur offrir, à cet effet, des présents. Cette démarche, regardée comme une

(1) Arch. municp., BB. 19.

preuve de faiblesse, n'eut d'autre résultat que de hâter le bombardement de la place pour en amener plus vite la reddition.

Dans cette pensée, le même jour, les assiégeants rapprochèrent leurs lignes d'investissement jusqu'à la portée du canon; et, s'abritant par des rideaux au fond des chemins creux, ils commencèrent à préparer des fascines et gabions dont ils firent un double dépôt, l'un dans le fond de la chapelle St-Eloi, l'autre du côté de la Porte-Neuve.

Les dangers pour la ville devenaient sérieux. Un grand nombre de religieuses et de dames parmi lesquelles se trouvaient la gouvernante, la femme du lieutenant du roi, dame de la Roche Aimont de Saint-Maxent, la femme du major madame la Nauve, quittèrent la ville avec leurs équipages, munies de passe-ports délivrés la veille, sur sa demande, à M. de Vauban par les généraux ennemis.

Dans la nuit du 23 au 24 juillet, les alliés, après un travail considérable dont les patrouilles françaises ne s'étaient pas aperçues, ouvrirent une tranchée qui partait du chemin de Beuvry et allait en triangle jusqu'au bas des Houches, passant derrière la chapelle de N.-D. du Perroy. Dès la pointe du jour, le gouverneur dirigea sur cette tranchée le feu des batteries placées sur le mont des Récollets, la porte d'Arras, le bastion St-Ignace et la porte du Rivage. Vers midi, il fit sortir, par la grande barrière du chemin-couvert de la porte d'Arras, cinq compagnies de grenadiers et cinq piquets qui, sous les ordres du brigadier M. de Miroménie, s'avancèrent directement vers la parallèle des ennemis; M. le comte d'Aunay, suivant les ordres de M. de Vauban, s'élança, à la tête de quatre compagnies de grenadiers et de cinq piquets, pour prendre de revers la tranchée; chacune de ces deux colonnes d'infanterie était soutenue par cent cavaliers et suivie de cent cinquante ouvriers à la tête desquels marchaient tous les ingénieurs de la place.

Ces troupes se précipitèrent sur les ennemis sans tirer, conformément aux ordres de leurs chefs, un seul coup de fusil. Ils essuyèrent le feu des alliés, les fusillèrent ensuite à bout portant et les mirent en fuite. Ils les poursuivirent la baïonnette dans les reins et en firent un terrible carnage. Pendant que nos soldats se couvraient ainsi de gloire, les ouvriers, non moins intrépides, s'empressaient de combler la tranchée. L'action avait duré une heure. Les assiégés y perdirent 80 hommes tant tués que blessés parmi lesquels il y eut 12 officiers.

Les ennemis laissèrent sur le champ de bataille 600 des leurs, tués ou blessés.

Cet échec fut si sensible aux généraux de l'armée des alliés que, pour punir les grenadiers qui, par leur lâcheté, en avaient été la cause, ils les firent ramener à coups de bâtons dans les tranchées pour y être exposés, entièrement désarmés, pendant un quart d'heure, au feu des assiégés (1).

La bastonnade fut souvent employée comme moyen de coërcition par les officiers de cette armée contre leurs soldats qui, devant le danger, prenaient volontiers la fuite (2).

Il n'en était pas de même des soldats français dont il fallait, au contraire, modérer l'ardeur, pour ménager leur sang, dans l'intérêt même de la défense (3).

Jusque au 2 août, les assiégeants occupés entièrement à ouvrir des parallèles et des tranchées, à élargir et approfondir des coupures pour saigner les *inondations supérieures et inférieures*, s'étaient bornés, dans leurs deux attaques, à faire des feux de mousqueterie contre les assiégés et leurs ouvrages. A partir

---

(1) DESFORGES, *Journal du siège de Béthune en 1710*, p. 11.
(2) DESFORGES, Id. Id. p. 39.
(3) DESFORGES, Id. Id. p. 10.

de ce jour, ils établirent leurs batteries et leurs mortiers. On n'en compta d'abord que deux dont l'une composée de six pièces battait la flèche de la demi-lune de la porte d'Arras, et l'autre de trois pièces battait la porte St-Pry que gardaient les dragons. Le premier boulet, lancé sur la ville, traversa l'hôtel de Longastre, rue du Carnier (1). Le même jour, vers quatre heures du soir, ils bombardaient le faubourg St-Pry et l'incendiaient avec des pots à feu et six mortiers.

Le 3 août, à 5 heures du matin, ils commençaient à faire l'attaque de la porte d'Arras avec 26 pièces de canon en 3 batteries, dont deux de 8 pièces et une de 10. Ils continuaient, en même temps, le bombardement de la veille avec 10 mortiers en 2 batteries. Leurs canons qui démontèrent, ce jour-là ceux de la ville à l'exception de 5 pièces de 4, placées à couvert dans la demi-lune de la porte d'Arras, foudroyèrent sans relâche les fortifications jusqu'à neuf heures du soir. Les bombes continuèrent d'éclater toute la nuit, écrasant et brûlant une foule de maisons, portant la mort dans toutes les rues et sur toutes les places. MM. du magistrat avaient ordonné, dès l'investissement de la place, en prévision du cas d'incendie par les projectiles des ennemis, de ne laisser dans les greniers ni bois, ni paille, ni aucune autre matière combustible, et de placer et d'entretenir devant chaque maison un tonneau plein d'eau (2). Les habitants, fidèles à ces prescriptions, n'étaient occupés, pendant ces jours de bombardement, qu'à éteindre le feu allumé par les bombes, les perdreaux, les grenades royales que les assiégeants lançaient en quantité prodigieuse sur tous les points de la ville.

Dans la nuit du 3 au 4, ils établissent 4 batteries près du château d'Annezin pour battre en brèche celui de Béthune.

(1-2) Arch. municip., BB. 10.

Le 4, dès la pointe du jour jusqu'à 9 heures du soir, 25 mortiers parfaitement alimentés lançaient des bombes sur la ville. Cet épouvantable bombardement ne troublait pas plus M. de Vauban que ses soldats; au contraire, tout ce bruit et tous ces éclairs devenus presque, par leur fréquence, aussi solennels, aussi majestueux que ceux de la foudre, ne faisaient, pour ainsi dire, que les électriser. Quoiqu'affaiblis tous les jours par les pertes nombreuses qu'ils subissaient, ils faisaient de fréquentes sorties.

Le 15 août, à 2 heures du soir, M. Troussin, lieutenant-colonel d'Artagnan, sort par la porte d'Arras à la tête de deux compagnies de grenadiers qui, s'élançant au pas de charge dans la tranchée des ennemis, fondent sur eux à la baïonnette, combattent corps à corps, puis par un suprême effort les refoulent jusqu'à la chapelle St-Eloi, et les culbutent, malgré le renfort venu à leur secours et qui dut se retirer.

Dans la nuit du 16 au 17 août, les assiégés font trois sorties successives par la porte St-Pry. Animés d'une véritable rage patriotique, ils se précipitent sur les ennemis qui préparaient des ponts pour le passage de l'avant-fossé, font leur décharge, en criant : *tue, tue*, et les culbutent par le feu seul de leurs fusils. Les trois sorties s'achèvent dans les mêmes conditions et avec un égal succès.

Cependant les assiégeants continuaient les attaques avec un certain succès, ayant pour eux une nombreuse armée, une artillerie puissante et d'immenses provisions de guerre. Se sentant, toutefois, impuissants, malgré l'avantage du nombre, à lutter corps à corps avec les assiégés, ils préféraient ne mettre en ligne, pour ainsi dire, que leurs canons. Depuis le 2 août leurs batteries faisaient rage, *comme si tout ce qui était*, selon les expressions de M. Desforges, *eût été ivre.*

Les assiégés, pour résister à un pareil feu, n'avaient

que quelques pièces de canons qu'ils étaient obligés de placer derrière des meurtrières, pour ne pas les exposer à être aussitôt démontées. Leurs arquebuses étaient presque les seules armes qu'ils pouvaient opposer ostensiblement à cette terrible artillerie, et pour lesquelles ils avaient peu de provisions de guerre. — Dès le 11 août le plomb commençait à manquer; il fallut enlever celui de la plate-forme de la tour Saint-Vaast, qui produisit environ huit à dix milliers pesant de balles.

Cependant malgré l'infériorité de leurs armes, ils arrivaient, à force de courage, à défendre pied à pied le terrain contre les ennemis. Mais leurs efforts, n'étant soutenus par aucun secours de l'armée française, ne pouvaient avoir d'autre résultat que de reculer la catastrophe finale (1). Une large brèche était faite aux murailles du château; des ponts flottants allaient être jetés sur l'avant-fossé pour le passage de l'ennemi; les Français, privés de boulets, de pierres à fusils, n'avaient plus à leur disposition qu'une infime quantité de balles et environ 200 fusils de rechange dont la plupart des batteries *étaient détrempées;* dans ces conditions, la défense de la place n'était plus possible. Le 28 août, à quatre heures du soir, le gouverneur, ayant pris l'avis de son conseil de guerre, fit battre la *chamade* et arborer le drapeau blanc sur la brèche du château. A l'instant même, Schullembourg fit cesser le feu à *l'attaque de la porte St-Pry.*

Le général Fagel, chargé de l'attaque de la porte d'Arras, n'ayant reçu, par la faute de M. du Bout, aucune communication de demande d'armistice, redoubla son feu d'artillerie, qu'il ne fit cesser qu'après avoir vu flotter de son côté le drapeau blanc des assiégés.

(1) M. de Vauban n'avait pas eu de nouvelles de M. le maréchal de Villars, depuis le 5 du mois d'août. Tous les passages étaient tellement gardés par les assiégeants, qu'aucun courrier du gouverneur n'avait pu traverser les lignes ennemies. M. Desforges, p. 67.

Les belligérants échangèrent aussitôt des otages pour traiter de la capitulation. Les otages choisis par M. de Vauban, étaient le comte d'Aunay, colonel; Le Bret, lieutenant-colonel de dragons; de Saint-Pernin; La Reille, major d'Artagnan; de Mons, brigadier; d'Artagnan, colonel; Le Mont, lieutenant-colonel et Favar, major. Les otages présentés par les alliés étaient de même grade et qualité que les Français.

La capitulation fut signée le 29 août, quatre heures du soir, par le prince Eugène et le duc de Malbourough, le gouverneur de Vauban et presque tous ses officiers supérieurs, chez Dupuich Mesplau, secrétaire du roi, près le poids de la ville.

Cette capitulation purement militaire fut des plus honorables. Elle contient plusieurs dispositions dont nous ne citerons, à cause de leur importance particulière, que celles-ci: « La garnison de Béthune évacuera la place
« le 31 août, pour être conduite à St-Omer; le 29, on
« livrera aux assiégeants la porte St-Pry; la garnison
« à laquelle on accorde tous les honneurs de la guerre
« mènera avec elle deux pièces de canon et des mu-
« nitions pour tirer douze coups; on lui fournira les
« chariots et chevaux nécessaires; on accorde trois
« mois à tous les employés pour le service du roi,
« sans exception, pour disposer de leurs effets, fem-
« mes et enfants et se retirer où bon leur semblera;
« outre le nombre de chariots à quatre chevaux pour
« la garnison, réglé au nombre de cinquante, il y en
« aura trois couverts qui ne pourront être visités. Le
« sieur Lambert restera en otage dans la place pour
« garantie des dettes contractées au nom du roi de
« France. »

Le 30, les magistrats de la ville envoyèrent deux échevins vers les députés hollandais et au général Fagel, logés à Beuvry, pour les prier de leur venir en aide auprès du gouverneur M. de Vauban, afin d'obtenir le recouvrement de dix mille livres avancées, le 22 août, par la caisse des échevins, celle de la pauvreté, celle des consignations, les héritiers de Gilles de Froimentel, des ecclésiastiques, des nobles et des bourgeois, pour payer les troupes et subvenir à d'autres dépenses. Ils demandaient des otages comme garantie de ce paiement. Les Hollandais en référèrent à M. de Vauban qui refusa de donner des otages, acceptant cependant de s'engager personnellement, de concert avec ses officiers, à payer, dans les six mois, les sommes réclamées (1).

Le 31 août, six heures du matin, la garnison française quitta la ville par la Porte-Neuve, avec armes et bagages, chevaux et équipages, tambours battants, drapeaux déployés, balle en bouche, mèche allumée par les deux bouts, deux pièces de canon et des munitions pour douze coups. Cette sortie avait presque la solennité d'un triomphe, le spectacle était imposant.

D'après les arrangements pris par les alliés, Béthune devait appartenir aux Hollandais. Les députés des Etats généraux nommèrent le baron de Keppel, gouverneur de la ville.

Le 1er septembre, quelques régiments hollandais vinrent camper sur les remparts et dans les demi-lunes, les canons furent rangés sur la place, et le nouveau gouverneur fit son entrée dans Béthune, escorté de la fortune, non de la gloire qui, dans nos murs, s'étaient séparés l'une de l'autre. Le gouverneur prit son logement chez le prévôt du chapitre, en attendant qu'on lui eût préparé une habitation convenable au château.

Ce siège coûta aux alliés 3,326 hommes tant tués que blessés; la garnison, forte de 3,220 hommes, au début de leurs attaques, se retira vers Saint-Omer, n'ayant plus qu'un effectif de 1889 hommes; elle laissait dans Béthune sept cents blessés ou malades.

(1) Arch. municip., BB. 10.

Parmi ces victimes appartenant à la France, nous nommerons celles qui sont inscrites sur le registre des décès des deux paroisses de cette ville.

Sur le nécrologe de la paroisse St-Vaast nous lisons : le marquis de Chabanne, lieutenant de vaisseau, commandant les canonniers de la marine, décédé le 3 août 1710; Jacques de Lépine, capitaine des grenadiers du second bataillon au régiment de Miromesnil, décédé le 4 août; Charles Chabier de Moriele, capitaine des grenadiers au régiment de Miromesnil, 1er bataillon, décédé le 11 août; Marie-Anne Penin, tuée d'un coup de canon le 17 août; Jean-Louis de Mérigny, chevalier de Malte, officier au régiment *Douay* (sic), tué le 20 août, d'un coup de fusil à la défense du Chemin-Vert de la ville; Ferliey, capitaine au régiment de *Sobre* (sic), décédé le 20; Léon Bernardet, lieutenant au régiment de Miromesnil, tué d'un coup de fusil, le 20; Ladumaux, lieutenant au même régiment, tué le même jour; Bussette, capitaine au régiment d'Artagnan, tué d'un éclat d'obus reçu à la tête, le 21 août; de Formaison, capitaine au régiment de Luxembourg, tué d'un coup de fusil le 22; Baret, Irlandais, capitaine réformé, tué d'un coup de fusil le 23; Dominique Leclercq, lieutenant au régiment de Miromesnil, tué le 25, d'un coup de fusil.

Nécrologe de la paroisse Ste-Croix : Jacques Bevoir, tué d'un éclat de bombe le 3 août 1710; Charles Dememuvre, tué le 5 août; Nicolas Gradel, tué au Reffroy le 8; Marie-Anne Télier, tuée d'un boulet de canon le 12; Hubert de Clung, lieutenant au régiment d'Aunay, tué le 14; Jacques Hamelin, sergent au régiment d'Artagnan, tué le 15; de la Rivière, capitaine au régiment d'Aunay, tué le 18; de Beauregard, sous-lieutenant au régiment de *Gondrin* (sic), âgé de 18 ans, tué sur la tranchée le 18; Philippe de Champy, sieur de Coulandry, capitaine au régiment de Thorigny, décédé le 20; Pierre Périer, sieur du Bocage, capitaine au régiment de Thorigny, natif de Coutance, âgé de 22 ans, tué le 20; Charles Picon, capitaine au régiment de *Vendôme* (sic), âgé de 18 ans, tué sur la tranchée le 20; Charles Dubosquet, tué le même jour; Jean Warem, capitaine irlandais de la brigade du duc de Berwick, âgé de 18 ans, tué sur la tranchée; Guillaume Rucel, capitaine irlandais de la même brigade, tué le 24; Zacharias, cadet de la colonelle du régiment Gred-Alleman, âgé de 20 ans, décédé le 26.

A cette liste funèbre nous en ajoutons une autre que nous avons trouvée dans les mémoires du P. Ignace (1).

OFFICIERS TUÉS

Régiment du Luxembourg : de Formaison, Lafond, capitaines.

Régiment de Miromesnil : Lusabeau, Norière, capitaines; Bernarde, d. Humeau, lieutenants.

Régiment de d'Aunay : Larivière, capitaine; Cluny, lieutenant; de Mégrigny, Soutecalandière, Bourneuf, sous-lieutenants.

Régiment de Thorigny : Chantepied, Perrier, La Rellière, capitaines.

Régiment d'Artagnan : de Rex, de Woigne, capitaines.

Régiment du Thil : de Vienne, capitaine; Le Grand, lieutenant.

Régiment de l'Armée (infanterie Bourbonnais) : Moyen de Gendrin, Pilon de Vendourme, Crettin de Jorre, capitaines; La Bourgade, lieutenant.

Parmi les officiers survivants qui se distinguèrent pendant le siège on cite : M. Dupuich de Vauban,

(1) Bibliothèque d'Arras, P. IGNACE. — Additions, t. V, p. 303 et suiv.

gouverneur, qui pour sa belle conduite, fut nommé grand-croix de l'ordre de St-Louis ; de Saint-Sernin (1), lieutenant-colonel ; Gérin, soldat de fortune qui, par sa bravoure, s'était élevé au grade de lieutenant-colonel ; Dupuich, baron d'Ilinges, colonel (2) ; le marquis du Thil, colonel ; Troussin, lieutenant-colonel d'Artagnan, blessé au bras dans une sortie ; du Bout, maréchal de camp. A ces noms glorieux nous voudrions ajouter celui de cet intrépide soldat qui, resté seul dans la lunette de la porte d'Arras, ne cessa de faire feu au bas des Houches sur l'ennemi, jusqu'à l'arrivée d'un détachement de trente hommes envoyés pour occuper ce poste.

Les monuments de la ville eurent beaucoup à souffrir pendant ce siège. Les réparations faites aux casernes exigèrent une dépense de 3.359 livres 7 sous(3).

Le 8 septembre, sur les propositions du magistrat de Béthune, une capitulation fut signée par les députés des Etats-généraux de Hollande.

Cette capitulation est un des beaux témoignages de l'héroïque attachement de nos pères au catholicisme. Ils avaient à traiter avec les Hollandais, ces ennemis implacables de la religion catholique. Or leurs revendications touchant leurs privilèges, leurs franchises, leurs libertés, sous ce rapport, furent si précises et si pressantes qu'on les aurait crues formulées par des vainqueurs plutôt que par des vaincus. Elles furent presque toutes accueillies favorablement, comme on va le voir. Ce document qui, pour ainsi dire, est le précis authentique de l'histoire de Béthune, ne doit pas rester inédit, nous le publions intégralement, malgré sa longueur.

(1) De Saint-Sernin refusa de signer la capitulation.
(2) Il aima mieux, dit dom Devienne, abandonner la ville et les biens qu'il possédait dans le canton, que de prêter serment de fidélité aux alliés. Le roi le récompensa de son attachement, en le nommant grand bailli héréditaire de cette ville.
(3) Arch. municip., CC., 274.

Articles proposés à Nosseigneurs les députés de leurs Hautes-puissances, Nosseigneurs les États généraux des Provinces-Unies par les magistrats et communautés de la ville de Béthune.

PREMIÈREMENT. — Que la seule religion catholique apostolique et romaine, sera maintenue et conservée en son entier dans la ville, gouvernance, baillage, gouvernement et quartier de Béthune, avec libre exercice de ladite religion et deffense aux militaires et a tous autres de religion différente d'y commettre aucune irrévérence ou désordre tant dans les rues, églises, qu'autres lieux publiques, mais au contraire seront tenus de se conformer extérieurement aux usages des catholiques s'y mieux ils n'aiment de se retirer desdits lieux.

Accordé moyennant que les magistrats fournissent deux places à la satisfaction du gouverneur pour y faire l'exercice de la religion réformée et il sera deffendu aux militaires et autres de cette religion, de ne commettre une irrévérance ou désordre dans les églises et les rues, quand ils y rencontreront le Vénérable.

2. — Que le concile de Trente et le synode de Cambray reçus dans la province d'Artois sous les modifications et restrictions des princes souverains de ladite province, y seront observés comme ils l'ont esté jusques à présent.

Accordé sur le pied usité avant l'année 1645.

3. — Que les seigneurs, archevesques de Cambray, évesques d'Arras, de St-Omer et de Boulogne, leurs vicaires généraux et officiers, continueront d'exercer leurs fonctions dans la ville, baillage et gouvernement de Béthune, selon les usages et droits dont ils ont toujours jouis et

Accordé pourvu qu'ils soient munis d'un passeport de leurs hautes puissances.

qu'ils ont exercés jusques à présent sans qu'ils aient besoin d'autre passeport que d'un extrait des présentes.

4. — Que les abbayes, prieurés, prévostés particulières, prévots, chantres et chanoines de l'église collégialle de St-Barthélemy, leurs bénéficiers et supots, réguliers et séculiers, les curés de la ville et de la campagne du gouvernement et avouerie de Béthune et autres ecclésiastiques, seront maintenus dans leurs églises et où se fait l'exercice de ladite religion romaine, sans qu'aucune autre puisse y être exercée.

Accordé sur le pied usité sous la domination espagnole avant l'année 1645.

5. — Que lesdits abbayes, prieurés, prévostés, chapitres, église, chapelle, fondations, collège des révérends-Pères Jésuites, couvent des Révérends-Pères Recollets, sous le titre de St-Antoine, de cette province d'Artois, fondé par la ville Celuy des Révérends-Pères Capucins, confrérie et chapelle, de St-Eloy, patron de la ville, communautés religieuses, pauvretés, maladreries, fabrique, charitées et autres confréries, demeureront en leur entier et jouiront de leurs reliques, vases sacrés, ornements, joyaux, chasses, argent, biens, meubles, immeubles et généralement de tous leurs droits, offices, bénéfices et privilèges, de telle nature et condition qu'ils soient.

Accordé comme à l'article précédent.

6. — Que les religieux et reli-

Accordé sur le pied usité

gieuses estans dans les couvens de ladite ville, gouvernance et gouvernement, soit qu'ils soient naturels ou non, y demeureront librement et sous les mêmes supérieurs du pays sans pouvoir être envoyées ailleurs, que par les ordres desdits supérieurs et qu'il ne sera admis en ladite ville aucune autre communauté que celle qui y sont présentement, et que les habitants de ladite ville de Béthune, sa dépendance et gouvernement, soient conffiés naturalisés et faire corps avecq les autres conquêtes des hautes alliées, à effet d'estre habilles à prétendre de posséder des offices, bénéfices et dignités dans les villes et dépendances des autres conquêtes et provinces des Pays-Bas.

sous la domination d'Espagne.

7. — Que les hospitaux, pauvretées, charitées, maladreries et escolles, tant de la ville que de la campagne seront conservées et les rentes et revenues appliqués selon l'intention des fondateurs et usages observées avant l'année 1645.

Accordé.

8. — Que les bénéficiers venant à mourir possesseurs des abbayes, prieurés, prévôtés, doyennés, cloîtres, hopitaux, bénéfices simples ou de chapitres, fondations pieuses de ladite ville, gouvernance, avouerie, baillage et gouvernement d'icelle, il y sera pourvue en la mesure, forme et manière qu'il y a esté usité de tout anciennement sous la domination des rois catholiques et qu'aux dits béné-

Accordé sauf que les sujets des Estats généraux des provinces unies, estant de la religion catholique romaine y pourront estre admis pareillement.

fices, ne seront nommés que des sujets natifs et naturels des Pays-Bas.

9. — Que les églises paroissialles, maisons religieuses, fondations pieuses, hôpitaux, confréries de la chapelle de St-Eloy et St-Nicolas, seront maintenues, conservées et gardées dans tous leurs droits, privilèges, prérogatives, franchises, immunités, exemptions, libertés, prééminences et administrations dont ils ont jouis ou dû jouir avant l'année 1645, et des temps des roys catholiques, sans que leurs revenus, maisons, fonds et bâtiments, puissent estre détournées et employées à d'autre usage qu'à leur destination, et conformément aux fondations.

Accordé.

10. — Que les prévenus de crimes capitaux, tant en cette ville que du gouvernement, condamnés au dernier supplice, faisant profession de ladite religion romaine, seront exhortés et administrés des sacrements dans les prisons, par des prestres ou religieux de la même religion et par eux conduits au lieu du supplice, sans pouvoir estre exhortés ni accompagnés des personnes faisant profession d'une religion différente.

Accordé à l'égard de ceux qui ne sont pas dans le service de leurs hautes puissances.

11. — Que les lieux destinés à usage de cimetières ordinaires, seront conservés pour l'inhumation des catholiques romains et non autres.

Accordé sauf qu'on donnera une place à la satisfaction du gouverneur, pour enterrer les morts de la religion réformée.

12. — Que les usages et coutumes de la province d'Artois, de la gouvernance et avouerie de Béthune et de cette ville, soient conservés et exécutés comme du passé.

Accordé pour le quartier de Béthune, comme ce fust pratiqué avant l'année 1645.

13. — Que les chartres, lettres et pappiers concernant ladite ville, gouvernance, greffe du gros, chapitre des chanoines, communautés religieuses, hôpitaux, maladreries, fondations, confréries établis par l'autorité des souverains et magistrats, dimeureront dans leur entier et seront conservés comme il a esté jusqu'à présent avecq pouvoir aux officiers et magistrats qui les ont accordés d'y faire tel changement qu'ils trouveront convenir, suivant leurs droits et la faculté qu'ils se sont réservés en les establissancs.

Accordé comme il s'est pratiqué avant l'année 1645.

14. — Que toutes les cloches, cuivres, estains, plombs et autres métaux travaillés et non travaillés, demeureront à toutes les églises, fabriques, bourgeois et habitants auxquels ils appartiennent sans estre tenus à aucun rachapt vers les officiers d'artillerie ou autres, attendu que les cloches n'ont point esté sonnées depuis l'ouverture de la tranchée.

Accordé moyennant le rachapt ordinaire.

15. — Que tous les privilèges accordés aux magistrats, bourgeois, manants et habitants dudit Béthune, par les roys d'Espagne et autres souverains, avant l'an 1645, leur seront maintenus de point en point.

Accordé.

16. — Que les justices de la ville et gouvernance seront exercées par les officiers des dits sièges ainsi qu'il s'est fait et pratiqué de tout temps et avant l'an 1645, suivant leurs droits et privilèges dans lesquels ils seront conservés.

Accordé.

17. — Que le corps du magistrat sera composé de dix échevins, un prévôt, deux mayeurs, procureur-pensionnaire, greffier, argentier, chapelains et autres supots conformément à la coutume, lesquels jouiront des mêmes droits, privilèges et émoluments dont ils ont joui jusqu'à présent.

Le magistrat sera composé comme avant l'année 1645.

18. — Que le renouvellement desdits échevins, prévôt et mayeurs se fera selon et ainsi qu'il est réglé par les chartes et privilèges, accordés par les souverains du pays et selon l'usage d'icelle ville avant l'an 1645.

Le magistrat sera établi et reçu à serment par les députés de leurs hautes puissances pour cette fois.

19. — Que les magistrats d'à-présent seront maintenus dans leurs emplois jusques au temps du renouvellement ordinaire.

Il sera procédé incessamment au renouvellement dudit magistrat.

20. — Qu'il n'entrera à l'advenir dans le magistrat que les naturels du pays de la religion catholique, appostolique et romaine.

On observera les chartres de la ville usitées avant l'année 1645 et on n'admettra point d'autres que ceux qui sont de la religion catholique romaine.

21. — Que les offices de greffier et argentier, quy ont esté de tout temps à la nomination des eschevins et depuis mil six cent nonante trois,

Les offices mentionnés dans cet article seront conservés provisionnellement à ceux qui les possèdent et on

réunis à ladite ville avecq les deniers de la ville et ceux desdits officiers seront conservés et leurs officiers maintenus en vertu de ladite réunion et de la nomination desdits eschevins, conformément à la convension et contrats faits entre ledit magistrat et lesdits officiers.

examinera les conventions faites à ce sujet entre le magistrat et lesdits officiers

22. — Que le magistrat sera pareillement conservé dans le droit de conférer et d'imposer ainsi qu'il trouvera convenir des offices de police, comme mesureurs de grains charbons, jaugeurs de bois et autres généralement quelconques, soit qu'ils aient esté réunis au corps de la ville ou non.

Accordé ainsi que cela a été observé avant l'année 1645.

23. — Que la propriété de l'hôtel de ville et biens en dépendant, seront conservés à ladite ville comme par le passé, sans que sous quelque prétexte ou cause que ce puisse estre, ils puissent estre appliqués à autre usage.

Accordé.

24. — Que la maison de la gouvernance où s'exerce la justice du baillage, sera pareillement conservée sans pouvoir aussi estre employé à autre usage.

Accordé.

25. — Que les états de notaire, huissiers et autres inféodés par sa majesté catholique, demeureront en propriété à ceux à quy ils appartiennent, en payant le relief en cas de mort et droits seigneuriaux en cas de vente suivant les lettres d'inféodation

Accordé.

26. — Que les ecclésiastiques, nobles, officiers de la gouvernance, magistrats et leurs supots, seront conservés dans leurs droits, honneurs, titres, privilèges et exemptions, tant de logements de gens de guerre, que fermes et impositions ainsi qu'ils ont joui tant à la ville qu'à la campagne.	*Accordé comme ils en ont joui avant l'année 1645, sauf qu'on les pourra loger quand la nécessité le requerera.*
27. — Que les logements des gens de guerre se feront par le magistrat comme ils les sont faits jusques à présent et que les officiers de la garnison et de passage, soldats, cavalliers et autres, seront logés aux pavillons et quartiers des casernes, par autorité dudit magistrat quy fera fournir par l'entrepreneur, les matelats, draps et couvertures quy leurs appartiennent et quy leurs seront conservés.	*Il sera fait un réglement pour le logement des gens de guerre.*
28. — Que lesdits officiers et autres gens de guerre que le magistrat sera obligé de loger chez les bourgeois et habitants, après les quartiers des casernes et pavillons remplis devront se contenter de la chambre ordinaire de logement qu'ils ont donné de tout temps et du lit tel que lesdits bourgeois ont accoutumé donner et rien autre chose.	*Comme à l'article précédent.*
29. — Que tous contrats, traités, constitutions de rentes faits et passés par le magistrat et procureurs-spéciaux de la communauté en vertu des arrests, lettres d'autorisation ou autrement, au profit des différents	*A examiner ultérieurement.*

particuliers seront exécutés selon leur forme et teneur, et les cours, capitaux, deniers desdites constitutions de rentes, seront pris sur les deniers et revenus, octroys communs de ladite ville et communauté sans qu'aucun en particulier puisse en être recherché, lesdits magistrats et communautés entières à pouvoir faire payer et restituer les capitaux, deniers desdites rentes, intérêts et autres sommes payées, dont les deniers ont été comptés au trésorier de guerre et employés au payement de la subsistance des troupes suivant les ordres en données auxdits magistrats.

30. — Que toutes les dètes dues au corps de ville, bourgeois, manans habitants et autres, par sa majesté très chrétienne pour argent, bled et autres grains fournis, vins, eaux-de-vie, bières, billets d'ustensiles et de subsistances, vivres, denrées, marchandises, drogues, médicaments des hôpitaux, bois, arbres abattus, bestiaux et autres de telle nature et condition que le tout soit faites et contractées devant ou pendant le siège, seront régulièrement payées et à cet effet seront laissés des ottages dans la ville, bons et solvables pour répondre et payer lesdites dètes et autres prétentions en dedans trois mois pour tout temps suivant la liquidation qui s'en fera.

Ce point est réglé dans la capitulation militaire.

31. — Que toutes dètes ainsi dues par les officiers, majors, officiers particuliers et autres, qui sont au service de sa majesté très chrétienne, seront par eux régulièrement payées en dedans lesdits trois mois et à ces fins, devront donner chacun à leur égard bonne et solvable caution, pour répondre desdites dètes et que ces otages données resteront jusqu'à l'entier payement desdites dètes.

Répondu à l'article précédent.

32. — Que le rachat des rentes, censes et autres redevances domaniales fait par les communautés et particuliers, aussi bien que l'aliénation des domaines et autres, seront conservés à ceux quy en ont fait l'acquisition aussi bien que les inféodations et engagements fait en faveur des engagistes.

A examiner.

33. — Que toutes les impôts et fermes qui se levent présentement dans la ville dont les deniers sont destinés pour acquitter les charges d'icelle, continueront d'être levés sans pouvoir être divertis à autre usage et particulièrement les fermes instituées pour la constitution des casernes et ameublement d'icelles.

Les moïens de la ville seront emploiés suivant leur destination faites ou à faire

34. — Que les comptes des revenus de la ville, celui de la ferme de l'ameublement des casernes des terres nommées les bois dérodés, pauvretés, maladrerie, hôpitaux et autres, se rendront en la manière accoutumée aussi bien que les rebaux des fermes.

Accordé.

35. — Que conformément aux privilèges accordés par les souverains aux bourgeois de ladite ville, leurs biens ne seront pas confisquables pour quelques crimes ou délits que ce soit.

Accordé selon les privilèges qui leur ont été octroiés avant l'année 1645.

36. — Que lesdits bourgeois et habitants ne pourront estre distraits de leur juridiction naturelle et ordinaire sous quelque cause et sujet que ce puisse estre et que les appellations et procès indécis au conseil reviendront par devant leurs juges naturels pour en connaistre par eux.

Accordé pour le 1er point et quant aux causes d'appel indécises elles seront terminées par la cour souveraine à établir dans la suite.

37. — Que les maisons, demeures, magasins des marchands et biens des bourgeois et habitans ne pourront estre visités pour quelque cause et sujet que ce soit, sinon par l'autorité du magistrat et en présence de deux eschevins.

Accordé sur le pied usité avant l'année 1645.

38. — Que tous ceux qui se sont réfugiés en cette ville et les étrangers de quelque nation et condition qu'ils soient qui y sont établis, pourront y demeurer avec leurs femmes et enfans et marchandises et y continuer leurs demeures et commerces sans estre inquiétés.

Accordé moïennant qu'on donne une liste des étrangers au gouverneur.

39. — Que tous les habitans de quelque qualité et condition qu'ils soient qui voudront sortir dans la suite de la ville pour aller demeurer ailleurs pourront le faire avec leurs meubles, marchandises, deniers, titres, papiers et autres effets, mêmes

On leur accorde le terme de 3 mois pour se pouvoir retirer et vendre leurs effets

les sommes provenant de la vente de leurs biens qu'ils pourront faire, ou bien pendant leurs absences et retraites pourront les faire régir, rece-cevoir et administrer par qui ils trouveront convenir.

40. — Que tous ceux qui se sont retirés de ladite ville pour le siège ou autres causes pourront y rentrer quand bon leur semblera avec leurs femmes, enfants, meubles, marchandises et effets qui ne pourront estre saisis n'y arrêtés et sans estre obligés de prendre aucun passe-port.

Ils pourront revenir dans le terme de 6 semaines sans passeports en donnant part de leur arrivée au gouverneur, et ils seront obligés de prendre des passeports des états généraux après l'expiration de ce terme.

41. — Que les bourgeois et autres qui ont esté faits prisonniers avant et pendant le siège de quel estat qu'ils soient seront relâchés sans payer aucune rançon et les chevaux vendus et qui ont esté pris ne pourront estre répétés.

Les prises étant déclarées bonne, demeureront telles.

42. — La ville de Béthune étant environnée de toutes parts des villages de la gouvernance d'Arras, comté de Saint-Pol, baillage d'Aire et Lillers qui sont de la domination de France, on demande qu'il soit permis à tous particuliers du plat pays de huit lieues à la ronde qui ont coustumes d'apporter leurs crus et denrées au marché de Béthune, de pouvoir le faire sans estre obligés de prendre aucun passeport ni pouvoir estre inquiétés par qui ce soit et qu'il sera aussi permis aux habitants de ladite ville qui cultivent des terres dans les pays ennemis, par leurs

Il sera permis aux habitants du plat pays ennemys de 5 lieues à la ronde de porter leur cru et denrées au marché de cette ville sans passeports, moïennant qu'ils soient porteurs d'un certificat des gens de loy, des lieux de leur demeure, et on accorde pareillement à ceux de la ville qui cultivent des terres dans ladite étendue du plat pays ennemy, par leur propres mains la liberté d'y aller sans passeport et pas plus loin.

propres mains ou qui ont des rentes seigneuriales ou censives à y recevoir d'y aller librement sans prendre aucun passeport.

43. — Que toutes sortes de marchandises et denrées venant de France et autres lieux pourront librement entrer et sortir dans la ville sans payer aucun droit n'y tribut et comme l'Artois a toujours esté réputé province étrangère et non faisant partie du royaume de France, qu'il n'y a jamais eu de bureau estably, elle sera maintenue et conservée dans les mesmes privilèges.

Toutes les marchandises venant des pays étrangers ou sortantes vers iceux seront sujettes au paiement des droits de la douane, comme ils seront réglés.

44. — Que ladite ville, bourgeois et habitans d'ycelle jouiront de tous leurs autres droits, privilèges, franchises et exemptions, et seront déchargés de tous aydes et subsides extraordinaires et des autres charges réelles et personnelles imposées depuis que laquelle a esté soumise à l'obéissance du roy de France.

A examiner ultérieurement.

45. — Qu'il ne se fera aucune levée sur les marchandises et denrées qui se consumeront dans ladite ville, que suivant les octroys que demanderont les magistrats et obtiendront du souverain.

On en usera à cet égard comme il sera trouvé convenir pour le service du souverain.

46. — Que les charges et rentes dûes par le domaine du roy dudit Béthune aux communautés et particuliers se payeront annuellement comme il se faisait pendant la domination de France.

Accordé.

47. — Que les particuliers dont les fonds ont esté appliqués aux glacis et fortifications de la place pourront jouir librement des herbes qui y croitront.

Les herbes qui croissent sur les glacis des fortifications appartiennent à l'état-major.

48. — Qu'il sera permis aux propriétaires des moulins et maisons situées dans les faubourgs de cette ville qui ont été brûlés ou destruits à l'occasion du siège, de les restablir, sans aucune autre permission, eux néanmoins entiers de prendre leurs indemnités à raison desdittes destructions comme ils trouveront convenir.

Accordé à condition qu'ils en donneront préalablement connaissance au gouverneur.

49. — Que ladite ville et quartier de Béthune sera déchargé de ce qu'il peut devoir de son contingent de la contribution convenue pour la province en général avec leurs hautes puissances.

A examiner et en attendant la ville et le quartier de Béthune, continueront de paier leur contingent dans les arrérages de la contribution.

50. — Qu'il sera permis aux bourgeois et habitans de laditte ville d'aller, venir, séjourner et retourner tant dans les villes et terres des Pays Bas que celles de la domination de France et autres pour la direction de leurs affaires et négoces et se servir de telles voitures qu'ils trouveront bon sans qu'il soit besoin d'aucune autre permission que du simple certificat des magistrats qu'ils sont habitants de Béthune.

Ne pourront aller dans les villes ni dans le plat pays ennemy à l'exception de l'étendue marquée dans l'article 42, sans passeport des états généraux visé par le gouverneur.

51. — Que les barbiers et péruquiers seront conservés dans l'acquisition de leurs charges sous la justice et police des magistrats.

Accordé provisionnellement.

52. — Que le franc-marché, establiy dans la ville de Béthune et qui se tient ordinairement les derniers vendredys des mois, continuera, mais qu'au lieu desdits derniers vendredys, il se tiendra les premiers lundys des mois, ces jours estans plus avantageux pour la ville.

Accordé.

53. — Que la charge de receveur du domaine du roy créé en titre d'office héréditaire acquis par les sieurs Hémart et Beaucourt leur sera conservée pour en jouir conformément aux édits de création et à leurs lettres de provision.

A examiner.

54. — Que les monnoyes dans le commerce seront reçues et paiées suivant qu'il s'est toujours pratiqué dans ladite ville et quartier de Béthune, savoir douze deniers pour le sol et vingt sols pour la livre ou florin.
Signé : DE LAUTEL.

On réglera le cours des monnaies selon qu'il sera trouvé convenir.

Article proposé par le sieur David Willemet, en son particulier.

55. — Que le sieur David-Willemet qui a acquis à titre d'héré... un office d'assesseur de l'hôtel-de-ville y sera conservé pour en jouir conformément à ses lettres de provision.
Signé : DE LAUTEL.

A examiner.

Articles proposés par les ecclésiastiques nobles et magistrats.

56. — Que ladite ville, gouvernance, baillage, avouerie, gouvernement et dépendances seront gouver-

On établira des états particuliers qui seront composés des ecclésiastiques, no-

nés et administrés par les estats d'Artois représentés par les ecclésiastiques, nobles et députés des villes qui ont droit d'entrer auxdits estats, le tout en la même forme et manière qu'ils ont esté jusqu'à présent avec l'observation et conservation de leurs droits, usages, privilèges anciens et nouveaux, prérogatives et administrations usités sous la domination des roys catholiques souverains des Pays-Bas et que les aides, subsides et autres subventions du prince se requéreront par convocation et consentement desdits trois membres des estats en la forme et manière de tout temps usités dans la province d'Artois, avant l'an 1645.

57. — Que les moyens pour fournir aux dites demandes et autres charges se pratiqueront en la forme accoustumée et à proportion des cottes et contigent par rapport aux anciens cahiers de centièmes.

58. — Que lesdits estats seront convoqués et assemblés par lettres du souverain addressantes aux particuliers ecclésiastiques, nobles et magistrats qui y ont esté convoqués sans augmentation ni diminution, naturels du pays y possédant bénéfices, terres à clocher et exerçant magistrature, y faisant résidence en la forme et manière accoustumée.

59. — Que tous ecclésiastiques, nobles, officiers et magistrats jouiront des droits, privilèges et exemp-

bles et ceux du tiers etat de la ville et gouvernance de Béthune, ayants droit et étant dans le cas d'y être appellés à l'instant de ceux de la province, pour faire imposition des aides et autres demandes qui leur seront faites de la part de leurs hautes puissances, ainsi que pour affermer ou faire régir les impôts sur les boissons et bêtes vives à l'intervention du commissaire de la part du souverain.

Accordé.

Accordé.

Répondu à l'article 26.

tions de logement de gens de guerre et autres, immunités et franchises qui leur ont été accordées par les souverains, et dont ils jouissent et ont toujours jouis.

60. — Que les officiers ou suppôts desdits estats seront nommés à l'avenir par leurs députés, ainsi que de tout temps il a été fait et pratiqué et que le receveur actuellement en charge sera maintenu et conservé

Accordé sur le pied usité avant l'année 1645 et on se réserve de disposer à l'égard de la charge du receveur.

61. — Que les comptes des centièmes fermes et de toutes autres impositions seront rendus par les receveurs présentés auxdits députés des trois ordres, coulés et arrêtés par eux en la forme et manière accoustumée.

A examiner ultérieurement.

Signé : Loyez,
Secrétaire de messieurs par ordre.

Articles proposés par les ecclésiastiques et nobles auxquels s'opposent les officiers de la gouvernance et magistrats.

62. — Que lesdits trois ordres desdits et leurs députés auront la judicature de leurs impôts levées et impositions et continueront de juger et connaître des cas et causes en dépendant conformément aux arrêts, déclarations et commissions des souverains.

La connaissance et judicature touchant les levées et impositions seront laissées à ceux qui l'ont eue avant l'année 1645.

63. — Que les justices des seigneuries particulières des villages seront exercées par les officiers des-

Accordé.

dites seigneuries ainsy qu'il s'est pratiqué de tout temps suivant leurs droits et privilèges dans lesquels ils seront conservés.

Signé : LOYEZ,
Secrétaire de messieurs par ordre.

Articles proposés par les officiers desdites ville et gouvernance en particulier.

64. — Que les grand bailly, lieutenant-général, procureur du roy, conseiller, substitut, adjoint et greffier des villes, gouvernance et avouerie de Béthune, seront conservés et maintenus dans l'hérédité et exercices de leurs charges et offices avec celles y jointes, réunies et annexées, et aussi avec les appointements, gages, augmentation de gages, droits, privilèges, exemptions de logement de gens de guerre, de fermes, d'impôts et impositions, fenêtres, profits et émoluments en la forme et manière qu'ils ont jouis ou à jouir, suivant leurs privilèges à eux attribués par les édits, déclarations, arrests, ordonnances, sentences et jugements de mesmes que les procureurs et supots qui y servent, considérant qu'ils ont esté cédées par deux traités solennels, savoir la paix des Pyrénées et le mariage du roy sur la foy desquels ils ont acquis leurs offices.

Les officiers de la gouvernance mentionnés dans le présent article, seront maintenus provisionnellement dans l'exercice de leur charge à l'exception du grand bailly, qui est présentement dans le service des ennemis.

65. — Que lesdits officiers, juges, hommes de fiefs de ladite gouvernance et avouerie de Béthune, seront

Accordé comme cela a esté observé avant l'année 1645.

maintenus dans l'exercice de la haute, moyenne et basse justice, par toute l'étendue de leur ressort, suivant les coustumes et privilèges accordés par les princes souverains, seigneurs dudit Béthune et dans le droit de recevoir les actes de foy et hommages et réceptions de dénombrement des fiefs et rotures, relevant de son château de Béthune comme il s'est fait par le passé.

66. — Que le stil de la pratique se fera conformément aux ordonnances de 1667 et 1670 concernant l'instruction des procédures civiles et criminelles.

Accordé provisionnellement.

67. — Que les dits officiers seront maintenus dans leurs prérogatives, droits honorifiques des églises, dans leurs séances et processions publiques.

Accordé sur le pied usité avant l'année 1645.

68. — Que les comptes de ville se rendront comme du passé pardevant lesdits officiers et magistrats aussy bien que les rebail des fermes où ils auront le mesme rang et séances que par le passé et jouiront des mesmes privilèges et droits que cy devant.

Accordé sur le pied usité avant l'année 1645.

69. — Que les appellations des sentences rendues par les échevins dudit Béthune tant en matière civille que criminelle se porteront à ladite gouvernance ainsy qu'il s'est fait de tout temps.

Comme dessus.

70. — Que les sentences de ladite

Accordé sur le pied que

gouvernance de Béthune civilles et criminelles seront exécutées par provision à telle somme et pour quelle cause que ce puisse estre en attendant un règlement du souverain ou autre changement.

dessus jusques à ce qu'il établi une cour souveraine.

71. — Que lesdits officiers connoistront de toutes lettres de pardon, abolition et autres qu'il plaira au souverain d'accorder et recevront les nottaires dans l'estendue de leurs juridictions aussy bien que les huissiers dans l'estendue de ladite gouvernance.

On leur conservera les attributs dont ils ont joui avant l'année 1645.

72. — Qu'aucunes lettres d'estat ne pourront être accordées contre et au préjudice des sujets de cette ville et gouvernance.

A examiner.

73. — Que les villages qui sont de ce gouvernement seront du ressort et juridiction de cette gouvernance pour la récompenser des villages de son ressort situés au delà de la ville d'Arras et en attendant pareillement un règlement du souverain ou autre changement.

A examiner.

74. — Que lesdits officiers connoistront comme du passé de toutes assiettes et impositions qui se feront par les gens de loy des villages de leurs ressorts aussi bien que des contestations au sujet des centièmes et autres impositions.

Répondu à l'article 62.

75. — Que les frais d'instruction des procès criminels, ceux pour le soutien du domaine et autres frais

On prendra les frais nécessaires dont il est parlé dans cet article sur le do-

pour meubler la Chambre de conseil de ladite gouvernance à l'entretien d'ycelle, seront pris sur le domaine suivant l'estat qui en sera dressé par lesdits officiers et duement vérifiés.

76. — Que lesdits officiers jouiront des quarante écus par chacun à eux accordés sur le domaine ainsi qu'ils ont joui jusqu'à présent.

77. — Que l'or et l'argent y aura cours comme du passé et se comptera à la monnoye d'Artois, vingt sols pour la livre ou florin.

78. — Que les rembours des constitutions de rente se feront sur le pied de ladite monnoye aussy bien que le payement des cours d'ycelles comme aussy les rentes foncières, canon, arrentement et autres redevances tailles et centièmes.

79. — Que les villages de cette juridiction et gouvernement seront conservés dans tous leurs biens et exemps à l'avenir d'estre fourragés pillés pour les troupes.

80. — Que l'administration de l'hospital Saint-Jean et Gosnay et de la Maladrerie aussy bien que la reddition des comptes appartiendront comme du passé auxdits officiers et aux autres administrateurs.

81. — Que l'administration et audition des comptes de l'hospital de Saint-Georges appartiendront seuls auxdits officiers comme du passé.

maine ou tel autres fonds que leurs hautes puissances trouveront convenir.

Les gages seront payés comme dessus.

Répondu à l'article 54.

On remboursera selon les cours de la monnaie qui sera réglé.

On donnera toute la protection possible aux villages du gouvernement.

Accordé sur le pied usité avant l'année 1645.

Comme à l'article précédent.

82. — Que les revenus dudit hospital dus sur le domaine luy seront payés comme par le passé. | *Accordé autant que les revenus du domaine le permettront.*

Signé : DESAUTEUX.

Ainsi fait arrêté à Béthune, ce huitième septembre mil sept cent dix.

Signé : W. HOOFT, N. PESTERS, J. TOLLIUS, J. EVICHERS, P. P. VEGELIN, VAN CLAERBERGEN.

Et scellé de leur cachet en chire rouge.

Concorde, témoin,

DE LAUTEL.

Pour satisfaire aux exigences formulées par les alliés dans l'article premier de la capitulation, le magistrat mit à la disposition des ministres de la religion réformée, pour leurs offices, la chapelle de la halle échevinale, et, près de la porte des Fers, celle de St-Eloi qui, depuis longtemps, servait de magasin à tourbes.

Il fut établi en même temps que les portes de la ville seraient fermées les dimanches pendant le prêche, et, tous les jours de midi à une heure, durant le dîner des officiers de l'état-major.

Les échevins, prévôt et mayeurs de la ville, ayant à se plaindre de la violation par les soldats ou de l'inexécution par les autorités, de plusieurs articles de la capitulation, adressèrent, sur ces différents points, le 16 mai 1711, une supplique aux hautes puissances. Leurs plaintes furent agréées, avec cette réserve cependant que les soldats ne pourraient être traduits, pour crimes ou délits, que devant le conseil de guerre. — Dans la supplique des représentants de la ville, nous trouvons, article 15e, le récit suivant : « le baron de

« Keppel et le major Balfoier ont fait pressentir aux
« magistrats qu'à l'exemple des villes voisines nou-
« vellement conquises, on devait leur faire quelques
« présents. De quoi le magistrat a taché de se deffen-
« dre le plus qu'il a pu par la triste situation où se
« trouvaient les affaires de la ville et autres représen-
« tations qu'ils leur ont fait. Cependant après bien
« des instances ils sont convenus de présenter pour
« une fois cinq mil florins audit sieur gouverneur et
« un mil audit sieur Major de Balfoier »..... La réponse des députés des Hautes-Puissances fut celle-ci :
« on fera savoir l'intention de l'Etat sur le contenu de
cet article. »

Ont signé les membres du conseil d'Etat des Provinces-Unies.

Pour la ville, DE LAUTEL (1).

Au moment où Béthune ouvrait ses portes aux alliés, des conférences étaient tenues à Gertruidemberg, pour préparer les bases de la paix. Louis XIV, décidé à acheter cette paix au prix des plus grands sacrifices, faisait à ses ennemis les propositions les plus humbles. Nos vainqueurs, qui, cependant, par le siège de Béthune, avaient appris ce qu'il en coûte pour vaincre des Français, auraient dû, ce semble, amoindrir leurs exigences. Au contraire, la prise de cette ville ne fit qu'exalter leur orgueilleux désir d'achever la ruine de la France. Mais comme la goutte d'eau qui tombe dans un vase déjà plein le fait déborder, ainsi la reddition de Béthune combla, pour ainsi dire, la mesure des humiliations et des sacrifices insolemment imposés à Louis XIV; c'est alors qu'il répondit au ministre qui lui annonçait cette nouvelle mêlée à d'autres non moins désolantes : « si je ne puis obtenir une paix
« équitable, je me mettrai à la tête de ma brave no-

---

(1) Arch. municip., AA. 8.

« blesse, et j'irai m'ensevelir sous les débris de mon
« trône ».

Tandis que, par ces héroïques et patriotiques paroles, Louis XIV provoquait dans toute la France un cri d'admiration, les Hollandais, pour flétrir son despotisme, se hâtait de rendre à la ville de Béthune le droit dont elle jouissait anciennement et que le monarque français lui avait enlevé, de nommer directement elle-même ses représentants municipaux. Le 11 septembre 1710, les bourgeois procédèrent, en effet, selon les termes de la capitulation, au renouvellement du corps échevinal, suivant, pour ces élections, le mode employé avant l'année 1645. Ils nommèrent dix échevins, deux mayeurs et un prévôt, lesquels prêtèrent serment le 14 (1).

Le 29 du même mois, l'assemblée des Etats d'Artois, représentant la partie de cette province soumise à la Hollande et composée du clergé, de la noblesse et du tiers état des quartiers de Lillers et de Béthune, fut tenue dans cette dernière ville, conformément aux circulaires des seigneurs députés des Etats Généraux. Après avoir reçu le serment des membres de cette assemblée, les députés des Etats Généraux firent élire trois d'entre eux pour le conseil général de La Haye. En 1711, les députés nommés par les villes de Béthune, Aire, Lillers et St-Venant, furent l'abbé de St Augustin de Thérouanne, le marquis d'Assignies, seigneur de Verquin, et Salve, échevin de Béthune.

Le 1er mars 1712, le comte d'Albemade, ayant sous ses ordres les garnisons de Douai, de Tournay, de Lille et de Béthune, faisait mine d'attaquer Arras.

Les opérations militaires se poursuivaient donc avec vigueur dans cette interminable guerre qui avait alors pour théâtre principal le nord de la France.

Les magistrats de Béthune, si préoccupés qu'ils

---

(1) Arch. municip., BB. 19.

fussent de tous les faits de guerre qui se produisaient non loin de cette ville, consacraient cependant une grande partie de leur temps à l'administration des choses intérieures de la commune.

Le 22 mars 1712, ils faisaient le règlement suivant qu'on ne saurait trop approuver : « L'assemblée éche-« vinale aura lieu les mardi et vendredi de chaque se-« maine à dix heures du matin; quiconque s'en absen-« tera, sans motif grave et n'ayant pas averti ses collè-« gues, sera puni d'une amende de dix sols ». Ont signé J. C. Dubus, Desercin, Leroulx, Paiselles, L. R. Faucoilet, Espillet de Marqay, de Froimentel, Couviette, Lespillet, Bouton, Le Cocq, L. Willemet, Delemelle (2).

La ville de Béthune supportait avec impatience le joug des Hollandais. Aussi la paix d'Utrecht qui mettait fin à cette domination de l'étranger fut-elle saluée par les acclamations unanimes de nos pères, *heureux*, disent nos archives, de voir *la ville remise à l'obéissance du roy*.

Le 29 mai 1713, à six heures du matin, la garnison hollandaise composée du régiment de Keppel et de celui de Lindeboom, sortait de Béthune par la porte du Rivage pour se rendre à Lille. A la même heure, le lieutenant-général Vauban, gouverneur à vie de cette place qu'il avait si vaillamment défendue contre les alliés en 1710, faisait son entrée par la porte St-Pry, à la tête de trois bataillons d'infanterie dont deux du régiment de *Lionne* et le troisième du régiment de *Constantin*. A leur vue, l'émotion fut indescriptible; nos pères, les larmes aux yeux, faisaient retentir l'air des cris de *vive le roi!* Le canon mêlait sa grande voix à ces acclamations de tout le peuple. Les magistrats, en costume officiel, présentèrent à leur ancien et nouveau gouverneur les vins d'honneur. A onze heures,

(1) Mémoires du P. Ignace.
(2) Arch. municip., BB. 19.

ils lui offrirent à l'hôtel de ville un splendide repas *où l'on a bu, selon les expressions qu'on lit dans nos archives, à la santé du roy, au son de la grosse cloche et du carillon du beffroy* (1).

« Entre autres marques de joye, — nous donnons
« le texte de nos archives, — tous les jeunes enffants
« du moins une grande partie s'étant attroupé sont
« allés d'eux-mêmes abattre une potence que les Hol-
« landais avait fait planter à la pointe du glacis, du
« côté du faubourg de Catorive proche le pont Barois,
« et ont fait tomber six à sept pendus qui y étaient,
« qu'ils ont enterrés, et sont venus pour forme de
« triomphe avec les bois de ladite potence, sur les
« épaules établir un feu de joye sur la grande place
« avec le cheval de bois et quelques guérites qu'ils
« ont pareillement mises en pièces....... »

La nouvelle de cette grande fête civique fut portée à Versailles. Mgr Voisin, premier ministre et secrétaire d'Etat de France, adressa, au nom de sa majesté, la lettre suivante à M. de Vauban :

Versailles, le 2 juin 1713.

Monsieur,

J'ay rendu compte au Roy de la lettre que vous avez pris la peine de m'écrire le 29 du mois passé, par laquelle vous me marqué que vous êtes entré ce jour-là à Béthune avec les trois bataillons destinés pour y tenir garnison et que cette place vous a été remise sans aucune difficulté de part ny d'autre. Sa Majesté a été bien aise de voir les témoignages de joye que les habitants ont donné de rentrer sous son obéissance ; il paraît aussi que vous possédé assez leur amitié ; quand vous serez plus instruit de l'état auquel les Etats Généraux ont laissé la place, vous me ferez plaisir de me le mander. Je suis, monsieur, votre très humble et très affectionné serviteur.

VOISIN (2).

Le 8 du mois de juin de la même année, M. de Montesquiou, maréchal de France, et M. de Boinage, in-

(1-2) Arch. municip., BB. 19.

tendant de Picardie, Artois, Boulogne, arrivèrent à Béthune, pour y recevoir, par ordre de Sa Majesté, le serment de fidélité des échevins, nouvellement élus selon le mode prescrit par l'ordonnance royale de 1664. Une messe en musique fut chantée, à cette occasion, dans l'église St-Barthélemy. M. de Vauban, les fonctionnaires, les échevins y assistèrent en costume officiel. Le maréchal, l'intendant et le gouverneur étaient agenouillés sur des prie-Dieu, au milieu du chœur. Après la messe, les magistrats, à genoux près de l'autel, prêtèrent sur les saints évangiles entre les mains du seigneur Montesquiou, le serment suivant :

« Nous, échevins, prévôt, assesseur et mayeurs de la
« ville de Béthune, tant en nos noms et pour chacun
« de nous en particulier, qu'aux noms et pour les ha-
« bitants de ladite ville et banlieue de Béthune, jurons
« et promettons de garder fidélité au Roy, conserver
« les droits de sa Majesté et de la couronne, empêcher
« autant qu'il sera en nous qu'il n'y soit fait aucun
« tort ni préjudice, avertir ceux qui commandent ou
« autres supérieurs de tout ce qui viendra à notre
« connaissance qui sera contre son service et ses inté-
« rêts, et de faire en tout et partout tout ce à quoy de
« bons et fidèles sujets sont obligés envers le Roy et
« leur souverain. Ainsi le jurons et promettons.
« Fait les jour et an que dessus. »

Ont signé : le maréchal DE MONTESQUIOU,
DE BOINAGE, VAUBAN.

La cérémonie terminée, *le formulaire de la paix* fut lu sur la grand'place, au pied d'un autel *très magnifique et très élevé*, est-il écrit dans nos archives municipales, au son de toutes les cloches des églises, des couvents, du carillon, de la grosse cloche du beffroi, au milieu d'une affluence immense et au bruit d'acclamations enthousiastes. Les confréries des arbalétriers, archers et canonniers, rangées sur la grand'place avec leur drapeau respectif, faisaient leurs salves joyeuses de mousqueterie.

Le programme de cette grande fête portait qu'un *Te Deum* serait chanté, après une procession générale dans la ville, à l'autel élevé sur la place. Une pluie torrentielle empêcha cette procession qui ne put se faire qu'à cinq heures du soir dans l'enceinte de l'église St-Barthélemy.

A 7 heures et demie, au *parquet* de l'hôtel échevinal eut lieu un splendide banquet auquel assistèrent, le maréchal, l'intendant, les autorités ecclésiastiques, civiles et militaires de la ville.

A l'issue de ce repas, il y eut sur la grand'place, feu d'artifice, feu de joie, et dans chaque rue, feus, salves de mousqueterie, illuminations au beffroi et à l'hôtel de ville, bal qui dura toute la nuit (1).

Le 9 juin, M. de Vauban adressait au ministre le récit détaillé de cette grande fête. Il en recevait la réponse suivante, datée de Versailles le 12 juin 1713 :

> Monsieur,
>
> J'ai rendu compte au roy de la lettre que vous avez pris la peine de m'écrire le neuf de ce mois. Sa Majesté a vu avec plaisir les nouveaux témoignages que les bourgeois de Béthune lui ont donnés de leur zèle et de leurs affections depuis qu'elle est rentrée en possession de cette ville. Ils ne doivent pas douter qu'elle n'y ait attention, et de mon côté je l'en ferai souvenir dans les occasions qui pourront s'en présenter. Je suis, monsieur, votre très humble et très affectionné serviteur. VOISIN.

Les magistrats de Béthune à qui M. de Vauban avait communiqué ces lettres, adressèrent par écrit au ministre leurs respectueux hommages et remerciements dans la forme suivante :

> Monseigneur,
>
> Le bonheur des peuples de Béthune, remis par la paix sous la

(1) Arch. municip., BB. 10.

glorieuse obéissance du Roy, n'a pu se passer sans donner des marques que leurs cœurs en étaient véritablement pénétrés. Nous avons vu, Monseigneur, par deux lettres que Votre Grandeur a bien voulu adresser à Monsieur de Vauban que sa Majesté en a été informée. Les témoignages d'une bonté infinie que vous voulez bien nous rendre aujourdhuy, nous touchent si vivement que ne pouvant rien ajouter à notre affection et fidélité, nous avons l'honneur de nous dire comme toujours avec tout le respect et toute la soumission possible.

 Monseigneur.

 Vos très humbles et très obéissants serviteurs.

Les Échevins, Prévôt, Assesseur et Mayeurs de la ville de Béthune.

A Béthune, le 29 juin 1713 (1).

 La ville de Béthune, redevenue française, devait envoyer ses députés aux Etats d'Artois et non, comme elle le fit sous le gouvernement de la république de Hollande, à La Haye. Ce fut M. Balthazar Dufresne, licencié ès-lois, échevin, qui reçut de ses concitoyens, le 1er juillet 1713, cet honorable mandat. Le corps échevinal nommait, en outre, le 22 juillet 1713, pour assister en qualité de député aux comptes des Etats d'Artois, M. André Marchand, échevin, à qui l'on allouait, pris sur la caisse municipale, cinq livres par jour, à titre de dédommagement et de rétribution pour ses frais de déplacement et de nourriture.

 Le blé, dans l'année 1713, était vendu fort cher sur le marché de Béthune; les magistrats de la ville, attribuant cette cherté à la spéculation des marchands de grains, édictèrent le règlement suivant :

 Il est fait défense, sous peine d'une amende de cinquante francs et de la confiscation du grain :

 1° Aux marchands de procéder à aucune acquisition de blé sinon une heure après l'ouverture du marché;

(1) Arch. municip., BB. 19.

2° Aux meuniers de s'approvisionner de blé sur le marché au delà de leurs besoins personnels;

3° Aux boulangers de s'approvisionner de blé sur le marché au delà de leurs besoins propres et de ceux de leur commerce;

4° Aux mesureurs de mesurer pour la même personne plus d'une rasière de blé (1).

Nos pères aimaient beaucoup les fêtes, principalement celles qui se célébraient en l'honneur de la religion ou de la patrie. Aussi s'empressèrent-ils de solenniser avec une grande pompe la prise de Landau et celle de Fribourg par l'armée française, et surtout le traité de paix conclu à Rastadt entre Louis XIV et l'empereur. A cette occasion, est-il écrit dans nos archives, *plusieurs hautbois, violons et autres instruments jouèrent dans la gloriette de l'hôtel de ville. Il y eut tir au geai. Le vainqueur reçut un chapeau bordé d'argent avec deux cocardes de ruban;* en outre, il y eut, selon la coutume dans les grandes solennités, feux de joie et d'artifices précédés d'un splendide banquet pour tous les fonctionnaires au parquet de l'hôtel de ville.

Le magistrat, contrairement à ce qui se passait sous Louis XIV où toutes les pensées se tournaient pour honorer ce grand roi vers les allégories païennes qui se prêtaient beaucoup mieux que le christianisme aux artifices de l'adulation, fit entourer du chronogramme suivant la statue de la Sainte-Vierge qui, depuis des siècles, était placée au-dessus d'une tribune, au milieu de la principale façade de l'hôtel de ville, entre les statues de plusieurs ducs de Bourgogne :

MATER PACIs, ADsIs нVIC VRBI
Mère de la paix, soyez propice à cette ville. (1714).

Il nous semble que cette prière valait mieux que la légende suivante gravée sur la médaille qui fut frap-

(1) Arch. municip., BB. 19.

péé, par le gouvernement, pour la paix de Rastadt : *le temple de Janus fermé.*

Le 1er septembre de l'année suivante, Louis XIV qui, pendant son règne, laissait volontiers multiplier les souvenirs des dieux, comme s'il avait voulu se faire une place à côté d'eux, s'abaissait définitivement, semblable au dernier des humains, devant la majesté de la mort. Le 25 septembre, on célébrait son service funèbre dans l'église de la collégiale de Saint-Barthélemy. Nos magistrats, comprenant que le nom de ce grand roi ne pouvait être détaché du nom même de la nation, ne négligèrent rien pour donner à cette cérémonie lugubre la plus grande pompe possible. Le chœur tout entier jusqu'aux vitraux fut tendu de riches étoffes noires sur lesquelles furent fixés deux grands écussons aux armes du roi. — La façade de l'hôtel de ville et celle de la gouvernance furent également tendues de noir. — Un catafalque, large, élevé, couvert d'une riche draperie semée d'emblèmes funèbres, surmonté d'un dôme *également très riche et très magnifique,* fut placé dans le chœur, converti en une chapelle ardente, parfaitement décorée, où brûlaient cent quatre-vingts cierges *de cire royale blanche. Quatre-vingt-seize écussons* aux armes du roi étaient appendus aux colonnes et aux murailles. Toutes les autorités en costume officiel assistèrent au service qui fut chanté par M. Marquant, prévôt du chapitre. Les deux premiers valets de la ville étaient vêtus de robe noire, avaient un crêpe à leur chapeau, et portaient, pendant la cérémonie, deux grands écussons auxquels était attachée une étoffe noire qui traînait jusqu'à terre.

Le 26 septembre, la même cérémonie funèbre se renouvela dans l'église St-Vaast.

Les 27, 28 et 29, il y eut également des services successifs, à l'autel de la paroisse Ste-Croix, ainsi que dans la chapelle St-Eloi et dans les autres oratoires des couvents de la ville (1).

On fit, à cette occasion, le chronogramme suivant qui rappelait la date de la mort de Louis XIV :

ChRIstIanIssIMo VIta DeFVnCto.

Les chronogrammes étaient en usage, à cette époque, dans Béthune. A la mort de la reine de France, épouse de Louis XIV, sur l'écusson royal placé au catafalque pendant le service funèbre célébré dans l'église St-Vaast, on lisait (2) :

teresIa VXor LVDoVICI MagnI InterIIt.

(1) Arch. municip., BB. 19.
(2) Arch. municip., BB. 18.

CHAPITRE XII

Médaille offerte par les bourgeois à leurs échevins en commémoration du sacre de Louis XV. — *La Suette.* — Incendie au faubourg du Rivage. — Première visite de Mgr Baglion de la Salle, évêque d'Arras. — Mort du chevalier comte de Vauban. — Ses funérailles. — Première entrée de M. de Chauvelin. — Sa réception. — La coqueluche. — Cherté du blé. — Épizootie. — Passage et séjour de Louis XV. — Deuxième passage de ce monarque. — Sa maladie à Metz. — Prières de la ville tout entière pour sa guérison. — Élévation excessive et intempestive de la température. — Le régicide Robert-François Damiens. — Différents édits de Louis XV concernant la nomination des notables, des échevins et du maire. — Mort de Louis XV.

Depuis le terrible siège qu'elle avait subi en 1710, la ville de Béthune s'appliquait tout particulièrement à relever ses fortifications de leur ruine. Elle comptait sur le règne de Louis XV pour être aidée dans l'achèvement de ces travaux de réparations. Aussi le sacre du nouveau monarque, qui eut lieu à Reims le 25 octobre 1722, avec une magnificence inouïe, fut-il salué dans cette cité par d'unanimes acclamations. Les Béthunois, pour témoigner, par un acte durable, de leur attachement au jeune monarque, firent exécuter, avec l'autorisation de M. de Chauvelin, intendant de la province d'Artois, une grande et magnifique médaille en vermeil qu'ils offrirent, en commémoration de ce sacre, au corps échevinal. Cette médaille à laquelle était fixé un anneau qui permettait de la porter dans les cérémonies publiques, présente, à l'avers, la tête à longue chevelure et couronnée du jeune roi, entourée de cette légende chronographique :

Louis XV

saCrI reGIs CaVsa DatVM senatVI bethVnes
Donné aux échevins à l'occasion du sacre du roi, 1723

VUE DE BÉTHUNE

D'après Van der Meulen.

Le revers porte les armes de Béthune avec supports et cimier; à l'entour, on lit : *domino Chauvelin tunc Artesiæ præside,* sous l'administration du seigneur Chauvelin, intendant de l'Artois.

La joie, fondée sur l'espérance, était grande dans tous les cœurs, lorsque une maladie contagieuse, appelée la *Suette,* fit son apparition funèbre dans cette cité au mois de juillet 1723. Elle venait de Vitry où elle avait fait d'affreux ravages. Les malades étaient couverts d'une sueur abondante qui s'exhalait sous la forme d'une vapeur épaisse et répandait une odeur assez semblable à celle de la paille pourrie. En même temps, ils étaient pris de vertiges; en proie à une violente céphalalgie, ils éprouvaient des nausées, faisaient des efforts pour vomir. Ils succombaient en douze ou vingt-quatre heures tout au plus. L'air était infecté au point que les oiseaux quittaient la ville. Les autres animaux périssaient, frappés eux-mêmes par la maladie; et bientôt leurs cadavres devenaient des éléments nouveaux d'infection. C'est ce qui porta les échevins à ordonner *de tuer les pigeons, de retenir les chiens dans les maisons, de se débarrasser des cochons.*

Le traitement employé contre cette maladie fut de deux sortes: le premier, exclusivement échauffant, consistait à augmenter les sueurs. Les résultats en furent désastreux. Le second, absolument opposé à cette médication, était antiphlogistique, consistant en boissons délayantes, petite saignée, couvertures légères sur les malades. Cette pratique eut des succès. D'autres médecins conseillèrent comme spécifique l'application *d'un oignon blanc sur l'estomac.* Ce remède, — le croira-t-on? — fut le plus efficace. Quoiqu'il en soit, la mortalité fut énorme. Le 22, 23, 24 août, la maladie fit 20 victimes. Le jour de la St-Barthélemy, on en compta 15. Aucun soldat ne fut atteint. Il est à remarquer que les chances de mort furent plus considérables à la fin de l'épidémie qu'à son début et même au *summum* de son développement. La terreur était à son comble. Pour ne pas l'augmenter, il fut défendu par le magistrat de sonner ni de chanter pour les morts, ni d'enterrer aucun cadavre dans les églises. Toutes les classes de la société payèrent leur tribut à l'épidémie. Aucun quartier de la ville ne fut épargné (1). Les magistrats firent célébrer dans la chapelle de l'hôtel de ville, en l'honneur de St-Eloi, patron de la ville, deux messes, l'une pour être préservés de la *Suette*, l'autre en actions de grâces après la cessation du fléau.

Le 3 septembre 1726, le faubourg du Rivage fut particulièrement éprouvé par une calamité d'une autre nature. Un incendie s'y déclara et y détruisit vingt maisons situées le long du canal.

Le 14 octobre 1730, la ville de Béthune se parait de ses plus beaux ornements de fête. Mgr Baglion de la Salle, évêque d'Arras, y faisait sa première entrée. Un escadron de dragons s'avança à la rencontre du prélat jusqu'aux limites de la banlieue et le conduisit chez le prévôt du chapitre où il fut complimenté par les autorités. Les magistrats lui présentèrent les vins d'honneur et le suivirent processionnellement à l'église St-Barthélemy où fut chanté un *Te Deum* (2).

Le 10 avril 1734, la ville tout entière était en deuil. Elle pleurait la mort du chevalier comte de Vauban, lieutenant-général des armées du roi, grand-croix de l'ordre royal et militaire de St-Louis, gouverneur à vie des ville et château de Béthune, ingénieur général, directeur des fortifications des places de la province d'Artois, seigneur de Vauban, Boyer, Mélertine, Moulin-sous-la-Recouvre, Buoseul, Poison la Battie, de Magny..... La mort de ce vaillant homme de guerre fut annoncée par un coup de canon. A six

(1) Arch. municip., GG. 16.
(2) Arch. municip., CC. 737.

heures du soir, eut lieu son enterrement. Toute la garnison en armes bordait les rues par lesquelles le convoi passa pour se rendre à l'église St-Barthélemy où fut célébré le service funèbre. Trente personnes notables de la ville portaient des flambeaux, comme elles avaient coutume de le faire aux grandes processions. Les quatre coins du poêle étaient tenus par MM. d'Assignies, colonel; Gérin, lieutenant-colonel; Fabre, capitaine de l'état-major de la place; et Darras, ingénieur en chef. M. le comte de Ghistelle, en long habit de deuil, ayant à ses côtés comme deuillant M. de Miremont, commandant, suivait immédiatement le corps ; venaient ensuite les officiers du roi, de la gouvernance, MM. du magistrat en corps, les officiers de la garnison, une foule de prêtres, religieux et séculiers. On chanta les vêpres des morts pendant lesquelles on fit trois salves de cinq grosses pièces de canon. Le corps à sa sortie de l'église St-Barthélemy fut conduit processionnellement dans celle des Capucins où il fut inhumé, au bruit de trois décharges de toute la mousqueterie de la garnison.

Le lendemain à onze heures, le service solennel fut chanté par le curé de Sainte-Croix. Toutes les autorités y assistèrent. « *Le service coûta cent livres* (1) ».

A cette solennité funèbre succéda, l'année suivante, une fête radieuse. Ce sont là les contrastes qui remplissent, d'ordinaire, la vie des individus et des peuples. M. de Chauvelin, intendant de la province, fit sa première entrée à Béthune le 2 avril 1732. Il venait de l'abbaye de Chocques où il avait procédé à l'élection du nouvel abbé, nommé Floride Delassus. Il arriva par le faubourg de la Porte-Neuve. Les échevins firent mettre sous les armes les confréries d'archers, d'arbalétriers et de canonniers et se rendirent à sa rencontre à l'extrémité de la banlieue. A son

(1) Arch. municip., BB. 19.

arrivée, il fut salué par plusieurs décharges de mousqueterie; il logea chez M. Delvigne, son subdélégué dont l'hôtel était situé derrière la chapelle St-Nicolas devenue celle des charitables de St-Eloi. Il y reçut le corps échevinal qui lui présenta les vins d'honneur (1).

Les calamités de tous genres allaient reparaître dans Béthune. Au mois de novembre de l'année 1733, la *Coqueluge* se déclara dans cette ville, effrayant toute la population, mais faisant peu de victimes.

En 1740, les blés ayant été gelés en terre, se vendirent à Béthune 20 et 22 livres la rasière, alors que dans les années ordinaires on ne payait, pour la même mesure, que six livres.

En 1744, il y eut une épizootie dont il fut impossible de connaître la cause et qui enleva la presque totalité des bêtes à cornes du pays.

La même année, la guerre qui se faisait sans être déclarée, en Autriche par les armées du roi de France, avait son principal théâtre dans les Pays-Bas. Louis XV, après avoir fait en personne les sièges de Menin, d'Ypres et de Furnes, voulut visiter Dunkerque pour se rendre compte des fortifications de cette place. Il partit, à cet effet, de Lille le 2 juillet 1744, accompagné des ducs de Chartres, de Boufflers, de Noailles, du prince Charles, du ministre de la guerre d'Argenson. Le lendemain (2) il arriva à Béthune où il fut complimenté par MM. du Magistrat qui lui présentèrent les clefs de la ville sur un plat en vermeil. Le représentant des autorités municipales s'était mis en frais pour adresser au monarque une harangue. Mais à peine avait-il commencé son discours que sa voix fut couverte par les cris mille fois répétés de : Vive le roi ! Louis XV, plus satisfait de ces acclamations que de la harangue, traversa la ville,

---

(1) Arch. municip.
(2) Victor Derode, histoire de Lille, t. II, p. 317.

au bruit du canon et des vivats ininterrompus du peuple. Toutes les rues étaient sablées, les maisons étaient pavoisées et ornées de guirlandes, de couronnes de fleurs, de branches de lauriers, entremêlées d'inscriptions à la gloire de Sa Majesté. Louis XV, profondément touché à la vue de toutes ces décorations qui témoignaient de la finesse et de la délicatesse du goût artistique de nos pères, honora cette ville du beau surnom de *française* (1). Aux cris de vive le roi, il répondait : « Vive Béthune la française ! » Si nous en croyons une chronique anonyme de ce temps, Louis XV s'est plu, dans ce voyage, à résumer en quelques mots ses impressions sur les villes qu'il visitait : Valenciennes, la *puante*; Lille, la *parisienne*; Béthune, la *française*; Aire, la *hongroise*; Saint-Omer, la *gloire*; Dunkerque, la *jolie*; Arras, la *prévenante* (2).

Le roi prit son logement à l'hôtel du prince de Ghistelle, connu sous le nom de l'hôtel de St-Floris, dans la rue des Grands-Becquereaux, « *où il fit un léger souper.* » A la même heure, un magnifique repas était offert dans le vaste salon de l'hôtel de ville aux officiers du roi. Peu d'entre eux assistèrent à ce repas, exténués de fatigue, la plupart de ces officiers aimèrent mieux se reposer que banqueter. Les habitants de Béthune qui, tous, avaient illuminé leurs demeures, passèrent la nuit à crier : *Vive le roi ! en buvant à sa santé.* Le lendemain vers cinq heures du matin, Sa Majesté qui, sûrement, n'avait point dormi dans les voluptés, entendit la messe, célébrée dans l'oratoire privé de M. de Ghistelle par M. Cailléret, curé de Sainte-Croix. Après la messe, Sa Majesté partit pour Dunkerque.

A ce sujet, nous lisons dans nos archives municipales : « Tout curé dans la paroisse duquel le roi couche
« est son aumônier, tel est l'usage. C'est à ce titre que

(1) Histoire anonyme de Béthune.
(2) Cette chronique a été imprimée le 28 octobre 1885, à Lille, par les soins de M. Quarré-Reybourbon. — Voir page 43 et 44.

« M. Cailléret reçut, pour honoraires de sa messe,
« trente-cinq sols six deniers, selon le tiqué de la
« cour (sic). Ces trente-cinq sols six deniers sont une
« offrande que le roi fait donner tous les jours au curé
« de Versailles quand il y entend la messe.

« Après la messe, est-il écrit dans ces archives, il
« porta au roi à baiser le corporal sur lequel il avait
« offert le sacrifice. »

Le 22 du même mois, le roi revint de Dunkerque à Béthune où il fut reçu, non pas avec froideur (1) comme l'a écrit Voltaire, mais avec le même enthousiasme et une plus grande magnificence, les habitants et la municipalité ayant eu plus de temps pour préparer l'ornementation de la ville. Sa Majesté, qui était accompagnée de Mgr l'évêque de Soissons, grand aumônier et de M. de la Fère, logea de nouveau à l'hôtel de Ghistelle. Le lendemain, le roi partit pour Arras et de là pour l'Alsace où il allait disputer le passage du Rhin au prince Charles, duc de Lorraine. Mais le Dieu des armées en disposa autrement. Arrivé à Metz, il tomba subitement malade des suites d'une fatigue à laquelle sa vie molle et efféminée ne l'avait point habitué ; en peu de jours, il fut en danger de mort. Dès que la nouvelle s'en répandit dans Béthune, la ville tout entière en fut douloureusement émue ; les habitants se précipitèrent à flots dans les églises et chapelles, pour obtenir de Dieu la guérison du roi ; le magistrat demanda des prières publiques et notamment une procession solennelle à laquelle toutes les autorités locales s'empressèrent d'assister. Le roi revint à la santé, et le peuple de Béthune, qui naguère était dans les oratoires publics et privés avec des gémissements et des pleurs, s'y précipita avec des actions de grâces et une joie universelle. Il y eut une seconde procession dans toute la ville pour remercier Dieu de cette guérison.

(1) Voltaire, siècle de Louis XV, p. 417.

L'histoire, ne pouvant attribuer cet enthousiasme aux grandes qualités de Louis XV, doit se borner à le mentionner. Ajoutons cependant, pour être juste, que Louis XV, doué d'un beau visage et de manières séduisantes, s'embellissait encore aux yeux des Béthunois de tout le prestige dont il s'était entouré, dans cette ville, lors de son dernier passage qui n'avait été qu'une étape vers l'Alsace où il allait, poussé par un amour de gloire, affronter les dangers de la guerre à la tête de son armée.

L'esprit national qui, dans cette circonstance, semblait, pour ainsi dire, incarné dans le roi, vivait au cœur du peuple de Béthune. Le 29 avril 1749, les échevins de cette ville décidèrent qu'ils feraient entre eux l'avance de 220 écus à la caisse municipale, pour payer des médailles que les Etats de la province d'Artois faisaient frapper à Paris, en souvenir de la paix récemment conclue à Aix-la-Chapelle. Nos édiles comptaient avec raison se couvrir de cette avance par les revenus de la ville. A cette délibération vraiment patriotique, M. de Chauvelin, intendant de la province, répondait par ces mots aussi brefs que durs : « Il n'y a qu'à se passer de médailles pour « cette fois et songer à arranger mieux les affaires « de votre ville. »

Telle était alors la disposition du gouvernement de comprimer les sentiments élevés de l'âme, d'étouffer les inspirations généreuses et d'exercer, de préférence, l'activité du peuple à la gestion des affaires exclusivement matérielles. Dieu qui voulait rappeler les hommes à de plus saines occupations leur envoya des calamités.

En 1755, d'affreux désastres ravagèrent les quatre parties du globe. On vit presque en même temps le sol s'ébranler et s'entr'ouvrir, la mer sortir de ses limites pour renverser des villes et engloutir leurs malheureux habitants sous leurs ruines. Du 12 au 21 avril, une chaleur excessive se fit sentir dans le pays d'Artois et plus particulièrement dans les environs de Béthune. Cette élévation intempestive de la température amena bientôt des maladies épidémiques auxquelles succombèrent de nombreuses victimes.

Un évènement ou plutôt un crime imprévu faillit ajouter à ces calamités. Le 4 janvier 1757, à 6 heures du soir, un homme se glisse à travers les gardes et les constructions qui entouraient le roi dans la cour du château de Versailles ; il heurte, en passant, le Dauphin, et d'un canif qu'il tient à la main il frappe le roi à la cinquième côte. Cet homme s'appelait Robert-François Damiens. La nouvelle de cet attentat mit l'émoi dans toute la ville de Béthune, où l'assassin était particulièrement connu. Né à la Thieuloy, près St-Pol, il avait demeuré, en 1734, à l'âge de 16 ans, chez son grand oncle maternel, Jacques-Louis Guillemant, cabaretier à Béthune ; puis, en qualité d'apprenti, chez un serrurier, nommé Beauvente, dans la rue du Rivage. Ses inclinations vicieuses, pendant son séjour de quelques années dans cette ville, le firent appeler *Robert le Diable*. Après avoir quitté son bon parent qui l'avait comblé de bienfaits et pour lequel il n'avait eu que de l'ingratitude, il ne reparut à Béthune qu'en 1756, 8 juillet, lors d'un voyage qu'il fit à Arques, où il allait voir son père, portier de la prévôté de ce village, dépendance de l'abbaye de St-Bertin. Par arrêt du parlement, sa famille fut bannie sous peine de mort et forcée de changer de nom. Il ne resta donc dans le pays aucun de ses descendants et ascendants ni même peut-être de ses autres parents.

Un autre évènement, arrivé cinq ans après ce régicide, suscita dans toute la ville de Béthune de violentes récriminations. Par un édit du 1er avril 1762, le roi ordonnait aux Jésuites de cette commune de fermer leur collège. Tous les habitants protestèrent contre une semblable ordonnance.

Dans un autre ordre de choses, le roi, par un édit du mois d'août 1764, ordonne qu'à l'avenir les échevins des villes et bourgs de l'Artois soient élus par les notables de leur commune. C'était un acte d'opposition aux traditions et aspirations de la ville de Béthune, sans aucun avantage pour le pouvoir centralisateur. Louis XIV était entré dans cette voie. Mais en touchant, pour les dominer, aux libertés communales, il avait pour excuse d'établir, en l'absence de l'unité morale qui commençait à manquer à la société, la concentration politique devenue, dès lors, dans l'intérêt de la France, une loi de nécessité. Quoiqu'il en soit, en vertu de l'ordonnance de Louis XV, les notables, au nombre de trente-six, choisis dans les trois ordres du clergé, de la noblesse et du tiers-état, et ainsi répartis, six ecclésiastiques, douze nobles, dix-huit bourgeois, auxquels se réunirent les échevins, procédèrent, le 8 novembre 1764, à l'élection des nouveaux membres de l'échevinage. Les anciens, s'étant donné réciproquement leur voix, furent tous réélus. Ils prétendirent avoir le droit de garder pour eux les offices, tels que ceux de prévôt, de mayeurs, dont ils étaient revêtus avant la publication de l'édit royal. Les notables protestèrent contre une telle prétention, disant que, selon l'esprit et même la lettre de cet édit, les offices de prévôt, de mayeurs, de conseiller-pensionnaire n'avaient aucune raison d'être et n'étaient en réalité, que des charges dispendieuses pour la ville. Un des membres de la noblesse alla jusqu'à formuler, sur ce point, le blâme suivant : « c'est par erreur que
« les mayeurs et prévôt se croient échevins; ce ne
« sont que des suppôts de l'échevinage qui, par sur-
« prise, ont toujours voulu s'élever au rang d'éche-
« vins. »

D'après le même édit, les notables étaient appelés à traiter de toutes les affaires de la commune, concurremment avec les officiers municipaux. Voulant user de ce droit, les notables s'assemblèrent, le 23 janvier 1765, et délibérèrent, malgré l'absence des échevins.

Au mois de mai de la même année, le nombre des notables, appelés à s'occuper des affaires communales, était réduit, par un nouvel édit royal, à quatorze ainsi répartis : deux prêtres, quatre nobles et huit bourgeois.

D'après un troisième édit royal, promulgué le 9 octobre suivant, le corps municipal devait être renouvelé intégralement et composé à l'avenir d'un maire, de dix échevins, d'un procureur-syndic, d'un greffier et d'un argentier. Les quatorze notables, dont la nomination, pour être légale, devait être approuvée par le roi, étaient chargés de procéder à l'élection des échevins en présence du grand-bailli. Le roi, revenant aux errements de Louis XIV, se réservait la nomination du maire sur la présentation par les notables de trois candidats. Les fonctions du maire devaient durer trois ans. Son traitement annuel était fixé à six cents livres. Louis XV, ayant aboli la vénalité des charges, n'exigeait rien, en faveur de l'Etat, pour cette nomination. Les échevins étaient renouvelables par moitié chaque année. Leur traitement annuel ainsi que celui du procureur-syndic était de trois cents livres.

Par un quatrième édit, en date du 15 juillet 1768, le corps de ville fut composé d'un mayeur autrement dit maire, de six échevins pris dans les proportions suivantes : un noble, deux gradués et trois bourgeois vivant de leurs biens, tels que notaires, procureurs, négociants, marchands ayant boutiques ouvertes (art. 2). En outre, d'après l'art. 6, il devait y avoir un procureur-syndic juridictionnel, un secrétaire-greffier, un receveur ou argentier. Le mayeur était nommé par le roi; ses fonctions devaient durer trois ans. Les échevins étaient élus pour deux ans. L'article 10 ordonnait que le 31 décembre de chaque année, il serait procédé à une nouvelle élection de trois échevins. Ils étaient élus par une assemblée, comprenant les mayeur et échevins en exercice, et douze notables choisis dans les trois ordres de la ville, savoir : un ecclésiastique, un noble, et dix bourgeois. Ces notables étaient eux-mêmes choisis par les députés du corps auquel ils appartenaient. Les nobles avaient leurs députés, les ecclésiastiques les leurs et les corps et métiers les leurs. Chacun des corps et communautés avait droit d'avoir son député; tous les mandataires des corps d'arts et métiers devaient nommer entre eux six députés (art. 17). Les élections des députés et celles des notables devaient avoir lieu les mêmes jours.

En 1768, les avocats de la ville firent paraître une mémoire dénonçant la nullité des élections faites, dans l'année, sous l'administration du maire, M. le comte de Marles, qu'ils accusaient d'avoir violé, en plusieurs points importants, l'édit dont nous venons de parler.

Par un cinquième édit, en date du mois de novembre 1773, le roi fixa la composition du corps échevinal de cette commune et le mode de son renouvellement. Cet édit eut ses effets jusqu'à la révolution de 1789; nous en donnons le précis :

« Le corps de la ville de Béthune sera composé
« d'un mayeur (maire) et de six échevins, savoir : un
« noble, deux gradués et trois bourgeois vivant de
« leurs biens, tels que notaires, procureurs, négo-
« ciants ou marchands ayant boutique ouverte.

« Il y aura, en outre, un procureur du roi-syndic,
« qui continuera comme par le passé à assister aux
« assemblées ordinaires et extraordinaires du corps de

« la ville et à y faire les fonctions de son office dans les
« matières ordinaires de judicature et de police.

« Il y aura aussi un secrétaire-greffier et un tréso-
« rier-receveur.

« La nomination des maires nous appartiendra,
« nous réservant de les choisir parmi les trois sujets
« qui nous seront présentés par les Etats d'Artois et
« deux membres de chaque corps municipal. Le
« maire est nommé pour trois ans et ne sera rééligi-
« ble qu'après un intervalle de trois ans. Les maires
« prêteront serment entre les mains du grand-bailli.

« Les Etats d'Artois et deux membres de chaque
« corps municipal nommeront six échevins, dont les
« fonctions dureront deux ans et seront renouvena-
« bles par moitié chaque année.

« Les échevins en exercice enverront, tous les ans,
« aux Etats d'Artois, une liste d'hommes capables
« d'être choisis comme maire ou échevins.

« Dans les cas extraordinaires, les échevins sortis
« d'exercice l'année précédente seront appelés à en
« délibérer.

« Le procureur du roi-syndic, le greffier et le rece-
« veur, seront nommés par les Etats pour trois ans,
« après lesquels ils pourront être maintenus dans
« leurs fonctions.

« Pour être éligibles comme maire, ou échevins,
« ou procureur-syndic, ou greffier, ou receveur, il
« faudra être âgé de 25 ans au moins et être domici-
« lié dans la commune depuis quatre ans. Tous les
« serviteurs et domestiques de la Municipalité seront
« nommés par le maire et les échevins à la pluralité
« des voix.

« Traitements annuels du maire, 600 francs; de
« chaque échevin et du procureur-syndic, 300 francs;
« du secrétaire-greffier, 600 francs; du trésorier-re-
« ceveur, 800 francs.

« Les recettes et les dépenses seront marquées
« jour par jour. »

« Les mandements ou mandats devront être signés
« du maire, d'un échevin au moins et du secrétaire
« greffier.

« Les mandats seront inscrits sur un registre à
« part.

« Chaque mois, le receveur présentera son compte
« de recettes et de dépenses qui sera signé par un
« échevin.

« Tous les ans, au plus tard dans le mois de mars,
« il présentera son compte de l'année précédente; le-
« quel compte sera adressé au commissaire de la pro-
« vince pour être vu et examiné » (1).

En multipliant, à des intervalles si rapprochés, ces différents édits touchant le même objet et pour la même ville, Louis XV, était loin de se conformer aux enseignements de Montesquieu sur cette matière : « il est quelquefois nécessaire, disait, en 1748, ce « grand écrivain, de changer certaines lois. Mais le « cas est rare, et lorsqu'il arrive, il n'y faut toucher « que d'une main tremblante. On y doit observer tant « de solennité et apporter tant de précautions que le « peuple en conclue naturellement que les lois sont « bien saintes, puisqu'il faut tant de formalités pour « les abroger »

Naturellement aussi de la pratique opposée le peuple tire une conclusion contraire.

L'ordonnance de 1773 est la dernière que Louis XV ait adressée à la ville de Béthune. Le 4 mai 1774, la nouvelle arrivait dans cette cité que le roi était dangereusement malade. Mgr de Conzié, évêque d'Arras, qui se trouvait en tournée pastorale à Béthune, ordonna des prières publiques auxquelles il présida en présence de toutes les autorités. La foule ne remplit

(1) Arch. municip.

point les églises; on ne versa point de larmes, comme on l'avait fait pendant la maladie du roi à Metz. On avait cessé de trembler pour les jours de Louis XV. Le 10 mai, on annonçait au peuple que Louis XV était mort, après avoir demandé personnellement pardon à Dieu et par son grand aumônier à sa cour des scandales de sa vie. Ces remords, quoique tardifs, produisirent à Béthune une profonde sensation; ce fut sous l'impression de la pensée de cette fin heureusement chrétienne que, le 30 du même mois, on célébra le service du monarque dans l'église St-Barthélemy. Cette solennité funèbre fut des plus imposantes.

Nous trouvons, à cette occasion, cette mention dans les comptes de la ville : « A M. le chevalier Dupire « d'Hinges, Langlé, peintre, Vanbrisbrouck, tapis- « sier, et Fremin, sculpteur, pour dépenses faites « pour le service solennel de S. M. Louis XV, 295 li- « vres 16 sous » (1).

(1) Arch. municip., CC., 437.

CHAPITRE XIII

Inauguration du règne de Louis XVI, au moment où la Révolution s'apprête à commencer ses œuvres de destruction dans Béthune. — Attentats contre la clôture de deux couvents de religieuses. — Punition des coupables — Leur grâce. — Étrange conduite d'un chanoine renonçant aux privilèges attachés à son titre de noblesse, et les réclamant un peu plus tard. — Le mot *citoyen* employé dans un acte officiel de l'échevinage en 1781. — Le duc de Sully obtient, du roi, en échange de plusieurs propriétés, la seigneurie de Béthune. — Passage dans cette ville du grand duc Paul de Russie. — Apparition d'un ballon à Beuvry. — Convocation des *États-Généraux*. — Réunion des trois ordres des *États d'Artois* pour la nomination de leurs députés et la rédaction de leurs cahiers de doléances. — Analyse du cahier de doléances du *Tiers-État*. — Boudart, curé de Lacouture, et Bébin, curé d'Hersin, nommés députés du clergé, n'étaient que deux nullités orgueilleuses. — Divers fléaux ravagent Béthune et y amènent une effroyable disette. — La journée dite de *fausse alerte*. — *Contributions patriotiques.* — Rapports pleins de cordialité entre les nobles et les non-nobles. Réformes administratives touchant les divisions en département, districts, cantons et communes. — Formation des listes électorales. — Nomination des officiers municipaux, des administrateurs du district, selon le mode susdit d'élections. — Insubordination du régiment de Vivarais. — Insurrection de femmes voulant empêcher le chargement de blé sur un bateau en partance pour St-Omer. — Renonciation du chapitre de Saint-Barthélemy à la dîme qu'il percevait au faubourg d'Arras. — Le montant des dîmes perçues en 1703 par la paroisse de St-Vaast. — Vente des biens ecclésiastiques. — Relevé de ces biens situés à Béthune. — La Constitution civile du clergé. — Création d'un tribunal de première instance et d'une justice de paix. — Nominations par la Municipalité des curés et vicaires des paroisses Ste-Croix et St-Vaast. — La Municipalité demande qu'une messe d'actions de grâces soit célébrée dans l'église des Oratoriens pour la conservation des jours du bon roi Louis XVI. — Circonscriptions des paroisses par la Municipalité. — Fermeture de plusieurs couvents. — Dispersion des religieux. — Troubles, désordres, pendant la messe dans la chapelle des Annonciades. — La Municipalité est accusée, vraisemblablement à tort, d'avoir fomenté ces désordres. — Proclamation de la Constitution sur les places et marchés de la ville. — Portrait de Duquesnoy, représentant du peuple à l'Assemblée législative. — Création de billets de confiance. — Élection de plusieurs curés du district. — Émeute de la grande majorité des habitants qui déclarent vouloir assister aux offices religieux célébrés dans les chapelles des couvents. — Visite domiciliaire dans les couvents de femmes où la Municipalité croyait trouver des religieuses folles ou idiotes. — Les habitants de Béthune prêtent leur concours à ceux de Lille pendant le siège de cette ville. — Expulsion des religieuses et des religieux de leurs couvents. — Nomination de Duquesnoy, de Bouvigny, et de Bollet, de Cuinchy, comme représentants à la Convention.

Au moment où Louis XVI prenait en mains la direction du char de l'Etat, la Révolution était en marche, s'avançant à grands pas, sous la conduite d'une philosophie antireligieuse et libertine, et décélant son approche par des actes tels que ceux qui se produisirent alors à Béthune. Le 28 décembre 1778, trois échevins faisaient enfoncer les portes du couvent des Conceptionnistes et de celui des Annonciades qui se refusaient à recevoir dans leur grenier les grains du service des vivres militaires. A cet acte sacrilège ils ajoutaient, par un mépris de l'autorité civile, des paroles impertinentes contre M. de Calonne, intendant de la province, qui leur avait indiqué un autre local pour emmagasiner ce grain. Le roi, instruit de ces méfaits, condamnables au double point de vue religieux et politique, déclara, par une ordonnance en date du 25 janvier 1779, que ces trois échevins étaient exclus de leur office, inhabiles à les réoccuper dans l'avenir et à remplir aucunes autres fonctions publiques. Cependant sur les instances respectueuses des autres membres du corps de ville, en date du 2 février, Sa Majesté relevait les coupables, le 11 avril, de toutes les inhabiletés et peines qu'ils avaient encourues.

Il devait y avoir dans les esprits, à cette époque, un trouble bien grand pour que des hommes comme MM. de Bailliencourt, Flahaut, ancien capitaine de dragons, chevalier de St-Louis, et Amas, avocat, se fussent rendus coupables d'une telle énormité (1).

Cette perturbation dans les intelligences datait de plus loin. Le 16 mars 1740, M. Antoine Dupuy de la Cressonnière, chanoine de St-Barthélemy, déclarait, devant les échevins, qu'il n'entendait plus profiter des privilèges et prérogatives de la noblesse. Il eut, en 1791, parmi la noblesse, des imitateurs qui déclarèrent que les titres civiques suffisaient désormais à quiconque était né sur le sol de France. Cependant, le 18 avril suivant, ce chanoine noble, se présentant de

(1) Arch. municip., BB. 24.

nouveau devant les échevins, les informait qu'il revenait sur sa renonciation et qu'il entendait se maintenir en sa noblesse. Son repentir, manifesté par ce dernier acte, fut également suivi plus tard par d'autres faits semblables.

Le mot *citoyen* qui, pendant la Révolution, remplaça l'appellation jugée *aristocratique de Monsieur* apparaissait, dès l'année 1781, dans les lettres officielles des échevins. Le 10 mars 1781, ils adressaient au duc de Sully, en faveur d'un sieur Delmotte, prêtre, une supplique ainsi conçue : « Nous osons, « Mgr, vous demander vos bontés pour ce *citoyen* « estimable et le recommander pour un canonicat « présentement vacant au chapitre de St-Barthélemy ». Ce mot *citoyen* ne fut publiquement employé à Lille qu'en 1784 (1). Nos magistrats avaient donc, sur ce point, devancé les Lillois.

Le 3 janvier 1787, les échevins, assemblés en conseil, prenaient connaissance d'un mémoire injurieux commençant par ces mots : « deux *citoyens* mari et femme ». A la suite de ce factum, se trouvait une consultation signée *le citoyen Robespierre, avocat* (2).

Cette appellation est un indice que les écrits de J. J. Rousseau, *le citoyen de Genève*, n'étaient pas inconnus dans cette ville, avant la révolution.

Les derniers vestiges de l'ancien régime allaient disparaître. Et, chose étrange ! ce fut alors, en 1766, que les descendants des premiers seigneurs de Béthune, voulant rappeler, à leur profit, les jours antiques de la féodalité, proposèrent au roi de lui céder la principauté de Boisbel et d'Enrichemont, située dans le Berry, en échange de la seigneurie de Béthune. Cette proposition fut acceptée par Louis XV le 24 septembre 1766, et ratifiée par Louis XVI le 12 décem-

(1) Victor Derode, *Hist. de Lille*, t. II.
(2) Arch. municip., BD. 24.

bre 1778. Les lettres-patentes données, en forme d'édit, à Versailles, au mois de février 1779, sont conçues dans les termes suivants : « Louis, par la
« grâce de Dieu, roi de France et de Navarre, pour
« par notre cousin le duc de Sully, ses hoirs, succes-
« seurs et ayant cause jouir en pleine propriété, à
« commencer du 1er juillet dernier, dudit comté de
« Béthune, aux mêmes titres, qualifications et déno-
« minations de comté, avec tous les droits de pro-
« priété de la haute, moyenne et basse justice tels et
« de même nature qu'ils appartiennent aux terres et
« seigneuries de semblable dignité et que d'ancienneté
« et par coutume les officiers de l'échevinage, gou-
« vernance et advoucrie de Béthune exerçent en notre
« nom, même de gruerie et tout ce qui concerne la
« matière des eaux et forêts dans les cas où les offi-
« ciers des seigneurs en peuvent connaître conformé-
« ment à l'édit de mars 1707 et aux déclarations des
« 1er mai 1708 et 8 janvier 1715 ; le tout à l'excep-
« tion tant du revêtement du château de Béthune fai-
« sant partie de l'enceinte de la ville que de l'en-
« ceinte dudit château dans tout son pourtour, ainsi
« que du reste des fortifications de ladite ville, y
« compris l'emplacement de l'ancien château où lo-
« geaient autrefois les anciens seigneurs, et la masse
« du bâtiment qui existe sur l'enceinte même, les-
« quels objets nous demeurent réservés...... »

Les Etats d'Artois déclarèrent, au mois d'avril 1779, que cet échange portait atteinte à la juridiction des échevins de Béthune qui, de tout temps, en vertu d'un pouvoir exclusivement communal, quelle que fût la forme des élections aux fonctions de mayeurs et d'é-chevins, avaient eu le droit de juger en première ins-tance, soit au civil, soit au criminel ; qu'à leur qualité de juges ordinaires ils joignaient celle d'offi-ciers municipaux pour l'administration des biens et revenus de la ville, relevant, pour ce double office, non du pouvoir du seigneur, mais uniquement de la commune dont ils étaient les représentants. Ils terminaient leurs requêtes en priant le roi de maintenir le maire et les échevins dans leurs droits, privilèges et prérogatives, sans y apporter aucun changement.

Après un commencement de débat contradictoire, le duc de Sully, prétextant la confusion de mouvance du marquisat de Lens avec celle du comté de Béthune, demanda en supplément de contre-échange ce marquisat ainsi que le droit de recouvrer tous les objets engagés qui en dépendaient.

Par acte du 31 août 1780, le roi accueillit ces nouvelles propositions du duc de Sully et lui céda le marquisat de Lens, quatre cents mesures de terre et *la cense taverne* autrement dite la *ferme du roi*, sise alors au faubourg du Rivage et présentement sur le territoire d'Essars (1). D'après une légende, cette ferme appartenait anciennement à deux frères nommés *Taverniers*; dans une querelle qui s'éleva entre eux, l'un fut tué; l'autre quitta la France et n'y revint plus. La ferme et ses dépendances, mises d'abord sous sequestre, furent plus tard réunies au domaine royal.

Maximilien-Armand-Antoine duc de Sully, devenu seigneur de Béthune, voulant relier, autant que possible, le présent au passé, et, pour ainsi dire, rajeunir le débris des vieilles institutions, se fit remettre par les Etats d'Artois, d'après un inventaire dressé par Godefroy, tous les anciens titres du comté de Béthune.

Par une condescendance qui rappelait celle de ses ancêtres à l'égard des bourgeois de Béthune, aux xie, xiie et xiiie siècles, il invita M. Amas, un des échevins de cette ville, à assister à son mariage. Le corps de ville lui adressait, à cette occasion, le 19 jan-

---

(1) Arch. municip., II., 88.

vier 1780, une lettre de respectueuse reconnaissance (1). C'est ainsi que le respect de la hiérarchie sociale continuait de s'unir, pour ainsi parler, à une condescendante cordialité entre ce seigneur et ses vassaux.

La ville de Béthune, quoique régie par un seigneur, n'oubliait pas qu'elle vivait sous le sceptre du roi de France. Aussi, s'empressa-t-elle de célébrer, le 18 octobre 1781, par un *Te Deum*, par une illumination et un feu de joie, la naissance du Dauphin (2).

L'année suivante, elle fêtait le passage d'un illustre étranger, ami de la France. Le 6 juillet 1782, le grand duc Paul de Russie, qui régna sous le nom de Paul Ier, et la grande duchesse sa femme, voyageant sous le nom de comte et comtesse du Nord, passèrent par Béthune. Les honneurs militaires leur furent rendus par le régiment de royale cavalerie dont le colonel était M. d'Ecquevilly (3).

Un autre spectacle dont la science fit son profit captiva les habitants de Béthune et de Beuvry; ce fut l'apparition d'un ballon. Le 19 septembre 1784, à midi, MM. Robert, frères, et Colin Hullin, leur beau-frère, s'élevèrent en ballon du jardin des Tuileries et opérèrent leur descente, le même jour, à six heures quarante minutes du soir, à Beuvry, à la bifurcation des routes de Lille et de Douai, vis-à-vis du château du prince de Ghistelles qui venait de lancer un petit ballon en papier lorsqu'il aperçut celui des aéronautes. C'était le premier aérostat qui eût paru dans le pays. Ce fut l'occasion d'une fête qui eut lieu, le jour même, chez le prince de Ghistelles, à Beuvry, et le lendemain chez le marquis de Gonis, à Béthune. Pour consacrer le souvenir de ce voyage aérien, on fit graver une image représentant le ballon retenu captif par les paysans; le village de Beuvry est dans

(1) Arch. municip., BB. 24.
(2) Arch. municip., BB. 24.
(3) Mémoire de la baronne d'Oberkirch.

le fond derrière un monticule; sur les hauteurs, on aperçoit le petit ballon du prince de Ghistelles. Au bas de l'image sont des vers en l'honneur des aéronautes. Il est regrettable que l'artiste n'y ait pas fait figurer le maréchal de Richelieu, le maréchal de Biron, le bailli de Suffren et le duc de Chaulnes retenant, à son départ des Tuileries, les quatre cordes du ballon. C'eût été l'histoire de cet aérostat, à son départ de Paris et à son arrivée à Beuvry.

Le procès-verbal qui constate l'apparition de cet aérostat à Beuvry fut signé par les autorités locales.

Si les grands ballons, inventés en 1783, par les frères Mongolfier, provoquaient des admirations et des fêtes, il n'en était pas de même des petits ballons. Le 7 mai 1784, les échevins de Béthune prenaient un arrêté par lequel ils « défendaient à tout individu de lancer des ballons sur le territoire de la commune afin d'éviter les incendies qu'ils pourraient occasionner ».

Le 8 août 1786, le seigneur de Béthune mourut à Paris, ayant pour successeur son fils, Maximilien Gabriel-Louis.

Béthune allait entrer dans une période d'agitation à laquelle prendrait part toute la France. Le 8 août 1788, *un arrêt du Conseil d'État du roi* fixait au 5 mai 1789 la tenue des États-Généraux du royaume qui n'avaient pas été convoqués depuis 1614.

Des réunions préparatoires s'organisèrent dans toute la province d'Artois pour l'élection des députés et la rédaction des cahiers de doléances. Les États d'Artois furent ouverts, le 29 décembre 1788. Dès la première séance des trois ordres, on déposa sur le bureau un arrêté que le Tiers-État venait de prendre dans sa chambre et dont les premières lignes révélaient le caractère révolutionnaire. Cet arrêté était signé par tous les députés, à l'exception de MM. *Hurbiez*, échevin de Béthune; *Coffin*, échevin d'Hesdin; et *Guffroy*, échevin de St-Pol, qui, pourtant, assistaient à cette réunion (1). Nous sommes en désaccord, sur ce point, avec M. Deramecourt qui affirme que cet arrêté fut voté, du moins dans ses conclusions, à l'unanimité, par les membres présents (2).

De leur côté, les députés de la noblesse et du clergé, malgré leurs divisions sur certains points touchant le mode d'élections pour les députés aux Etats-Généraux et leurs droits et prérogatives propres, s'unissaient pour protester contre les tendances de leurs collègues du Tiers-État, relativement aux innovations à introduire dans l'administration, ainsi que dans la constitution et le régime de la province.

Parmi les membres de la noblesse qui signèrent cette protestation, nous trouvons M. de Genevières du Vieilfort, de Vendin, demeurant à Béthune; M. Le Ricque du Marquais, demeurant également à Béthune.

Au nombre des membres du clergé signataires de la susdite protestation se trouvait M. Vollant de Berville, chanoine de la collégiale de Béthune.

Le 31 mars et le 4 avril, le baillage de Béthune rédigea son cahier de doléances. L'extrait que nous allons en donner est une excellente statistique de l'opinion du pays. On y trouve les germes de la Révolution.

Le baillage recommandait à ses mandataires de faire rédiger séparément le cahier du Tiers-État. Il « chargeait les députés de la province de remercier « le roi des très grandes marques de bonté paternelle « qu'il venait de donner à ses fidèles sujets en les « appelant autour de lui et d'assurer Sa Majesté de « toute la reconnaissance et du dévouement des habi- « tants du baillage ». La royauté, aux yeux des ha-

---

(1) Arch. municip. d'Arras, M. Paris, *la convocation des Etats-Généraux en Artois*, p. 200.
(2) M. Deramecourt, *le clergé du diocèse d'Arras*, t. I, p. 349.

bitants du baillage de Béthune, avait donc conservé son prestige. Le baillage proposait qu'à l'avenir on partageât l'Artois en autant de circonscriptions électorales qu'il devait y avoir de députés. — Les Etats-Généraux devraient examiner les doléances avant de voter l'impôt. — La liberté individuelle, la liberté de la presse « avec les modifications que les Etats trouveraient les plus convenables », la suppression de toutes les charges actuelles, remplacées par des impôts nouveaux et également répartis; la répression des banqueroutes frauduleuses; la suppression du colportage et des droits de maîtrise; l'égalité des poids et mesures, faisaient partie des réformes désirées en matière commerciale. Le baillage demandait que l'on mît « une grande différence dans les droits que
« payaient à leur entrée les marchandises étrangères
« ouvrées et les matières premières, et que les objets
« fabriqués en France fussent affranchis de tout impôt
« à la sortie du royaume ».

La réforme de la justice comportait la suppression des tribunaux d'exception et d'attribution, de la vénalité des charges et des épices accordées aux juges; les degrés de juridiction, en matière civile et criminelle, étaient réduits à deux; les tribunaux de première instance devaient être composés d'un bailli, d'un avocat du roi, de cinq juges nommés par le conseil d'Artois sur une liste de candidats que les assemblées baillagères présenteraient à raison de trois par siège vacant; aucune charge de judicature ne donnerait à l'avenir la noblesse transmissible. L'arrêt au corps était rétabli; le roi n'accorderait plus aux débiteurs aucune lettre de surséance. Les justices seigneuriales conserveraient leurs attributions; mais les baillis, procureurs fiscaux et greffiers résideraient au siège de la seigneurie; les baillis ne pourraient être, en même temps, receveurs du seigneur.

L'organisation de l'armée donnait lieu à d'importants et nombreux changements : les grades militaires devenaient accessibles au Tiers-État; la levée de la milice cessait en temps de paix ; on se contentait de percevoir alors une contribution annuelle destinée à lever, en temps de guerre, un régiment de soldats provinciaux; toutes les dépenses concernant le service militaire, chauffage et éclairage des soldats, logement des gouverneurs, des officiers généraux, des états-majors du génie et de l'artillerie restaient à la charge du gouvernement, au lieu de grever l'octroi des villes. Pendant la paix, les mouvements de troupes devaient s'opérer au printemps; « les chevaux et voitures destinés
« à conduire messieurs les officiers étaient payés par
« le trésor, afin que les cultivateurs fussent au moins
« défrayés de la perte que cette corvée leur occa-
« sionnait ».

On sait que la noblesse s'était fait exempter du paiement de la moitié du centième ordinaire; le baillage de Béthune exigeait que cette part d'impôt « indûment conservée par les contribuables privilégiés » fût restituée à la province. Il réclamait la suppression des garennes et pigeonniers; des péages, tonlieux, banalités, reliefs sur les cateux verts et secs, sauf dédommagement, si ces droits étaient fondés en titre; la destruction des moulins à eau, nuisibles aux campagnes par les inondations que les retenues occasionnaient. La question du plantis amenait le baillage de Béthune à proposer que l'on fixât la largeur des chemins viscomtiers; qu'on achevât les voies de communication d'un chemin royal à un autre, et que l'on créât des chemins de village à village, jusqu'aux grandes routes les plus voisines. Au nom de l'agriculture, on réclamait la suppression du règlement du Conseil d'Artois, concernant les coutres de charrue qu'il était défendu de laisser dans les champs. Les communes, disait-on, s'abonnaient avec la maréchaussée d'Artois chargée de l'application de ce règlement, afin de se débarrasser de ses visites.

Les doléances relatives aux biens du clergé rappelaient celles des autres baillages; la dîme devait être consacrée tout entière à l'entretien du curé, au service divin et au soulagement des indigents; les fonds appartenant aux réguliers y contribuaient comme ceux des laïques. A ces conditions, le casuel disparaissait, et les propriétés des fabriques étaient affectées à des établissements utiles. On défendait aux abbayes d'exploiter leurs terres par elles-mêmes; on supprimait les prieurés et prévôtés, en affectant leurs revenus à la création de trois hôpitaux destinés aux enfants trouvés, aux fous et aux incurables. On maintenait les bénéficiers, mais à la condition qu'ils fussent Artésiens ou domiciliés en Artois depuis dix ans, et qu'ils résidassent au siège de leur bénéfice, à peine de confiscation de leurs revenus au profit des pauvres.

Cette dernière partie des doléances n'était que le résumé d'un mémoire hostile au clergé séculier que le chevalier Dupire d'Hinges, maire de Béthune depuis le 8 août 1786, avait présenté à l'assemblée baillagère. « Je ne balance pas, disait l'auteur de ce « mémoire, à convertir la dîme en dîme nationale... « On ne peut, on ne doit se dissimuler que la régé- « nération ne tienne à l'exécution de ce projet ».

Pour en revenir aux doléances du baillage, la *commune de Béthune* prétendait administrer elle-même les biens de son collège, en consacrant les revenus de cette fondation à la subsistance des professeurs, à l'instruction publique et gratuite de la jeunesse béthunoise des deux sexes, et à la création de bourses pour les habitants des villages. Elle émettait en même temps le vœu de la formation d'un bureau de charité ainsi composé : les curés des deux paroisses de Béthune,

deux députés du chapitre St-Barthélemy, deux officiers du baillage, deux officiers du corps municipal et quatre notables. Ce bureau administrerait tous les biens de l'hôpital, de la pauvreté de la ville, de la charité et de toutes les autres fondations pieuses; disposerait des aumônes et donations qui lui seraient faites et consacrerait tous ses soins à l'extinction de la mendicité. « Chaque société, disaient les rédacteurs du
« cahier, doit fournir à la subsistance de ses membres
« invalides et nécessiteux, arrêter et punir tous les
« mendiants; tout Français, muni de certificats attes-
« tant bonne vie et mœurs intègres, doit être reçu
« partout où il voudra s'établir; s'il tombe dans l'in-
« digence, il doit être aidé par la société dont il sera
« devenu membre, sans qu'elle puisse le renvoyer au
« lieu de sa naissance ».

Chaque baillage de l'Artois avait été appelé à nommer des députés qui, le 20 avril 1789, se trouvèrent à Arras pour y rédiger le cahier général de la province et nommer ses députés aux Etats-Généraux. Le baillage de Béthune nomma, selon son droit, vingt députés dont les noms suivent : Bassecourt, de Labeuvrière; Bollet, de Cuinchy; Brassart, marchand, de Béthune; Bréhon, de Locon; Brodel, de Festubert; Crespin, de Carency; Delerue, d'Allouagne; Devaux, de Lacouture; Dubal, de Lestrem; Hennebelle, de Labuissière; Hochedez, de Nœux; Lecreux, d'Hesdigneul; Léturgie, d'Annezin; Pannier, de Locon; Peru, d'Hersin; Petitpas, de Mont-Bernanchon; Petitprez, de Lacouture; Platel, de Lestrem; Taffin, avocat, de Béthune; Vestertin, de Robecq.

D'après une délibération du même jour, à laquelle prirent part 488 représentants des baillages de l'Artois, la préparation du cahier général fut confiée à vingt-et-un commissaires pris au nombre de trois dans chaque baillage.

Les députés de Béthune furent : MM. Taffin, avocat à Béthune, Hochedez, de Nœux, et Bollet, de Cuinchy.

La commission consacra deux journées à l'examen des cahiers présentés par les huit baillages de l'Artois et à la préparation du cahier général du Tiers-État. Le 23 avril, le projet rédigé par la commission fut adopté à l'unanimité.

Les 24, 25, 26, 27 et 28 avril, l'ordre du Tiers-État procéda successivement à la nomination de ses députés aux Etats-Généraux. Aucun des huit députés élus n'appartenait à la ville de Béthune. Ceux de la noblesse ainsi que ceux du clergé lui étaient également étrangers (1).

Les représentants du clergé étaient : MM. Le Roulx, curé de St-Pol; Boudart, curé de Lacouture; Béhin, curé d'Hersin et Diot, curé de Ligny-sur-Canche.

On s'étonnera de ces choix, mais on se les expliquera peut-être en se reportant à la décision du roi du 27 décembre 1788, qui avait introduit dans les assemblées électorales du clergé une majorité de curés, « parce que ces bons et utiles pasteurs s'occupent de « près et journellement de l'indigence et de l'assis- « tance du peuple », d'où il suit « qu'ils connaissent « plus intimement ses maux. »

Ajouterons-nous que Mgr de Conzié, évêque d'Arras, ayant comme le disent certains auteurs (2), une conduite mondaine qui déplaisait beaucoup à son clergé, ne sollicita pas ses suffrages, certain qu'il était d'ailleurs de ne pas les obtenir. Les dignitaires ecclésiastiques et les réguliers eurent le même sort, pour avoir pris la défense du prélat contre la majorité des curés, moins soucieux du reste de l'honneur de leur évêque que des succès de leur propre ambition.

(1) Archives départementales. — M. Paris, convocations des Etats-Généraux en Artois, p. 405, 406, 407, 408.
(2) *Correspondance*, par Métra, XIV, 20 mai 1783. — *Le comte de Clermont*, par Jules Cousin. — *Journal de Collé*, III, 232 (juillet 1709). — Taine, *L'ancien régime*.

Les représentants de la noblesse se nommaient :
MM. Briois de Beaumetz ; le comte Charles de Lameth ; Le Sergent d'Isbergues et le comte de Croix.

MM. Payen, de Boiry-Becquerelle ; Brassart, avocat à Arras ; Fleury, de Coupelle-Vieille ; Vaillant, d'Arras ; Robespierre, d'Arras ; Petit, de Magnicourt-sur-Canche ; Boucher, d'Arras ; et Dubuisson, d'Inchy, représentaient le Tiers-État.

Il y eut une protestation touchant les élections des membres de la noblesse et du clergé. Parmi les nombreux signataires de cette protestation, en date du 29 avril 1789, contre l'élection des députés de la noblesse, nous citerons M. Dupire d'Hinges (le baron), grand bailli de Béthune ; de Genevières du Vieilfort, de Vendin, à Béthune ; le Ricque du Marquais, à Béthune.

Parmi les signataires de la protestation du 28 avril 1789 contre l'élection des députés du clergé, se trouvaient MM. d'Aix, prévôt de la collégiale de Béthune ; M. Amas, chanoine de cette collégiale ; Deliège, prieur des jacobins d'Arras, mandataire des Annonciades de Béthune ; de Forcrand, d'Arras, mandataire de la Paix de Béthune.

M. Boudart, curé de Lacouture, n'était pas précisément un Chrysostome ; les amateurs de satire trouveront dans le discours suivant qu'on lui *prête* une vraie satisfaction

« Discours prononcé à l'assemblée générale du clergé de l'Artois, le 29 avril 1789, par M. Boudart, curé de Lacouture, après son élection à la députation aux Etats-Généraux :

Messieurs,

« La députation que j'accepte, ça m' fait bien plaisir.... car certainement, messieurs, vous pouvez compter sur mon zèle et mon désintéressement. Et.... car je vous assure que je mettrai dans vos affaires le même intérêt que dans les miennes..... et vous me connaissez.

« Pour vous le prouver, je vais vous raconter en abrégé la conversation dans laquelle je suis entré.... dans la conversation de M. Laurent de Villedeuil, mon condisciple, mon compatriote et mon ami. Messieurs, je vous dirai que le 22 septembre dernier, j'étais avec M. Laurent de Villedeuil, qui me connaît particulièrement et qui me connaît. Eh bien! certainement, M. Laurent de Villedeuil, qui pouvait me faire obtenir quelque chose..... car il connaît la feuille des bénéfices. ... et certainement, messieurs..... Mais j'ai répondu à M. Laurent de Villedeuil : monsieur, ma fortune est faite et très-faite ; je ne demande rien de plus. Certainement, messieurs, c'est une preuve certaine qui doit vous prouver mon désintéressement. Oui, messieurs, je vous le répète : ma fortune est faite et parfaite; je n'ai besoin de rien..... j'ai ce qu'il me faut, et c'est bien une preuve que je suis désintéressé, et que je m'appliquerai aux affaires du clergé avec zèle et désintéressement ».

Dans un *avis aux curés*, M. Béhin, curé d'Hersin-Coupigny et futur député aux Etats-Généraux, se montrait l'ennemi violent du haut-clergé ainsi que du clergé régulier. Il faisait d'abord connaître à ses confrères que les « dignitaires ecclésiastiques, rendant
« justice au Tiers-État et même aux paysans, la dé-
« niaient au clergé inférieur qu'ils regardaient comme
« indigne de s'asseoir à côté d'eux, dans les assem-
« blées où le roi appelle tous les curés du royaume
« avec éloge. Il dénonçait les chanoines comme au-
« teurs principaux de ces injustes prétentions vis-à-vis
« du bas-clergé qu'on voudrait représenter comme
« croupissant également dans l'ignorance et dans
« l'humiliation. Mais enfin le roi, en rendant à ce
« bas-clergé une justice inattendue, lui a inspiré par

« là toute l'énergie qu'il doit avoir pour sortir de l'état
« d'oppression où il gémit depuis tant de siècles.....
« il profitera sans doute de l'assemblée des trois or-
« dres de la province qui va se tenir pour faire valoir
« ses réclamations, et il insistera sur cette grande
« vérité, dont le Tiers-État voulait pénétrer les indi-
« vidus de tous les ordres dans l'assemblée dernière,
« que nous ne devons plus songer à ce que nous
« avons été, mais à ce qui est de notre intérêt que
« nous soyons à l'avenir (1) ».

L'auteur de ce pamphlet se croyait une illustration; il n'était, en réalité, qu'un vulgaire ambitieux. Né à Béthune le 9 avril 1742, il est mort à Verdrel, hameau de Fresnicourt, le 1er janvier 1816. Il avait embrassé avec ardeur les idées de la Révolution et s'était marié.

Au moment où les Etats-Généraux s'assemblaient, pour la première fois, le 5 mai 1789, à Versailles, le peuple de la province d'Artois et celui de Béthune en particulier étaient dans un état de cruelle souffrance.

Divers fléaux parmi lesquels nous citerons une grêle épouvantable tombée le 13 juillet 1788 et un froid excessif pendant les mois de novembre et de décembre de la même année, avaient anéanti en Artois et notamment dans le bailluge de Béthune une grande partie des récoltes. Avec les épaves arrachées aux fléaux destructeurs, on avait vécu jusques au mois de mai de l'année suivante, mais en payant cher les denrées. Le moment approchait où les réserves, insuffisantes, d'ailleurs, allaient être complètement épuisées. Déjà un commencement de disette se faisait sentir. Le marché de cette ville qui jusque là avait été relativement assez bien approvisionné ne fournissait plus qu'une très minime quantité de grains vendus à des prix excessivement élevés. Le 25 juin 1789, le *magistrat*, corps municipal de l'époque, mandait aux dé-

(1) Avis aux curés, in 8°, p. 16.

putés d'Artois, parmi lesquels se trouvaient nos trois représentants MM. de Bailliencourt dit Courcol, Hurbiez et Capelle, que les habitants étaient menacés de manquer de pain. Pendant les mois de juillet, d'août et de septembre, ce cri d'alarme devint fréquent et de plus en plus pressant, il fut entendu en haut lieu; mais le secours ne vint pas, les députés de la province étant impuissants à faire arriver sur le marché de Béthune des grains qui ne se trouvaient pas dans les granges de la région.

A cette situation s'ajoutait la pénurie des finances de la ville qui, pour acheter du grain et subvenir aux besoins des indigents, dut emprunter une somme de trois mille francs à l'administration de l'hôpital.

Les officiers municipaux, faisant trêve, un moment, à leurs angoisses, votèrent, le 24 juillet 1789, aux députés de l'assemblée nationale une adresse de félicitations pour les délibérations que récemment ils avaient prises en séance à Versailles. Dans cette adresse, ils disaient « qu'ils n'attendaient pas moins
« des grandes qualités du souverain, de la bonté de
« son cœur et de son caractère connu, ainsi que de la
« conduite sage, ferme et courageuse des députés de
« la nation (1) ».

Nos officiers municipaux, confondant ainsi dans leurs félicitations le roi et l'assemblée nationale, voilaient sans doute leurs préférences politiques pour ne pas se compromettre devant les opinions et les partis qui se disputaient le pouvoir suprême. La peur qui, dans tous les temps et surtout aux jours des dangers, est la pire des conseillères, commençait à envahir les âmes.

Pour exalter, ce semble, les esprits par le sentiment d'un grand danger, des courriers traversèrent la France en tous sens, annonçant que des brigands

(1) Arch. municip.

parcouraient le pays en dévastateurs. De toutes parts arrivaient des récits atroces de maisons brûlées, de moissons pillées. Ces bruits alarmants se répandirent, le 29 juillet 1789, dans cette ville où ils produisirent une frayeur indicible. Béthune s'emplit de tumulte; on grossit l'épouvante; on allume les courages. Tout le monde demande des armes pour se défendre. On propose une garde bourgeoise. L'occasion était trouvée d'organiser les citoyens en gardes nationaux; tel fut le résultat de ce jour appelé celui de la *fausse alerte*.

La garde nationale de Béthune, au jour de sa formation, comprenait huit compagnies ou plutôt, comme on disait alors, huit *pelotons* qui nommèrent séparément leurs chefs. Le maire de Béthune en informait par lettre, le 14 août, son collègue de St-Pol.

La caisse municipale de Béthune était vide; la pénurie des finances de l'Etat était telle que Mirabeau s'écriait dans une séance célèbre de l'assemblée nationale : « *Aujourd'hui la banqueroute, la hideuse banqueroute est là; elle menace de consumer, vous, vos propriétés, votre honneur... et vous délibérez.* » On discutait, sur la proposition de Necker, un impôt du *quart du revenu*. L'impôt fut voté le 6 octobre 1789, on lui donna le nom de *contribution patriotique*. Dans chaque mairie fut ouvert un registre sur lequel devaient être inscrites les déclarations relatives à cet impôt. La première déclaration que nous lisons sur le registre de cette ville, est celle de M. Uzel qui, le 18 décembre 1789, accuse 300 livres pour quart de ses revenus. La dernière est celle de M. J. Boulanger, directeur principal des hôpitaux du Nord, qui s'inscrit pour 24 livres. La somme la plus forte est celle du P. Balland qui s'élève à 3.900 livres. La plus infime est celle de Lefebvre qui descend jusqu'à 36 sols. Le relevé suivant, quoiqu'incomplet de ces déclarations, nous donne une idée des sommes perçues à Béthune, sous le titre fallacieux de contributions patriotiques.

Le P. Balland, oratorien, chanoine, s'inscrit pour 3.900 livres; Mᵐᵉ de Béthune de Lierres, née Raparlier, s'incrit pour 2.800 livres; M. Dupire d'Hinges, pour 2.500 livres; d'Aix de Rœux, prévôt du chapitre, pour 2.160; De Giroult Michel, pour 2.000 livres; Sʳ Caullet, pour l'hôpital St-Jean, pour 1.598 livres; de Hamel Bellenglise, colonel, pour 1.537 livres; de La Plesse et veuve du Hays, pour 1.500 livres; de Raismes, pour 1.500 livres; veuve Damiens de Ranchicourt, pour 1.500 livres; de Boignorel, général, pour 1.200 livres; Saint-Victor, lieutenant-colonel, pour 1.112 livres; Cousin, marchand de vins, pour 1.000 livres.

Puis on lit : 18 individus payant 500 à 1.000 livres; 12 individus payant 400 à 500 livres; 25 individus payant 300 à 400 livres; 39 individus payant 200 à 300 livres; 47 individus payant 100 à 200 livres.

Les autres sommes qui figurent sur le registre ne montent pas à 100 livres.

Ces déclarations furent soumises à une enquête, introduite par la Municipalité qui, d'après ses appréciations, y fit de nombreuses corrections(1). Cet impôt produisit, dans toute la France, quatre-vingt-dix millions; cette somme fut à peine suffisante à couvrir les dépenses courantes de l'Etat.

On était à la veille de la Révolution, et toutes les classes de la société restaient unies, sous l'inspiration de la religion, dans un même amour de la patrie. Personne à Béthune ne manifestait envers les nobles qui étaient nombreux dans cette ville aucun sentiment d'hostilité. Les gentilshommes se montraient bienfaisants, et entretenaient avec toute la population des rapports fréquents et faciles. Au reste, la distinc-

(1) Arch. municip., BB. 24.

tion entre les nobles et les non nobles, quant à l'état des personnes, était devenue plus honorifique que réelle. Le droit exclusif de remplir les charges de Cour et de porter des armes, le privilège d'obtenir les grades militaires, l'exemption du droit de centième; tels étaient les seules prérogatives conservées à la noblesse par rapport aux roturiers. Ils n'obtenaient d'autres privilèges communaux qu'à la condition de se faire recevoir bourgeois de Béthune. Aussi les distinctions de la noblesse n'étaient pas jalousées.

Voici les noms des gentilshommes demeurant à Béthune en 1789 :

Rue St-Vaast : n° 14, M. Dupire, baron d'Hinges; n° 16, M. du Hays de la Plesse; n° 22, M. Lericque de Marquais, marquis de Sailly; n° 58, Mme de Mametz; en face de cet hôtel celui de Giroult.

Rue des Treilles : n° 33, le chevalier Dupire d'Hinges; n° 41, M. de Beaulaincourt; n° 26, M. Damiens de Ranchicourt.

Place du Marché-aux-Poulets : n° 6, M. de Genevières de Vieilfort.

Rue des Grands-Becquereaux : n° 1, M. le comte de Genevières; n° 5, M. de la Forge; n° 19, Mme de Furnale; 29, 31, 33, M. de Trezignies, auparavant hôtel de St-Floris ou de Ghistelles; n° 35, M. Cohen de Busnes; n° 18, M. de Beaulaincourt de Locon; n°s 14 et 16, hôtel du Caricul; n° 4, M. de Briois de Montgobert.

Rue des Petits-Becquereaux : n° 2, M. le comte de Lannoy; n° 8, M. Gosson d'Hurionval, précédemment M. de Briois de Salomé.

Place St-Vaast : n° 3, M. de Raismes d'Ezery.

Rue du Marais : n° 4, M. de Beaulaincourt de Bellenville.

Rue de l'Ermitage : n° 2, M. de Genevières Cocove.

Rue du Tir : n° 6, Mme la comtesse d'Oisy.

Rue de l'Esplanade : n° 14, Melle de Grand Rullecourt; n° 16, Melle de Villiers; n° 26, le général de Boignorel.

L'assemblée nationale, qui s'était donné la mission de détruire les institutions de la monarchie, commença ses réformes administratives par l'abolition des anciennes agrégations provinciales. La France fut divisée, par un décret du 22 décembre 1789, en départements, en districts, en cantons et en communes, qu'on chercha à égaliser sous le double rapport de l'étendue et de la population, tout en respectant, autant que possible, les limites antérieures fixées selon les besoins et les intérêts communs de ces diverses circonscriptions.

Béthune devint chef-lieu de district, faisant partie du département du Pas-de-Calais dont la ville d'Arras fut la capitale. Le district de Béthune, pour ne point parler des sept autres, fut composé des cantons de Béthune, de Beuvry, de Carvin, d'Hersin, d'Houdain, de Lacouture, de Laventie, de Lillers et de St-Venant. Il est facile de voir que l'abbé Boudart et l'abbé Béhin n'étaient pas étrangers à cette organisation.

Le canton de Béthune comprenait les communes d'Annezin, Béthune, Essars, Fouquières, Verquigneul et Verquin.

Chaque département s'administrait par un corps de trente-six membres, qui se divisait en un conseil et un directoire. Le conseil était composé de l'unanimité de ses membres; le directoire de douze (1) membres choisis dans le sein du conseil et nommés par lui. Le conseil était le pouvoir législatif; et le directoire le pouvoir exécutif du département, expédiant toutes les affaires sous le contrôle du conseil qui se réunissait tous les ans en assemblée générale.

Chaque district avait un conseil de douze membres

(¹) M. Deramecourt dit *huit.*

et un procureur-syndic. Ce conseil nommait dans son sein un directoire de quatre membres qui étaient chargés d'expédier toutes les affaires.

Les communes avaient des administrateurs dont le nombre était fixé d'après le chiffre de la population.

Aucun des membres de ces administrations ne tenait sa nomination des agents du pouvoir gouvernemental. Ils étaient tous nommés par voie d'élection. Voyons maintenant comment devaient se faire ces élections. Il importe de connaître ce mécanisme, pour apprécier les responsabilités locales. Cette organisation électorale ne manquait ni de simplicité ni de grandeur. Les électeurs ou citoyens devaient être âgés de vingt-cinq ans, payer une contribution directe de trois journées dont chacune dans le Pas-de-Calais était estimée 1 franc, être domiciliés dans le canton depuis un an et n'être point serviteurs à gages. Cette première catégorie d'électeurs prenait le nom de citoyens *actifs*.

Les citoyens *actifs* d'une commune nommaient directement l'administration municipale qui se composait d'un maire, d'un procureur, de plusieurs officiers municipaux dont le nombre avait pour base la population, et de plusieurs notables dont le nombre était *le double* de celui des officiers municipaux. Tous ces membres formaient, par leur réunion, ce qu'on appelait le conseil général de la commune. Ils étaient élus pour deux ans, se renouvelant, chaque année, par moitié.

L'élection des membres du district était à deux degrés. Tous les citoyens *actifs* d'un canton se réunissaient en assemblée primaire pour nommer les électeurs dont le nombre s'élevait dans la proportion de 1 0/0 de tous les citoyens *actifs* inscrits dans la circonscription cantonale. Les électeurs devaient être choisis parmi les citoyens *actifs* et, en outre, payer une contribution fixée à dix journées de travail, c'est-à-dire à dix francs. Ceux-ci se rassemblaient en assemblée électorale soit au chef-lieu du département pour nommer les administrateurs du département, ainsi que les députés à la législature, soit au chef-lieu du district pour nommer les administrateurs du district. On leur confia aussi plus tard l'élection des juges, celle des évêques ainsi que celle des curés.

Le 26 février 1790, eurent lieu, dans l'église St-Barthélemy, selon le mode dont nous venons de montrer le mécanisme et le fonctionnement, les élections municipales de la ville de Béthune.

Les voix des électeurs se portèrent sur des hommes honorables dont les opinions politiques étaient modérées. M. Boidin, avocat, fut nommé maire; MM. Antoine-François de Bailliencourt dit Courcol, Charles-Joseph Duquesne, Guislain-Joseph Lecocq, Jean-Baptiste Darquier, Jérôme-Guislain-Joseph de Bailliencourt dit Courcol, Jean-Joseph Guilbert, Louis Croisier, Jean-Baptiste Lavallée, furent nommés officiers municipaux.

Pour ne pas compromettre leur entrée en fonctions devant la population qui, sans être enthousiaste du passé, se défiait cependant des innovations du présent, ils déclarèrent, le 27 février 1790, dès leur première séance, « que leur intention était de maintenir « de tout leur pouvoir, provisoirement du moins, la « pleine et entière exécution de toutes les ordonnances « et de tous les règlements rendus jusqu'à ce jour par « leurs prédécesseurs ».

Toutefois, quelques jours après, par crainte d'être comptés parmi les ennemis du progrès national, ils votaient, de concert avec les commissaires du district, une adresse à l'assemblée nationale dans laquelle « ils promettaient d'employer toute leur énergie à dé- « fendre la Constitution qui *devait assurer à jamais* « *le bonheur de la nation* ». Ils terminaient par ces

mots : « cette adresse sera offerte à l'auguste assem-
« blée comme un tribut de l'admiration qu'inspirent
« à tous les citoyens, sa sagesse, son courage, ses lu-
« mières et ses vertus ». Le mot vertu commençait à
devenir, dans la langue du peuple, le grand objet de
son admiration, la synthèse de toutes ses aspirations.

Les électeurs nommèrent pour administrateurs du
district de Béthune MM. Joseph Devaux, Ambroise
Meurille, Henri Baude, César Delattre, Charles Delerue, Albert Béharelle, François Accollet, Charles Pu-
chois, Antoine de Bavre, Pierre Valquemart, Pierre
Peucelle et Rohart. M. Jean-Baptiste Taffin fut élu
procureur-syndic. Ces choix n'étaient pas mauvais.
Mais ces administrateurs qui, pour la plupart, n'avaient
aucune expérience des affaires publiques, étaient
obligés, pour être renseignés sur l'étendue et le fonctionnement de leurs pouvoirs, de s'en rapporter aux
premiers venus, habiles peut-être, mais d'ordinaire
ambitieux et intrigants.

Telle fut, plus tard, une des principales causes de
l'institution à Béthune de la *Société populaire* dont
l'influence sur les administrations publiques de cette
cité fut si désastreuse pour la ville et son district.

Quoiqu'il en soit, la liberté, dont le nom seul suffisait à exalter les esprits jusques au délire, dégénéra
bientôt en licence. Béthune, autrefois si paisible, devint un foyer d'agitation et de trouble. Le 26 février
1790, le régiment de Vivarais, en garnison à Béthune
depuis plus de trois ans, était envoyé en disgrâce à
Verdun, pour le punir d'avoir manifesté son mécontentement de la nomination de M. de Mailleré qui,
pour la deuxième fois, lui avait été envoyé comme
lieutenant-colonel. Ce régiment, parti de Béthune, à
midi, s'arrêta à Lens où il passa la nuit. Le général
comte de Sommyevre, commandant en chef les troupes
de l'Artois, le rejoignit à Lens, le lendemain, à six

heures du matin. Il fit battre le rappel, et, le régiment assemblé, il lui offrit son pardon de la part du roi, mais à la condition qu'il obéirait aux ordres de son nouveau lieutenant-colonel, de Mailleré. Le colonel, M. de Courtavel lut alors les ordres précis de Sa Majesté à ce sujet. Pendant cette lecture, des soldats, au nombre de trois cents, se livrèrent à des actes d'une indiscipline absolue ; ils abandonnèrent leurs rangs, arrachèrent les drapeaux des mains des officiers, et revinrent à Béthune, emportant les bagages et la caisse du régiment. Les officiers et les soldats restés fidèles à l'obéissance militaire continuèrent leur route pour Verdun. Vers onze heures et demie du matin, le comte de Beaulaincourt, commandant de la place de Béthune, adressait au conseil général de la commune une lettre qu'il venait de recevoir de M. de Sommyevre et qui était conçue en ces termes :

« Le régiment de Vivarais ayant montré la plus
« grande insubordination et la partie du régiment la
« plus forte ayant enlevé les drapeaux, retourne à Bé-
« thune ; je vous prie, monsieur, de ne pas les rece-
« voir, et de faire l'impossible pour engager à revenir
« tous ceux que vous pourrez à Douai, où le régiment
« se reformera avec M. de Courtarvel qui y est.

« Signé : Sommyevre ».

Conformément à ces instructions, M. de Beaulaincourt fit immédiatement lever les ponts et fermer les portes de la ville pour empêcher cette soldatesque révoltée d'y pénétrer.

Cependant, comme cette troupe indisciplinée pouvait, poussée par le désespoir, répandre la dévastation dans les faubourgs et les campagnes voisines, M. de Beaulaincourt, pour prévenir ces désordres, ouvrit bientôt les portes de la place à ces soldats qui regagnèrent en bon ordre et sans bruit leur caserne, après avoir déposé la caisse du régiment entre les mains de

M. Baubrey, commandant de la garde nationale, et renouvelé leur serment de fidélité à la nation, au roi et à la loi.

L'auteur de l'insurrection était un sergent des grenadiers, nommé Muscart. Il fut arrêté et conduit sous bonne escorte à Verdun où il fut traduit devant le conseil de guerre du régiment (1).

Cette insurrection dont on n'avait pas d'exemple dans l'armée française, effraya l'assemblée nationale. Le ministre de la guerre ordonna une enquête. La municipalité envoya successivement, en députation, à Paris, quatre de ses membres, MM. Amas, Martel, Chevalier et Taffin, pour éclairer le gouvernement et disculper les habitants de Béthune ainsi que le commandant de la place qu'on accusait d'une sorte de complicité avec les insurgés. MM. de Robespierre et Béhin, députés à l'assemblée nationale, prirent en mains la défense de la ville. Un aide de camp du général Lafayette, nommé Godefroy, vint à Béthune, pour y régler cette affaire. Il fut décidé, le 12 février, que les soldats, coupables d'insubordination, seraient renvoyés chez eux, après avoir déposé leurs armes et leur uniforme, qu'on leur accorderait dix livres pour se procurer des vêtements, et trois sols par lieue jusqu'à leur destination respective. Ces malheureux évacuèrent successivement la ville ; le 21 février, ils étaient tous partis. Les frais occasionnés par leur séjour dans la ville depuis le 27 janvier et leur licenciement devaient être acquittés par le trésorier de la guerre qui, n'ayant pas de fonds disponibles, présenta, en garantie de cette obligation, un engagement écrit des plus notables habitants de cette cité. Cette dette fut définitivement soldée, vers la fin du mois de juillet, par la caisse particulière du roi.

L'annihilation des drapeaux de ce régiment eut lieu,

(1) Arch. municip., CC. 443.

le 25 février 1790, suivant les ordres de M. de Beaulaincourt, lieutenant du roi, commandant de la place, en présence de MM. Chevalier et Guilbert, officiers municipaux.

Cet acte d'insubordination militaire était d'un très mauvais exemple pour la population bourgeoise de la ville. Aussi ne faut-il pas s'étonner qu'il fut presques aussitôt suivi d'une émeute populaire. Au mois de mars 1790, les femmes s'ameutèrent, pour empêcher M. Palis, garde-magasin des vivres militaires, de charger de blé un bateau qu'il voulait expédier sur St-Omer.

Des incendies allumés par une bande de malfaiteurs ruinaient les campagnes voisines de Béthune. Le conseil général de la commune autorisait, le 25 avril 1790, M. Baubrey, commandant de la garde nationale, à faire distribuer vingt-six fusils aux habitants des faubourgs qui demandaient à monter la garde pour protéger leurs demeures contre les incendiaires.

Béthune, accablée sous le poids de ces calamités, pouvait à peine respirer. Cependant au lieu de travailler à améliorer cette intolérable situation, la Municipalité ne songea qu'à organiser, pour la fête de la Fédération du 14 juillet, un bal public où des musiciens, ayant joué toute la nuit, reçurent de la commune 80 livres (1).

La population béthunoise, moins exigeante que celle de l'ancienne Rome, acceptait de souffrir de la faim, pourvu qu'on lui donnât des fêtes et des plaisirs. *Circenses.*

L'assemblée nationale avait décrété l'abolition de la dîme, mais avec cette restriction que cette mesure ne serait obligatoire qu'après *l'entrée en jouissance par les anciens possesseurs de leur remplacement.* Sans attendre ce délai légal, le chapitre de St-Barthélemy,

(1) Arch. municip., CC. 443.

réuni en assemblée capitulaire, prit, le 25 juin 1790, un arrêté par lequel il renonçait à la *perception des dîmes* qui lui étaient attribuées dans le faubourg d'Arras. De leur côté, les officiers municipaux faisant tourner cette renonciation au profit de la ville, déclarèrent qu'ils *affermeraient ces dîmes par adjudication*.

Au reste, ce produit était fort minime, par la raison que les dîmes n'étaient perçues par le curé de S¹-Croix le délégué du chapitre, que sur la partie du faubourg d'Arras qui était contiguë aux *Houches*.

Celles qui se percevaient dans l'étendue de la paroisse St-Vaast, sur les terres d'Essars, des faubourgs de Catorive, du Rivage, de Lille, de la moitié de celui d'Arras étaient louées, en 1703, seize cents livres par an. Suivant les anciens usages du pays, la dîme ne devait être perçue que sur les quatre gros fruits : blé, avoine, seigle, escourgeon.

Le décimateur était chargé de pourvoir à la réparation du chœur de l'église, aux frais du culte, à la subsistance du curé qui desservait la paroisse, et au soulagement des pauvres.

L'assemblée nationale, qui avait aboli la dîme, ordonna la vente des biens ecclésiastiques. Le conseil de la commune de Béthune pressentant que, pour cette vente qui était un attentat à la propriété, il se présenterait peu d'acquéreurs et que, par suite de ce délaissement, les prix d'achats seraient peu élevés, déclara, dans sa séance du 20 mai 1790, que son intention était d'acheter pour cinq millions de ces biens, « spécialement de ceux situés sur le territoire de cette « municipalité et ses environs ». Vouloir soumissionner pour une pareille somme, c'était évidemment dépasser toutes mesures. Cependant le motif qui poussait les administrateurs de la commune à faire une soumission de cette importance n'était peut-être pas si condamnable qu'on serait tenté de le supposer.

N'était-ce pas un des moyens les plus efficaces de conserver une foule de monuments religieux que d'autres acquéreurs s'empressèrent de démolir, dans un but de spéculations ?

Quoiqu'il en soit, comme le paiement pouvait en être fait en assignats que l'Etat devait accepter selon leur valeur nominale et dont la dépréciation réelle était en 1791 de 24 %, en 1792 de 45 %, en 1795 de 97 %, il est permis de présumer que le solde pour acquisition de ces biens ne fut pas considérable.

Il n'est pas inutile de donner le relevé des biens ecclésiastiques situés à Béthune et vendus pendant la Révolution au profit de l'Etat (1).

Biens du chapitre : 1° Eglise et cimetière St-Barthélemy ; 2° maison du prévôt du chapitre et une autre qui lui est contiguë ; 3° école latine et école dominicale ; 4° maison du chanoine Cailleret ou maison presbytérale ; 5° maison occupée par M. de Genevières ; 6° maison occupée par le chanoine Foulers ; 7° plusieurs maisons adossées à l'église ; 8° une maison rue Poterne et trois autres près de l'arsenal ; 9° une maison sous le beffroy ; 10° maison du chanoine Méplaud ; 11° maison des vicaires Ste-Croix ; 12° maison des enfants de chœur ; 13° maison rue du Marais ; 14° quatre-vingt-dix mesures de terre dans les faubourgs.

Biens de la paroisse St-Vaast : 1° quatre maisons de bénéficiers rue des Poulets ; 2° deux maisons rue du Rivage ; 3° trois maisons rue des Grands-Becquereaux ; 4° une maison rue de la Porte-Neuve ; 5° une maison habitée par l'organiste rue du Carnier ; 6° église du faubourg Catorive et maison du vicaire ; 7° trente-huit mesures de terre dans les faubourgs.

Jésuites ou Oratoriens : 1° église et collège, sauf les classes qui appartenaient à la ville ; 2° maison sur la

(1) Arch. municip., Terrier de 1765.

Place; 3° maison rue de la Froide-Rue; 4° dix-huit maisons au faubourg St-Pry.

Capucins : 1° église et couvent; 2° maison des Capucineresses.

Récollets : 1° église et couvent ; 2° maison du syndic, rue St-Pry.

Dames de la Paix : 1° église et couvent; 2° sept mesures de terre.

Annonciades : église et couvent.

Conceptionnistes : 1° chapelle et couvent; 2° maison rue du Carnier.

Franciscaines : 1° chapelle et couvent ; 2° trois maisons rue des Treilles; 3° quarante-neuf mesures de terre.

Sœurs de la Charité : une maison rue du Carnier.

Prieuré du Perroy : 1° chapelle et maison du prieur; 2° seize mesures de terre.

Confrérie de St-Eloi et de St-Nicolas : 1° chapelle; 2° trois maisons derrière la chapelle; 3° dix mesures de terre.

Hôpital St-Georges : chapelle et maison.

Sœurs de la Providence : maison et école St-Joseph.

Prieuré St-Pry : refuge et quarante-huit mesures de terre.

Chartreux de Gosnay : refuge rue du Carnier.

Chartreuses : 1° refuge cour rue d'Arras; 2° deux maisons même cour; 4° une mesure de terre au faubourg Catorive.

Abbaye de St-Eloi : refuge rue St-Vaast.

Abbaye de Chocques : refuge rue des Annonciades.

L'esprit révolutionnaire, qui voulait renouveler toutes choses en France, ne pouvait pas plus respecter les personnes ecclésiastiques que leurs biens. Le 12 juillet 1790, fut décrétée par l'assemblée nationale *la Constitution civile du clergé* où se trouvaient condensés, sous une forme insidieuse, *en quatre titres,* les éléments constitutifs d'un véritable schisme national. Ce décret anti-catholique fut voté sans la moindre réticence par les députés Boudart et Béhin. Ce dernier fit même paraître, le 9 décembre 1790, sous forme de lettre, un petit factum dans lequel il essaya de réfuter, par des arguments ineptes et dans un style fort pauvre, l'irréfutable *Exposition des principes des évêques* sur la *Constitution civile* et de faire l'apologie indirecte du serment exigé par l'assemblée nationale suivant son décret du 27 septembre 1790.

La Révolution prévoyait de nombreuses résistances à ces décrets que repoussait la conscience du clergé. Aussi ne les fit-elle paraître qu'après avoir institué une magistrature nouvelle, plus servile que l'ancienne qui ne lui était acquise qu'à demi. Par un décret du 25 août 1790, l'assemblée nationale décréta que Béthune serait le chef-lieu juridique de ce nom, et, en conséquence, qu'il y serait établi un tribunal de première instance qui devrait fonctionner le 11 septembre suivant. Les juges devaient être élus par leurs justiciables; les élus étaient rééligibles; leurs fonctions leur étaient conférées pour six ans. Les officiers chargés du ministère public étaient nommés à vie par le roi. Malgré la pression des pouvoirs publics, les noms les plus honorables sortirent de l'urne électorale. M. Boidin, avocat, maire de cette ville, fut élu président de ce tribunal. M. Antoine de Bailliencourt dit Courcol le remplaça comme maire. Ce dernier choix était également excellent.

En même temps que le tribunal de première instance, une justice de paix fut créée à Béthune par la loi du 25 août 1790. Le 7 novembre de la même année, le bureau de paix fut installé à l'hôtel de ville. Le 16 janvier suivant, M. Baubrey, commandant de la garde nationale, fut élu juge de paix; il prêta serment le 18 du même mois. C'était un fort bon choix. M. Dellisse — dans le procès-verbal d'installation on lit Delelis — lui succéda en qualité de commandant intérimaire de la garde nationale. Il prêta serment, en cette qualité, le 10 juillet 1791. Cette nomination était également fort bonne.

Les notables nommés le 3 décembre 1790 pour la procédure criminelle étaient, pour la plupart du moins, des hommes estimables. C'étaient MM. Louis Vincent, André Caby, Pierre Gremel, Bruno Leroy, Louis Leclercq, François Lemoine, Albert Bar, Albert Delafosse, Martin Lemaire, Jean-Baptiste de Bailliencourt dit Courcol, Louis Sauvage, François Thomas.

On ne trouve dans cette liste qu'un nom sinistre, celui de Pierre Gremel, geôlier de la prison de Béthune et précédemment charcutier dans la rue St-Pry.

La Municipalité était aussi composée d'hommes généralement bons tels que : MM. de Bailliencourt dit Courcol, Croisier, Robbe, Guilbert, Bocquet, Martel, Hoffman.

La prestation du serment à la Constitution civile du clergé devait se faire par les curés et leurs vicaires dans un délai qui ne devait pas dépasser le dimanche 23 janvier 1791. Avant l'expiration de ce délai, M. Delétoille, curé de Ste-Croix et M. Delbarre, curé de St-Vaast, s'étaient refusés, le 20 janvier 1791, à lire en chaire l'instruction de l'assemblée nationale sur cette Constitution. C'était un premier grief que les pouvoirs publics allaient bientôt leur reprocher. En outre, ils avaient refusé le serment d'une manière absolue et définitive. La Municipalité de Béthune, conformément aux ordres du directoire du département, avertit, le 27 janvier 1791, ces deux honorables curés qu'ayant refusé le serment, ils devaient, à peine d'être poursuivis, cesser d'exercer le ministère ecclésiastique, et qu'elle allait pourvoir à leur remplacement provisoire ainsi qu'à celui de leurs vicaires.

Le 23 février 1791, elle nomme l'abbé Dave et

l'abbé Dujardin pour administrer la paroisse Ste-Croix, elle leur adjoint comme auxiliaires les P. Récollets. Elle nomme pour administrer l'église St-Vaast, l'abbé Weskienne et l'abbé Parent qui *acceptent avec empressement*. Les P. Récollets répondent à la Municipalité que, n'ayant pas les pouvoirs de juridiction, il leur est impossible d'accepter les fonctions ecclésiastiques dont on les charge. Ils s'engagent, cependant, ainsi que cela leur est permis, à dire, les dimanches, une messe à l'église Ste-Croix. En conséquence, le 23 février 1791, les officiers municipaux décident, comme s'ils étaient les régulateurs des offices publics qu'il y aurait, les dimanches, deux messes à Ste-Cro Quelques jours après, le 4 mars 1791, par une autre usurpation de pouvoirs, ils prennent des mesures pour que la circulaire de Mgr de Conzié, évêque légitime d'Arras, à son clergé, ne puisse être lue en chaire par les curés Delétoille et Delebarre à leurs paroissiens respectifs.

Comme tous ces attentats au pouvoir spirituel indignaient la population qui était profondément catholique, les officiers municipaux, « ne voulant pas, di-« sent-ils dans leur délibération du 16 mars 1791, « qu'on pût croire que l'instruction de notre sainte « religion était négligée », demandent aux P. Capucins et, sur leur refus, aux P. Récollets, qui n'acceptent pas non plus, de prêcher le carême dans l'église St-Vaast. De tous temps, ces religieux s'étaient chargés, dans l'avent et le carême, de ces instructions qui avaient lieu les mardi, jeudi et vendredi de chaque semaine vers le soir. Mais comme ces prédications étaient si peu suivies qu'on ne comptait guère dans l'auditoire que 40 à 50 personnes, le 23 octobre 1789, les officiers municipaux, sur la demande du clergé de St-Vaast, avaient manifesté le désir que ces sermons fussent donnés de préférence les dimanches et fêtes.

Désireux plus que jamais de se montrer à la fois religieux et royalistes devant la population qui gardait ces sentiments de profond attachement à la religion et à la royauté, les membres du conseil général de la commune prenaient, le 20 mars 1791, la décision suivante : « Les vœux ardents que nous n'avons
« cessé de faire pour la conservation des précieux
« jours de notre bon roi Louis XVI, étant exaucés et
« voulant en rendre grâces à l'Etre suprême, il a été
« unanimement résolu de faire chanter le mercredi 23
« de ce mois, 11 h. du matin, dans l'église des P. de
« l'Oratoire, une messe à laquelle assisteront toutes
« les autorités religieuses, civiles et militaires ».
Pour donner plus d'éclat à cette cérémonie, ils priaient M. Delebarre, curé de St-Vaast, dont les fonctions curiales avaient été suspendues par un de leurs arrêtés, de vouloir bien célébrer cette messe solennelle. Ce bon prêtre officia; il en avait le droit; il sut le remplir avec beaucoup de dignité.

Le 8 avril 1791, ces mêmes officiers municipaux, se faisant les fauteurs du schisme, décidaient, sur la demande des administrateurs du directoire du département du Pas-de-Calais, qu'on sonnerait toutes les cloches de la ville *en mémoire de l'élection de Porion, l'évêque départemental.*

Le 14 avril, cet évêque constitutionnel passait par Béthune, se rendant à St-Omer où il fut installé en cette qualité le 16. Le P. Balland, oratorien, ancien supérieur du collège de Béthune, devint un de ses vicaires généraux.

Le 25 avril, nos officiers municipaux, se signalant de plus en plus, sous la pression du directoire du district de Béthune, par leur zèle révolutionnaire, divisent de la manière suivante, comme s'ils étaient revêtus de tous les pouvoirs spirituels, les paroisses situées dans le territoire de la Municipalité : « la ville,

« les faubourgs de Béthune et le village d'Essars, for-
« meront la paroisse de St-Vaast. Un vicaire particulier
« desservira Essars. Verquigneul, Verquin, Fouquières
« et Annezin appartiendront à la paroisse Ste-Croix ».

On s'occupa aussitôt du remplacement des prêtres *réfractaires*, comme on disait alors. Nos deux paroisses urbaines n'en formaient plus qu'une seule ; M. François Jean, né à Richebourg, curé de Famechon, fut nommé curé de Béthune et installé dans son poste le 12 juin 1791, fête de la Pentecôte.

Pierre-Paul Briois fut nommé vicaire de St-Vaast.

Benoit Martin fut nommé curé de la *succursale ci-devant paroisse de Ste-Croix*, c'est-à-dire de Verquigneul, Verquin, Fouquières et Annezin.

Comme les prêtres non assermentés conservaient, en vertu d'un décret du 7 mai 1791, la faculté de dire la messe dans l'église du lieu de leur habitation, M. Delebarre continua de dire la messe à Béthune où il demeura jusques au mois de septembre, date de son expatriation. M. Delétoille et ses vicaires, profitant également de ce décret, restèrent l'un dans son presbytère et les autres dans la maison vicariale jusques au 7 octobre 1791, date de leur expulsion.

La persécution allait se montrer violente. La désignation de prêtres *réfractaires* et de prêtres *jureurs*, annonçait une distinction qui soulevait des haines, provoquait des résistances et amena des supplices.

Le 1er août 1791, les sœurs de la Providence de Béthune déclarèrent ne pas reconnaître l'autorité spirituelle des prêtres constitutionnels. Le 4 octobre suivant, elles sont expulsées de leur maison, pour refus de serment. La supérieure se nommait sœur Devos, elle avait pour compagnes sœur Binaut et sœur Choquart.

Ce fut au mois d'août que s'exécuta dans cette ville la loi sur le séjour des religieux. D'après cette nouvelle législation interprétée et appliquée par le département, les religieux devaient opter entre la vie commune et la vie privée; ceux qui préféraient la vie commune avaient la faculté ou de rester en communauté dans leur couvent, s'il n'était pas supprimé, ou, en cas de suppression, dans un autre monastère. Les maisons qu'on trouvait bon de conserver, devaient recevoir au moins vingt religieux, autant que possible du même ordre, choisir un réglement sous le gouvernement d'un supérieur. Quant au costume, chacun était libre de se vêtir comme il l'entendait.

Conformément aux arrêtés pris, sur ces divers points, par le département, la maison des capucins de Béthune où l'on comptait douze religieux, fut supprimée le 16 août et s'ouvrit, le même jour, aux dominicains de St-Omer dont la maison venait d'être également supprimée. Les capucins de Béthune, parmi lesquels nous citerons les PP. Dervillers, Gamot et Lenoir qui avaient déclaré vouloir rester dans la vie commune, furent envoyés au couvent de leurs confrères d'Arras. Le 28 septembre, les PP. Delsaux, Martin, Castalyn, Bridoux et Fauvez, Récollets, quittent leur maison pour être réunis à leurs confrères d'Arras. Le 17 août, M. Joly, prieur du Perroy, avait dû quitter son prieuré pour se rendre à son couvent de St-Eloi, près d'Arras, qui avait été conservé.

Les départs successifs de ces religieux mettaient en émoi toute la ville. La défense faite aux habitants, en vertu d'un arrêté du département, en date du 16 juillet, d'assister à la messe ni à aucun autre office dans les chapelles des couvents augmenta l'exaspération des habitants. La population ne se portait pas du côté des prêtres constitutionnels; à défaut d'une vue claire sur l'illégitimité de leurs pouvoirs, un instinct secret l'avertissait de repousser leur ministère. Elle s'en défiait en voyant leur entourage qui n'était composé que d'hommes ouvertement irréligieux. L'église St-Vaast et celle de Ste-Croix, desservies officiellement par des prêtres assermentés, étaient désertées par les vrais fidèles qui, dès lors, fréquentèrent de préférence les chapelles des couvents, restées ouvertes par une sorte de tolérance locale. L'administration municipale, voulant s'opposer à ces démonstrations illégales, fit occuper, le 12 octobre 1791, par la garde nationale, par le régiment de la couronne et par la cavalerie, les rues aboutissant à ces oratoires. Des scandales sans précédent avaient eu lieu quelques jours auparavant dans la chapelle des Annonciades où des hommes de désordres avaient commis les plus sacrilèges et les plus immondes violences contre quelques fidèles qui avaient dû, pour échapper aux coups de ces forcenés, se réfugier dans le couvent des capucins, occupé, depuis quelques temps, par les dominicains.

Cette situation, devenue intolérable, provoqua, de la part d'un grand nombre de catholiques, la protestation indignée dont nous donnons le texte :

A Messieurs Messieurs les administrateurs composant le Directoire du département du Pas-de-Calais, séant à Arras.

Messieurs, pendant que le mot liberté retentit de toutes parts à nos oreilles, faut-il que nous soyons contraints, nous, de courber nos têtes sous le joug du plus impitoyable tyran? Faut-il que des citoyens, que nous avions cru pouvoir honorer de notre confiance, trompent l'espoir que nous avions conçu d'eux, en plaçant entre leurs mains le dépôt inappréciable de notre liberté? C'est cependant sous les yeux de notre maire, et avec son aveu, que nous venons de voir renouveler une de ces scènes scandaleuses dont on ne trouve pas d'exemple dans les annales des nations même des plus féroces de l'univers. C'est au mépris des décrets sur la liberté des opinions religieuses, de ces lois qui prononcent les peines les plus sévères contre les téméraires qui oseraient interrompre l'office divin, et insulter des ministres en fonction, de quelque culte que ce soit, que des hommes qui se disent patriotes, n'ont pas craint d'exercer des violences inouïes contre des personnes du sexe jusqu'aux pieds même des autels, et de joindre le sacrilège et le blasphème à l'impudeur et à l'audace la plus effrénée. Il n'a pas tenu à leurs tentatives que les asiles de nos vierges chrétiennes (les Annonciades) n'aient été violés et leurs personnes outragées. Quatre scélérats ont subi la peine de mort par arrêt du parlement de Toulouse, seulement pour avoir porté une main téméraire et impudique sur des femmes au sortir d'une église, parce que c'était blesser les mœurs, et comme insulter à la piété des fidèles. On a fait plus aujourd'hui, c'est dans l'église, jusqu'au milieu du sanctuaire, pendant l'office divin, que nos épouses, nos sœurs ont été couvertes d'humiliations, chargées de coups, furtigées de la manière la plus indécente, poursuivies avec acharnement jusque dans les recoins les plus cachés de la communauté (des Dominicains) et, ce qui met le comble à notre désespoir, le chef d'un des premiers corps de notre ville, après avoir été l'âme du complot, voulut encore applaudir au désastre par des ris insultants, et souffrir que sa maison fût le point de ralliement des perturbateurs et des factieux. C'est par le plus grand des bonheurs que le sang n'a pas ruisselé dans toutes nos rues (grâce au petit nombre d'hommes qui se trouvaient alors dans l'église) et que cette démarche impolitique n'a pas été le signal de la guerre civile la plus décidée.

Au reste, Messieurs, les citoyens auraient eu beau de s'entregorger tout à leur aise, avant que la municipalité eût fait le moindre effort pour arrêter le progrès du mal, puisque déjà les séditieux, partie bourgeois, partie recrues du régiment de la couronne, et volontaires au nombre d'environ deux cents, avaient déjà porté la désolation dans différentes églises de communautés, quand M. le commissaire du Roi, indigné de la prévarication du chef de police, et ne doutant plus de leur connivence avec nos persécuteurs, s'est transporté sur la place publique, chargé des huées et des menaces de la multitude, leur a représenté avec chaleur leur inertie et leur mollesse, en les rendant responsables des malheurs dont leur insouciance criminelle allait être la cause.

Quel crime avait donc pu attirer tant de disgrâces et d'avanies à des citoyennes vertueuses et à couvert de tout reproche? Voulez-vous le savoir, Messieurs? Hélas! c'est d'avoir une opinion religieuse différente de celle de leurs bourreaux! Mais, pour surcroît, cette barbare intolérance, contraire aux lois divines et humaines, restera-t-elle impunie? ou du moins ne mettra-t-on pas obstacle à de pareilles fureurs? C'est l'objet de nos craintes et de nos réclamations. Pendant que tous les corps administratifs, judiciaires, etc., de notre ville se disputent à qui il appartient de se prononcer le premier sur nos dénonciations, et discutent la nature du délit, nos ennemis, enhardis par le succès, redoublent de courage, et ourdissent de nouvelles trames aussi connues, mais plus à redouter que les premières. Leur parti se renforce, ils publient hautement qu'ils verseront jusqu'à la dernière goutte de leur sang pour nous empêcher de communiquer avec d'autres prêtres que les pasteurs constitutionnels, d'aller dans d'autres églises que les leurs, et nous placent ainsi entre l'affreuse alternative de renoncer à notre religion ou à notre tranquillité.

Depuis quatre jours que ces désordres ont souillé notre malheureuse cité, il semble que nous aurions dû voir paraître au moins une proclamation de notre municipalité, dans laquelle on aurait instruit le peuple sur ses torts, en insistant spécialement sur la liberté des opinions religieuses pour lesquelles la loi, qu'il a juré de maintenir de tout son pouvoir, défend qu'aucun citoyen ne soit inquiété : on lui aurait dit que, d'après la déclaration des droits de l'homme, nul ne peut être contraint de faire ce que la loi n'ordonne pas, et plusieurs autres choses semblables, dont les nouveaux décrets sont remplis, et dont l'exécution peut seule rétablir le calme dans l'État, et nous attacher tous de plus en plus à la nouvelle constitution. Mais un tel procédé eût été trop avantageux pour nous ; en conséquence, on s'est tu, et ce silence ne nous laisse, Messieurs, d'autres ressources que de réclamer votre justice.

C'est dans vos bras, Messieurs, que nous nous précipitons ; c'est de vous seuls que nous attendons un remède efficace contre la plus dure et la plus cruelle oppression. Car, à qui nous adresser dans une crise aussi violente ? Serait-ce au juge de paix ? il n'est pas soutenu, il manque de moyens. Serait-ce à l'accusateur public ? il ne peut agir que d'après la décision du juge de paix qui doit prononcer si le délit est civil ou militaire. Serait-ce au commissaire du Roi ? Mais ce serait s'exposer à perdre un des plus fermes soutiens de l'innocence opprimée, puisque la conduite mâle et vigoureuse qu'il a tenue pour ramener à la loi les esprits égarés, a attiré l'animadversion des factieux, et lui a valu la réputation *d'aristocrate* parmi le bas peuple. Cependant la semaine s'écoule ; dimanche approche ; les menaces dirigées contre nous redoublent. Les difficultés se multiplient, bientôt le mal sera incurable ; mais parlez, Messieurs, l'orage se dissipera, le calme renaîtra, et les cris de notre reconnaissance vous avertiront que vous avez fait des heureux (1).

Les vexations dont l'émouvant tableau vient de passer sous nos yeux étaient-elles fomentées, entretenues par

(1) M. Deramecourt. *Le clergé du diocèse d'Arras*, t. II, p. 264.

la Municipalité, notamment par le maire, comme l'affirme cette pétition rédigée, selon toutes vraisemblances, par le sieur Termond? Il nous est difficile de le croire, en voyant les noms des officiers municipaux et du maire sur lesquels pesait, d'après cette pétition, une telle accusation.

Ces administrateurs de la commune de Béthune étaient, presque tous, sans en accepter aucunement le maire, des hommes modérés dont les opinions, un peu indécises, il est vrai, les détournaient cependant de toute espèce de violences. Nous avons cité leurs noms.

Quoiqu'il en soit, des évènements d'une autre nature ne tardèrent pas à appeler plus particulièrement l'attention de la Municipalité. Un décret de l'assemblée nationale ayant ordonné la levée de 180 bataillons de volontaires, l'administration municipale dut pourvoir, dans la ville, le 25 septembre 1791, à l'organisation du deuxième bataillon du Pas-de-Calais. M. Bastoul, ancien sergent au régiment de Vivarais, y fut nommé commandant en second ; bientôt après il était général (1).

Le 23 octobre, le maire, entouré des officiers municipaux, des administrateurs du district, des notables, des membres du tribunal et du juge de paix, proclama la Constitution *sur les places et marchés de la ville*, est-il dit dans le procès-verbal que nous allons citer : « M. le maire descendit, accompagné des
« officiers municipaux, sur le perron de la maison
« commune où, après un discours très court mais
« très patriotique, il fit la lecture de la Constitution,
« après laquelle les citoyens ont manifesté leur joie
« par les cris répétés de : Vive la nation, la loi, le
« roi. Précédés de vingt-cinq hommes de cavalerie
« et de la musique du 45e régiment qui avait pour

(1) Arch. municp., BB. 24.

« commandant M. de Mayria, les maire et officiers
« municipaux se sont transportés en face de la rue
« du Rivage, au Marché-au-Fil, puis au Marché-au-
« Beurre où ils ont fait la même proclamation. En-
« suite le cortège s'est rendu à l'église paroissiale où
« le *Te Deum* a été chanté par M. François, curé. Pen-
« dant le *Te Deum* la garde nationale et la troupe de
« ligne s'étaient portées au rempart où elles ont fait
« des salves d'artillerie et de mousquetterie. Le soir,
« il y eut un bal payant au profit des pauvres et illu-
« mination ».

Cette Constitution était l'œuvre de l'assemblée nationale, dite Constituante, qui, après l'avoir péniblement mise au jour, annonça que sa mission était achevée.

A l'assemblée constituante succéda la Législative qui s'efforça d'accélérer le mouvement de la France vers les idées nouvelles. Ernest Duquesnoy, représentant du Pas-de-Calais à cette assemblée, fut un des plus ardents promoteurs de ce mouvement. Cet odieux personnage était né à Boyelles le 7 mai 1749. Si l'on en croit l'*Histoire des Crimes* de Prudhomme, il avait été trois fois moine et trois fois était passé du couvent à la caserne. Accusé de plusieurs actes criminels ou simplement délictueux, il avait dû quitter son pays pour échapper à un décret de prise de corps ; il n'avait pu rentrer en France qu'à la faveur de la Révolution. Sa conduite qui était celle d'un *ivrogne*, ses violences de caractère, son ardeur pour l'avènement de la démocratie, le mirent en évidence et le Pas-de-Calais en fit son représentant à l'assemblée législative. C'était, selon le portrait qu'en a fait M. Taine, un homme *rude, autoritaire et borné*. La ville de Béthune, comme nous le disons plus loin, eut beaucoup à souffrir de cet insigne malfaiteur qui, se précipitant, avec une rage de forcené, dans les voies les plus perverses de la Révolution, ne se contenta pas d'être, sous ce rapport, l'émule de Lebon, il en était *l'excitateur*, comme on le qualifiait alors.

Le mouvement révolutionnaire auquel il coopéra de toutes ses forces s'accentuait de plus en plus. Etait-ce pour le précipiter davantage parmi les habitants de Béthune, qu'au mois de novembre 1791, Robespierre fit une visite dans cette ville. Ses séides se portèrent à sa rencontre et le conduisirent au cri de : Vive la liberté! à travers les rues, jusqu'à l'hôtel du *Lion d'Or* où il descendit. Il paraissait radieux d'avoir ainsi partagé quelques-uns des honneurs décernés autrefois aux seuls souverains (1).

Ce fut une des rares circonstances où se révéla son insatiable passion des grandeurs, qui en fit un prétendant à la dictature, un homme de sang; mais non, oserons-nous le répéter, un autre *Jésus-Christ*, auquel M. Hamel, son audacieux apologiste, a cherché par des insinuations, en deux endroits de son histoire, à le comparer.

L'ancien régime croulait de toutes parts, faisant place à des innovations souvent odieuses et quelquefois plaisantes. La plantation de l'arbre de la liberté qui eut lieu, à Béthune, le 24 avril 1792, sur la grand'place, eut ce dernier caractère.

A cette époque et même depuis un certain temps, le trésor national était vide; pour lui créer des ressources, l'Etat avait émis des Assignats. La caisse municipale était également épuisée. La ville et le district avaient d'autant plus besoin de ressources qu'ils les avaient moins ménagées. Ainsi, indépendamment de la dépense faite par la commune, le 6 juin, pour les frais de voyage et d'entretien de la députation de la garde nationale à Lille, à l'occasion de la fête de la Fédération, les débours des fédérés, députés à Paris, le 14 juillet par le district, suivant sa délibération du 30 du même mois, coûtèrent la somme de 8.279 li-

(1) HAMEL, *Histoire de Robespierre*, 3 vol.

vres (1). Ces libéralités et beaucoup d'autres qui, certainement, étaient exagérées, avaient amené la pénurie des finances municipales. Pour remédier à cet état de choses, le conseil général de la commune proposa, dans sa séance du 26 mai 1792, l'émission de billets de confiance de cinq sols et de deux sols six deniers jusqu'à concurrence de six mille livres. Le 1ᵉʳ juin suivant, cette proposition était adoptée par le conseil qui, dans sa séance du 15 novembre, votait, en outre, l'émission d'assignats de quinze sols jusqu'à concurrence de 3.460 livres (2).

La situation religieuse aussi bien que celle des finances était alarmante. Le directoire du département ordonnait d'enlever les trois cloches de St-Barthélemy pour être fondues à Arras. Il faut dire, à la décharge du conseil de la commune, que, le 24 avril 1792, il réclamait avec instance contre cette ordonnance. Il n'avait pas été si bien inspiré lorsque, le 18 octobre de l'année précédente, il avait autorisé les marguilliers de l'église paroissiale de St-Vaast, à échanger toute leur argenterie, voire même les bustes de St-Vaast et de St-Joseph, pour les six chandeliers en argent provenant de l'église des Chartreux.

Le mobilier des abbayes et des couvents était à l'encan. Les membres de l'administration du district de Béthune désignèrent quelques-uns d'entre eux pour assister à ces adjudications. Chargés de cette pénible mission, M. Baude se rendit à Gosnay le 2 septembre et à Gorre le 7 du même mois; M. Meurille se transporta à Berclau le 3 et à Rebreuve le 9; M. Delattre se présenta à Ham le 6 et M. Delerue à Labeuvrière le 10. Déjà pour empêcher le pillage de l'abbaye de Ham, le commandant de la place de Béthune avait

---

(1) Cette somme était ainsi répartie : 120 livres par homme et 75 pour le tambour, la réparation des fusils et l'achat d'un drapeau.
(2) Arch. municip., BB. 24.

dû envoyer dans cette commune, pour y tenir garnison, un sergent, un caporal et dix hommes.

Pendant qu'on dépouillait les couvents, les électeurs qui, déjà, avaient nommé les curés de St-Vaast et de Ste-Croix à Béthune, se réunissaient de nouveau à l'effet de procéder à d'autres nominations de même nature pour différentes paroisses du district.

Ces élections qui eurent lieu le 23 septembre 1791 et que l'on peut appeler complémentaires furent présidées, à Béthune, par Leroulx, président du district. Elles furent précédées d'une messe solennelle chantée à St-Vaast, et clôturées par un *Te Deum* dans la même église. Elles donnèrent le résultat suivant : Hévin fut nommé curé d'Houdain; Warenghem, de Lestrem; Jean-Baptiste Badollien, ex-oratorien et vicaire épiscopal, de St-Venant; Dujardin, de Laventie.

Les habitants de Béthune continuaient à se refuser à assister aux offices religieux célébrés dans l'église St-Vaast par le curé constitutionnel, et se portaient en foule dans les chapelles des couvents où leur conscience, restée catholique malgré les menaces et les violences de quelques forcenés, se mettait en communication avec les prêtres orthodoxes. Le 22 mars 1792 quelques Béthunois qui ne se disaient bruyamment les amis de la liberté que pour en être, avec plus de succès, les oppresseurs, demandèrent la fermeture de ces couvents « afin d'éviter, disaient-ils dans une pétition « adressée au district, les menées sourdes des reli- « gieux qui les administrent ». Cette pétition provoqua, le 22 mars 1792, une sorte d'émeute de la part des habitants qui déclarèrent vouloir assister aux offices religieux dans l'église des ci-devant dominicains.

Les administrateurs du district, prenant le parti de la population, répondirent à cette pétition par une délibération qui, par exception, est un témoignage de leur intelligence et de leur fermeté : « attendu que le

« maintien de l'ordre et de la tranquillité publique
« dépend de l'observation des lois, que, s'il était
« permis à tout citoyen de les interpréter et de les
« faire plier au gré de son propre intérêt ou du senti-
« ment des passions qui l'animent, la société serait
« bientôt en proie à l'arbitraire et à l'anarchie, que
« de là naîtrait le choc des passions et du choc des
« passions naîtrait la dissolution même de la société ;
« attendu que rien dans les lois n'indique la clôture
« des églises ou oratoires attachés aux ci-devant mo-
« nastères conservés comme maisons de retraite......
« Attendu que dans la pétition sus-mentionnée, on
« n'attaque, à la charge de ceux qui habitent les mai-
« sons de retraite de la ville de Béthune, aucuns faits
« particuliers et précis desquels il résulterait qu'ils
« fussent perturbateurs du repos public..... sont
« d'avis qu'il n'y a pas lieu d'acquiescer à la pétition
« dont il s'agit, ni par conséquent ordonner la clô-
« ture des dites églises ou oratoires ».

Le 26 mai 1792, parut un décret de l'assemblée législative ordonnant à tous les prêtres de faire le serment à la Constitution civile du clergé. Ce décret fut pour beaucoup de prêtres originaires ou simplement habitants de Béthune le motif déterminant de leur émigration. MM. Delbarre, curé de St-Vaast ; Delétoille, curé de Ste-Croix ; Rifflard, chanoine de St-Barthélemy ; Normand, vicaire de St-Vaast ; Coupin, les frères Flajollet et beaucoup d'autres s'apprêtèrent à prendre le chemin de l'exil. Il y avait danger pour eux, comme pour tous les prêtres orthodoxes, à rester en France, à en sortir, à y rentrer, à y voyager. MM. Dujardin, Weersteen, Bouché, Prévost, vicaires ou bénéficiers, Trannoy, curé de Lozinghem ; Maniez, moine trinitaire, et quelques autres firent le serment.

Les prêtres non assermentés étaient nombreux ; on comptait fort peu de candidats au sacerdoce sous l'évêque constitutionnel; une foule de paroisses restaient donc vacantes. Depuis le 11 juin 1791 jusques au 1ᵉʳ avril 1792, celle de St-Vaast de Béthune n'avait pu obtenir de vicaire. Ce ne fut qu'à cette dernière date que M. Dubuis fut nommé vicaire pour la ville, et M. Lefebvre pour les faubourgs.

Des évènements graves, mais d'une autre nature, préoccupaient tellement le conseil général de la commune que, dans ses inquiétudes, il se déclara, le 18 juillet, en permanence. La guerre venait d'être déclarée et la *patrie proclamée en danger*. Il serait injuste de passer sous silence l'angoisse mortelle née de l'invasion menaçante. Quelles que soient les opinions sur la Révolution, il serait enfantin, pour ne pas dire inique, de lui refuser le mérite de l'énergie exaspérée contre l'étranger. Il y eut alors dans cette ville une explosion de patriotisme dont il est impossible de méconnaître l'imposante grandeur. Le 14 juillet, à dix heures du matin, avait été lue cette proclamation *sur les places publiques de cette ville et autres endroits d'y celle*, suivant les expressions de nos édiles (1).

Cependant cette perspective de la guerre qui, d'un jour à l'autre, pouvait faire son apparition dans le pays, ne fut pas assez saisissante sur le conseil de la commune pour absorber toute son attention. La question religieuse restait constamment et en premier lieu à l'ordre du jour. Le 6 septembre, nos officiers municipaux désignaient leurs collègues, M. Hoffman, M. Chartrel, médecin, et M. Demory, chirurgien, pour visiter les couvents de femmes de cette ville afin de s'assurer qu'on n'y retenait aucune religieuse atteinte de folie ou d'idiotisme. On n'en trouva qu'une seule dont l'intelligence était légèrement affaiblie et qui était parfaitement soignée chez les dames de la Paix; la Municipalité s'empressa de la renvoyer dans

(1) Arch. municip., BB. 21.

sa famille. Cette visite domiciliaire fut regardée avec raison par la population comme un acte odieux, injurieux pour les communautés dont les services de tous genres rendus à la ville depuis des siècles n'étaient pas de ceux que peuvent rendre des *folles* ou des *idiotes* (1).

Pendant que ces tristes choses se produisaient, à la honte de nos édiles dans cette ville, l'ennemi, s'avançant vers le nord de la France, marchait sur Lille. En prévision d'un danger prochain pour Béthune, une commission composée de deux municipaux et de huit gardes nationaux fut désignée, le 8 septembre, par le conseil de la commune, pour faire le relevé des armes, munitions, chevaux, chariots et charrettes remisés dans les maisons des habitants (2).

Le 30 septembre, *trente-sept canonniers citoyens de Béthune* arrivaient à Lille par la route de Dunkerque pour concourir, selon les instructions de nos officiers municipaux, à la défense de cette place, assiégée, depuis le 27 septembre, par les Autrichiens. Le 1ᵉʳ octobre, sur la demande de la municipalité de Lille, en date du 30 septembre, la pompe à incendie de Béthune entrait également à Lille *avec les braves volontaires* qui avaient bien voulu l'accompagner (3). Le 13 octobre, M. Ruault, maréchal de camp commandant la place de Lille, adressait aux habitants de Béthune son hommage de reconnaissance « pour le zèle
« et le patriotisme qu'ils avaient démontré en volant
« aux secours de cette célèbre cité. » Le 17 octobre, MM. André, maire, Mourion-Bonnié, Lefebvre-d'Hénin, Questroy et d'Hautecœur, officiers municipaux de Lille,
« s'acquittaient, également par lettre, envers les habi-
« tants de Béthune du devoir le plus pressant et le
« plus doux, celui de la reconnaissance », comme ils

(1) Arch. municip., BB. 24.
(2) Arch. municip., BB. 24.
(3) Sièges de Lille par Brun Lavainne, p. 470 et 471.

disaient dans leur missive : c'est ainsi qu'entre les habitants de Lille et ceux de Béthune s'est formée devant l'ennemi commun cette fraternité d'armes qui, dans tous les temps, quelle qu'ait été la couleur du drapeau, a été l'honneur des enfants de la France, et notamment de ceux du Nord et du Pas-de-Calais.

Malheureusement, il n'en était pas de même entre les habitants de la ville de Béthune où les dissensions se faisaient ardentes et profondes. Le 20 septembre, les religieuses des diverses communautés de cette ville, à l'exception des filles de la charité de St-Vincent de Paul, quittaient leurs maisons, poursuivies par quelques-uns et regrettées par l'immense majorité des habitants.

Les Oratoriens, Capucins, Récollets et Dominicains étaient déjà sortis de leurs couvents, également persécutés par la lie de la population et bénis par tous les honnêtes gens.

Le 21 septembre, l'assemblée législative avait clos ses séances, laissant à la *Convention*, son héritière, le soin de décréter, le lendemain 22 septembre, l'abolition de la royauté et l'établissement de la république.

Duquesnoy, de Bouvigny, et Bollet, de Cuinchy, faisaient partie de la Convention.

CHAPITRE XIV

Tentatives de troubles à l'occasion du passage de trois prisonniers par Béthune. — Défense à M. J.-B. Flajolet de sortir de la ville. — Inventaire du mobilier des églises et chapelles. — Arrestation de M. de Genevières de Vieilfort. — Arrivée à Béthune des commissaires de la Convention. — Serment par le peuple et fête civique. — Élections pour le district, la municipalité et les notables. — Discours de Joseph Martel, procureur de la commune. — Certificats de résidence. — La nouvelle de la mort de Louis XVI plonge la ville dans la stupeur. — Projet de vente de la *saine* partie des propriétés immobilières de la ville. — Changement de noms de rues et des casernes. — Mesures prises à l'égard des prêtres non-assermentés ayant soixante ans d'âge ou malades. — Visites domiciliaires chez les suspects — Règlement pour les boulangers, pour les enterrements, les processions extérieures. — Promulgation de la loi contre le négociantisme. — Arrestations de plusieurs personnes. — Élargissement de plusieurs d'entre elles. — Leur réintégration dans les prisons. — Régime de la Terreur. — Arrestation du général Chalain. — Mouvement insurrectionnel dans le pays appelé la *Petite-Vendée*. — Nombreuses arrestations de *suspects*. — Fermeture des églises. — Ouverture du temple de la déesse Raison. — Lebon dans la chaire de ce temple. — Le nouveau calendrier. — Enlèvement de toutes les matières d'or et d'argent renfermées dans les églises et chapelles. — Séance de la *Société populaire* à laquelle assiste Lebon. — Nomination par Lebon des membres du conseil général de la commune. — Les membres du comité de surveillance. — Arrestation de M. Amas. — Arrestation de six religieuses. — Plusieurs prisonniers sont envoyés dans les prisons d'Arras. — Condamnations à mort de plusieurs d'entre eux. — Liste de 57 détenus dirigés sur Paris pour y comparaître devant le tribunal révolutionnaire de la capitale. — Leur retour à Béthune dû à la mort de Robespierre sur l'échafaud. — Portraits des principaux révolutionnaires. — Portrait plus achevé de Duquesnoy. — Appréciation de la *Société populaire* touchant quelques autres terroristes. — La palinodie du conseil de la commune à l'égard de Robespierre. — Détresse financière de la ville. — Mesures de surveillance prises contre les anciens terroristes. — Réorganisation de la garde nationale. — Pétition des habitants de Béthune demandant la réouverture de l'église St-Vaast. — Le Directoire succède à la Convention. — Organisation nouvelle de la province. — Les dénonciations. — Fêtes civiques. — Le 18 brumaire. — Nomination d'un sous-préfet. — Administration du nouveau conseil municipal. — Serment du clergé. — Première visite de Mgr de la Tour-d'Auvergne, évêque d'Arras.

La nouvelle bientôt répandue de l'institution de la République remua profondément la ville de Béthune. Les passions s'allumèrent, activant le feu de ce foyer de troubles qui, depuis le commencement de la Révolution, alarmait toute la population honnête de la

République

ville. Le 24 septembre, à cinq heures du soir, on avertit le conseil de la commune, qui était en séance, qu'une foule immense se portait, proférant des cris de mort, vers la poste aux chevaux où stationnait une voiture contenant trois prisonniers, le sieur Lenglé de Schœbecque, son fils et une autre personne La voiture était escortée par la gendarmerie et un piquet de dragons qui, le pistolet braqué sur les portières et le sabre au clair, avaient excité cette émeute par cette insolite et inutile démonstration. Le commandant de la garde nationale et celui de la garnison furent requis de se porter sans retard avec leurs troupes vers le faubourg du Rivage pour y faire respecter la loi et protéger les personnes arrêtées, contre les fureurs aveugles d'une populace en délire, altérée de sang. Plusieurs officiers municipaux les accompagnèrent et ramenèrent sains et saufs ces malheureux prisonniers à l'hôtel de ville. Un lieutenant-colonel de gendarmerie, nommé l'Escuyer, exposa, devant le conseil de la commune, que son mandat, d'après les ordres du directoire du département du Nord, était de conduire à Douai pour y être jugées les trois personnes nommées plus haut. Il requit et obtint cent vingt gardes nationaux pour lui servir d'escorte, mesure jugée nécessaire, dans ce temps où le peuple croyait trouver dans la République un droit à la licence, à l'émeute et au meurtre (1).

M. Lenglé de Schœbecque, traduit plus tard devant le tribunal révolutionnaire de Paris, fut condamné à mort et exécuté le 2 octobre 1793 (2).

La Municipalité de Béthune, entraînée par l'exemple que lui donnaient toutes les administrations de l'époque, commença de recourir aux actes arbitraires. Elle fit avertir, le 1er octobre 1792, M. J.-B. Flajolet, maître

(1) Arch. municip., BB. 24.
(2) Prudhomme, *Histoire des crimes de la Révolution.*

maçon, qu'il lui était défendu, ayant plusieurs de ses enfants en émigration, de sortir de la ville sans autorisation, sous peine d'arrestation. C'était inaugurer, par anticipation et sans mandat, la loi des *suspects* (1).

Elle nomme, le 9 octobre, une commission composée de MM. Martel et Baubrey pour faire l'inventaire du mobilier qui se trouve dans les églises St-Vaast, St-Barthélemy, de l'Oratoire, les chapelles du Perroy, du petit St-Vaast, de St-Pry et de St-Éloi. Cet inventaire, quoique légal, était inique. La même mesure avait été prise et exécutée précédemment à l'égard des communautés.

C'était le prélude ou plutôt la continuation des violences, tout à la fois légales et condamnées par le droit, qui se commettaient contre les personnes. Le 5 octobre, une compagnie de fusiliers munis de canons parut au château de la Vasserie pour s'emparer de M. de Genevières de Vieilfort qui se défendit contre les assaillants avec un grand mais impuissant courage. Il fut amené à Béthune, entouré d'une populace ignoble qui proférait contre lui des cris de mort (2). Traduit devant le tribunal de Béthune comme prévenu de menées royalistes, il fut acquitté. Il y avait donc encore des juges à Béthune, tandis qu'il n'y avait que des bourreaux au tribunal révolutionnaire d'Arras où ce malheureux gentilhomme fut condamné à mort (3). Dès son arrestation, les scellés avaient été apposés sur la maison qu'il habitait, l'hiver, dans Béthune et qui était située sur le Marché-au-Beurre, ainsi que sur celle de son receveur M. Lagache. Cette mesure qu'on croirait être judiciaire était administrative. Les citoyens Cousin et Balland présidèrent, en qualité d'officiers municipaux, à cette opération qui avait pour but de sauvegarder les papiers, titres et effets du propriétaire.

(1) Arch. municip., BB. 21.
(2) Arch. municip., BB. 24.
(3) Prudhomme, loc. cit.

La Convention avait inauguré sa puissance par l'institution d'un conseil exécutif composé de commissaires sortis de son sein, qui devaient se rendre « avec des pouvoirs illimités », dans les départements pour y recueillir les plaintes du peuple, « y assurer le bon ordre » et, au besoin, « y destituer, remplacer, réquisitionner dans les corps militaires et civils ». Trois d'entre eux, dont les pouvoirs reposaient sur un décret contresigné par *Danton*, arrivèrent à Béthune le 6 novembre 1792, — an Ier de la République; — c'étaient les représentants Jean-Marie d'Aoust, Gustave Doulcet de Pontécoulant et Ernest Duquesnoy. Le conseil de la commune profita de leur présence pour leur demander que « les prisons dont la situa-
« tion était affreuse, fussent transférées dans un local
« plus sain et plus vaste »; leur désignant en particulier « l'hôpital St-Georges comme un des établisse-
« ments qui pouvaient remplacer avantageusement
« l'hôpital bourgeois qui était bien malsain » (1).

L'arrivée à Béthune de ces trois commissaires de la Convention inquiétait beaucoup la population saine de la ville. Pour la rassurer, le conseil général de la commune, réuni en séance le 7 novembre 1792, donna lecture d'un décret de l'assemblée nationale du 3 septembre précédent, « relatif aux mesures à prendre
« pour que la sûreté des personnes et des propriétés
« fut respecté » (sic).

Le même jour et le lendemain, 7 et 8 novembre, le conseil de la commune, voulant étourdir l'imagination publique par un spectacle qui lui semblait devoir être grandiose, décida 1° que le « 11 de ce mois, deux
« heures de relevée, sur la Grand'Place », le serment formulé en l'article 5 du décret de l'assemblée nationale du 3 septembre, serait prêté par les citoyens de cette ville; 2° qu'une fête civique serait célébrée en

(1) Arch. municip., BB. 24.

mémoire du succès des armées françaises en Savoie. Voici le texte de cette délibération : « Ladite fête sera « annoncée la veille, au son des cloches de cette com- « mune ; les gardes nationaux et troupes de ligne se- « ront requis de se rendre armés le même jour 11 de ce « mois, trois heures de relevée, sur la place où, après « avoir formé par ensemble un bataillon carré, le con- « seil fera lecture de cette loi ; qu'en suite la façade « de l'hôtel-commun sera illuminé ; que les citoyens, « au son du tocsin, seront invités à illuminer la façade « de chacun de leur domicile, et que l'hymne des « Marseillais sera chantée et secondée par une musique « martiale sur le perron de l'hôtel-commun ».

Les députés commissaires de la Convention avaient cru reconnaître, lors de leur visite dans le département, que les administrations, n'ayant pas suffisamment au cœur l'amour de la République, n'agissaient pas avec assez d'ardeur pour en propager le culte. Dominés par ces soupçons, ils avaient décidé que des élections auraient lieu avant la fin de l'année pour le renouvellement des membres des districts et des municipalités. Le 17 décembre, furent nommés membres du conseil général de la commune Benoit Broudou, maire, Omer Lecigne, Jean-Baptiste Uzel, François Riche, Jean-François Legay, Charles Fardel, Jean-François Vandenbusche, François Courcol

Les notables élus furent Jacques-Joseph Martel, procureur de la commune, Jacques Pruvost, Ferdinand Herreng, Louis Sauvage, Albert Delafosse, Charles Delafosse, Paul-François Cousin, François Thomas, Pierre Sauvage, Eloi de Bailliencourt, Pierre Desaulty, Michel Bocquet, André Carpentier, Louis Croisier, François Ricourt, Jean-Alexis Balland, Louis Leclercq, Félix-François Deleplanque et Stanislas Delautel.

Le district fut ainsi composé : Antoine Leroulx, président, Grenier de Violaines, Vandenabel de Laventie,

Pagnoul de Lacouture, Charles Demarquilly de Laventie, Pouchain, Pomart, Menu et Augustin Bréhon.

Le procureur se nommait Charles Délcrue.

Dès sa première séance, le conseil de la commune, soucieux de la dignité de quatre de ses agents, appelés autrefois *sergents de ville*, et depuis un certain temps *valets de ville*, décida que désormais ils porteraient le nom de *sergents de police*.

Cette délibération, en date du 18 décembre, n'était pas mauvaise, celle du 21 décembre fut déplorable. Le procureur de la commune, Jacques-Joseph Martel prononça, dans cette séance, le discours suivant : « Le fanatisme et la superstition sont ren-
« versés ; l'imposture, idole de la magie, est décou-
« verte et anéantie ; les rejetons de l'héraldique doi-
« vent être moissonnés et pulvérisés ; la circonstance
« de l'autodafé fixé par le directoire de ce district à
« dimanche prochain exige une perquisition exacte
« dans les archives de cette commune et autres places
« en dépendant pour en extraire tous les titres, livres
« même théologiques, armoiries, tableaux, blasons et
« tous autres ayant rapport à cet art inventeur de
« l'orgueil et de la tyrannie ».

Est-ce pour l'insuffisance de son patriotisme ou de son éloquence que cet orateur patriote fut jeté peu de temps après dans les prisons de la République où il se trouva mêlé aux auteurs du « fanatisme et de la superstition » ; aux adorateurs de « l'idole de la « magie ; aux rejetons de l'héraldique » ?

Quoiqu'il en soit, ce discours est instructif en ce qu'il nous apprend que l'auto-da-fé dont il est fait mention et qui eut l'air d'un bûcher d'inquisition, était dû à l'initiative du district de Béthune. Il y avait donc entre le conseil de la commune et le district une émulation de folie.

Dans leurs assemblées, les questions religieuses

primaient, d'ordinaire, toutes les autres. Du 7 janvier 1793 au 20 mars suivant, le conseil général de la commune fut occupé à délivrer des certificats de résidence à cent quatre-vingt personnes qui, par ordre de la Convention, étaient obligées d'en obtenir. Ce nombre était ainsi réparti :

16 religieuses Conceptionnistes; 17 Annonciades; 16 dames de la Paix; 31 sœurs de St-François d'Assise dites sœurs d'En-Haut; 3 sœurs de la Charité; 17 religieuses de différents couvents; 10 prêtres ou anciens religieux; 9 chantres, sacristains, organistes et autres officiers des églises; 24 nobles et anciens officiers; 13 hommes de loi; 29 rentiers et gens de tous états.

Ces certificats de résidence devaient devenir plus tard des listes de proscriptions.

Les évènements se précipitaient dans ce sens. Le 21 janvier 1793, Louis XVI montait les degrés de l'échafaud (1), ne méritant pas, il est vrai, les honneurs dus à un grand roi, mais ayant droit aux apothéoses décernées à un admirable chrétien. Sa mort plongea la ville de Béthune dans la stupeur. Hélas! trois ans après, le 6 germinal an IV (22 janvier 1796), les autorités municipales, se faisaient les approbateurs du régicide et organisaient une fête en commémoration de la mort de « Louis Capet, d'odieuse mémoire ».

Ce crime, suivi de plusieurs autres, n'était pas fait pour améliorer la situation financière de la France et tout particulièrement celle de la ville de Béthune qui était affreuse. Le commerce était mort, la misère du peuple devint effrayante. Le 15 février 1793, le conseil général de la commune, s'étant rendu compte de toutes les dettes dont la ville était grevée, déclarait vouloir vendre une *saine* partie de ses biens patrimo-

---

(1) Bollet et Duquesnoy avaient voté *la mort* sans appel au peuple et sans sursis à l'exécution.

niaux pour remplir ses obligations à l'égard de ses créanciers. Cette *saine* partie, selon le qualificatif qu'on lui donnait, se composait de : 60 mesures de marais converties en herbage; 6 mesures de marais plantées d'osiers; 148 mesures de terres affermées par divers locataires pour 9 ans; 54 mesures de terres en labour et prairies données en arrentement pour 40 années dont le terme devait expirer l'an XVII de la République (1806); 4 mesures dites du *béguinage*, affermées pour 9 ans; enfin un terrain dit le *grand et le petit parc* donné en arrentement produisant annuellement 174 livres. Le total des mesures s'élevait à 272.

Nos officiers municipaux s'occupaient donc alors des intérêts matériels de la ville, détournant momentanément leur attention des affaires religieuses et politiques.

De leur côté, les administrateurs du département trouvèrent qu'il était préférable de continuer à détruire jusqu'à extinction complète toutes les marques de *féodalité*, de *royalisme* et de *fanatisme* qui semblaient encore insulter à la liberté. Maniez, un des leurs, vint à Béthune pour y poursuivre cette œuvre, inaugurée précédemment par les députés conventionnels. Sous sa pression, les officiers municipaux modifièrent, dans leur séance du 4 mars 1793, les dénominations des rues suivantes :

La rue St-Pry devint la rue de la Liberté; la rue du Château, rue de l'Esplanade; la rue du Cloître St-Barthélemy, rue des Sans-Culottes; la rue des Annonciades, rue de la Délivrance; la rue du Collège, rue de l'Education; la rue de l'Ermitage, rue Lepelletier.

Fier de cette délibération dont il s'attribuait tout l'honneur, le citoyen Maniez en informait, le 5 mars, les administrateurs du département. Sa lettre ressemblait à un bulletin de victoire écrit par un général, le lendemain d'une bataille gagnée.

Ce fut également dans le même ordre d'idées que, d'après une délibération du conseil de la commune, en date du 12 septembre 1793, la caserne de *St-Vaast* prit le nom de l'*Union*; celle de *Magnac* celui de la *Fraternité*; celle de *St-Pry* celui de la *Liberté*, nom déjà adopté pour la rue; celle de *St-Yor* celui de l'*Esplanade*, du nom de la rue.

Cependant l'Europe s'était émue au bruit du régicide. La guerre s'apprêtait à fondre sur la France. Le district de Béthune, sentant, pour ainsi dire, sur sa tête de fatales menaces de réaction, modéra, jusqu'à la fin du mois de mai 1793, ses violences contre les prêtres réfractaires.

Informé par la municipalité de Lillers que douze prêtres non assermentés résidaient dans cette commune, Leroulx président du district décida que ceux d'entre eux qui avaient soixante ans d'âge pourraient continuer de rester en France sans y être aucunement inquiétés, et que les autres moins âgés seraient priés d'en sortir. C'était la loi, il l'appliquait sous le mobile de la peur de l'étranger. Mais bientôt, lorsque le péril aura disparu, il prononcera publiquement, faisant fi de la loi, ces cyniques paroles : « la loi, c'est nous « qui la faisons » (1).

Le conseil de la commune, surexcité, pour ainsi dire, par cette modération même, s'empressa, le 7 mai, de nommer une commission qui fut chargée d'appréhender au corps tous les prêtres réfractaires.

Cependant cette délibération des officiers municipaux ne modifia point la manière d'agir des membres du district qui, par crainte de l'étranger, restèrent momentanément tolérants à l'égard de ces pauvres prêtres. Le 10 mai, sur le rapport de trois médecins, MM. Mienné, de Lillers, François, d'Aix et Duplouy, d'Hersin, ils autorisèrent, pour cause de maladie, M. d'Aix,

(1) *Les cris des habitants de Béthune.*

ancien prévôt du chapitre de St-Barthélemy, M. Hennebert, ancien chanoine de cette collégiale, le P. Delsaut, ex-récollet, à demeurer en France, quoiqu'ils fussent condamnés à être déportés à la Guyane française. Informés le 3 juillet suivant, que 24 personnes d'Annay étaient détenues dans la prison de Béthune pour s'être refusées à assister aux offices du curé constitutionnel, ils ne voulurent prendre aucune décision à leur sujet avant d'être renseignés sur les faits d'une manière certaine; à cet effet ils nommèrent une commission qui devait se rendre à Annay pour y prendre des informations auprès des membres du conseil général de cette commune. Cette conduite était sage et pleine d'équité. Mais le président Leroulx, ce fougueux sectaire, ne tarda pas, arrachant son masque de modérantisme, à formuler cette révoltante maxime : « Dans « les tribunaux révolutionnaires, les dépositions à « décharge ne sont pas recevables, ou du moins une « seule déposition à charge efface cent dépositions à « décharge » (1).

Le 12 juillet, à l'occasion de la présentation de l'acte constitutionnel à la sanction du peuple, un membre du district demanda que les suspects fussent mis en liberté pour leur permettre, selon leur droit, de prendre part à ce vote. Le conseil général de la commune fut invité à donner son avis sur cette proposition évidemment libérale. La délibération fut longue et passionnée. Finalement, malgré l'opposition de la municipalité, le district adopta cette mesure, mais avec cette réserve que les suspects, s'ils venaient à s'écarter par leurs actes ou leurs paroles des principes de la Révolution, seraient réintégrés dans leur ancienne prison.

Le conseil général de la commune avait toujours montré, depuis son installation, par ses délibérations.

(1) *Les cris des habitants de Béthune.*

et par ses actes, une grande animosité contre les suspects, autrement dits, contre les nobles, les prêtres et les fonctionnaires destitués qui, d'après la loi, étaient rangés dans cette catégorie. Le 24 avril 1793, en vertu d'un décret de la Convention en date du 26 mars, les officiers municipaux procédèrent, par des visites domiciliaires, au désarmement de tous les suspects. Cette odieuse mesure eut pour résultat la saisie de quelques vieilles épées, de quelques fusils et couteaux de chasse. On profita de ces visites pour mettre, contrairement à la loi, les scellés sur les papiers et effets des suspects.

Ces mesures vexatoires n'étaient pas faites pour apporter le moindre soulagement à la détresse qui était fort grande. La Convention qui, devant les difficultés d'une situation quelconque, ne savait recourir pour les vaincre qu'aux mesures extrêmes, fixa, par une loi en date du 3 mai 1793, le prix des marchandises de première nécessité et en détermina le maximum. Le district de Béthune, pour compléter cette loi qui lui parut insuffisante, y ajouta cet article : « Les bou-
« langers de cette ville ne feront plus qu'une sorte de
« pain d'une même nature et qualité ». C'était ordonner l'égalité dans les privations.

Le 22 juillet, la municipalité proclama, par un arrêté sur la police des enterrements, l'égalité devant la mort. D'après cet arrêté, toutes distinctions dans les cérémonies funèbres étaient abolies. « Les inhu-
« mations, pour citer textuellement cette pièce, auront
« lieu pour tous aux mêmes heures, sept heures du
« matin, et six heures du soir en été ; et quatre heures
« du soir, et huit heures du matin en hiver. Le même
« poêle ou drap mortuaire servira à tous les corps et
« sera prêté sans rétribution. La même cloche an-
« noncera le trépas des citoyens, et ne sera tinté pour
« tous que le même temps ; le convoi funèbre ne sera

« précédé ni de croix, ni de bannière; le prêtre ne
« sera revêtu ni du surplis ni d'autre aucun orne-
« ment consacré au culte. On ne chantera pas dans
« les rues, tout le parcours du convoi; enfin il ne
« sera pas mis de tenture sur la façade de la maison
« mortuaire ».

Sous l'impulsion de cet amour fanatique de l'égalité, les républicains béthunois repoussaient loin d'eux avec un dédain superbe le talent qu'ils accusaient d'être un privilège, une sorte d'aristocratie absolument incompatible avec l'existence de la démocratie de cette époque; de telle sorte que l'ignorance, favorisée bêtement par l'opinion publique, peuplait presque entièrement de ses élus imbéciles le district et le conseil de la commune.

Cependant quelques-uns de ces démocrates, habiles dans l'art de feindre, ne manquaient pas, tout en exaltant la loi sur l'égalité des citoyens, de s'enrichir et de s'élever dans la hiérarchie sociale par l'acquisition à vil prix de biens nationaux. Ceux-ci avaient compris la Révolution qui, malgré les grands mots de liberté, d'égalité, de fraternité, dont elle se décorait comme du plus honorable des passeports, n'était par essence, selon la remarque de M. Taine (1), qu'*une translation de la propriété*, condamnée injustement par elle à passer, par des voies iniques, des mains de la noblesse et du clergé dans celles de la bourgeoisie.

Poussé par son esprit d'hostilité contre la religion, le conseil de la commune prenait, dans sa séance du 22 juillet, une délibération par laquelle étaient interdites les processions extérieures.

En proposant ces mesures à son conseil général, le citoyen maire Broudou fut-il *navré de joie*, comme il disait l'avoir été le 11 juillet précédent, lorsqu'il avait présenté à ses administrés l'acceptation de la déclara-

---

(1) TAINE, *la Révolution*, I, 538.

tion des droits de l'homme et de la nouvelle Constitution, « ce chef-d'œuvre à jamais mémorable », ainsi qu'il la qualifiait?

Ces délibérations, si radicales qu'elles fussent touchant l'*égalité*, ne l'étaient pas assez pour mettre un terme à la pauvreté, cette perpétuelle inégalité sociale. La richesse, se sentant menacée par les niveleurs, se cachait. Le commerce fut atteint. La misère du peuple devint extrême. On accusa les commerçants de se plaire à cette ruine par haine de la République; le *négociantisme* devint un crime. — La langue changeait pour énoncer des idées ou plutôt des fureurs inconnues. — Les accapareurs, selon l'article 14 de la loi du 26 juillet, furent poursuivis. Le 11 août, le procureur de la commune, dans une séance publique, fit la lecture de cette loi, et le conseil général arrêta qu'elle serait, le jour même, proclamée au son de la caisse, afin que personne ne pût en ignorer. On eût pu croire que cet état de détresse amènerait une imposante réaction dans les masses populaires. Mais le conseil général, sous la pression du représentant Duquesnoy, les entraînait ou les contenait, les exaltait ou les glaçait par la force, par le crime et par la peur de la peur.

Quelques jours avant la proclamation de cette loi touchant les accapareurs, le 6 août 1793, à quatre heures du matin, plusieurs officiers municipaux, délégués par leurs collègues, et s'étant fait escorter par la garde nationale, procédèrent aux arrestations des personnes dont les noms suivent MM. Vallage, tailleur; Lemaire, limonadier (sic) Blondel, tailleur; Delbarre, épicier; Flajolet, maître-maçon; Lagache, receveur de M. de Genevières de Vieilfort; Pronier, maître d'école; Lemoine, épicier; Mongy, avoué; Calonne, estainier; Rouzé, médecin; Ballédent, marchand; Fournier, ex-notaire; Héringuez, cordonnier;

Guffroy, organiste; Houriez, perruquier; Wavrin, notaire; de Raismes, commissaire de guerre; Rifflart veuve; Journée, marchand et Bonnet, aubergiste. Dans la soirée, M. Dourme, cabaretier, fut aussi incarcéré.

Le 10 août, les municipaux, épouvantés de leur œuvre et, pour ainsi dire, d'eux-mêmes, déclarèrent à l'unanimité « qu'ayant pris des informations sur le
« compte de ces détenus, et s'étant assurés de l'inno-
« cuité de leurs papiers, ils étaient convaincus de
« leur innocence et demandaient, en conséquence, au
« district, leur élargissement ». Le 15 août, Duquesnoy et Lebas, qui se trouvaient en mission dans le Pas-de-Calais, assemblèrent le conseil de la commune et, par leurs menaces, leurs violences de langage et d'action, ils obtinrent un vote, qui fut pris, mais à une faible majorité, pour le retrait de la délibération du 10 août. Dans cette séance, Duquesnoy, pour arriver à ce résultat, entra dans une telle fureur qu'en frappant à coups redoublés sur le bureau, il fit jaillir l'encre des écritoires. Dans le même temps il eut l'audace cynique de poser en principe qu'il suffisait qu'un individu fût jugé suspect par un seul citoyen, pour être regardé et traité comme tel [1].

Dès ce moment, se leva sur Béthune un régime atroce qui, pour se caractériser lui-même, s'appela la *Terreur*; toutefois, ce régime qui bientôt asservira toute la France et dont le nom seul consternera l'univers, ne fut pas assez fort, ce jour-là du moins, pour imposer, dans cette affaire judiciaire, toutes ses tyranniques volontés aux autorités compétentes de cette ville. MM. Rouzé, Ballédent, Fournier, Blondel, Lemoine, Dourme, Calonne, Héringuez et Bonnet furent rendus, le 17, à leur famille. Nous dirons plus loin quel a été le sort des autres détenus, maintenus en état d'arrestation.

[1] *Cris des habitants de Béthune*, p. 16, 77 et 78.

Le jour même de la mise en liberté de ceux dont nous venons de donner les noms, les représentants Lebas et Duquesnoy firent arrêter le général Chalain, commandant supérieur de la place de Béthune. C'était une compensation qu'ils donnaient à leur demi-échec.

En présence de ce régime qui s'inaugurait par de tels actes, il y eut des haines qui commencèrent à bouillonner dans les âmes généreuses et dont l'explosion ne se fit pas attendre. A ce grief s'en ajoutait un autre qui exaspérait toutes les populations de l'Artois; c'était le décret du 9 août prescrivant la levée en masse de tous les hommes valides depuis seize jusqu'à cinquante ans. Un commencement de résistance se déclara, le 25 août, dans le canton de Pernes auquel on donna, pour ce mouvement insurrectionnel, le surnom de *Petite-Vendée*. Les jeunes gens de cette contrée qui, pour la plupart, se trouvaient atteints par le décret du 9 août, étaient rassemblés à Aumerval, à l'occasion de la fête communale (ducasse) de ce village, et peut-être aussi, selon les dépositions juridiques de Jean-Baptiste Théret, de Pernes, Pierre Thomas, de Tingry, Alexis Delairs, de Sains-les-Pernes, sur une convocation des deux frères Truyard, dont l'un était notaire, l'autre rentier à Pernes. Excités par les paroles séditieuses de ces deux instigateurs principaux de la résistance, et, en outre, par de copieuses libations, ces jeunes gens abattirent l'arbre de la liberté planté sur la place du village, arrachèrent leurs cocardes, au cri de : *vive le roi!* Des désordres de même nature se produisirent, à la même heure, à Fontaine-lez-Hermant, Amettes, Sains-lez-Pernes, Tangry. Ces séditieux improvisés qui ne comptaient dans leurs rangs que vingt-cinq hommes, ayant pour armes quelques fusils, piques, fourches, cherchèrent par la violence à se procurer d'autres armes plus puissantes pour l'attaque ou la défense,

dans la maison de Barnabé Herman, fermier près des bois de Sachin, à la mairie de Fiefs, et chez le maire d'Amettes. A cette nouvelle, les garnisons de Béthune, d'Aire, de St-Venant, les gardes nationaux de St-Pol, de St-Omer, de Lillers, marchèrent en toute hâte sur Pernes, sous les ordres du général Ferrand qui avait remplacé à Béthune le général Chalain. A l'approche de cette armée, forte de douze mille combattants, qui se faisait annoncer par les décharges de son artillerie, les paysans se réfugièrent dans les bois; on en arrêta trois cents; on en massacra dix ou douze. C'est alors que Lebon arriva sur les lieux avec son tribunal, la guillotine et le bourreau, ce personnage si haut placé dans son estime « qu'il l'admettait à sa table et le trai-
« tait avec la plus grande considération (1). » Le 28, les nommés Jacques Bins et Augustin Grimbert, tonnelier à Aumerval, furent condamnés à mort et exécutés, le soir même à dix heures, sur la place de Pernes, *devant l'autel de la Liberté*, ainsi que s'exprimait Lebon dans une lettre qu'il adressait, à ce sujet, à la Convention nationale. Les juges de ce tribunal criminel furent requis par ce proconsul de la République « de ne point
« retourner à leur poste ordinaire sans avoir vengé
« complètement la nation outragée et sans avoir donné
« un exemple capable d'intimider à jamais les aristo-
« crates de ce département ». Les 1ᵉʳ et 5 septembre, vingt-huit accusés parurent devant ce tribunal; douze d'entre eux furent condamnés à mort. Voici les noms de ces infortunés : Ricard, blanchisseur à Pernes; Grillet et Destré, charretiers; Payelle, cordonnier; Boistel, manouvrier à Bailleul-lez-Pernes; Cossart, âgé de 17 ans, manouvrier à Floringhem; Caron, d'Auchel; les trois frères Courtois, l'un charpentier, les deux autres manouvriers à Nédonchel; Anastasie Dewemelle et Marie-Joseph Ricard.

(1) Thiers, *Hist. de la Révolution*.

Le 4 octobre, le même tribunal condamna à mort Ricard Pierre, blanchisseur à Pernes, détenu à la conciergerie de St-Omer.

Le 6 octobre, le tribunal criminel révolutionnaire s'installa en l'église St-Vaast de Béthune et le même jour envoya à la guillotine qui fut dressée pour la première fois sur la Grand'Place de cette ville, Bonaventure Dersin, Pierre et Jean Fachaux, et Louis Cossart, fermiers à Floringhem, chefs ou promoteurs prétendus de la sédition du 25 août. On leur adjoignit un garçon boulanger de Fleurbaix, nommé Jean-Baptiste Hennebelle qui, sans avoir pris part à cette émeute, avait dit : « Je suis royaliste ».

Ainsi cette échauffourée de la *Petite-Vendée* coûta la vie à dix-neuf personnes, sans compter celles qui furent massacrées dans les bois.

MM. Truyart parvinrent à s'échapper et s'expatrièrent. La maison du notaire, vendue, ainsi que celle de son frère, comme biens d'émigrés, fut occupée, jusque dans ces derniers temps, par M. Constant Labitte, aubergiste.

Nous ne pouvons plus avancer qu'avec une grande circonspection. Nous allons rencontrer d'affreux sectaires qui, par leur amour effréné d'innovations, se sont acharnés à détruire le passé tout entier de Béthune. *Incedo per ignes*. Il faudrait, en rappelant leurs méfaits, mettre leurs noms au pilori. Mais les égards que nous devons à leur famille ne nous engagent-ils pas à protéger leur mémoire contre les justes sévérités de l'histoire ? Pour concilier, autant que possible, nos devoirs qui, par ce double motif, se contrarient, nous ne citerons, parmi les criminels de ce temps, que ceux dont les familles ont disparu. Mais si nous avons à faire des réticences touchant les persécuteurs, nous consacrerons, au contraire, par la publicité que nous leur donnerons, les noms des persécutés.

La Convention, se sentant menacée par des réactions aussi justes que terribles, décréta, le 17 septembre, pour se défendre, les mesures les plus iniques, entre autres l'arrestation de tous les *suspects* jusqu'à la paix. Ce décret embrassait dans cette effrayante désignation, les nobles, les fonctionnaires destitués ou suspendus, les jeunes gens réfractaires à l'appel de la première réquisition ; les maris, femmes, pères, mères, fils ou filles, frères ou sœurs et agents d'émigrés qui n'auraient pas suffisamment manifesté leur attachement à la Révolution, enfin ceux qui ne pouvaient justifier de leurs moyens d'existence. Il fallait les passions furieuses de ce temps pour qu'on osât rendre les parents des émigrés, responsables d'actes qu'ils n'avaient pas commis et qui se passaient loin d'eux.

La municipalité de Béthune s'empressa de mettre à exécution ce décret. Dès le 25 septembre, elle ordonnait, en séance, de nombreuses perquisitions dans la ville. La délation s'organisa.

Les arrestations furent si nombreuses qu'il fallut multiplier les prisons. Les hommes, déclarés suspects, furent enfermés dans les bâtiments du collège ; les femmes furent incarcérées dans la caserne St-Yor. Les détenus devaient se nourrir à leurs frais.

Tandis qu'on ouvrait ces prisons pour y recevoir les *suspects*, les églises et les chapelles se fermaient par ordre de l'autorité municipale. Le 14 octobre, l'exercice public du culte fut interdit. Toutefois, comme il fallait conserver quelque reste de solennité qui pût saisir l'imagination du peuple, on créa des divinités et à ces divinités on ouvrit des temples. On institua le culte de la déesse Raison à laquelle on donna pour temple l'église Saint-Vaast. On y plaça des statues, notamment celle de la Liberté. Il y eut une fête pour l'inauguration de cette statue. Dans cette solennité à la fois ridicule et impie qui eut lieu le 20 germinal, an II,

(9 avril 1794), le citoyen Blaimont, membre du district et président de la *Société populaire,* prononça le discours suivant, spécimen de ce style ampoulé qui n'appartient à aucun genre oratoire.

« Citoyens frères,
« Quelle fête sublime que celle que vous célébrez
« aujourd'hui! La fête de la liberté, la fête des sans-
« culottes de l'univers, la fête de l'inauguration de la
« déesse des enfants de la raison et de la nature.
« Quel spectacle imposant! Quelle scène sublime!
« Quelle est éloquente! De quel heureux présage
« elle est pour nous! Avec quelle force elle parle aux
« âmes qui sentent vivement! Quelle douce réunion
« des cœurs et des esprits! Elle semble nous annoncer
« des victoires et des triomphes certains, la ruine des
« tyrans et la paix de l'Europe libre. C'est dans le
« temple de la Raison que vous venez rendre vos
« hommages à la liberté. Eh! quel endroit pouviez-
« vous mieux choisir que le temple de la Raison ou
« celui de la nature dont la liberté est fille? Les voûtes
« sacrées de ce temple ont retenti des accents mâles
« et des chants d'allégresse des hommes libres; ces
« murs peu accoutumés à voir de semblables fêtes
« ont tressailli.... »

Le citoyen Dupont, instituteur public provisoire, reproduisit, ce jour-là, dans un discours plus emphatique, les insanités que Blaimont venait de débiter et qui étaient d'autant plus répréhensibles qu'elles sortaient de la bouche d'un ancien Oratorien.

« Qu'il est grand! Citoyens, qu'il est beau! Qu'il
« est consolant ce spectacle qui réunit ici, comme les
« enfants d'une seule et même famille, tous les habi-
« tants de cette heureuse commune! A cette vue une
« foule de sensations me maîtrise et m'entraîne. Mon
« âme est énivrée de joie; l'attendrissement pénètre
« mon cœur; je ne puis surtout me défendre d'un

« sentiment de surprise et d'étonnement. Quoi, me
« dis-je à moi-même, ce peuple que je vois ici dans
« une attitude noble et fière, se rassembler, se presser
« autour de l'auguste image de la Liberté; ce peuple
« qui fait retentir les voûtes du temple de la Raison,
« des cris mille et mille fois répétés de *Vive la Ré-*
« *publique!* est-il bien ce même peuple qui naguère
« encore était plongé dans l'avilissement et l'abjection
« la plus profonde, dont la pensée appartenait à des
« censeurs gagés pour l'enchaîner, la conscience à
« des prêtres fourbes ou fanatiques ». C'est ainsi que
le culte insensé de la déesse Raison fut inauguré dans
cette ville à côté de l'échafaud.

Dans ce temple de la Raison où de pareilles impiétés
se débitaient, on vit bientôt s'étaler d'autres orgies
plus criminelles encore. Lebon qui, dans sa rage d'a-
postat, se plaisait à outrager tout ce qui lui rappelait
son sacerdoce et son ancien ministère pastoral, monta
dans la chaire pour y blasphémer dans un langage
que les saturnales de l'ancienne Rome païenne n'a-
vaient pas connu. Il fit amener au pied de la chaire
deux vieux prêtres détenus comme suspects; et s'a-
dressant à eux, il leur commanda de faire sortir de
son corps le démon dont il était possédé; il tira son
sabre, et, poussant la criminelle audace jusqu'à porter
des défis à Dieu, il jura, il blasphéma; son auditoire
était épouvanté de tant de cynisme. L'histoire manque
de termes pour exprimer le dégoût d'une pareille dé-
bauche d'impiété. Les insultes de ce forcené à son
ancienne profession mettaient tout particulièrement
en saillie sa dictature. Cependant telle était l'intensité de la terreur dans les âmes que devant ce hideux
proconsul, elles restèrent tremblantes et muettes.
Hélas! Dans les troubles civils, dit Voltaire, les factieux ont toutes les audaces et les gens de bien sont
timides pour l'ordinaire. Il a raison. Dans la *Société*

populaire où se produisait un tel spectacle, l'indignation eut peur de se trahir. Les âmes devenues lâches sous la domination d'un brigand et de ses complices se faisaient un effort pour se dissimuler à elles-mêmes l'horreur de ces crimes. On ne saurait dire toutes les souillures, toutes les inepties, toutes les fureurs dont fut témoin l'église St-Vaast transformée tout à la fois par la Révolution en temple de la Raison, salle de bal, salle de réunion de la *Société populaire*, marché aux grains.

Dieu, qui sait tirer le bien du mal, permit ces sacrilèges transformations auxquelles est due la conservation de ce monument religieux.

Le culte de la matière était le seul qui fut autorisé et pratiqué dans Béthune. Le 22 octobre 1793, on y célébra par des réjouissances l'adoption du nouveau calendrier qui, pour supprimer le dimanche et les fêtes de l'église, institua les décades et substitua, dans tout le cours de l'année, par une invention d'un matérialisme brutal, aux noms vénérés des saints, ceux des animaux, des plantes, des instruments aratoires, des saisons. « Cette fête d'inauguration de ce calen-
« drier républicain sera annoncée, disaient les muni-
« cipaux dans leur proclamation, par le son de la
« cloche et du carillon du beffroi, afin que le peuple
« ému par le son de cette cloche et s'informant du
« motif qui la fait mettre en branle, sache qu'elle an-
« nonce un jour solennel ».

Ce fut dans le même ordre d'idées anti-religieuses que, le 18 novembre, la Municipalité, conformément aux prescriptions du directoire du département, en date du 15 de ce mois, fit enlever toutes les matières d'or et d'argent renfermées dans les églises et oratoires de cette ville. Fier de cet exploit, le citoyen maire Broudou adressait, le 27, au président de la Convention la lettre suivante :

« Président du peuple,

« La Municipalité de Béthune tient en dépôt cent
« treize marcs d'argent, un cercle doré et garni de
« seize pierres de diamant, provenant de nos églises.
« Les ornements qui servaient autrefois à alimenter
« le mensonge et l'hypocrisie, serviront à alimenter
« nos braves sans-culottes. Elle a aussi quinze croix
« de St-Louis; elle te demande en quel dépôt elle
« devra verser lesdits objets.

« 7 frimaire an II. »

Cette lettre où l'on trouve appliquée la loi du *tutoiement* donne une idée du style administratif de l'époque qui, sans égard pour les délicatesses de la langue française, s'attaquait, en vertu du principe de l'égalité, aux bienséances les plus usuelles. La foule, à cette époque, nous l'avons déjà fait remarquer, n'aimait pas les hommes de talent; elle s'emballait, sans réflexion, à la suite d'un pantin qui la séduisait et qui la courtisait. Quant aux hommes de trempe réelle, elle les méprisait. Dans sa rage d'égalité, elle en voulait aux intelligences supérieures, et volontiers s'aplatissait devant un charlatan quelconque.

Joseph Lebon, dont les forfaits dans le Pas-de-Calais font frémir arrivait, pour la seconde fois à Béthune, le 26 décembre 1793, pour y terroriser les habitants. A la séance de la *Société populaire* qui eut lieu ce jour-là vers le soir, il annonça la prise de Toulon. Sa femme l'accompagnait. Un pauvre ouvrier eut l'imprudence, selon le mot de la femme Lebon, de faire remarquer « que l'on disait toujours les
« bonnes nouvelles mais non pas les mauvaises ». Ce propos valut, à son auteur, selon la sentence de Lebon,
« sept mois et demi et trois jours de prison. S'il n'a-
« vait pas eu, comme il disait dans sa défense, quatre
« sorties avec la nation », il aurait sans doute fait connaissance avec le bourreau. Le 30 décembre 1793,

Lebon, rentré à Arras, désigna pour composer le conseil général de la commune de Béthune, les personnes dont les noms suivent et qui, certainement, étaient loin de partager ses opinions révolutionnaires :

Maire : François de Bailliencourt.

Officiers municipaux : Dupont, instituteur, Hanicotte Guislain, Sauvage Louis, Leroy Emmanuel, Labitte François, Vandenbusche, Carpentier et Berthier.

Notables : Pruvôt, Herreng, Leclercq, Delautel, Legay, Fardel, Racher, Uzel, Lecigne, Cousin, Pierre Sauvage, Desaulty, Delafosse, Delattre, Thomas, E. de Bailliencourt, Ricourt, Croisier.

Il leur enjoignit d'entrer immédiatement en fonctions.

Le district fut ainsi composé : Leroulx, président, Blaimont, Goblet, ex-prêtre à Annay, Clément, originaire d'Aix. Delerue fut nommé agent général ou procureur-syndic.

Le comité, appelé par M. Wallon, comité de sûreté générale et désigné dans cette ville par le nom de comité de surveillance, fut organisé le 20 octobre 1793, selon les prescriptions données, le 5 du même mois, par Elie Lacoste et Peyssart, représentants du peuple en mission dans le Pas-de-Calais. Il eut pour membres : Pierre Gremel, Auguste Sauvage, Albert Delafosse, P. Berquin, Pinchon, Boutilliez, Poncin, Labitte, Langlé et Racher.

Le district, préoccupé, dans les derniers mois de l'année 1793, de l'invasion de l'ennemi dans le nord de la France et du besoin de centraliser des vivres, des munitions et des hommes, s'était abstenu de tout acte de violence contre les personnes et les choses.

Il n'en fut pas de même du comité de surveillance qui s'était donné, à l'unanimité des voix, pour président P. Gremel et pour secrétaire A. Sauvage. Tout ce qui se rattachait à la religion ou au culte

devait être particulièrement l'objet de ce comité. A défaut du serment prescrit par la Constitution civile du clergé aux prêtres en exercice, on exigeait des religieuses le serment civique d'égalité et de liberté. Le 23 octobre, Rosalie Haubourdin, sur la dénonciation de la femme de Gouliart, juré du tribunal révolutionnaire de Cambrai, comparaissait à la barre de ce comité où elle était accusée d'avoir porté un bréviaire, en pays ennemi, à M. Duhameau, ci-devant curé d'Hesdigneul. Elle fut incarcérée pour ce fait. Le 7 novembre, était arrêtée la ci-devant supérieure des Bleuettes d'Aire, « fortement suspecte pour sa conduite, ses rela-
« tions et ses propos ». Le 15, François Baudel, greffier de la municipalité de Ham, fut arrêté pour avoir dit que « s'il recevait l'ordre d'arrêter un prêtre inser-
« menté, il ferait comme faisait St-François quand
« on lui disait d'arrêter un voleur, en regardant dans
« sa poche, il disait : je ne l'ai pas trouvé ».

En vertu d'un arrêté de St-Just et de Lebas qui prescrivait l'arrestation, dans les vingt-quatre heures, de tous les ci-devant nobles du département du Pas-de-Calais, cent seize nobles furent arrêtés, en quelques heures, le 15 février 1794, par ordre du district de Béthune, en présence de Duquesnoy.

Au mois de mars, le comité révolutionnaire de surveillance de Béthune faisait incarcérer M. Amas, avocat, ancien échevin de cette ville. Ce mandat d'emprisonnement nous donne une idée du monde lettré qui composait ce comité :

LA RÉPUBLIQUE OU LA MORT

Extrait des registres aux arrêtés du comité révolutionnaire du district de Béthune

Séance publique du 26 ventôse (16 mars) de la 2e année de la république française une et indivisible.

« Amas père, avocat, taré dans l'opinion *public*,
» *entaché de regrets* de l'ancien régime qui était

« pour lui très avantageux, et ayant été commissaire
« du ci-devant roi près le tribunal de Béthune. Enfin
« les choses *arrêté* avec la prudence et la sagacité
« *exigé* en *pareil* circonstance, l'arrestation du ci-
« dessus dénommé a été *prononcé* à *l'hunanimité* ».

« Fait ce jour, mois et an que dessus, pour copie
« conforme à l'original ».

Signé : Langlé.

Le 5 avril, sur la dénonciation de Fardel, le comité de surveillance faisait arrêter six religieuses, Marie-Josephe Delerue, supérieure des dames bénédictines de la Paix, Agnès Duhamel, Marie-Jeanne Arnauld, Jeanne Delerue, religieuses au couvent de la Paix ; Marie-Thérèse Leroy, et Marie-Madeleine Boulet.

Les bâtiments de l'Oratoire et de la caserne St-Yor, servant de prisons aux suspects, étaient encombrés ; pour recevoir les nouveaux détenus, le couvent des religieuses de la Paix fut également converti en prison. Comme le nombre des prisonniers allait toujours croissant, une partie d'entre eux fut transférée, le 24 avril 1794, par ordre de Lebon, à Arras. Nous ne citerons que les plus notables qui, sur leurs demandes agréées par ce proconsul, restèrent en liberté, sous l'inspection du comité de surveillance d'Arras devant lequel ils devaient, chaque jour, se présenter : Jacquemont, ci-devant ministre à Aix ; Delame, à Beuvry ; Bouchart, à Wazemmes ; Bailleul, à Houchain ; Lansel, à Barlin ; P. P. Saligot, à Bourecq ; Fiévet, curé de Carvin, arrêté le 27 décembre précédent par ordre de Lebon ; Sailly, ministre du culte catholique à Libercourt.

Déjà, l'année précédente, plusieurs prêtres, appartenant au district de Béthune, avaient été incarcérés dans les prisons d'Arras. Nous citons parmi eux :

Charles-Joseph Hennebert, natif d'Hesdin, 60 ans, ex-chanoine de Béthune, auteur d'un ouvrage sur la province d'Artois; Anne-Jacques-Placide d'Aix, natif d'Arras, 60 ans, ci-devant prévôt du chapitre de Béthune; Jean-Baptiste Delsaux, natif du Transloy, 52 ans, ex-récollet à Béthune; Guillaume-Louis d'Oresmieulx, natif de Saint-Omer, 71 ans, religieux de St-Bertin, ex-prieur de St-Pry, de Béthune; Jean-Baptiste Joly, né à Loos, près Lens, le 15 octobre 1726, ci-devant religieux à St-Eloi, ex-prieur du Perroy à Béthune; Charles-Florent d'Haisnes, natif de Béthune, faubourg, 69 ans, prêtre bénéficier au château de La-Buissière; Jean-Philippe Souplet, ex-chanoine de Béthune; François Bridoux et Sébastien Fauvel, ex-récollets à Béthune; Roche-Joseph Legrand, ex-chanoine à Béthune.

Au mois de janvier 1794, mourut dans la prison de cette ville M. Vallage, tailleur d'habits, incarcéré depuis le 6 août précédent.

Au mois de mars, la sœur du comte de Béthune, Mme de Modène, ses nièces et son neveu périssaient à Arras, sur l'échafaud. Le 21 avril, M. de Vieilfort ainsi que M. Lagache, son receveur, furent mis à mort à Arras, comme nous l'avons dit.

Le 23 avril, M. Roch-Joseph Legrand, chanoine de la collégiale de St-Barthélemy de Béthune, et précédemment curé de St-Vaast dans la même ville, comparut devant le tribunal révolutionnaire d'Arras. Le seul grief qu'on lui reprochait c'était d'avoir écrit, le 10 septembre 1792, à M. de Genevières de Vieilfort, seigneur de la Vasserie, le remerciant ainsi que sa dame d'avoir bien voulu lui donner l'hospitalité depuis sa sortie de Béthune qui avait eu lieu le 26 mai pour refus de serment; les priant, de faire la même œuvre de charité en faveur de trois religieuses Annonciades du couvent de Béthune persécutées également

pour refus de serment. Il finissait par cette phrase :
« nous espérons que la persécution finira bientôt et
« que Dieu récompensera nos sacrifices et notre fer-
« meté dans la foi ». Ce dernier alinéa parut tellement
grave à Lebon qu'il le souligna de sa main, demandant, pour ce motif, au tribunal de remplir son devoir.
Les jurés, qui, dans leurs fonctions, se montraient des
esclaves plutôt que des juges, obéirent en condam-
nant à mort ce vieillard de 70 ans, pour « conspira-
« tion, complot et manœuvres avec les ennemis de la
« France ». M. Legrand qui ne se faisait aucune illu-
sion sur la sentence que de pareils juges allaient prononcer, s'était refusé à choisir un défenseur. Il marcha à la mort avec une sérénité digne des anciens
martyrs, au premier âge du christianisme.

Un scribe infidèle, qui trouvait, sans doute, que la
Révolution avait à sa charge assez d'exécutions capi-
tales sans lui imputer celle-ci, écrivit au verso de la
couverture d'un registre de nos archives municipales :
« *Rochus-Josephus Legrand..., hujus parochiæ pastor*
« *per 23 annos.... obiit die 12 augusti 1780 et in*
« *cemeterio vedastino sepeliri voluit* ».

Le 3 juillet 1794, Mme Ozenne, née Marie-Françoise
Gouillart, se précipite d'une fenêtre de la caserne
St-Yor où elle était détenue comme suspecte et meurt
sur place. Cette pauvre dame était devenue folle, en
apprenant que son frère, M. Edouard Gouillart, chanoine d'Aire, et son mari, M. Luc-Gilles Ozenne, lieutenant général de la gouvernance d'Arras, avaient été
envoyés à l'échafaud, le 23 juin, par le tribunal révolutionnaire d'Arras. L'acte de l'état-civil qui constate
la mort de cette infortunée porte qu'elle était « veuve
« du guillotiné Ozenne ».

Le 6 juillet, le tribunal d'Arras condamna et fit
exécuter : M. Charles Guffroy, ex-organiste de la collégiale St-Barthélemy de Béthune, pour « mépris des

« lois, refus d'une pension de 400 livres en haine de
« la Constitution, refus de jouer *Ça ira* sur son orgue
« dans une fête patriotique », Guislain-Florent Pronier, instituteur, ex-frère des écoles chrétiennes, marié, natif de Puisieux, pour « avoir méprisé la loi
« relative au serment des prêtres et dit qu'il n'ensei-
« gnerait jamais les principes de la Révolution », Siméon-François Mongy, notaire, né à Béthune, pour
« manœuvres fanatiques, opposition à la vente des
« domaines nationaux et à la suppression des abbayes »;
Jacques-François Delbarre, épicier, natif de Lestrem, pour « liaison avec les contre-révolutionnaires »;
François Lemaire, marchand limonadier, pour « ma-
« nœuvres fanatiques et mépris des patriotes dont la
« fin, disait-il, serait tellement misérable qu'ils se-
« raient rongés de vermine »; Jean-Baptiste Flajolet, maître-maçon et marchand, natif de Lillers, pour
« manœuvres fanatiques ». Ils étaient en prison depuis onze mois.

La liste de ces victimes est l'enseignement le plus éloquent et le plus sinistre qu'on puisse tirer de ces souvenirs de mort. Prêtres, grands seigneurs, marchands, ouvriers, maîtres et serviteurs, tout était jeté confusément sur la paille infecte des prisons, et de là sous le couperet du bourreau. Le « fanatisme religieux » était un des considérants le plus fréquemment invoqué par les jurés du tribunal d'Arras dans leurs arrêts de mort. Ce qui prouverait que la religion était d'une part l'objectif préféré de leurs criminelles attaques, d'autre part le principal mobile de la conduite de leurs innocentes victimes.

Un des pourvoyeurs les plus actifs de la guillotine, c'était Duquesnoy, représentant du peuple à la Convention. Une immense soif de sang semblait le dévorer. Le tribunal révolutionnaire d'Arras ne suffisait plus à satisfaire par ses sentences cette avidité. Cinquante-sept personnes appartenant aux familles les plus honorables du district furent arrêtées, sous sa pression, par ordre du district pour être dirigées sur Paris où les attendait Fouquier-Tinville officiellement prévenu de leur arrivée. Ce convoi devait être suivi de deux autres non moins importants et dont le personnel reconnu *guillotinable*, selon le mot de Duquesnoy, était déjà désigné. Voici la liste de ceux qui, d'après les expressions de Leroulx, furent trouvés « dignes du premier voyage » (1).

1 Hugues Bacon, de Sains (ancien receveur des Etats).
2 Legentil, femme d'Hugues Bacon.
3 Joseph Bacon, demeurant à Béthune.
4 Marie-Joseph Bacon, demeurant à Béthune.
5 Archange Bacon, demeurant à Béthune.
6 Guillaume Dussaussoy, de Grenay.
7 Constance Willebien, de Grenay.
8 Rosalie Vichery, femme de Florentin Beaucamps, de Grenay.
9 Augustin Jacquemont, notaire d'Hersin.
10 Modeste Crépin, fermier d'émigré et du guillotiné d'Houchin.
11 Floride Lallart, femme Crépin.
12 Augustin Jacquemont, ci-devant receveur des domaines à Béthune.
13 Florence Fajolle, femme dudit Jacquemont.
14 Gottran, cultivateur-propriétaire, d'Houchin.
15 Payen, femme dudit Gottran.
16 Théophile Lebas, brasseur, de Liévin.
17 Antoine Savary, cultivateur, dudit Liévin.
18 Pierre Duquesnoy, meunier audit Liévin.
19 Jacques Cayet, à Liévin.
20 Joseph Hannedouche, ci-devant receveur des ci-devant de Sains.
21 Philippe-Alexis Devienne, marchand, d'Aix.

(1) *Cris des habitants de Béthune*, p. 52 et 53.

22 Philippine Rifflart, femme de Joseph Sergent, de Calonne-Ricouart.
23 Antoine - Guislain Ozenne, ci-devant avocat, d'Annezin.
24 Henriette Destrées, femme dudit Ozenne.
25 Montewis, lieutenant de gendarmerie à Béthune.
26 Eloy Boidin, ci-devant avocat à Béthune.
27 Guislain Brasier, brasseur à Béthune.
28 Siméon Brasier, ex-moine.
29 Auvray, femme de Gosson, ex-noble, à Barlin.
30 La veuve Leroy, brasseuse, à Béthune.
31 Dehamel de Bellenglise, ex-comte de Béthune.
32 La Pailleterie, femme de l'ex-comte de Maulde, à Labuissière.
33 Marie-Josephe-Agathe Vergnel, femme Dehamel-Bellenglise.
34 Chevalier, ex-administrateur du département et du district, de Béthune.
35 Fournier, ex-procureur à Houdain.
36 Martel, ex-procureur de Béthune.
37 Dautricourt, de Carvin.
38 Claire Dautricourt, sœur dudit Dautricourt.
39 Cécile Letienne, de Richebourg, suspectée d'émigration.
40 Catherine Dautricourt, de Carvin.
41 Clément Morguet, horloger à Houdain.
42 Marie-Philippine Bridoux, femme Morguet.
43 Catherine Morguet, sa fille.
44 Sabine Morguet, sa fille.
45 Victoire Morguet, sa fille.
46 Henri Brassart, marchand de fer, de Béthune.
47 Mathias Diénart, d'Houdain.
48 Pagniez, cultivateur, du Locon.
49 Célestine Pagniez, du Locon.
50 Marie-Anne Capon, aide de Delbarre, guillotiné.
51 Procope Deligne, agent-national, de Liévin.

52 Hyacinthe Depretz, d'Oignies, suspectée d'émigration.
53 Jacquemont, curé d'Aix.
54 Augustin Carré, fils, de Divion.
55 Pierre Bon-Lallart, fermier à Fresnicourt.
56 Maximilien Toffart, notaire à Lillers.
57 Antoine Liévin, à Lillers.

Robespierre venait de périr sur l'échafaud. Quelques jours après l'exécution de ce *nouveau catilina*, ainsi qualifié par Duquesnoy, celui-ci, persuadé que la Terreur était loin d'être finie, adressait au comité de Salut Public la liste de ces cinquante-sept détenus (1). En même temps, le 2 août (15 thermidor), il prenait un arrêté par lequel les membres du district de Béthune « étaient chargés de faire partir sur-le-champ « pour Paris, sous bonne et sûre escorte », les personnes dénommées ci-dessus. Nos infortunés compatriotes partirent au nombre de cinquante-deux, entassés sur trois charrettes découvertes, escortés de vingt-cinq gardes nationaux, exposés à une pluie battante et aux injures de la populace que l'on excitait contre eux. Arrivés à Arras, ils firent une halte aux Baudets (prison) où d'autres détenus, « leurs camarades d'aris- « tocratie », comme disait Duquesnoy, vinrent s'adjoindre à eux dans leur lugubre voyage vers la capitale. Ceux-ci furent entassés sur deux autres charrettes. Au moment où nos concitoyens entraient dans Paris, croyant y périr sur l'échafaud, un air de vie s'était introduit quelques jours avant dans cette atmosphère qui donnait la mort; l'heure de Robespierre avait sonné, il avait péri sur l'échafaud, comme nous l'avons dit, le 9 thermidor (27 juillet). Le comité de sûreté générale renvoya nos concitoyens dans leurs foyers.

(1) WALLON, *Les représentants du peuple en mission*, t. V, page 358. — Moniteur du 19 fructidor (5 septembre 1794), t. XXI, p. 666.

Les personnages qui jouèrent les rôles principaux dans ce commencement de tragédie sont appréciés et fustigés d'une manière saisissante dans la brochure d'où nous avons tiré ce qui précède. L'histoire doit-elle s'interdire de mettre en lumière de pareils portraits? Assurément il y a des horreurs, des turpitudes qu'il faut entourer de voiles; une sorte de pudeur les protège contre les yeux de l'innocence; et Dieu seul, ce semble, doit les connaître. Mais d'une autre part, ce sont des tableaux qu'il faut produire à l'extérieur, pour servir de moralité aux âges futurs; l'histoire serait infidèle à sa mission en les voilant. Anciennement chez les païens, pour apprendre aux jeunes gens à pratiquer la tempérance, on leur montrait un esclave ivre.

« Leroulx, ex-président du district, ignare et très
« borné, intriguant, fourbe, ambitieux, égoïste, dan-
« gereux, partisan décidé du système affreux des
« Robespierre, Lebon; professant ouvertement l'a-
« théisme, remplissant l'administration du district
« d'une troupe de jeunes gens sans principes et sans
« moralité; trouvant que, pour mieux faire la chasse
« aux chenilles, comme il disait, il fallait substituer
« la fusillade à l'échafaud...... »

Ce misérable, capable de tout, avait été accusé, le 22 juillet 1791, d'avoir effacé subrepticement son nom au bas d'une délibération du conseil général, en date du 16 juillet précédent (1).

Arrêté pour ses méfaits après la mort de Lebon et de Duquesnoy, il fit paraître un mémoire justificatif de sa conduite qu'il adressa, « de la maison d'arrêt
« des Magdelonettes, Paris, 27 pluviôse, troisième
« année républicaine, à ses concitoyens du district
« de Béthune » Dans ce *factum* « il se plaint de ce
« qu'une poignée de vicieux se débrident tout à coup,
« pour en abuser, au point de se tuer, pendant cinq

---

(1) Arch. municip., BB. 24.

« mois, dans des efforts convulsifs, en excitant
« quatre-vingt-quinze mille habitants d'un district, à
« lui jetter sur le dos les effets des loix résultans de
« toutes parts.... je n'écris cette page, ajoute-t-il,
« que pour déclarer que je ne serai pas maître, que
« ma justification ne devienne terrible envers les scé-
« lérats, qui auront forgé des faux-faits à ma charge ».

Ce factum, écrit dans ce style si violent et si peu français, se terminait par cette effrontée signature.

« Le franc, juste et vertueux captif.

« LEROULX. »

Cet odieux personnage, qui avait toutes les audaces, profita de l'amnistie, votée par la Convention, le 26 octobre 1795, pour revenir, pleinement libre, à Béthune où il fut méprisé de tous ses concitoyens. Sa mort fut épouvantable ; dans son agonie, ses souffrances physiques et surtout morales lui faisaient pousser des cris tellement violents qu'ils étaient entendus de toute la rue des Treilles où il demeurait et des rues adjacentes. Ce serait une page à ajouter au livre de Lactance sur la mort des persécuteurs de l'église.

Leroulx ne laissa qu'une fille qui était bossue. Mariée à un horloger, elle n'eut pas d'enfant. Cette famille est complètement éteinte à Béthune.

CLÉMENT, né à Aix-Noulette, ex-administrateur du
« district, juré au tribunal révolutionnaire d'Arras,
« homme sanguinaire, grand dénonciateur, toujours
« menaçant de la *guillotine*, et croyant pouvoir y
« conduire qui il voulait, se glorifiant d'avoir con-
« damné à mort 113 personnes, partisan déclaré de
« Robespierre ; écrivant en ces termes à l'administra-
« tion du district : « je vous annonce avec une extrême
« joie que telle contre-révolutionnaire vient d'éter-
« nuer dans le sac, que nous venons d'envoyer souper
« avec le père éternel, la fanatique telle, ce qui lui
« fera grand plaisir ».

Ce monstre n'a laissé dans Béthune aucun parent ni ami.

« BLAIMONT, ex-administrateur du district, tartufe,
« ennemi des talents et des vertus, convoitant toutes
« les places lucratives, principal meneur de la *Société*
« *populaire* de Béthune, dont il fut pendant longtemps
« le président perpétuel et le dictateur, révolution-
« naire persévéramment acharné ».

Sa famille est complètement inconnue dans le pays.

« GOBLET, ex-administrateur du district, ex-prêtre,
« instituteur à Annay, homme fourbe et dénonciateur
« impudent, partisan déclaré de Robespierre et de
« Lebon, ivrogne, connu du moins, pour ce défaut,
« à Lillers où il exerçait la *belle mission de faire* des
« corrections aux tableaux des détenus ».

« GOUILLARD, ex-administrateur du district, jeune,
« étourdi, porté aux excès, dénonçant, épurant, ju-
« geant, ayant mérité la haine et le mépris de ses con-
« citoyens, au point que, n'osant plus soutenir leurs
« regards, il est allé se cacher à la campagne ».

« DUHAUTPAS, administrateur du district, envoyé
« d'Arras à Béthune par Lebon, il se montra jusqu'à
« la fin son digne disciple ».

« LEDUCQ, administrateur du district, envoyé avec
« Duhautpas par Lebon, soutint constamment le
« règne de la terreur et de l'injustice ».

« GODFROY, administrateur du district, membre du
« comité de surveillance d'Houdain, est accusé d'a-
« voir dit qu'il ferait guillotiner une famille entière
« jusqu'à l'enfant qui était au berceau.... »

« PAGNOUL, qui a tant abusé de son autorité pour
« vexer les habitants de Lestrem, son pays ».

Tels étaient ces hommes qui peuplaient les prisons de Béthune de *six cents détenus* et trouvaient que, dans ce nombre, il y en avait *vingt* à peine qui dussent échapper à l'échafaud.

Ce sont là des portraits qui furent tracés et tirés à 1500 exemplaires dont 800 pour la Convention nationale et ses comités, par Dupont, Béhin, Villiers, Béghin fils, Pierre Jean, F. Darquette.

Dans un autre ouvrage intitulé : *Supplément au travail de la Commission établie à Béthune par le représentant du peuple Berlier*, on trouve quelques traits qui achèvent de peindre Duquesnoy. « Duquesnoy
« est l'un des partisans les plus outrés du terrorisme ;
« l'un des plus ardents sectateurs du système abomi-
« nable de Robespierre ; il a approuvé et exécuté les
« barbaries conçues et consommées par Lebon ; il est
« la principale cause que cinquante-sept citoyens ont
« failli être les victimes du tribunal de sang établi, à
« Paris, par les décemvirs, triumvirs et autres ; il a
« couvert de deuil et d'épouvante la terre où il a pris
« naissance ; il n'avait d'autre satisfaction que d'in-
« carcérer sans preuves ; il est cause de tous nos
« maux ; il est immoral dans toute la force du terme
« et dépourvu de connaissances si nécessaires pour
« gouverner les hommes et en être le législateur ; il
« n'est bon qu'à conduire des esclaves.... »

M. Taine, déjà cité, résumant ces appréciations, a dit de ce séide de la Révolution : « C'était une sorte
« de dogue, toujours aboyant et mordant, plus furieux
« que jamais quand il était repu » (1).

M. Wallon porte le même jugement sur Duquesnoy :
« C'est, dit-il, un des représentants les plus cruels
« et les plus brutaux qu'aient connus les départe-
« ments du Nord et du Pas-de-Calais. Guffroy, dans
« le temps où il révélait les *Secrets de Joseph Lebon*,
« en a fait un portrait pris sur le vif et que Duques-
« noy justifiait suffisamment par ses actes. Saint-Just

---

(1) Son tempérament naturellement sauvage est exalté jusqu'à la rage par l'abus des liqueurs fortes. Le général de........ nous assure qu'il l'a vu prendre aux cheveux le maire d'Avesnes, vieillard vénérable, qui lui présentait quelque pétition regardant la ville, et le jeter à terre avec des gestes de cannibale. *Un séjour en France de 1792 à 1795*, p. 136.

« n'eut pas un plus servile imitateur de ses procédés,
« ni Lebon un plus ardent admirateur de ses vio-
« lences (1). »

Avec une sévérité non moins grande, et toujours justifiée, la *Société populaire* de Béthune, appréciait, le 30 mai 1795, quelques autres terroristes de cette ville :

1. Pascal Berquin, boucher, vociférateur furibond, provocateur et approbateur de tous les projets de persécution émis dans les séances de la *Société populaire* de Béthune. Sa famille a complètement disparu.

2. Culo, cabaretier, partisan outré du système populicide qui a régné en France avant le 9 thermidor, désireux, même après cette époque, de rétablir les mesures liberticides des terroristes de Dijon. Sans amis ni parents qui lui aient survécu.

3. Lenglé, peintre, un des agents les plus actifs du système de terreur qu'il chercha à perpétuer lorsque le 9 thermidor l'avait aboli ; se comportant d'une manière atroce à l'égard des malheureux détenus qu'il avait sous sa surveillance. On ne lui connaît aucun parent dans Béthune.

4. Fardel, ex-curé ou vicaire de Ouwervirquin, prêtre porionné, qui, le 7 février 1794, déposa ses lettres de prêtrise sur le bureau de la *Société populaire* de Béthune, pour y être brûlées, déclarant alors renoncer à *son ancien métier*, pour rentrer dans la classe des citoyens, est ainsi apprécié dans ce factum : imbu des principes de l'athéisme, allié aux terroristes de Béthune, il a exercé dans la *Société populaire* le vil métier de délateur ; attaché au régime sanguinaire ; se désolant publiquement d'avoir vu revenir sains et saufs les cinquante-sept détenus qui tous, selon lui, méritaient la mort. Son ignorance était telle que tout son bagage littéraire, scientifique et théologique, aurait pu facilement tenir dans cette phrase qui lui était

(1) Wallon. *Les représentants du peuple en mission*, V, 67.

familière : « Henri I[ ] a régné en Fra[nce] ». Ce misérable révolutionnaire, qui vivait de sa pension d'ancien curé constitutionnel, est mort couvert de vermines, méprisé de tous ceux qui connaissaient sa vie. Il n'a laissé aucun parent dans cette ville.

5. PINCHON, cabaretier, ex-membre du comité révolutionnaire destitué par Berlier; quoique d'un caractère violent, il n'a laissé aucuns faits graves à sa charge. Sa famille est éteinte depuis longtemps.

6. GREMEL, charcutier, concierge de la maison de détention, a abusé de l'inspection que cette place lui donnait sur les détenus pour les molester de la manière la plus cruelle. Il n'y a point d'expressions pour peindre les atrocités de tous les genres qu'il leur a fait essuyer. C'est un homme immoral et d'une brutalité sans exemple. Il mourut dans la rue d'Arras, ayant repris, avec son fils mort célibataire, son ancien état de charcutier.

Ce factum fut signé par tous les membres de la *Société populaire,* notamment par Dupire, Leducq, Thuillier, Taffin, Chevalier et Menche, procureur-syndic.

Parmi les révolutionnaires ardents de Béthune, on pourrait encore citer *Poncin,* membre du comité de surveillance, accusé d'avoir arraché des sommes considérables aux détenus; Ricourt, membre de la Municipalité, accusé du même crime.

Il y en a quelques autres encore dont la conduite fut des plus révoltantes dans cette affreuse tragédie dont cette ville fut le théâtre à cette époque. Nous ne les citerons point par égard pour leurs familles qui existent encore à Béthune.

C'est dans un sentiment d'unanime réprobation que le conseil de la commune de Béthune votait, le 30 juillet, une adresse à la Convention pour la féliciter de l'énergie qu'elle venait de déployer en terrassant

les ambitieux qui « conspirant la ruine de la Répu-
« blique, voulaient se faire un marche-pied pour par-
« venir à la tyrannie ».

Cependant ces hommes qui flétrissaient ainsi Robespierre, après sa chute, étaient les mêmes qui, le
2 avril précédent, avaient adressé à tous les habitants
de cette ville un écrit des plus laudatifs sur Maximilien
Robespierre « cet incorruptible législateur, ami cons-
« tant et du peuple et de la liberté, austère dans ses
« mœurs, combattant à chaque pas la tyrannie, mé-
« prisant la calomnie, défendant les patriotes sur qui
« les âmes basses et les reptiles fangeux se plaisent à
« diriger leurs traits envenimés ».

C'étaient, pour la plupart du moins, ces mêmes
hommes qui, suivant les coupables errements prati-
qués, dès le 18 mai 1793, par leurs devanciers, ouvraient, tous les jours, par ordre du ministre de l'intérieur, « toutes les lettres qui arrivaient au bureau de
« poste de Béthune », à l'effet d'y trouver contre de
nouveaux suspects des éléments nouveaux de poursuites
judiciaires (1).

C'étaient eux qui, pour exercer une plus grande
vigilance sur les suspects du dehors, exigeaient des
passeports de tous les étrangers ou voyageurs (2).

C'étaient eux qui maintenaient l'amende de dix
francs imposée, depuis l'an II de la République, à
ceux qui, dans la ville, tenaient, le dimanche, leur
boutique fermée (3).

C'étaient eux qui, le 26 août 1794, faisaient im-
primer, aux frais de la ville, à 2.500 exemplaires, le
portrait du vrai sans-culotte.

Ajoutons cependant, à leur décharge, qu'ils étaient
terrorisés plutôt que terroristes; qu'ils subissaient,
ainsi que la ville presque tout entière, l'influence de

---

(1) Arch. municip., BB. 24.
(2) Arch. municip., BB. 24.
(3) Arch. municip., BB. 24.

la *Société populaire*, ce *forum* de crimes où venaient présider des hommes, pour la plupart, salis de vices, et d'où sortait, dans des improvisations de haines et de vengeances, un torrent d'opinions malsaines formé d'une avalanche de mauvais livres et journaux amassés dans le « cabinet de lecture » d'un nommé Carpentier.

Le 26 nivôse an III, l'accusateur public près le tribunal criminel du département du Pas-de-Calais, adressait au commissaire national près le tribunal du district de Béthune, un mandat d'amener à la charge de Gouillart, Blemart, Clément et Goblet.

Hâtons-nous de quitter ce théâtre d'infamies.

Tous les maux, pour ainsi dire, étaient versés à la fois sur cette ville. Béthune, à cette époque, était sous l'étreinte horrible de la faim. La disette était si grande au commencement de l'année 1794, que les boulangers venaient déclarer au conseil de la commune ne plus trouver assez de blé pour la subsistance des habitants. Le commencement de l'année 1795 s'annonça comme celui de 1794 par la disette. Le 9 germinal an III (8 avril 1795), la Municipalité informe le comité de secours public qu'elle se trouve dans l'impossibilité de secourir les pauvres par suite du séquestre mis, en vertu de la loi du 3 messidor an II (21 juin 1794) sur les biens affectés précédemment à cet usage. Elle demandait à ce comité une somme de quinze mille livres à l'effet de pourvoir aux besoins des plus nécessiteux. La Révolution, qui avait réuni au domaine national l'actif et le passif « des hôpitaux, « des pauvretés, des maisons de secours », n'avait rien établi pour fournir aux besoins des indigents. Ce seul fait révèle un désarroi complet dans l'administration; fatal contraste avec les ordonnances admirables de nos vieilles institutions de charité qui pourvoyaient aux divers besoins de chaque foyer nécessiteux.

Le savon, comme une foule d'autres objets de nécessité ou de simple utilité dans les ménages, manquait presque entièrement à cette époque. Le 26 octobre 1794, la Municipalité de Béthune, vivement préoccupée de cette privation qui, à ses yeux, n'était rien moins qu'une calamité, adressait à l'administration du district la lettre suivante devenue très ridicule par le sérieux même que ses auteurs imbéciles y ont mis :

« Citoyens,

« Le savon est une denrée de première nécessité et
« nous en sommes privés depuis huit mois; nous pas-
« sons sous silence les maux que cette privation a
« causé, les termes répugnent. Secondez-nous citoyens,
« aidez-nous à couper cette branche de la misère pu-
« blique qui, si elle croissait encore pourrait être
« nuisible à la propagation de l'espèce » (1).

Le 3 décembre 1794 (13 frimaire an III), le représentant du peuple Berlier destituait, en grande partie, les membres de cette inintelligente municipalité et nommait maire de Béthune, François de Bailliencourt; officiers municipaux : Lesage, Hautrique, Bréhon, Gamot, Lambert Prou, Morand, Leroi et Bara. Les dix-huit notables étaient bien choisis. Carpentier reçut le titre d'agent national. Ce dernier choix était le seul qui fut regrettable.

Cependant des mesures de surveillance étaient ordonnées par la loi du 21 germinal an III contre les anciens terroristes. Conformément à cette loi, le directoire du district de Béthune prit, le 25 germinal (14 avril 1794), un arrêté par lequel les citoyens Culo, Langlé, Rachez, Fardel, Pinchon, Labitte, ex-membres du comité révolutionnaire, Marie Flament, Beugnier, ci-devant secrétaire du district, Hanicotte, ex-officier municipal, Pascal Brequin et Grémel, ex-concierge de la prison, devaient être désarmés.

(1) Arch. municip., BB. 24.

Le 27 mai, le directoire du district demandait au Conseil de la commune de lui désigner les terroristes qui auraient échappé à l'œil vigilant de l'administration. Le Conseil déclarait dans sa réponse qu'il n'y avait plus lieu à décréter aucune autre mesure contre ces misérables qui, tous, avaient disparu de toutes les places administratives.

Cette attestation n'empêcha pas cependant le représentant du peuple Lamarre d'épurer, le 30 juin suivant, le corps municipal de cette ville. M. François de Bailliencourt fut maintenu dans ses fonctions de maire.

Ce fut dans cet ordre d'idées que, le 10 messidor an III, on réorganisa la garde nationale de Béthune.

RÉORGANISATION DE LA GARDE NATIONALE
(En exécution de la loi du 28 prairial l'an III).

Le 10 messidor an III, sur l'Esplanade, ont été élus à la pluralité des suffrages des canonniers :

COMPAGNIE DES CANONNIERS (50 hommes). — Capitaine : Caby; lieutenant : Vincent; sous-lieutenant : Levavasseur; sergents : Pagnoul et Lecocq; caporaux : Hérel, Michel Jean, Clément et Lefort.

Le 14 messidor an III de la République, ont été élus à l'hôtel de ville :

« Dans chaque compagnie il y avait douze grenadiers et douze
« chasseurs. »

1ᵉʳ PELOTON. — Capitaine : Ignace Decroix; lieutenant : Bazin; sous-lieutenant : Beugin ; sergent-major : Magloire Sauvage; sergents : Robillard, Baudran, Hotricq, Mouton; caporaux : Didelot, Lebon, Petit, Eustache, Edouard Lefebvre, Ricourt, Faquet, Fardel.

2ᵉ PELOTON. — Capitaine : Jacques Gottrand ; lieutenant : Gilleron; sous-lieutenant : Dubrulle ; sergent-major : François Labitte ; sergents : Boulet, Joseph Quétiez, Pierre Renet, Philippe Cointrel; caporaux : François Lefebvre, Pierre Desbuissons, J.-B. Hennebelle, Louis Laderrière, Louis Piogez, J.-B. Dégardin, Pascal Facon. (Le 8ᵉ n'est pas nommé).

8ᵉ PELOTON. — Capitaine : Catouillart; lieutenant : Ch. Delalleau;

sous-lieutenant : Buidin ; sergent-major : Louis Laurent ; sergents : Antoine Denisello, Ange Quennesson, Alexandre Hulleu fils, Louis Culo; caporaux : Lebon, Charles, Lecocq, Dégez, Lemaitre, Ch. Ducurian, Augustin Calart, Prou.

4ᵉ PELOTON. — Capitaine : Emmanuel Mégœul ; lieutenant : Michel André ; sous-lieutenant : François Rœux ; sergent-major : Savary ; sergents : Joseph Grenello, Joseph Desaulty, J.-B. Ginesty, Antoine Martin ; caporaux : François Titau, Gaspard Derameaux, Alexandre Héringuez, Aimable Delebarre, Aimable Hermant, Joseph Buissart, Florent Lautel, Antoine Dupuich.

5ᵉ PELOTON. — Capitaine : Nicolas Girardin ; lieutenant : Théodore Lapaume ; sous-lieutenant : Benoit Brasier ; sergent-major : Célestin Robert ; sergents : Pierre Flahaut, Antoine Wavrin, Joseph Losson, François d'Hénin ; caporaux : Bollet, Waterlot, Jacquemont, Mizon, Hennedouche, Outrebon, Hurbiez, Mordacq.

6ᵉ PELOTON. — Capitaine : Liévin Leclercq ; lieutenant : Ignace Hanicotte ; sous-lieutenant : Warnier ; sergent-major : Antoine Carpentier ; sergents : Liévin Lefebvre, François Gragez, François Leriche, Pierre Leclercq ; caporaux : Constant Robbe, Stanislas Boulet, Philippe Bocquet, Joseph Lecerf, Vincent Flambry, François Crétel, François Bourdon, Vaillant fils.

7ᵉ PELOTON — Capitaine : Louis Laumonier ; lieutenant : Charles Donte ; sous-lieutenant : Aimable Duflos ; sergent-major : Louis Deront ; sergents : Adrien Mahé, J.-B. Donte, Benoit Peresse, Pierre Article ; caporaux : J.-B. Fauvart, Fauquette, Maniez, Hanicotte, J.-B. Leroulx, François Tullier, Ange Donte.

8ᵉ PELOTON. — Capitaine : Roussel ; lieutenant : Levavasseur ; sous-lieutenant : Gohier ; sergent-major : Jean François ; sergents : Joseph Dhaine, François Dhaine, J.-B. Delory, Vaast Decroix ; caporaux : André Leprêtre, J.-B. Bailleul, Régis Fauvart, Augustin Lourme, Delassus, Valentin Prou, Pierre Dhaine, Jacques Soyer.

COMPAGNIE DES GRENADIERS. — Capitaine : Stanislas Potin ; lieutenant : Louis Brequin ; sous-lieutenant : Jacques Morand ; sergent-major : Augustin Sauvage ; sergents : J.-B. Hulleu, Pierre Potier, J.-B. Soyer, Louis Croisier ; caporaux : Ignace Deruy, Félix Deruy, Joseph Mannessier, François Fatou, Bruno Bailly, Jean-Marie Toquenne, Louis Queste, Joseph Logier.

COMPAGNIE DES CHASSEURS. — Capitaine : J.-B. Brequin ; lieutenant : Constant Ginesty ; sous-lieutenant : Stanislas Delautel ; sergent-major : Louis Lugez ; sergents : Henri Lecreux, Constant Lemaire, Maximilien Sauvage, Joseph Boulet ; caporaux : Charles Payelle, Louis Delerue, Adrien Dufrénoy, Louis Bécourt, J.-B. Delmotte, Joseph Copin, Salon, Joseph Vaillant.

État-Major : Chef de bataillon, Pierre Jean ; adjudant-major, François Gottrand ; porte-drapeau, Éloi Rifflart.

RÉCEPTION DES CHEFS

Le chef de bataillon prononça le serment suivant : « Je jure fidélité à la Nation, haine à la royauté et obéissance aux lois de la République. »

Le maire, s'adressant à la garde nationale, dit : « Citoyens, au « nom du Peuple français, vous reconnaîtrez le citoyen Pierre Jean « pour votre chef de bataillon, et vous lui obéirez en tout ce qu'il « vous ordonnera pour la sûreté des personnes, la garantie des pro- « priétés et le service de la République. » Il lui donna alors l'accolade fraternelle, et le récipiendaire s'est décoré des marques distinctives de son grade.

On remarquera que ce mot *haine à la royauté*, introduit dans le serment, fut condamné par le Souverain-Pontife.

L'horizon était devenu moins sombre; l'espérance paraissait vouloir rentrer dans les cœurs. Mais la religion restait absente, et sans elle, les opprimés et les oppresseurs gardaient entre eux des haines ou du moins des mépris; la ville continuait de vivre dans l'angoisse. Pour faire cesser un si déplorable état de choses, une pétition signée, le 19 août 1794, par MM. Decroix, Vergne, A. Capelle, Penin, Auvray, Guillebert, Lefranc, Van Costenoble, Lesecq, Hévin, L. Soyez, J. Soyez, Lemoine, Groux, veuve de Bellonnet, veuve Gosson, fut adressée au conseil de la commune pour obtenir un local pouvant servir à l'exercice du culte catholique. Le conseil, se conformant à la loi du 11 prairial (30 mai), indiqua pour servir à cet usage l'*édifice nommé le temple*. Cette désignation était une sorte de dérision, ce temple (l'église St-Vaast) servant alors de marché aux grains. Le 21 mai de l'année suivante, le conseil se ravisant mit à la disposition des fidèles l'église de l'Oratoire. Le 3 mai 1797, l'église St-Vaast, n'étant plus affectée au marché aux grains, fut remise à M. François, curé constitutionnel, selon sa demande en date du 28 septembre 1796.

Le 26 octobre 1795, la Convention disparut. Une nouvelle Constitution fut décrétée; elle changeait tout le système de la centralisation démocratique; un Directoire fut proclamé avec deux Conseils, celui des Anciens et celui des Cinq-Cents. MM. Bacon, président de l'administration cantonale d'Hersin, et Bollet, ancien conventionnel, faisaient partie du Conseil des Anciens. M. Delrue, d'Allouagne, devenait membre du Conseil des Cinq-Cents.

L'administration de la commune de Béthune fut confiée à cinq conseillers municipaux. Cette organisation du pouvoir municipal rappelait celle du Directoire qui, chargé de la puissance souveraine, était pareillement composé de cinq membres. Cette organisation administrative de la France, a dit M. Thiers, aboutissait à un état de choses qui était l'anarchie même.

On imagina, en outre, un genre de municipalités cantonales qui, trop éloignées de l'autorité centrale et de la population qu'elles étaient appelées à régir, produisirent un inutile déplacement de l'autorité domestique, sans avoir l'avantage de porter les affaires locales assez près des yeux du gouvernement pour qu'il pût les saisir.

Le district et les tribunaux de première instance furent supprimés, faisant place à un seul tribunal civil ayant son siège à St-Omer. Evidemment la justice se trouvait placée trop loin de la plupart des justiciables. La ville de Béthune conserva cependant son tribunal correctionnel qui fut installé dans l'hôtel de l'*émigré Giroult* où se trouve encore aujourd'hui le tribunal de première instance.

Le 25 octobre 1795 (3 brumaire an IV), on procéda à la nomination des cinq conseillers municipaux. La *queue* de Robespierre, comme on disait alors, s'agitait encore à Béthune où la terreur se survivait. Les électeurs subirent cette néfaste influence. Les citoyens André-Eloi Carpentier, Charles Gouillart, Charles Fardel, Eustache Prévost, et François Vincent, furent nommés conseillers municipaux. Carpentier fut élu, le 14 brumaire, président de cette administration, en d'autres termes équivalents, maire de Béthune.

Le 18, M. de Bailliencourt fut nommé commissaire provisoire du Directoire exécutif près l'administration municipale.

Le 4 décembre, un commissariat de police fut établi dans cette ville. Cet emploi ne fut pas pour le titulaire une sinécure, surtout dans ce temps où la disette qui sévissait de plus en plus dans Béthune y suscitait des réunions tumultueuses et presque des séditions. La sécurité n'était pas plus grande au delà des remparts. Une bande de brigands ravageaient une partie de la région, s'y livrant au vol, aux incendies et aux assassinats et exerçant leurs rapines jusques aux portes de la ville. Ces scélérats, appelés *Chauffeurs*, étaient sous les ordres d'un nommé Salembier; d'ordinaire ils se réunissaient pour la plupart dans une maison isolée au Mont-Bernenchon où ils se défiguraient, prenant des habits de femmes et se couvrant le visage de suie.

Dans la nuit du 19 au 20 octobre 1796, ils firent une tentative d'escalade, mais sans pouvoir y pénétrer, sur la ferme de Bélzayge, située à Annezin. Dans la nuit du 24 au 25 du même mois, ils envahirent la maison de Bollet, membre du Conseil des Anciens. Ils commençaient, après l'avoir grièvement blessé, à lui brûler, au feu d'une cheminée, la plante des pieds, lorsque sa femme, ayant pu s'échapper, parvint, après avoir traversé, en chemise, un fossé plein d'eau, à faire sonner le tocsin. Craignant d'être surpris sur ce théâtre de leur forfait, par les habitants du village de

Violaines qui déjà se rassemblaient, ils abandonnèrent leur victime qu'ils croyaient morte. Bollet, remis de ses blessures, vint au Conseil des Anciens raconter en termes émus ce crime et beaucoup d'autres commis par les *Chauffeurs*. Ses collègues s'empressèrent de donner à la justice les ordres les plus sévères pour la répression de pareils crimes. Les malfaiteurs ne tardèrent pas à être arrêtés. Traduits devant la justice criminelle de Bruges (Belgique), vingt-deux d'entre eux y furent condamnés à mort. Salembier faisait partie des suppliciés dont l'exécution eut lieu sur la place de Bruges.

La municipalité de Béthune, alors en fonction, ne jouissait d'aucune considération parmi le peuple intelligent et honnête de la ville. Irrités de ce délaissement qui souvent allait jusques au mépris, ses membres eurent recours, pour se relever ou plutôt pour se venger, à la délation, le moyen le plus sûr de se déshonorer davantage dans l'opinion publique et devant l'histoire. Dans l'année 1797 (an V), on ne les vit s'occuper que de dénonciations. Ils dénonçaient les habitants d'Arras pour avoir chassé de leur ville les complices des crimes de Lebon, voulant ainsi se disculper eux-mêmes d'avoir donné, le 27 thermidor an V, asile et protection à sept individus, violemment expulsés pour leurs actes révolutionnaires de Bapaume et d'Arras. Ils dénonçaient les juges du tribunal correctionnel de Béthune qui, ne ménageant pas les révolutionnaires dans leurs méfaits contre la propriété, « commettaient, disaient-ils, plus de délits « qu'ils n'en réprimaient ». Ils dénonçaient les officiers du génie et de l'état-major des premières et seizième divisions militaires « coupables, selon eux, « de provoquer à la guerre civile en voulant livrer « nos places fortes aux amis de Carnot et de Pichegru « que le Directoire, dans la journée du 18 fructidor,

« avait proscrits révolutionnairement ». Ils dénonçaient les villes de Lille, d'Arras, de St-Omer et d'Aire pour avoir comploté contre la liberté. Ils signalaient au gouvernement MM. Parisel, receveur des domaines nationaux, Jacquemont, receveur de l'enregistrement, Herbout, officier de santé à l'hôpital militaire de Béthune comme ennemis du nouvel ordre de choses, « puisqu'ils n'assistaient jamais « aux fêtes publiques qui ne sont pas de leur goût; « le Directoire leur rendrait justice en les destituant « de leurs emplois ». Ils signalaient au ministre de la police, M. Jolli, commandant l'artillerie de la place comme agent de Louis XVIII, ayant fait rentrer en magasin les canons de la garde nationale. M. Barbé, officier du génie, était aussi dénoncé par eux comme anti-révolutionnaire. Le dénombrement de ces hideuses délations serait impossible. Mais cette époque offre à l'histoire des contrastes si frappants qu'elle ne sait pas si elle doit avoir plus de dégoût que de pitié pour ces dénonciateurs. Pour faire oublier leurs méfaits, ils instituèrent des fêtes civiques dont le caractère théâtral était fait pour subjuguer l'imagination du peuple.

Le 22 septembre 1797 (1er vendémiaire), on célébrait la fête anniversaire de la fondation de la République. Arrivé près de la statue et de l'arbre de la liberté au pied duquel avait été élevé un autel à la patrie, le président de l'administration municipale, entouré de toutes les autorités constituées, civiles et militaires, fit la lecture de la déclaration des droits et des devoirs, sinon inscrits du moins implicitement contenus dans la Constitution de l'an III.

Le 22 octobre (30 vendémiaire), une cérémonie funèbre avait lieu en l'honneur du général Hoche. Dès la pointe du jour, le canon, tiré de demi-heure en demi-heure, annonçait la cérémonie qui commença à deux heures.

Le cortège partit de l'Esplanade pour se rendre à la Grand'Place. La marche était ouverte par les chasseurs à cheval ; venait ensuite le groupe de soldats blessés, sortis, pour la circonstance, de l'hôpital militaire et représentant la famille du général défunt. L'un d'eux portait un tableau encadré de noir sur lequel se trouvait cette inscription :

NOUS ÉTIONS TOUS SES ENFANTS
IL A VÉCU !!!

L'effigie du général, placée sur un brancard, était portée par quatre anciens militaires. Huit jeunes filles vêtues de blanc, ornées de ceintures de crêpes, soutenaient les guirlandes de romarin qui y étaient attachées. Cette effigie était précédée d'un autre groupe de jeunes filles ayant le même accoutrement que celui de leurs compagnes. L'une d'elles tenait une plaque en bois sur laquelle on lisait cette inscription :

L'IMMORTALITÉ SERA SA RÉCOMPENSE

Une femme, la plus belle de Béthune, représentait la déesse de la Liberté dans une demi-nudité que rien ne voilait.

Une urne cinéraire ornée de lauriers était portée sur un brancart par quatre militaires. Huit jeunes filles soutenaient les guirlandes qui y étaient suspendues.

La garde nationale et la garnison, les armes baissées, formaient la haie. Le cortège, où se trouvaient toutes les autorités locales, était fermé par la gendarmerie nationale.

Cette procession civique fit le tour de la ville. Sur la Grand'Place, avaient été dressés l'autel de la patrie ainsi qu'une pyramide et un mausolée garnis de cassolettes où brûlaient des parfums. L'administration municipale prit place sur l'autel de la patrie. Les autres corps constitués et les soldats blessés se placèrent entre l'autel de la patrie et la pyramide. Après plusieurs morceaux de musique, un des membres de l'administration municipale fit la lecture du procès-verbal de la cérémonie funèbre qui avait eu lieu à Paris, le 10 du mois, en l'honneur du jeune héros.

Les jeunes filles, rangées autour de l'autel de la patrie, chantèrent en chœur.

Le citoyen Carpentier prononça l'oraison funèbre « du vainqueur de Quiberon », ainsi qu'il le désigna dans son discours.

La musique joua la *Marseillaise*. Un chœur d'hommes et de femmes chanta la strophe : « Amour sacré « de la patrie ». A la reprise du refrain : « Aux armes, « citoyens »; toute la troupe porta les armes et fit trois décharges de mousqueterie.

Ceux qui faisaient partie du cortège et qui, pendant la cérémonie, avaient en main une branche de chêne ou de laurier ou de cyprès, la déposèrent près de l'effigie de Hoche qu'ils pleurèrent, est-il écrit dans le procès-verbal de la séance du conseil, comme « un « père, un ami, un frère ».

La cérémonie se termina par le *Chant du Départ* (1).

Le 8 nivôse an VI (31 décembre), il y eut une fête pour la ratification de la paix entre la France et l'Autriche. Dans cette solennité, l'élément féminin, selon la coutume suivie sous la République en pareille réjouissance, figura d'une manière considérable. Pendant la promenade civique qui se fit dans toute la ville, chaque militaire tenait le bras d'une citoyenne vêtue de blanc avec ceinture tricolore. Arrivé au temple, le cortège se plaça autour de l'autel de la patrie. Un militaire, représentant le général *Buonaparte* (sic) présenta le traité de paix au président de l'administration

(1) Arch. municip.; BD. 24.

municipale qui en fit la lecture, après avoir donné à ce brave l'accolade fraternelle et une couronne de lauriers, au nom de ses camarades. La cérémonie s'acheva par le chant chéri de la victoire; et aussitôt s'ouvrit « dans le temple » un bal public. Les pères et les mères avaient été invités officiellement « à as-
« sister à ces danses pour y voir leurs enfants se livrer
« à des exercices qui développent et fortifient le corps ». Les citoyens et citoyennes avaient été invités à illuminer la façade de leurs maisons vers cinq heures et demie du soir (1).

Toutes ces fêtes où la religion n'avait plus sa place, ne suffisaient pas à apaiser les haines qui, depuis la République, divisaient les habitants de Béthune en oppresseurs et en opprimés.

De ces solennités plutôt théâtrales que civiques l'administration municipale s'empressa de revenir aux dénonciations. Le 31 janvier 1798, elle dénonce M. Cuignet, directeur de la poste aux lettres. La dénonciation porte « que la femme du dénoncé Cuignet est
« une de ces furibondes qui avec son mari qui l'ac-
« compagnait avec un violon faux ont chanté l'homi-
« cide réveil du peuple sous les fenêtres des républi-
« cains en les insultant. Cuignet d'ailleurs est membre
« fondateur de la société de Clichy ». (Quelques députés se réunissant à Clichy, et qu'on appelait pour cela Clichiens, semblaient avoir formé le dessein de rétablir la royauté) (2).

Le même jour, Carpentier et ses assesseurs lançaient une dénonciation contre M. de Bailliencourt, préposé du receveur du département à Béthune, qu'ils accusaient d'avoir un frère en émigration et de s'être refusé à fêter l'anniversaire du 21 janvier (3).

Le 28 février, ces misérables délateurs dénoncent

(1) Arch. municip., BB. 24.
(2) Arch. municip., BB. 24.
(3) Arch. municip., BB. 24.

Bruno Leroy, notaire, comme réactionnaire et notamment comme coupable, « d'avoir désigné, après le « 9 thermidor, les amis de la République aux poi- « gnards des assassins ». Ils dénoncent, en même temps, M. Jacquemont, notaire, « qui, comme Néron, « aurait voulu que la République n'eût qu'une tête « pour avoir le plaisir de l'abattre d'un seul coup » (1).

Le même jour, M. François, curé constitutionnel de Béthune, employant les mêmes procédés que l'administration municipale, dépose sur le bureau de la municipalité un mandement de M. Asselin, évêque constitutionnel de St-Omer, qui lui paraît contenir des principes contraires aux lois et à l'esprit du gouvernement (2).

Le 20 avril 1798, l'administration municipale, dont les actes avaient été tout à la fois odieux et grotesques, ayant achevé son mandat, fut remplacée par une autre dont les cinq membres, avant d'entrer en fonctions, prononcèrent ce serment obligatoire : « Haine à la « royauté et à l'anarchie; attachement et fidélité à la « République ».

Ces nouveaux conseillers municipaux, adoptant, comme leurs devanciers, cette épouvantable sentence de Mirabeau : « Dans un état libre, la délation est « une vertu », se précipitèrent dans la voie des dénonciations. Le 26 juillet, ils dénoncent au ministre de la police : Angélique Heuban, Euphrasie Leclercq, Caroline Demole, Séraphine Debruyères, Jeanne Dupuich, Séraphine et Elisabeth Vaillant, anciennes religieuses qui « avaient renoncé à leur pension et obser- « vaient le dimanche ».

Sous l'empire des sentiments de basse fureur propres aux anciens partis révolutionnaires, ils dénoncent des prêtres qui, après avoir été incarcérés à Arras,

(1) Arch. municip., BB. 24.
(2) Arch. municip., BB. 24.

avaient été envoyés en surveillance à Béthune et dont les noms suivent : MM. Nicolas Masclef, ex-capucin; Vindicien Pinguet, ex-chartreux; Delamotte, ex-bénéficier; Victoric Bridoux, ex-récollet; Souplet, ex-curé. « Ces vampires, est-il dit dans la dénonciation, exer-
« cent le ministère ecclésiastique clandestinement; et
« ceci nous présage que le coup le plus funeste ne
« tardera pas à être porté à l'opinion publique si on
« ne se hâte de les exclure de la société qu'ils désho-
« norent ».

Le 11 août, le citoyen président de l'administration municipale se plaint amèrement au tribunal correctionnel de Béthune du directeur du jury, qui s'était oublié au point d'ouvrir la prison à MM. Liévin-Joseph Crespin, d'Allouagne; Wantier, curé d'Hinges; Becquart. « Il est temps, est-il écrit dans la dénonciation, « d'arrêter ce torrent contre-révolutionnaire ». Ainsi l'on essayait de renouveler les décrets de proscription contre les prêtres et les religieuses. C'était comme une évocation de la Terreur.

Ces dénonciations hélas! eurent bientôt leur effet. Le 18 octobre, on enfermait aux Baudets, une des prisons d'Arras, MM. Masclef, Delamotte, Pinguet, Bridoux, Souplet et Crespin, dénoncés, le 26 juillet et le 11 août, par l'administration municipale de Béthune.

L'année 1798 se termina dans les angoisses provoquées par ces innombrables délations.

Les fêtes dites patriotiques se succédèrent aussi presque sans interruption pendant l'année 1799. Le 21 janvier, date sinistre, l'administration municipale et toutes les autorités constituées tant civiles que militaires, solennisant cette fête barbare qui avait pour objet la commémoration d'un jugement criminel suivi d'une catastrophe sanglante, se réunirent sur la place où « fut brûlé le mannequin de l'odieux Capet, aux « cris de vive la République et périssent les traîtres ».

Les assistants se rendirent ensuite au temple de la loi où le président de l'administration municipale, après un discours de sa façon, prêta, ainsi que tous les fonctionnaires, devant l'autel de la patrie, le serment exigé par le ministre de l'intérieur. Ce serment fait et signé, deux jeunes républicaines exécutèrent un chant d'imprécation contre les parjures. Une invocation à l'Etre suprême termina la cérémonie. En dehors des cérémonies officielles de cette nature, l'invocation à l'Etre suprême se faisait, par ordre, à ciel ouvert, au faubourg d'Arras, à l'extrémité des glacis, près les Houches, dans le nouveau cimetière où se célébrait le culte, inauguré par Robespierre.

Venaient ensuite la fête de la jeunesse établie en 1796, et qui avait lieu le 24 mars ; celle des époux, instituée également en 1796, était célébrée le 29 avril ; elle avait pour divinité la nature et pour prophète Jean-Jacques Rousseau ; celle des victoires, célébrée pour la première fois le 11 novembre 1792, en mémoire du succès des armées françaises en Savoie ; celle du 14 juillet qui ne cessa d'être solennisée qu'en 1801 ; celle de la concorde qui fut célébrée le 25 messidor an VIII (1800). Ces jours étaient consacrés au repos ; les boutiques devaient être fermées, sous peine d'amendes.

Mais ces fêtes, malgré leur caractère théâtral, n'étaient guère solennisées que par les employés et la populace, de sorte qu'au lieu d'unir dans un même sentiment toutes les classes de la société, elles creusaient entre elles un abîme de séparation.

Cette désunion n'était pas faite pour améliorer la situation financière du pays dont les revenus s'étaient amoindris et les dépenses accrues. Pour combler le déficit et subvenir à la misère des armées, qui, par suite de la détresse du trésor, n'étaient ni payées, ni habillées, ni nourries, on eut recours à un emprunt forcé. A cette occasion, le maire de Béthune adressa, le 15 juillet 1799, la lettre suivante au conseil des Cinq-Cents :

« Citoyens représentants,

« Dans vos adresses au peuple, vous avez promis
« de punir les déhontés dilapidateurs qui ont dévoré
« nos ressources et fait assassiner nos soldats. Ils ne
« le sont pas! Si vous ne tenez parole, l'emprunt que
« vous exigez pour venir au secours de la patrie en
« besoin ne s'effectuera qu'avec lenteur et dégoût, et
« nos soldats ne marcheront qu'avec peine ; car, di-
« sent tous nos citoyens, pourquoi nous dépouiller
« de nos ressources pour enrichir et soutenir dans
« les places éminentes, des scélérats qui nous scan-
« dalisent par un luxe effrayant, ruineux, et qui se
« rient de nos misères!!! Ont-ils raison?

« Béthune, 22 messidor an VII ».

Cet appel à de nouvelles violences n'eut pas d'échos Le 9 novembre 1799 (18 brumaire an VIII), le général Bonaparte renverse le Directoire et devient consul, avec Roger-Ducos et Sieyès, qui, tous les trois, sont investis provisoirement du pouvoir exécutif. Une politique, conciliante et réparatrice, préside dans leurs conseils. Leur défiance n'existe qu'à l'égard du parti révolutionnaire, contre lequel ils avaient eu à lutter dans les journées récentes des 18 et 19 brumaire. Des mesures de rigueur sont réservées uniquement contre les meneurs de ce parti. Le 17 décembre, en vertu d'un arrêté du général Bosc, délégué des consuls, le citoyen Podevin, commissaire du gouvernement dans la 16e division militaire (département du Pas-de-Calais), suspend de leurs fonctions les citoyens administrateurs municipaux, et les remplace provisoirement par MM. Delalleau, fils, Lavallé, apothicaire, Dufresne et Herreng, notaires. M. Delalleau fut nommé président, et M. Lavallé, officier public. Le

serment de nos édiles a subi une notable modification :
« Ils jurent d'être fidèles à la République, Une et In-
« divisible, fondée sur l'égalité, la liberté et le sys-
« tème représentatif ».

En même temps, à l'égard de la religion, le désir du pouvoir consulaire était que les ecclésiastiques détenus en prison et dont la conduite s'était montrée inoffensive fussent relâchés et renvoyés dans leurs foyers pour y vivre libres et tranquilles sous la surveillance de l'autorité de leurs localités respectives.

Ce fut pour se conformer à ce désir que l'administration départementale prit, le 7 janvier 1800, l'arrêté suivant : « Considérant que Jean-Fran-
« çois Delamotte, Alexis-Joseph Souplet, Nicolas
« Masclef, Vindicien J. Pinquet, voulant se retirer à
« Béthune, et Liévin-Joseph Crespin, décidé à de-
« meurer à Allouagne, se réclament de leur âge et de
« leurs infirmités pour obtenir indulgence ; que leurs
« municipalités récemment établies n'ont donné que
« de bons renseignements à leur sujet ; considérant
« qu'on ne peut plus pourvoir ni à leur garde ni à
« leur entretien ; considérant enfin que les effets salu-
« taires de la journée mémorable du 18 brumaire
« sont de nature à rallier à la chose publique la plu-
« part de ces prêtres qui s'en étaient éloignés jusque-
« là, l'administration arrête leur mise en liberté, sous
« la surveillance de l'administration municipale de
« Béthune et de celle d'Allouagne qui en rendront
« compte de décade en décade au pouvoir central ».

L'administration de la France se trouvait, en 1799, dans un désordre qu'on pourrait appeler avec raison l'anarchie. En 1790, l'Assemblée constituante avait détruit la province d'Artois pour en faire un département qui avait son gouverneur et, pour ainsi dire, son gouvernement particulier dont les actes, soumis au contrôle peu scrupuleux des commissaires, de l'administration centrale, étaient, en quelque sorte, complètement arbitraires. Quant au régime municipal, on avait imaginé un genre de municipalités cantonales qui, réunissant plusieurs communes sous une même administration, ajoutaient à cette confusion administrative. Le premier consul réforma ce système de la manière la plus sage. Dans chaque département, il y eut un préfet, chargé de conduire dans sa circonscription les affaires de l'Etat. L'administration communale fut replacée dans la commune, c'est-à-dire, où elle doit être. Entre la commune et le département, il fut établi un degré administratif intermédiaire auquel fut donné le nom d'Arrondissement. Entre le préfet et le maire, il y eut donc le sous-préfet, chargé, sous la surveillance du préfet, de diriger l'arrondissement c'est-à-dire un certain nombre de communes. C'était une imitation de l'ancien régime où l'on trouvait l'intendant, le sous-intendant et le maire.

Le département du Pas-de-Calais, créé par un décret des consuls en date du 17 février 1800, fut divisé en six arrondissements parmi lesquels se trouvait, Béthune, etc..... Cet arrondissement compta huit cantons; chefs-lieux : Béthune, Cambrin, Carvin, Houdain, Laventie, Lens, Lillers, Norrent-Fontes. Le canton de Béthune fut formé de dix-sept communes : Allouagne, Annezin, Béthune, Chocques, Essars, Fouquereuil, Fouquières, Hinges, Labeuvrière, Lacouture, Lapugnoy, Locon, Oblinghem, Vendin-lez-Béthune, Verquigneul, Verquin et Vieille-Chapelle. Le chef-lieu du département fut fixé à Arras. Précédemment, au mois de janvier 1798, l'administration départementale, composée de Merlin, président; Parent-Réal, vice-président; L. D. Gayant, G. Leblond, Duflos, Coffin, commissaire, n'avaient présenté au choix du gouvernement la ville d'Arras de préférence à celle de Béthune, qu'après une longue et orageuse discussion.

Le premier préfet du Pas-de-Calais fut M. Poitevin-Maissemy. Le premier sous-préfet de Béthune se nommait Podevin.

Le 18 mai, les consuls créèrent un tribunal de première instance, formant un premier degré de juridiction dans chaque chef-lieu d'arrondissement. M. Chevalier fut nommé président du tribunal de Béthune.

Le 14 juin 1800, M. Podevin, sous-préfet de Béthune, installe M. Delaleau, en qualité de maire de cette ville, et MM. Herreng et Dufresne, comme adjoints. Ces choix étaient excellents sous tous les rapports.

Le 8 juillet, le conseil municipal, composé de trente membres choisis par le préfet, est installé à l'hôtel-de-ville. Ces élus de M. Poitevin étaient également très honorables.

La mission qu'ils recevaient était difficile à remplir. Ils avaient devant eux des haines à éteindre, des ennemis politiques à réconcilier, des démolitions désordonnées à déblayer, des consciences troublées à apaiser, des besoins religieux et moraux à satisfaire, le chaos à remplacer par l'ordre. Cette tâche ne fut pas au-dessus de leurs forces; ils l'accomplirent avec un certain succès, en s'appuyant, dans leur travail de réaction, sur les hommes sages et modérés dont se composait la presque totalité des habitants.

Leur administration fut appelée notamment à réparer des désastres causés par deux calamités que le ciel envoyait à la terre pour la châtier de ses désordres récents. Le 9 novembre 1800 (18 brumaire), un ouragan, comme on n'en avait point vu de mémoire d'homme, ravagea, d'une manière affreuse, Béthune et ses environs. Le 17 du même mois, le conseil municipal votait des secours pour les victimes de cette tempête. En 1802, la suette sévissait dans cette ville avec une grande intensité, faisant de nombreuses victimes dans toutes les classes de la société, mais particulièrement chez les pauvres. Le conseil municipal vota de nouveaux et importants subsides pour soulager les familles indigentes visitées par ce fléau.

La France, soignant ses plaies que lui avait faites la Révolution dont le but, en presque toutes choses, avait été dépassé, vivait sous un génie réparateur. La restauration de la société s'accomplissait par des lois contraires à celles qui, notamment au point de vue religieux, l'avaient ravagée. Le 5 juin 1802, Mgr de la Tour-d'Auvergne, nommé le 9 avril, évêque d'Arras, en vertu du concordat passé entre le Souverain-Pontife et Bonaparte, prenait possession de son siège; et le dimanche 3 juillet, le maire de Béthune et ses adjoints, le commandant de la place et autres fonctionnaires assistaient, dans l'église Saint-Vaast, à la messe paroissiale chantée par un clergé orthodoxe qui venait de recevoir ses pouvoirs de l'ordinaire.

Le 14 août 1802, le canon annonce aux habitants de Béthune que, suivant le vote émis le 13 avril par toute la France, le général Bonaparte est nommé consul à vie. Le sénatus-consulte relatif à cet évènement fut publié au balcon de l'hôtel-de-ville; les autorités, qui avaient retrouvé le chemin de l'église, s'y rendirent pour assister au *Te Deum*, ainsi que cela se pratiquait, dans les évènements heureux, sous l'ancien régime.

Le 1er mars 1803, les prêtres de l'arrondissement de Béthune, qui comprenait alors cent huit succursales et vingt-cinq annexes, vinrent prêter serment, dans cette ville, au gouvernement consulaire. Cette imposante cérémonie fut présidée par le sous-préfet; elle eut lieu dans l'église St-Vaast, après une messe chantée en présence du maire et de ses adjoints. M. Coquelet, curé de Béthune, avait prêté ce serment de fidélité à la cathédrale d'Arras, le 26 janvier 1803, entre les mains du préfet. Ce serment était ainsi conçu, selon la formule prescrite par la convention passée entre le gouvernement et le Saint-Siège :

« Je jure et promets à Dieu, sur les saints Évan-
« giles, de garder obéissance et fidélité au gouverne-
« ment établi par la Constitution de la République
« française. Je promets aussi de n'avoir aucune intel-
« ligence, de n'assister à aucun conseil, de n'entre-
« tenir aucune ligue, soit au dedans, soit au dehors,
« qui soit contraire à la tranquillité publique; et si
« j'apprends qu'il se trame quelque chose au préjudice
« de l'Etat, je le ferai savoir au gouvernement. »

Au mois d'avril, Mgr de la Tour-d'Auvergne visita pour la première fois la paroisse de Béthune où Sa Grandeur fut reçue de la manière la plus splendide, la plus respectueuse et la plus joyeuse par toute la population.

Le 6 juin, le général Lachaise, préfet du Pas-de-Calais depuis le 18 mars, faisait aussi sa première entrée à Béthune.

Au commencement du mois de juillet, Mme Bonaparte, femme du premier consul, passait par Béthune pour se rendre à Lille. Elle fut complimentée, par le conseil municipal, au faubourg du Rivage, pendant qu'on relayait les chevaux de sa voiture dont elle ne descendit pas.

CHAPITRE XV

Proclamation de l'Empire. — Passage de l'Empereur par Béthune. — Délégation d'un membre du conseil municipal par le préfet pour assister au sacre de Napoléon. — Mesures d'économie, de prévoyance et d'autorité prises par le conseil municipal. — Ouragan le 17 février 1807. — Deuxième visite de l'Empereur. — Magasins de tabac établis à Béthune. — Insurrection dans les départements du Nord et du Pas-de-Calais. — Dénouement tragique de ce soulèvement. — Chute de l'Empire. — Un corps de cavalerie appartenant à l'armée prussienne passe par Béthune. — Adresse du conseil municipal à Louis XVIII. — Service expiatoire pour Louis XVI. — Passage du duc de Berry par Béthune. — Les Cent-Jours. — Passage de Louis XVIII par Béthune. — Épisode du passage de la maison militaire du roi. — La ville est déclarée en état de siège. — Blocus de la place par l'armée de Fruchart. — Manifestation royaliste. — Conduite déplorable des gardes nationaux mobilisés à la caserne St-Yor. — Projets de vengeance de la part des habitants contre les chefs de cette milice. — Conduite admirable de M. Cuvélier-Delbarre. — Fêtes à l'occasion de la Restauration. — Prospérité des finances de la ville. — Ouverture du canal d'Aire à La-Bassée. — Construction d'un abattoir. — Mort de Louis XVIII. — Avènement de Charles X. — Nomination comme maire de M. le marquis de Baynast. — Passage du roi à Béthune. — Chute de Charles X et accession de Louis-Philippe au trône. — Adresse du conseil municipal au roi. — M. le marquis de Baynast remplacé à la mairie par M. Lemaire-Donze. — Remise du drapeau à la garde nationale. — Établissement d'une caisse d'épargne. — Passage du duc d'Orléans. — Inondation dans les faubourgs. — Exploitation de la houille. — Banquet réformiste. — Deuxième République. — Élections. — Époque contemporaine.

Le 18 mai 1804, le général Bonaparte, 1ᵉʳ consul, est proclamé empereur. Le 16 juin suivant, un *Te Deum* fut chanté dans l'église St-Vaast, en présence de toutes les autorités, pour célébrer l'inauguration de ce nouveau règne.

Le 29 août 1804, Napoléon, qui se rendait de St-Omer à Arras, passa par Béthune. Une garde d'honneur composée de quarante jeunes gens commandés par le chef de la garde nationale fut chargée du service militaire près de Sa Majesté et accompagna le corps municipal qui se porta jusques aux limites de la

Napoléon

commune pour présenter les clefs de la ville au moderne César. L'empereur fut complimenté, à son arrivée qui eut lieu vers onze heures du matin, par le sous-préfet M. Podevin, le maire de Béthune M. Delalleau, et le président du tribunal M. Chevalier. Le clergé, en chape, ayant à sa tête M. Coquelet, curé, portant la croix, attendit l'empereur à l'entrée de la ruelle qui conduit de la rue St-Vaast à l'église par le petit portail.

Les membres composant la garde d'honneur étaient dans la meilleure tenue, en habit avec chapeau français. Voici les noms de nos jeunes compatriotes faisant partie de cette garde : MM. Hurbiez aîné, Hurbiez cadet, Cuvelier, marchand de fer, Leroux fils, Beaucourt, Fauvez, Fournier, Poncin, Bréhon fils, Labitte, Penel fils, Michel Jean, Fauvel, Henri Leclercq, Bocquet, Calonne fils, Calonne Louis, Bailly fils, Langlé fils, Lemoine, Carlier aîné, Humbert-Colas, J.-B. Danel, Richez fils, Michel Pontfort, Outrebon aîné, Suret Fardel, Charles de Genevières, Marlin-Callart, Rossel-Halle, Benoit de Bailliencourt, Louis Hulleu, Gantiez, tailleur, Becq fils, Pully-Baude, Toulouse, Queste fils, Bara, Dujardin, Leroi fils, Croisier fils aîné.

Le passage de l'empereur à Béthune fut salué de vives acclamations sorties des poitrines et des lèvres de presque tous les habitants, enchantés qu'ils étaient de célébrer, en l'honneur de son auguste personne, le retour de la France à la monarchie. La Révolution, s'affermissant d'abord par la liberté du peuple sous un roi bienveillant de l'ancienne race, se tournant ensuite contre la royauté même dont elle brisait, sur un échafaud, le représentant, s'était perdue, déshonorée, par un excès de licence dans une ivresse de crimes. Béthune, témoin et victime de cette orgie dont le souvenir était vivant dans toutes les mémoires, acclamait avec des accents de joie et d'espérance la présence de celui qui méritait, aux yeux de nos pères, tous les honneurs pour avoir étouffé l'anarchie, fût-ce même aux dépens de la liberté. Les républicains, sans en excepter les plus violents, tels que Poncin, s'étaient faits, pour la plupart, ses thuriféraires.

Ce libérateur providentiel, substituant au principe conservateur de l'hérédité le droit révolutionnaire de son épée, avait voulu, pour assurer sa couronne, être sacré par le souverain-pontife Pie VII. M. Guillaume Poncin, membre du conseil municipal et officier de la garde nationale, fut désigné par le préfet pour faire partie du détachement de la garde nationale du Pas-de-Calais appelé à assister à cette imposante cérémonie qui eut lieu le 2 décembre 1804. Pour remercier le roi des rois de ce grand évènement, le clergé de Béthune chanta, le 6 janvier 1805, un *Te Deum*, en présence de toutes les autorités.

Le conseil municipal, stimulé par le génie réparateur de Bonaparte, prenait, en faveur de la ville, des mesures d'économie, de prévoyance et d'autorité. Le service de l'octroi municipal qui fonctionnait depuis le 21 mars 1801 fut de plus en plus surveillé et amélioré, de telle sorte qu'il commença de verser chaque année une somme de trois mille francs entre les mains des administrateurs de l'hospice. Des travaux considérables furent exécutés dans l'ancien couvent des Conceptionnistes devenu, depuis le 19 avril 1802, l'unique hôpital de cette ville. Les quêtes à domicile en faveur des pauvres, rétablies par un arrêté du maire en date du 20 mai 1802, se faisaient avec avantage au profit de l'hôpital. Le 26 décembre 1804, M. Coquelet, curé doyen de Béthune, bénissait, sur la demande du maire, une chapelle que l'on venait d'ouvrir dans cet hospice pour les besoins religieux des malades et des vieillards. Le conseil municipal, heureux de voir rétablir le collège par un décret impérial du 11 septembre 1805, votait une somme de sept mille francs qui devait être payée annuellement pour le traitement des professeurs et pour la location des bâtiments. Le 16 décembre 1805, le conseil municipal décidait que, selon les anciens usages, les foires franches d'hiver et d'été se tiendraient les 3 février et 25 août. Le bureau de bienfaisance se chargeait de la gestion des biens non vendus de la pauvreté. En 1806, la ville, s'associant aux efforts d'une ancienne religieuse de la Providence, sœur Guilbert, qui, dans l'année 1802, avait ouvert une école payante pour les filles, lui accordait gratuitement la jouissance d'une maison située rue des Petits-Becquereaux. Le 13 avril 1806, le conseil municipal revenait, pour indiquer la date de ses séances, au calendrier grégorien. Le 20 avril 1808, l'administration de l'hospice installait dans cet établissement des religieuses du tiers-ordre de St-François d'Assise pour donner des soins aux malades et aux vieillards.

C'est ainsi que la ville se reconstituait sur des bases préparées par la sagesse d'une administration réparatrice.

Des épreuves, indépendantes de la volonté des hommes, venaient parfois assombrir ce radieux horizon. Le 18 février 1807, un ouragan d'une violence inouïe jeta la désolation dans l'arrondissement de Béthune. Le vent, soufflant avec fureur, chassait une neige fine et abondante qui aveuglait et suffoquait les malheureux voyageurs. Cette tempête dura depuis onze heures du matin jusqu'à minuit, faisant quarante-deux victimes dont vingt-cinq du canton d'Houdain, huit du canton de Norrent-Fontes, trois du canton de Béthune et trois du canton de Carvin.

Le 24 mai 1810, l'empereur visita pour la seconde fois la ville de Béthune. Arrivé au faîte des grandeurs humaines, il venait de compléter, selon les expressions de M. Thiers, sa prodigieuse destinée par son mariage avec une archiduchesse. Le sentiment de la curiosité et celui de l'admiration attirèrent la foule; l'enthousiasme fut indicible. Sa Majesté était accompagnée de l'impératrice Marie-Louise, du roi et de la reine de Westphalie et du prince de Neufchâtel. Sur tout le parcours depuis la porte d'Arras jusqu'à l'hôtel de M. le maire où devaient descendre Leurs Majestés toutes les rues et places, couvertes de sable, ne formaient que des avenues gracieuses de verdures et de fleurs à l'entrée desquelles s'élevaient de magnifiques arcs de triomphe.

Les autorités municipales, escortées d'une garde d'honneur, attendaient, dès huit heures et demie du matin, près d'un arc de triomphe, élevé sur la route de Lille, la cour impériale; l'état-major de la place, les officiers et la garde nationale étaient placés près des glacis.

Le maire, présentant à l'empereur les clefs de la ville déposées sur un plateau d'argent, sur lequel était également placée une couronne de myrte et de laurier, prononça le discours suivant :

« Sire,
« Il y a cinq ans environ que, comme aujourd'hui,
« j'obtins l'honneur indicible de présenter à Votre Au-
« guste Majesté ces clefs, emblèmes du pouvoir dont
« elle a daigné m'investir, vous m'en laissâtes alors,
« Sire, dépositaire; puis-je, en ce moment, mériter
« encore, de vos bontés, la même faveur.

« Sire, Madame,
« Toutes les communes que vous avez parcourues
« ont rivalisé d'empressement pour exprimer leur joie
« et fêter la présence de Vos Majestés Impériales et
« Royales; beaucoup l'ont nécessairement emporté
« sur nous par les signes extérieurs, mais aucune
« n'a pu nous surpasser par les sentiments du cœur.

« Je supplie Vos Majestés Impériales et Royales de me
« permettre de déposer à leurs pieds l'hommage de
« notre amour, de notre fidélité et du plus profond
« respect. »

« Leurs Majestés, comme il est écrit dans le regis-
« tre aux arrêtés du maire, après avoir applaudi, con-
« tinuèrent leur marche, ayant fait baisser les glaces
« de leur voiture, au bruit du canon et des acclama-
« tions des habitants, ivres de joie.

« Sur la place d'armes, une musique guerrière,
« placée sur une estrade décorée, se fit entendre. »

Leurs Majestés acceptèrent un déjeûner chez cet honorable magistrat, dont l'hôtel, vu la circonstance, est appelé, dans le compte-rendu de cette visite, *palais impérial*. On servit dans les trois appartements décorés splendidement à cet effet. A la table de l'empereur et de l'impératrice se trouvaient le roi et la reine de Westphalie, ainsi que le prince de Neufchâtel; aux autres tables, le grand-maréchal du palais, les dames d'honneur, etc.

Après le déjeûner, l'empereur reçut un groupe de jeunes personnes qui lui fut présenté par le maire. L'une d'elles, Mlle de Beaulaincourt, devenue plus tard Mme la marquise de Fussey, offrit à l'impératrice une corbeille de fleurs, et, s'adressant à Leurs Majestés, les complimenta par cette pièce de vers :

>Vos cités les plus florissantes,
>Avec éclat reconnaissantes,
>Vous ont environnés du luxe des beaux arts.
>Le génie et l'amour présidaient à leurs fêtes,
>Des temples à l'hymen brillaient de toutes parts.
>D'autres cieux s'élevaient rayonnants sur vos têtes,
>Tout, augustes époux, méritait vos regards.
>L'art n'a point en ces lieux embelli la nature,
>Les dieux sont satisfaits de l'hommage des cœurs.
>Nous vous offrons de simples fleurs,
>Et le sentiment sans parure.

Si le génie poétique n'a point inspiré ces vers, du

moins ils furent récités avec un charme tout particulier par une très gracieuse personne. L'empereur en fut touché. Il détacha de cette corbeille, pour la présenter à l'impératrice, une rose qu'elle accepta. C'était presque une scène de chevalerie du moyen-âge.

A leur départ, Leurs Majestés firent remettre par une des dames d'honneur à Melle de Beaulaincourt une montre en or recouverte en émail, garnie de nacre et de perles précieuses ainsi qu'un collier de même garniture.

La présence de l'empereur dans une ville française, dit M. Thiers, annonçait toujours la continuation ou le commencement d'immenses travaux, ou du moins, ajouterons-nous, de certains actes de bienveillance. C'est ce que l'histoire peut constater tout particulièrement, à l'occasion de la visite de Sa Majesté Impériale à Béthune. Par un décret du 10 décembre 1810, la fabrication et la vente des tabacs étaient attribuées exclusivement à l'Etat. Dans le Pas-de-Calais, l'arrondissement de Béthune fut un de ceux que le gouvernement désigna comme propre à la culture de cette plante; des magasins furent établis à Béthune; un nombreux personnel vint s'y fixer; trois cents planteurs environ y viennent chaque année livrer leurs produits à l'administration. La manipulation du tabac exige un travail journalier de vingt-cinq ouvriers. N'est-ce pas là une source de prospérité pour l'agriculture et le commerce? C'est ainsi que Napoléon voulut peut-être payer sa dette de reconnaissance envers la ville de Béthune dont les acclamations, lors de sa visite, avaient été vives et unanimes.

Cette ville qui voyait, dès lors, dans ce monarque conquérant un bienfaiteur célébra, le 22 mai 1811, avec une grande magnificence la naissance de son fils. Il y eut, à cette occasion, concours de musique, joutes sur l'eau et feu de joie.

Mais le temps arrivait où la fortune de l'empereur, devenue inconstante, allait commencer à l'abandonner. La campagne de Russie, en 1812, fut désastreuse. Dans ces circonstances critiques, le conseil municipal se rappelant que, dans une situation presque identique, en 1793, la commune avait fourni, outre son contingent, à l'Etat huit cavaliers, montés, équipés et armés, décida, le 19 janvier 1813, que deux cavaliers équipés, armés et montés seraient offerts à l'empereur pour combler les vides faits dans la cavalerie.

Les évènements se précipitaient. L'armée coalisée des puissances étrangères était entrée en France. Vers la fin de l'année 1813, une insurrection royaliste éclatait dans les départements du Nord et du Pas-de-Calais, sur une étendue formant un demi-cercle dont les points principaux étaient Béthune, Pernes, Aire, Cassel, Bailleul, Armentières, La-Bassée. Le premier acte d'hostilité des insurgés appartenant à la *Vendée du Nord*, comme certains auteurs l'ont appelée, eut lieu le 10 novembre 1813, à l'occasion d'une revue de conscrits à Hazebrouck. Ces jeunes recrues, enrôlées malgré leur vive opposition, pour les guerres devenues désastreuses de l'empire, se mutinèrent, saccagèrent l'hôtel de la sous-préfecture et se seraient peut-être portées à des violences sur la personne du sous-préfet, M. Ghesquières, si celui-ci, escaladant une muraille, ne s'était réfugié dans une maison voisine.

Ce soulèvement, entretenu par les mêmes causes, prit bientôt des proportions considérables. Le 23 décembre 1813, Merville tombait au pouvoir des insurgés qui, peu de temps avant, s'étaient donné pour chef un jeune cultivateur des environs de cette ville nommé *Louis Fruchart* ou « *Louis XVII.* » On l'appelait de ce surnom soit parce qu'il était le dix-septième enfant de ses parents, soit, plus vraisemblablement, parce que, ne croyant pas à la mort du fils de Louis XVI, il avait

écrit cette profession de foi politique sur son chapeau : *Je combats pour Louis XVII*. Si l'on en croit M. Victor Derode, dans son histoire de Lille, ce chef de partisans avait des traits réguliers sur lesquels se réflétait une gravité et une noblesse au-dessus de sa condition. Sa voix, qui était forte et accentuée, avait tout à la fois quelque chose d'insinuant et de dominateur. Il domptait avec une facilité merveilleuse les chevaux les plus rebelles. Il était d'une stature et d'une force peu communes. Ce n'est point sous ces traits que le général la Chaise, préfet du Pas-de-Calais, l'a dépeint. Dans une sorte de proclamation adressée aux habitants de ce département, il s'exprimait ainsi à son sujet :
« Croirait-on qu'un brigand, nommé Fruchart, qui,
« vêtu d'une roulière bleue ornée de deux épaulettes
« de papier jaune, coiffé d'un mauvais chapeau avec
« une cocarde de papier et l'inscription Louis XVII,
« s'est emparé du costume de M. le sous-préfet de
« St-Pol, dont la maison a été mise au plus complet
« et au plus affreux pillage et s'est montré partout
« avec cet étrange et ridicule uniforme? »

Quoiqu'il en soit, il fallut le combattre avec des troupes régulières. Son armée, disséminée dans le Nord et le Pas-de-Calais, s'élevait à plus de vingt mille hommes. Elle fut soutenue par un corps de 600 (1), d'autres disent 1200 *cosaques, hussards, voltigeurs*, détachés de l'armée russe et commandés par le baron de Geismar, colonel aux gardes de l'empereur de Russie, qui fit publier dans tout le pays la note suivante : « On fait savoir que tout conscrit et tous
« autres qui voudraient se battre pour la cause des
« Bourbons seront commandés par Louis Fruchart
« surnommé Louis XVII qui marche avec un corps
« de troupes alliées. Ils seront bien nourris, habillés
« et payés ».

(1) Proclamation du préfet *Lachaise*.

Cet avis, daté du 16 février 1814, tendrait à prouver qu'à cette époque, les alliés pensaient au rétablissement des Bourbons sur le trône de France.

Il n'entre pas dans notre plan de faire l'histoire de la troupe de Fruchart ni des Russes, ses alliés. Nous nous bornons à relater un épisode de ce soulèvement qui eut un dénouement tragique à Béthune.

Au mois de janvier 1814, un détachement des voltigeurs de la jeune garde, dont le bel uniforme devait faire impression sur les conscrits, quitta momentanément cette ville où il était en garnison, pour opérer une reconnaissance dans le canton de Pernes. Arrivé à Nédon vers le soir, le capitaine-commandant établit sa petite troupe dans deux cabarets sur la place de ce village. Dans la nuit, des paysans armés, commandés par Louis-Auguste Paternel et dirigés par Isidore Leprêtre, tambour, l'un et l'autre de Prédefin, se précipitèrent sur les cabarets où logeaient les soldats. Un militaire fut tué dans la lutte. Le lendemain, la troupe, qui venait d'être renforcée par une compagnie arrivée en toute hâte de Béthune, amenait, prisonniers, dans cette ville, une trentaine d'habitants du pays parmi lesquels se trouvaient Louis-Auguste Paternel, cultivateur, âgé de 30 ans, marié le 24 novembre précédent, fils du maire et neveu de l'abbé Paternel, si honorablement connu ; et Isidore Leprêtre, tisserand, célibataire, âgé de 23 ans. Ils furent jugés, le 27 janvier 1814, par un conseil de guerre, installé à l'hôtel de ville de Béthune selon les ordres du général Bozer, commandant la division de Lille. Ils eurent pour avocats MM. Lequien et Pelletier dont l'éloquence ne put les arracher à la mort. Les juges cependant étaient disposés à prononcer en leur faveur un verdict d'acquittement, mais à la condition qu'ils nieraient toute participation personnelle à l'agression nocturne de Nédon ou, du moins, qu'ils renieraient leurs principes de royalisme.

A de telles avances, leur réponse fut sublime de courage et de loyauté. « Faites de nous ce que vous voudrez, dirent-ils d'une commune voix, mais jamais nous ne consentirons à mentir ni à renier nos convictions politiques ». Ils furent condamnés à la peine de mort; et, pour que le châtiment fut aussi terriblement exemplaire que possible, la sentence capitale portait qu'ils seraient passés par les armes en présence de leurs père, mère, frères, sœurs et de la cabaretière où le meurtre d'un soldat avait été commis. Le 31 janvier, au matin, ils furent conduits sur la petite Esplanade où se trouvait une foule immense qui leur était absolument sympathique. Ils firent preuve d'un grand courage et se bandèrent eux-mêmes les yeux. A 9 heures précises, ils étaient fusillés. Le lendemain 1er février, les honneurs de la sépulture chrétienne leur étaient rendus par le clergé auquel se mêlait toute la population pieusement attendrie.

Ces mesures judiciaires prises contre les réfractaires ne les désarmaient pas dans leurs luttes avec le pouvoir.

Par un arrêté, en date du 12 mars 1814, le préfet du Pas-de-Calais fixait à 32 hommes le contingent de la ville de Béthune sur le nombre assigné au département dans la levée en masse décrétée le 26 février par le gouvernement. L'administration municipale fut impuissante à trouver ce contingent parmi ses administrés auxquels, cependant, elle offrait, pour cet enrôlement, une somme de 2 francs par jour qui serait allouée à chacun d'eux, pendant la durée de leur service. Il fallut accepter, le 31 mars 1814, les propositions de 32 habitants de Lille qui consentirent à s'enrôler, moyennant une indemnité individuelle de 1 franc 75 centimes par jour et une somme de 400 francs une fois payée à chacun d'eux.

C'était le jour même où les alliés entraient à Paris.

— 424 —

Le 3 avril, le Sénat déclarait l'empereur Napoléon déchu du trône. Le 7 avril, Napoléon signait l'acte de son abdication. Les insurgés du *Bas-Pays* déposèrent les armes.

<small>Première Restauration — Louis XVIII</small> Du 17 avril au 15 mai, Béthune eut à pourvoir, par réquisition, au logement et à la nourriture d'un corps de cavalerie appartenant à l'armée prussienne qui passa par cette ville. L'arrondissement dut recevoir provisoirement, les 17 et 18 mai, 1.788 hommes et 3.783 chevaux. La ville fut chargée d'assurer la nourriture de l'état-major, dont la dépense journalière pour quarante-trois couverts s'élevait à la somme de cent quatre-vingt-dix-huit francs. M. de Jurgas, général de division, exigea dix couverts à six francs l'un par jour ; le brigadier de Henikel, six couverts à cinq francs l'un ; les capitaines avaient droit à deux couverts à quatre francs l'un ; les officiers de grade inférieur à un seul couvert. Le 31 avril, Béthune paraissait débarrassé de l'occupation de l'armée étrangère. Pourtant, d'après les comptes relatés dans les archives municipales il est encore versé à cette date par la commune trente-sept quintaux métriques de foin et quarante-deux quintaux de paille pour la cavalerie prussienne.

Les habitants de Béthune, généralement sensibles à l'honneur des armes françaises, supportèrent, pour la plupart, avec une colère sourde et quelquefois ouverte la présence des soldats étrangers. Quelques-uns sans être moins patriotes, appréciant avec plus de lumières les causes et les conséquences de la chute de l'Empire, se trouvèrent partagés entre deux sentiments également respectables, un sentiment d'horreur de l'invasion, et un sentiment de satisfaction à la vue de la paix et de la liberté qui succédaient au despotisme et à la guerre. Quelques autres encore, maltraités plus particulièrement par la Révolution, éprouvèrent du retour des Bourbons une joie telle qu'elle ne laissa dans leur cœur aucune place pour recevoir l'impression du désastre de la patrie.

Tel était l'aspect de cette ville en présence des alliés dont les exigences et, à l'occasion, les violences furent excessives. Le fait suivant suffit à nous donner une idée de ces violences : Un bourgeois de condition aisée s'étant refusé à faire la litière des chevaux prussiens dans l'écurie de Mme Duflos, cabaretière, rue d'Arras, fut promené à travers toutes les rues de la ville par des soldats qui, semblables à des cannibales, le piquaient sans relâche de la pointe de leurs sabres. Ils ne s'arrêtèrent dans cette horrible marche de sauvagerie qu'après avoir criblé leur victime d'innombrables et mortelles blessures. La population frémissait d'horreur. Mais pour éviter de plus désastreuses atrocités, elle laissait faire. Cependant il y eut des représailles isolées et des rencontres où les soldats étrangers se montrèrent faibles et lâches. Le père de l'auteur de cette histoire, dans une lutte corps à corps, — il n'avait plus son sabre de combat, — en terrassa simultanément trois qui s'empressèrent de lui demander grâce. Toutefois il crut prudent de prendre ses sûretés contre eux en quittant momentanément la ville. Il aimait dans son orgueil de Français à raconter à ses enfants les péripéties de ce combat.

Le 20 mai 1814, les soldats étrangers ayant évacué la place, le conseil municipal, devenu libre de tous ses mouvements, s'empressa de voter au roi Louis XVIII une fort belle adresse qui se terminait ainsi : « Aujourd'hui fiers de marcher encore sous l'antique « bannière des Lys, heureux d'obéir à un descendant « d'Henri IV, nous osons rappeler avec quelque or- « gueil à Votre Majesté que Maximilien de Béthune, « duc de Sully, fut un des plus fidèles compagnons

« de ce grand prince et nous la supplions de croire
« qu'elle trouvera, dans chacun de nos concitoyens
« les mêmes sentiments d'amour, de respect et de
« fidélité dont ce brave et loyal serviteur fut toujours
« animé ».

Dans cette séance mémorable, le conseil « désirant
« faire retentir au pied du trône les sons d'allégresse
« dont sont pénétrés tous les habitants de cette cité,
« pour le retour de l'illustre famille de leurs anciens
« rois », décida qu'une députation prise dans son sein
se rendrait, à cet effet, à Paris, et délégua tout de
suite pour cette auguste mission, MM. Delalleau, maire,
le marquis de Baynast de Sept Fontaines, adjoint et
chef *de la cohorte urbaine*, Capelle, substitut du procureur du roi, et Bénézet, conservateur des hypothèques.

Toutes les autorités de la ville, s'efforçant de réagir
par un travail sagement réparateur contre les destructions opérées par la Révolution, assistèrent spontanément, le 11 juin, au service funèbre célébré, selon
leurs désirs, dans l'église St-Vaast pour le repos des
âmes de Louis XVI, Marie-Antoinette d'Autriche,
Louis XVII et Mme Elisabeth. La même cérémonie religieuse se renouvela, le 21 janvier 1815, en présence
des mêmes autorités, en expiation de la mort de
Louis XVI. On y lut en chaire le testament du roi
martyr. Cette religieuse et expiatrice cérémonie se
continua, chaque année, au même anniversaire jusque
en 1831.

Le 6 août 1814, le duc de Berry passait par Béthune. Il y fut accueilli avec enthousiasme par toute
la population qui, dans cette circonstance, s'empressa
de manifester son esprit de réaction contre les œuvres
de la Révolution. Tous les vieux souvenirs de la monarchie semblaient devoir être effacés par plus de
vingt années de république et de règne impérial, et

voici pourtant que le neveu de Louis XVI trouvait, à son passage dans cette ville, une exaltation d'amour et un enthousiasme de respectueuse fidélité, comme si le trône des fils de St-Louis n'avait jamais été touché par la main de la Révolution, et que tout, au triple point de vue du droit, des mœurs et de l'affection, eût été, sans interruption, invariablement conservé. Le prince, monté sur un cheval blanc des écuries de M. le marquis de Baynast, dont l'épouse appartenait à une des plus nobles familles du pays, se rendit, par la rue du Château, au rempart pour y inspecter les fortifications.

Béthune jouissait des bienfaits de la paix et de la liberté, comme toute la France, sous le règne pacifique et libéral de Louis XVIII, lorsque la nouvelle du débarquement de Napoléon sur les côtes de la Provence se répandit dans la ville. Les conseillers municipaux, réunis en séance, le 11 mars, renouvelèrent leur serment de fidélité au roi et votèrent une adresse par laquelle ils affirmaient à Sa Majesté que tous leurs administrés, sans exception, réprouvaient la criminelle tentative du proscrit de l'île d'Elbe. *Cent-Jours*

Le 15 mars, l'administration municipale faisait un appel « au dévouement et au courage des habitants de
« cette ville pour accroître les moyens de défense que
« les circonstances exigeaient et déclarait qu'un re-
« gistre pour recevoir l'inscription des hommes de
« bonne volonté était ouvert au secrétariat de la
« mairie ».

Le 18 mars, cent volontaires royaux se présentaient, inscrivant leurs noms sur ce registre et prouvant ainsi, selon les expressions du maire dans un avis adressé à ses concitoyens, « que notre ville ne se laisse jamais
« surpasser lorsqu'il s'agit de rivaliser en preuves de
« zèle et de dévouement au prince et à la patrie ».

Le 22 mars, à six heures du matin, quelques voitures, escortées par la gendarmerie, stationnaient, attendant des chevaux de relai, sur la Grand'Place, à l'angle de la rue Grosse-Tête. L'une d'elles contenait le roi Louis XVIII et M. de Blacas, l'homme de confiance de Sa Majesté. La première personne qui aperçut le roi fut une ancienne religieuse, connue sous le nom de sœur Félicité, qui se rendait à l'église pour y entendre la *messe du jour*, comme on disait alors. S'approchant du carosse de Sa Majesté : « Sire, lui « dit-elle avec un profond respect mêlé d'une grande « anxiété, qui nous procure votre auguste visite? Est-« il arrivé quelque malheur? » — « Soyez tranquille, tout ira bien », répondit l'infortuné monarque qui, pour la seconde fois, prenait la route de l'exil. La nouvelle de l'arrivée du roi se répandit dans la ville, malgré l'heure matinale, avec la rapidité de la foudre. M. Duplaquet, sous-préfet, M. Delalleau, maire, M. le comte de Maulde, commandant de la place, vinrent à la hâte lui présenter leurs hommages. Ils le trouvèrent inquiet, défiant, fatigué de ce brusque voyage, et n'écoutant leurs harangues qu'avec une sorte de distraction. Se rappelait-il en ce moment que Louis XVI, cherchant à fuir, avait été arrêté à Varennes au moment où l'on changeait de chevaux, et ramené de force à Paris? La situation, pourtant, était loin d'être la même. Louis XVIII avait devant lui les hommes les plus honorables de son royaume. Il n'avait certainement rien à craindre de leur loyauté. M. de Blacas, à l'exemple du roi, garda cette froide hauteur qui, du reste, lui était habituelle. Cependant, cette attitude, de sa part, était d'autant plus étonnante que, depuis longtemps, il connaissait M. de Maulde, ce noble descendant des croisades, avec lequel il avait eu de nombreuses et bonnes relations de société. Bientôt la population accourut, poussant des cris enthousiastes de : *Vive le Roi!* En présence de cette manifestation spontanée de tous les habitants, Louis XVIII, tout à fait rassuré, eut un sourire de satisfaction et accepta volontiers et avec un mot gracieux de reconnaissance un bol de chocolat que Mme Brassart lui présenta. Sans tarder plus longtemps il donna des ordres pour son départ immédiat.

Quelques jours après, le 24 mars, *Vendredi-Saint*, le comte d'Artois et le duc de Berry, restés à la tête de la maison militaire du roi, arrivèrent à Béthune, vers dix heures du matin, ayant suivi la route de Beauvais au pas de l'infanterie et venant d'Abbeville. Ils ne comptaient pas s'arrêter dans Béthune, et se traînaient, harassés de fatigue, vers Lille où ils devaient rejoindre le roi. Déjà ils étaient engagés dans la rue d'Arras, lorsque le sous-préfet et autres fonctionnaires accoururent les informer que le roi était entré en Belgique et que le drapeau tricolore avait été arboré à Lille. La maison du roi s'arrêta, on ferma les portes de la ville. Les princes montèrent à l'hôtel de ville pour y délibérer avec le maréchal Marmont sur le parti à prendre dans cette situation inattendue. Tandis qu'ils perdaient en dangereuses hésitations le temps que l'armée ralliée à Napoléon devait se hâter, dans ses intérêts, d'employer contre eux, un cri formidable éclata comme un bruit de tonnerre à leurs oreilles, *aux armes! aux armes!* Un détachement de lanciers qui, trois jours auparavant, était passé par Béthune pour aller combattre Napoléon s'était arrêté à Arras où il avait pris la cocarde tricolore et, s'en retournant à Aire où il était en garnison, arrivait aux portes de Béthune qu'il trouva fermées. Il y eut, en ce moment, une panique générale dans la ville. Rien n'était plus pénible à voir que la maison militaire du roi, à cette heure troublée. Remplie de gens dévoués, braves, mais inexpérimentée et incomplètement armée, elle se montrait débandée, éperdue, croyant se trouver en face de l'avant-garde d'une forte colonne commandée par le général Excelmans qui, disait-on, poursuivait, à marches forcées, la Cour fugitive. Le désordre était à son comble.

Cependant la compagnie des gardes du corps du maréchal Marmont, composée d'anciens et magnifiques soldats, et parfaitement tenue comme l'étaient d'ordinaire les troupes confiées au duc de Raguse, sort de la ville et vient se mettre en bataille près des fortifications. Dans le même temps, les bourgeois font monter les canons disponibles au rempart. La maison militaire, remise enfin de son émotion, prenait position à l'entrée du faubourg, au cri de : *Vive le Roi!* Les lanciers, portant ostensiblement les couleurs impériales, répondaient par cet autre cri : *Vive l'Empereur!* Une collision paraissait imminente. Le duc de Berry, qui commandait de sa personne aux troupes royales, formant un effectif de quatre mille hommes environ, cavalerie et infanterie, avait pour lui l'avantage de la position, la supériorité du nombre et les sympathies des habitants de la ville entièrement dévoués à la cause des Bourbons. Un succès remporté par ce prince dans ces premiers moments où Napoléon n'était pas encore en pleine possession de l'Empire, pouvait exercer une influence considérable sur l'opinion du pays qui était hésitant, décider peut-être un soulèvement royaliste dans les provinces du Nord, et tout au moins, exciter dans les esprits, une émotion assez vive pour contrarier les mouvements de l'empereur. « Soldats! ne tirez pas, nous sommes tous Français, » s'écrie le duc de Berry, dans un élan de générosité et de patriotisme. S'adressant alors à l'officier qui commandait la troupe napoléonienne: « Me reconnaissez-
« vous toujours comme votre colonel-général? » —
« *Oui* », répond l'officier. « Eh bien, moi, votre
« chef, je vous ordonne de vous éloigner ». Dans le

même moment, un officier bonapartiste reconnut dans un des officiers des grenadiers de La Rochejacquelein, — maison militaire du roi, — son ami le plus cher et s'écria que rien au monde ne l'obligerait à tremper les mains dans son sang. A l'accent de cette voix, les cœurs s'émurent ; et sur l'ordre du duc de Berry et au commandement de leurs officiers, les lanciers tournèrent bride vers le faubourg. L'entourage du prince aurait voulu les voir châtiés, estimant qu'il fallait des rigueurs contre de tels ennemis qui étaient à la fois implacables et dangereux. « Eh! comment voulez-« vous, répliqua le prince, frapper des gens qui ne « se défendent pas? » C'est ainsi que cette rencontre de deux partis exaspérés l'un contre l'autre n'amena pas l'effusion d'une seule goutte de sang. Pour perpétuer la mémoire de cette conduite magnanime du duc de Berry, on fit frapper une magnifique médaille de bronze dont voici la description :

D'un côté, à gauche, le buste du duc de Berry en colonel-général des chevau-légers, avec cette légende : *Ch. Ferdinand duc de Berry*; de l'autre, l'inscription ainsi disposée :

SOLDATS!
NE TIREZ PAS,
NOUS SOMMES
TOUS FRANÇAIS.
BÉTHUNE
24 MARS 1815

A l'occasion de ce fait, le conseil municipal de Béthune votait, le 26 juillet 1815, une adresse de respectueuse reconnaissance au duc de Berry.

Le comte d'Artois et le duc de Berry sentant l'impossibilité de conserver la maison du roi dont la présence eût été inutile et trop dispendieuse, prirent le parti, avant de quitter Béthune, de la licencier. La cavalerie, au nombre de quinze cents chevaux à peu près, se mit en mouvement la première pour accompagner les princes qui, le jour même, à une heure de l'après-midi, partirent pour la Belgique, en s'engageant par l'affreux chemin d'Estaires où leurs voitures et leurs bagages restèrent en détresse. Près de Nieppe, la colonne fut rejointe par trois ou quatre cents volontaires, la plupart élèves de l'Ecole de droit, qui s'étaient fait ouvrir les portes de Béthune en menaçant de faire feu si on ne leur livrait pas passage. Ce n'était point par un esprit d'hostilité qu'on eût désiré les retenir dans la ville. Si l'on tenait à les garder, c'était uniquement dans l'intérêt de la défense de la place.

Quelques compagnies de gard du corps, de chevau-légers et de mousquetaires restèrent dans la ville pour la défendre. Lamartine, qui depuis 1814, appartenait à la maison militaire du roi, comme tous les jeunes gens de son âge dont les familles étaient attachées par souvenir à l'ancienne monarchie, avait suivi les princes jusques à Béthune. Les troupes réunies, le soir, par ordre, sur la place d'armes, reçurent communication d'une proclamation des princes qui, les remerciant, en termes chaleureux, de leur fidélité, les dégageaient de tout serment envers eux, et leur faisaient les adieux les plus affectueux. Rendus à eux-mêmes, quel parti, le plus honorable et le plus patriotique, devaient-ils prendre? Fallait-il, comme le pensaient les plus violents d'entre eux, suivre le roi à l'étranger et recommencer, ainsi, une nouvelle émigration? Tel ne fut pas le sentiment de Lamartine qui, parlant pour la première fois en public, fit, pour son compte, une tribune du moyeu de la roue d'un caisson. Il développa cette idée que, croyant au droit de la patrie comme ses aïeux croyaient au droit du trône, il ne se détacherait point du pays, ne voulant, à aucun prix, chercher au dehors le dangereux appui de l'étranger.

dont le secours matériel, si puissant qu'il fût en faveur de ses protégés, ne saurait compenser le dommage que subirait immanquablement, par ce fait même, leur force morale. Il exprima ces idées avec loyauté et avec énergie. Il les appuya de quelques considérations hardies de nature à faire impression sur les esprits en suspens. Le duc de Berry partageait ce sentiment, il aimait mieux laisser à la royauté des auxiliaires en France que de donner des compagnons à son exil. Toutefois, en remerciant les compagnies de leur dévouement, il leur disait : « Nous recevrons avec « reconnaissance ceux qui voudront nous suivre, et « nous partagerons notre dernier morceau de pain « avec eux. » C'était un noble et attendrissant langage.

Comme il s'en explique lui-même dans ses *Confidences*, Lamartine resta momentanément à Béthune, ainsi qu'un grand nombre de ses camarades, voulant coopérer, selon leurs forces, à la défense de cette place. Il logeait chez un nommé Tocquenne, maréchal-ferrant, rue Serrée, près de la chambre des Charitables. Prenant au sérieux sa mission de défenseur de la ville, il coucha trois nuits au corps de garde de la porte d'Arras, en compagnie d'un de ses amis nommé Vaugelas dont le nom eut, plus tard, beaucoup de retentissement dans la magistrature et dans la politique. Le quatrième jour, c'est-à-dire, le 27 mars, fut signée, rue du Marais, n° 1, la capitulation entre le général bonapartiste et le chef des anciens membres de la maison militaire du roi. Ceux-ci furent laissés libres de rentrer individuellement dans leurs familles; Paris seul leur fut interdit. Ce jour-là même, dans la matinée, le drapeau tricolore avait été arboré au balcon de l'hôtel de ville.

Le lendemain, 28 mars, le conseil municipal adressait à l'empereur sur son retour en France ses félicitations dans les termes suivants :

« Votre Majesté retrouve partout des sujets animés
« des mêmes sentiments d'amour et d'admiration
« qu'ils avaient toujours éprouvés et qui resteront
« éternels. Ce sont ces sentiments, Sire, que nous
« venons déposer au pied du trône, comme gage in-
« violable de fidélité et du profond respect de tous
« les habitants que comprend notre cité ».

Le 20 avril, le Maire et son conseil municipal juraient obéissance et fidélité à l'empire.

C'étaient les mêmes hommes qui, le 11 mars, comme nous l'avons dit, avaient voté une adresse au roi, lui montrant par leur propre exemple « *combien les bons Français désapprouvaient la tentative de Napoléon Bonaparte.* »

Si, dans les temps anciens, nos pères, qui avaient appris à s'attacher aux principes, à les respecter dans les autres et en eux, avaient été appelés, fût-ce par des circonstances extraordinaires, à passer brusquement d'un parti à un autre, quel n'eût pas été leur étonnement, quelle n'eût pas été leur répulsion devant une telle proposition! Mais, en 1815, pour nous servir des expressions de M. Thiers, la France n'avait reçu que l'éducation peu morale des révolutions et du despotisme; et en voyant le gouvernement passer si rapidement de mains en mains, on ne comprenait plus une invariabilité de conduite en contradiction avec la variabilité des évènements; et bientôt les hommes, ajouterons-nous, plus accoutumés à se diriger suivant leurs intérêts que selon leur conscience, cessèrent de se montrer scrupuleux dans les changements de gouvernement. Telles étaient et telles sont encore les mœurs du temps.

Un changement de gouvernement en amène fatalement une foule d'autres dans les diverses administrations. Le 22 avril, parut un décret nommant M. Herreng Ferdinand-Louis 1ᵉʳ adjoint, et M. de Baynast

Alexis-Guislain 2me adjoint. Le 1er mai, en vertu d'un arrêté de haute police de la 16e division militaire, M. Delalleau fut suspendu de ses fonctions de maire pour incivisme, et condamné à être interné à Château-Chinon. Le 2 mai, étaient nommés membres du conseil municipal : MM. Prou Lambert, propriétaire-cultivateur ; Pérard Michel, pharmacien ; Richez François, marchand de laines ; Leroy Emmanuel-Joseph, propriétaire, membre du collège électoral d'arrondissement ; Brasier Benoît, brasseur ; Flajolet Placide, maître-maçon ; Lemaire-Donze Alexandre-François, négociant, membre du collège électoral d'arrondissement ; Delautel Stanislas-Joseph, marchand ; Boulet Stanislas, cultivateur, faubourg d'Arras ; Gombert Joseph, membre du collège électoral d'arrondissement Capelle Bernard, négociant ; Brassart Henri, propriétaire ; Lequien Félix, avocat et avoué ; Gourdin Louis, entrepreneur de diligence ; Decroix Pierre, fabricant d'huile ; Imbona Joseph, brasseur ; Heddebault-Dellisse François, raffineur de sel et négociant ; Becquart Louis, négociant ; Cuignet Bernard, juge ; Desruelle Etienne, juge ; Dufresne Pierre, notaire ; Herreng Ferdinand, notaire ; Joly Louis, receveur particulier de l'arrondissement ; Lebon Louis, négociant ; Ozenne Antoine, président du tribunal ; Villiers Joseph, docteur en médecine ; Heutte Charles, tanneur ; François de Crépieul Siméon, juge ; Robbe Auguste, maître charpentier. C'étaient des hommes très honorables, choisis dans tous les partis, excepté dans celui des républicains, trop compromis par son récent passé pour être admis à gérer les affaires de la ville.

Le 3 mai, par un arrêté préfectoral, M. Lemaire-Donze était nommé maire intérimaire.

Le 15 du même mois, M. Bazenerie remplace M. Duplaquet comme sous-préfet.

Le 4 juin, M. Lemaire-Donze est nommé maire en

remplacement de M. Delalleau. Son discours d'installation, qui exprimait les sentiments unanimes de ses collègues les conseillers municipaux, fut remarquable de modestie et de dignité; nous en donnons le passage principal, sans nous charger cependant d'en faire l'éloge au point de vue de la bonne littérature :

« C'est avec la plus grande défiance de mes moyens
« que je viens succéder à un administrateur d'un
« mérite aussi distingué que celui dont, je suis per-
« suadé, dont nous regrettons tous l'éloignement;
« lui qui, dans tous les instants de sa gestion a cons-
« tamment fait preuve du zèle le plus désintéressé
« et de l'activité la plus soutenue »

Les évènements politiques avaient une gravité exceptionnelle. Pour cette raison, le 4 juin, la ville de Béthune était déclarée en état de siège sous le commandement supérieur du colonel Régis-Manset.

Le 15 de ce mois, le colonel-gouverneur donnait l'ordre aux sapeurs-pompiers de se former en compagnie et nommait M. de Bailliencourt dit Courcol, capitaine de cette nouvelle milice. Ce choix était si convenable et si sympathique à toute la population que tous les gouvernements, pendant un demi-siècle, l'ont constamment ratifié.

Depuis le 27 avril, Béthune dont le patriotisme était à la hauteur de la situation, avait fourni six compagnies formant un bataillon de gardes nationaux dont l'effectif avait été fixé à 341 fusiliers, 85 grenadiers et 85 chasseurs. Le 2 mai, le sous-préfet prescrivait les mesures les plus opportunes pour l'approvisionnement de siège de la place de Béthune. Cependant la fourniture des objets requis pour cet approvisionnement se fit lentement et avec peu de succès, les communes voisines ne se soumettant qu'avec une répugnance marquée à cette sorte de réquisition. Pour arriver au résultat demandé, il fallut envoyer des garnisaires chez les récalcitrants.

Le 19 juin, dans la soirée, la nouvelle du désastre de Waterloo se répandait dans la contrée appelée vulgairement le Bas-Pays, y portant la stupeur à laquelle succéda bientôt la plus extrême agitation. Tout le monde sentait que de ce désastre allait sortir une nouvelle révolution. Dans quel sens et au profit de quel parti se ferait-elle? L'opinion générale du pays, c'est que Napoléon qui avait abusé du bien et usé du mal pour sa propre gloire sans se préoccuper de celle de la France devait descendre définitivement du trône où sa présence, odieuse à l'étranger devenu vainqueur, n'était plus qu'un danger pour la patrie. Son fils que l'Europe, si elle avait été vaincue ou à demi-victorieuse, aurait peut-être admis par transaction pour succéder à son père, n'était plus possible après la catastrophe de Waterloo qui avait poussé les choses à l'extrémité de la ruine. Les souverains victorieux ne seraient-ils pas tentés, dans l'enivrement de leurs succès, de toucher au sol de la France pour le démembrer et se le partager entre eux? Accepter les Bourbons, les soutenir, faire de leur cause celle de la nation elle-même, était la solution la plus désirable. Ce sentiment, inspiré par le patriotisme, devint en un instant général. Les réfractaires, très nombreux dans cette région du Nord, et qui avaient en horreur la guerre, la conscription et les droits-réunis, s'unirent aux anciens partisans de Fruchart pour arborer le drapeau blanc.

Le 25 juin, on distribuait des fusils de fabrique anglaise aux insurgés dans la cour de l'hôtel de ville de Merville. Toutes les communes du Pas-de-Calais demandaient des armes; chacun s'en procurait comme il pouvait. Les uns étaient armés de fusils, d'autres de piques, de sabres, de baïonnettes ; presque tous avaient des pistolets à la ceinture. Placés sous le commandement de M. de Bourmont, ancien général divisionnaire, à Lons-le-Saulnier, et devenu alors lieutenant-général, commandant extraordinaire pour le roi dans la 16e division militaire, ils portèrent, par ses ordres, le nom de volontaires royaux.

Le 27, ils marchèrent sur Béthune qu'ils sommèrent, par la bouche de M. de Beaulaincourt de Bellenville, de se rendre au roi. Un coup de canon parti de la place fut la réponse du colonel-gouverneur. A partir de ce moment les portes de la ville restèrent fermées et la garnison ainsi que la garde nationale campèrent sur les remparts.

Impuissants à prendre la ville d'assaut, les assiégeants résolurent de l'affamer. Ils l'entourèrent de tous les côtés d'un cordon de sentinelles.

L'effectif des gardes nationales et troupes royales faisant le siège donnait un chiffre de plus de 14,000 hommes parmi lesquels on comptait 600 volontaires armés et équipés, se répartissant ainsi :

Hommes assujettis au service.	13.761
Officiers.	205
Sous-officiers	637
Total.	14.603

Chaque jour, 1030 hommes, non compris les officiers, faisaient le service devant Béthune (1). Les chemins et les plus étroits sentiers étaient soigneusement gardés. Sur toutes les éminences de terrain, derrière les arbres et les buissons se tenaient en embuscade un ou plusieurs soldats de Fruchart. Les habitants de la campagne, internés, pour ainsi dire, dans leurs villages, ne pouvaient en sortir sans être munis d'un sauf-conduit. Cette pièce, qui servait de passe, était, d'ordinaire, délivrée par MM. d'Oresmieulx et de Beaulaincourt.

(1) Extrait des contrôles et rapports faits en 1815 à M. le comte de Bourmont, et à M. le baron de Coupigny.

Comme on pouvait craindre une sédition de la part des habitants de Béthune qui, presque tous, à l'exception des acquéreurs de biens nationaux ou d'églises, étaient royalistes, deux canons de gros calibre, prêts à faire feu, furent placés sur la Grand'Place en face de l'hôtel de ville, et un troisième sur le rempart, près de la Porte-Neuve, à la portée de l'officier supérieur, commandant de la place.

Le 28 juin, les soldats de Fruchart entrèrent à Arras.

Le 29, M. de Bourmont cassait les arrêtés préfectoraux pris au nom de l'empereur portant suspension ou révocation de commandants militaires, maires ou autres fonctionnaires.

Le 30, il rétablissait dans leurs fonctions M. Duplaquet, sous-préfet, et M. Delalleau, maire. Ce ne fut cependant que quinze jours après cet arrêté que ce dernier put les reprendre, la ville étant restée jusque au 12 juillet, sous la puissance des troupes de l'empereur. M. Duplaquet s'était installé à Lens en attendant le retour de Béthune au roi.

L'investissement de la ville par les royalistes avait eu pour résultat de priver la classe ouvrière de travail et, par suite, de moyens de subsistances. Au 2 juillet, cette situation avait pris une réelle gravité. Le maire déclarait, ce jour-là, dans une séance extraordinaire, qu'il lui eût été impossible de maintenir la tranquillité publique, si, par un sentiment de civique générosité, M. Fauvez ne s'était offert de vendre en deux fois sur le marché hebdomadaire de la ville, sans augmentation de prix, quatre cents hectolitres de grains de toute espèce.

En même temps, le maire demandait, dans l'intérêt des pauvres, à s'adjoindre une commission des subsistances qui, par suite d'un vote d'élection, fut composée de MM. Herreng, 1er adjoint, Brasier-Humetz,

Dufresne, Croisier François, Gourdin Louis et Leroy Emmanuel.

Deuxième Restauration Telle était, pendant et même après le siège, la situation de plus en plus gênée de la ville et qui, bientôt, serait devenue intolérable, lorsque, le 9 juillet, les journaux arrivés de Paris annoncèrent que Louis XVIII était rentré aux Tuileries. Le sieur Salingue, voisin du bureau de la poste aux lettres qui était situé dans la rue St-Pry, monte sur une chaise, lit à haute voix, au milieu d'un rassemblement de plus de deux cents personnes, le journal la *Gazette de France*, que Mme Blin, directrice de la poste, venait de lui communiquer et qui relatait cette grande nouvelle, prévue, du reste, et attendue avec impatience depuis plusieurs jours. La foule ivre de joie jette à tous les échos de la ville le cri mille fois répété de *vive le roi!* Le sieur Jacotot, horloger, royaliste très exalté, prend un drapeau blanc, se met à la tête de ce rassemblement, traverse la rue Poterne, la rue Neuve, la rue des Treilles, le Marché-au-Beurre, la rue du Château, pour se rendre sur l'Esplanade, faisant retentir l'air d'acclamations enthousiastes et de chants joyeux. La caserne St-Yor devant laquelle le cortège royaliste venait de passer était occupée par deux compagnies de garde nationale mobilisée sous les ordres du capitaine Langlet, ancien officier de l'armée active. Ce capitaine-commandant, qui était un fougueux impérialiste, perd la tête devant ce mouvement de la population; il fait prendre les armes à ses soldats, les dirige vers l'Esplanade; et, sans sommation, sans avis préalable, il leur ordonne de faire feu sur tout ce peuple sans défense, où se trouvaient des femmes et des enfants. Heureusement les soldats, pour la plupart du moins, mieux avisés que leur farouche commandant, tirèrent en l'air. Il y eut pourtant des victimes. Jean-Baptiste-Florent Desruelle, âgé de 20 ans, ouvrier vannier, fils d'un sergent de police de la ville, fut blessé mortellement. On le transporta à l'hospice où il mourut le lendemain. Adrien Crus reçut une blessure grave; Dominique François et une demoiselle Wagniart furent également blessés mais légèrement. On peut juger de la confusion qui se répandit dans cette foule, éperdue de frayeur et poursuivie, dans sa fuite, par les soldats qui, dans un accès de folie furieuse, se précipitaient, la baïonnette en avant, sur leurs malheureux compatriotes. C'était une scène de sauvagerie sans exemple dans l'armée française.

L'indignation fut générale dans toute la ville, au point qu'on pouvait craindre des violences contre les bonapartistes dont le nombre atteignait à peine un pour cent de la population.

Le soir de cette affreuse journée, il y eut un commencement de charivari devant l'ancien hôtel de la gouvernance, Grand'Place, n° 13, où demeurait un capitaine d'une des compagnies de la caserne St-Yor. Cet officier, prévenu à temps, put échapper au péril qui le menaçait, en escaladant les murailles des jardins voisins.

Le lendemain, le peuple se rua, dans un esprit de vengeance, sur la maison, située rue des Treilles, n° 13, occupée par le capitaine Langlet. Les portes, les fenêtres, les meubles, tout fut brisé, complètement détruit.

Le peuple, dont l'irritation ne s'apaisait pas, dirigea ensuite ses fureurs contre l'adjudant de la place, Quétrel, dit *bois-sans-soif*. Celui-ci descendait la rue St-Pry, lorsque des huées et des cris de mort retentirent à ses oreilles. Il précipite sa marche, une foule nombreuse et menaçante le poursuit. C'en était fait de lui s'il n'eut pu atteindre, par l'escalier du rempart de

la porte St-Pry, le corps de garde de la porte d'Arras où il s'empressa de chercher un refuge. Mais, à l'instant même, toute la rue d'Arras est envahie par une multitude de plus en plus furieuse criant : *Vengeance* : comme si la vengeance pouvait tenir lieu de patriotisme. Heureusement, le chef du poste était un homme qui, par son esprit supérieur et par sa valeur morale, méritait et avait acquis, parmi tous ses concitoyens et surtout parmi ses voisins de la rue St-Pry, une solide estime. C'était M. Cuvelier-Delbarre dont le beau-père avait péri, victime de la Révolution, sur l'échafaud. — Nous nous honorons beaucoup de l'avoir eu pour professeur privé dans nos études classiques. — En présence des assaillants dont l'attitude se montrait de plus en plus menaçante, M. Cuvelier fait prendre les armes à ses soldats et les range en bataille devant le corps de garde; s'adressant alors à cette population aveuglée qui, frémissante de colère, poussait ce cri de vengeance : *Mort à Quétrel*; il lui dit avec cette conviction et cette fermeté qui s'annonçaient devoir être inflexibles : « Vous accorder ce que vous
« demandez, ce serait ajouter un nouveau crime à
« celui que nous condamnons tous; et ce n'est point
« par le crime que l'on répare un crime ».

Ces paroles qui étaient celles d'un sage et qu'au besoin les armes d'un chef de milice sauraient faire respecter en imposèrent à la foule qui se retira, se promettant toutefois de chercher une occasion plus favorable à l'exécution de ses projets de vengeance. Quétrel put s'esquiver à la faveur de la nuit et se garda bien de reparaître jamais à Béthune.

Le capitaine Langlet et quelques autres chefs d'un grade inférieur eurent à répondre de leur conduite dans cette journée du 9 juillet devant le conseil de guerre séant à Lille.

Le 12 juillet 1815, le colonel-commandant supérieur de la place de Béthune informait les autorités et fonctionnaires, civils, militaires, que, d'après une délibération du conseil de défense de la ville, le drapeau blanc serait arboré, le jour même, qu'il serait salué de vingt-et-un coups de canon, et que la troupe prendrait la cocarde blanche.

Cette décision, attendue depuis longtemps et avec la plus vive impatience, fut accueillie par des acclamations universelles et par le cri prolongé de : *Vive le roi.* Spontanément des drapeaux blancs aux armes royales furent arborés à toutes les fenêtres des maisons de la ville. Des tables furent dressées sur toutes les places et dans toutes les rues par les soins des habitants qui se cotisèrent pour fêter entre voisins dans une sorte de banquet de famille le retour du roi, le père de toute la grande famille française. Le soir, toute la ville fut illuminée, et la fête se termina par des danses sagement organisées et chastement exécutées sous les yeux des parents.

M. Delalleau, qui, depuis le 12 juillet, avait repris ses fonctions de maire, adressait, le 14, dans sa joie patriotique, à ses administrés la pièce suivante :

« Depuis deux jours, un nouveau ciel a lui pour
« nous; notre allégresse a fourni la preuve de nos
« sentiments pour l'auguste prince rendu aux vœux de
« tous les bons Français.

« Recevez mes félicitations sur la sagesse de votre
« conduite, pour l'expression de votre joie. *Vive le*
« *roi!* »

Le conseil municipal, qui était en parfaite union de pensées et de sentiments avec le maire, votait, à l'unanimité, le 26 du même mois, une adresse de respectueuse fidélité au roi, et une autre de félicitations au comte d'Artois. Nous en citons les principaux passages :

« Sire,
« Si Votre Majesté daigne se rappeler les témoi-

« gnages d'amour et de dévouement que les habitants
« de Béthune lui donnèrent, lorsque la trahison la
« força à s'éloigner de sa capitale; si elle daigne
« penser que les serments de fidélité qu'ils lui renou-
« velèrent à cette occasion, n'ont pas été trahis; si
« elle a conservé le souvenir de leur conduite lors
« du passage des princes et de sa maison militaire
« par cette même ville, elle se peindra facilement
« notre enthousiasme et notre ivresse au moment où
« nous pûmes reprendre l'antique bannière des Lys ».

L'adresse au prince comte d'Artois contenait ce paragraphe : « L'armée venait de donner au monde
« le spectacle inouï de la trahison la plus noire en-
« vers son prince et la patrie. Qu'il est beau de se
« rappeler qu'elle a été contenue sous nos remparts
« par les regards d'un jeune héros digne rejeton de
« votre auguste maison, et que par sa noble attitude
« il a peut-être prévenu de plus grands crimes ».

Ces deux adresses où se montrait trop, peut-être, la science du courtisan, eurent leur complément dans une fête civique qui fut célébrée, aux frais de la ville, le dimanche 13 août 1815. Une table immense fut dressée sur la Grand'Place pour mille indigents qui furent servis par les dames et les hommes les plus en vue de la ville. A la fin du repas, un toast fut porté au roi, au bruit des fanfares et des salves de mousqueterie et d'artillerie. Quelques heures après, on vit s'élever dans les airs un aérostat de vingt pieds de diamètre, orné des armes de France, de celles de Béthune et d'allégories analogues à la circonstance. Enfin, plusieurs jeunes filles, appartenant, pour la plupart, à la haute bourgeoisie de la cité, se rendirent à l'hôtel de ville pour y prendre le buste de Louis XVIII et le porter, précédées de la musique, escortées de la garde nationale, accompagnées des autorités locales, sur un socle élevé au milieu de l'Esplanade.

Cette dernière partie du programme, qui rappelait un peu le cérémonial aussi prétentieux que grotesque des fêtes républicaines, ne passa point sans critique. Les hommes sages trouvaient inconvenant qu'on fît parader des jeunes filles dans une promenade purement civique. Mais ce qui fut surtout l'objet d'une réprobation presque générale, ce fut la chanson, ou plutôt ce furent les chansons, car il y en eut plusieurs, qui agrémentèrent cette ridicule promenade. On y chantait :

> Roule ta bosse, Napoléon,
> Descends du trône et fais place à ton maître,
> Roule ta bosse, Napoléon,
> Descends du trône et fais place aux Bourbons ;

Et encore :

> Quand Louis perdit son trône,
> Ce ne fut que par trahison
> Ton ton ton tontaine ton ton.

C'était inepte, écœurant.

On avait oublié que Napoléon, en se retirant, laissait un empire merveilleusement réglé, une hiérarchie savante, un code de lois où, sauf quelques articles, la sagesse n'a rien à reprendre, un nom gravé par son épée victorieuse sur la pierre des pyramides, sur les remparts de Cadix, sur les tours du Kremlin, une gloire éblouissante dont on ne saurait anéantir, malgré ses heures d'éclipse, un seul rayon.

Quoiqu'il en soit, cette fête patriotique, si brillante qu'on eût voulu la faire, fut assombrie par la pensée que le pied de l'étranger foulait, en vainqueur, le sol de la patrie.

Il est vrai que Béthune, par un privilège dû à son royalisme, fut exemptée de recevoir ou plutôt de loger dans ses murs les soldats des puissances coalisées. Les autres communes de l'arrondissement n'eurent pas le même bonheur. Les Anglais occupèrent les cantons de Lillers, Norrent-Fontes et une partie de celui de Béthune. Leur quartier-général fut installé en mars 1816, aux frais de la ville au château de La Vasserie, commune de Lapugnoy. MM. Penin et Leroy, y furent officiellement envoyés par la municipalité à l'effet de pourvoir à son ameublement qui coûta quatre mille trois cent quatre-vingts francs. Les Saxons et les Danois s'installèrent dans les cantons de Lens et de Carvin. Ils y demeurèrent deux ans.

Durant tout ce temps, le service de la place de Béthune fut confié, à partir du 15 juillet 1815, à la garde nationale urbaine qui ne se composait que d'une compagnie d'artillerie et de pompiers dont l'effectif était de quarante-quatre hommes.

Les royalistes de la ville restaient surexcités contre les bonapartistes qu'ils accusaient d'avoir été l'unique cause de l'envahissement de la France par les alliés. Les moindres incidents provoquaient entre les uns et les autres des scènes regrettables. Le 4 octobre 1815, des désordres graves éclatèrent, à l'occasion de l'arrivée de quelques officiers renvoyés dans leurs foyers, connus par leur attachement presque idolâtrique à l'empereur ainsi qu'au drapeau tricolore, et que leurs habitudes d'ivrognerie ne recommandaient pas à l'estime publique. La foule se porta sur leurs demeures, y brisant les fenêtres et les vitres, méconnaissant les autorités locales qui blâmaient avec raison de pareils excès. Le 6 octobre, le maire adressait à ses administrés, au nom du conseil municipal et au sien, les plaintes et les remontrances suivantes :

« Mes concitoyens,

« Des désordres qui ont eu lieu dans les soirées
« d'hier et d'avant-hier, ont affligé vos magistrats;
« leurs voix n'ont pas toujours été entendues; qu'es-
« pérez-vous donc d'une pareille conduite?

« Personne plus que moi n'a à se plaindre de ceux

« qui sont l'objet de votre animadversion, mais les
« organes de la loi ayant prononcé, nous devons res-
« pecter leurs décisions ».

La municipalité était, comme on le voit, à la hauteur de sa mission. Aussi n'est-il pas étonnant qu'une ordonnance royale, en date du 15 mai 1816, ait nommé maire M. Delalleau, 1er adjoint M. Herreng, 2e adjoint M. Heutte. Le 30 août 1817, par suite du décès de M. Herreng, M. Dufresne Pierre-Antoine, notaire, fut nommé 1er adjoint. Ce nouveau choix faisait également honneur à l'administration royale.

A cette dernière date, la région était soumise à une cruelle épreuve. Le blé était rare et de mauvaise qualité; il fut payé 75 fr. l'hectolitre sur le marché.

Depuis la Révolution de 1793, la guillotine n'avait point reparu dans Béthune. Le 2 novembre 1818, la sinistre machine, élevée sur la Grand'Place en face de l'hôtel de ville, y fonctionna de nouveau. Mais cette fois c'étaient de vrais coupables, d'infâmes criminels que la justice punissait. Les nommés Fauquart, d'Auchel, âgé de 62 ans; Hannart Nicolas, meunier, à Coupigny, âgé de 60 ans; Malbranche, de Coupigny, âgé de 37 ans; Dupare, garçon-meunier, âgé de 25 ans et son frère Agathon, âgé de 20 ans, tous deux de Souchez, avaient été condamnés à mort pour des crimes nombreux dont ils s'étaient rendus coupables et qui avaient jeté la terreur dans les arrondissements d'Arras, de St-Pol et de Béthune.

La ville dont les ressources augmentaient progressivement avec l'accroissement du commerce local, achetait, le 29 mars 1821, au prix de 7.800 francs, cinq petites maisons, faisant face au portail de l'église St-Vaast et qui en gênaient les approches. Sur l'emplacement de ces maisons et sur celui du Marché-au-Beurre *de pot ou de Flandre*, situé anciennement derrière ces bâtiments, se trouve la place St-Vaast.

Le 5 septembre 1822, le Conseil général votait, de son côté, un crédit de 16.000 francs pour l'acquisition de la maison de la veuve Donze, devant servir à l'établissement de la sous-préfecture de Béthune.

La même année, une compagnie se formait, autorisée par le gouvernement pour ouvrir un canal navigable et mettre la Lys et la Deûle en communication. La ville d'Aire devait être son point de départ, et la ville de La-Bassée son point extrême, sans préjudice cependant de son prolongement jusqu'à Lille et au delà.

Ce canal, d'après le plan officiellement reconnu, devait passer sous les murs de Béthune.

Le 15 avril 1825, les travaux de canalisation étaient assez avancés pour établir la navigation dans la partie comprise entre La-Bassée et Béthune. Le 15 octobre suivant, le canal était navigable sur toute la ligne.

Un nouveau quai fut construit sur l'emplacement qu'il occupe encore présentement; l'ancien quai, désigné par le nom de Rivage, fut comblé et, par suite, disposé de manière à devenir, ainsi que nous le trouvons aujourd'hui, le Marché-aux-Chevaux.

Le 24 octobre 1823, en vertu d'une ordonnance royale du 3 septembre précédent, on commençait à construire, à l'extrémité de la place St-Barthélemy, en deçà des remparts, un abattoir public; la dépense, selon le devis qui ne fut pas dépassé, s'éleva au chiffre de 7.830 fr. 12 cent. On en fit l'inauguration le 25 avril 1825.

Cette ordonnance royale fut la dernière octroyée par Louis XVIII en faveur de la ville de Béthune. Le 15 septembre 1824, on apprenait sa maladie, et, par ordre de la municipalité, tous les divertissements publics furent suspendus sur tout le territoire de la cité. Le 18, la nouvelle de sa mort qui datait du 16, se répandit dans la ville; ce fut un deuil universel. Les magasins, cabarets et ateliers furent fermés; les

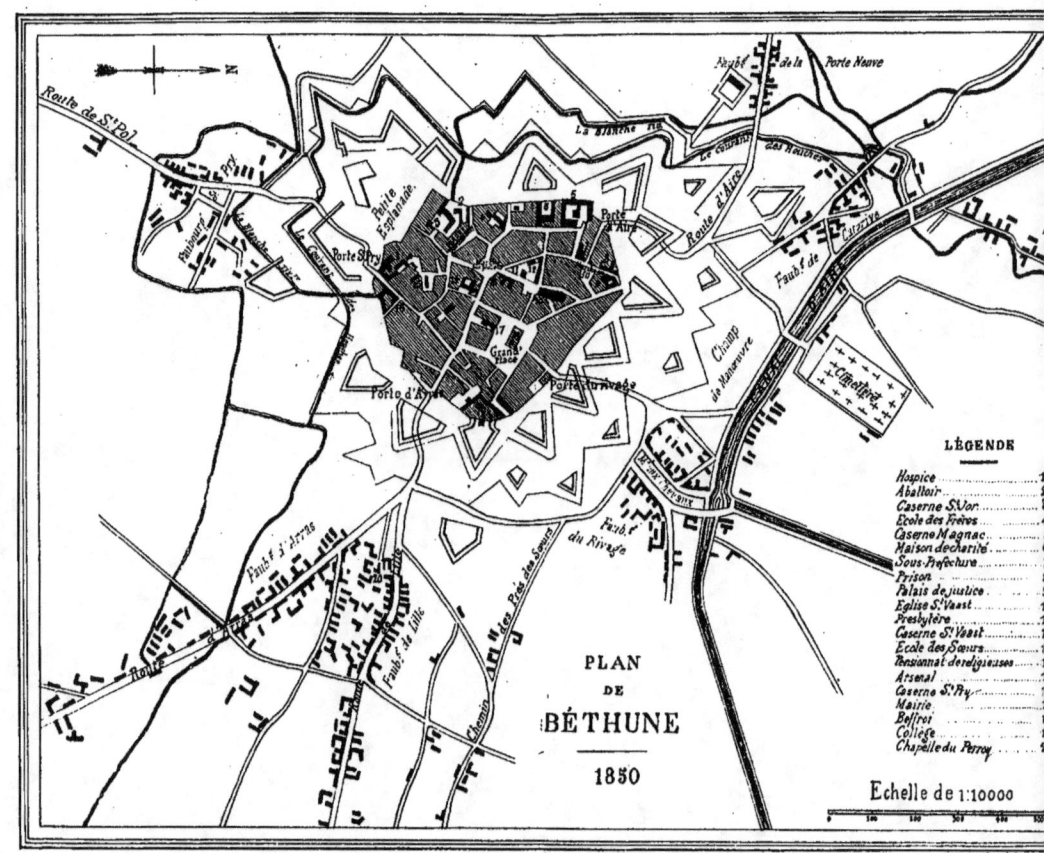

artisans et ouvriers cessèrent tout travail extérieur. Le 7 octobre, on chantait un service funèbre pour le repos de son âme.

Le 18 janvier 1826, M. Delalleau était remplacé dans ses fonctions de maire par M. le marquis de Baynast; MM. Dufresne et Delautel étaient nommés adjoints. *Charles X*

A cette époque, les Bourbons, pour s'attacher de plus en plus les habitants du Nord de la France, cherchaient volontiers les occasions de les visiter. Le 19 août 1815, le duc de Berry qui était venu à Lille pour y présider le collège électoral, partit de cette ville, voulant revoir le pays qu'il avait si péniblement parcouru le 24 mars précédent. Il arriva, vers dix heures du matin, à Estaires, d'où il prit presque aussitôt la route de Béthune très praticable dans cette saison, il s'en retourna à Lille par La-Bassée. Le 9 décembre 1818, le duc d'Angoulême passait par Béthune où il fit son entrée, monté sur un cheval blanc que M. le marquis de Baynast, colonel de la garde nationale, avait mis à sa disposition. Toute la population était sur pied, remplissant l'air de ses acclamations enthousiastes. Au discours du maire, Son Altesse Royale répondit : « Vous pouvez, M. le maire, assurer les habi-
« tants que le roi et les princes de ma famille n'ou-
« blieront jamais l'accueil qu'ils ont reçu à Béthune
« dans un moment bien critique et qui n'était pas
« sans danger pour la ville ».

Le duc de Berry était mort assassiné le 15 février 1820. Le roi fit don de ses entrailles à la ville de Lille. Le convoi funèbre qui accompagnait ces restes passa par Lens le 25 juin. La garde nationale de Béthune se porta dans cette ville pour leur rendre les honneurs militaires.

La duchesse de Berry passait par Lillers en 1825.

Un détachement de la garde nationale de Béthune se trouva sur son passage dans cette ville pour lui rendre les hommages dus à son rang.

Le 8 septembre 1826, le général comte de Clermont-Tonnerre, ministre de la guerre, se rendant au camp de St-Omer, passa par Béthune où il fut reçu avec les honneurs dus à sa haute position.

L'arrivée de Charles X était annoncée, le 14 septembre 1827, aux habitants de Béthune par une proclamation du maire dans laquelle on lisait le passage suivant qui, déjà, ce semble, s'adressait au roi : « Sire,
« nous sommes fidèles en 1827 comme nous l'avons
« été en 1815 et comme nous le serons toujours.
« Cette fidélité nous la transmettrons à nos enfants ;
« elle sera leur héritage. Ils répèteront aux leurs pour
« les redire à l'âge suivant ces belles paroles que Son
« Altesse Royale *Monsieur*, prononça, avec la grâce
« qui rehausse le prix de tout ce qui sort de la bouche
« du roi Charles : Béthune et Laventie ont eu les pre-
« miers avec Bordeaux, l'honneur de la Restauration ».

A cette proclamation chaleureuse, la population, lors de l'arrivée de Charles X, répondit par une ovation des plus enthousiastes. Sa Majesté arrivait, le 16 septembre, du camp de St-Omer. Elle était accompagnée du duc de Luxembourg, capitaine des gardes ; du duc de Blacas, premier gentilhomme de la chambre ; du duc de Polignac, grand écuyer ; du comte de Clermont-Tonnerre, ministre de la guerre. Après avoir été complimentée par M. le maire, à la Porte-Neuve, Elle fit son entrée en voiture découverte, au son des cloches, au bruit du canon, des tambours, des instruments de musique, et aux cris prolongés de : *Vive le Roi!*

Précédé des autorités, le Roi parcourut les principales rues de la ville qui étaient sablées et admirablement décorées. Sa Majesté reçut à l'hôtel de ville les fonctionnaires des diverses administrations, et notamment le sous-préfet, M. de Normandie; le maire, M. le marquis de Baynast; le curé-doyen, M. Délétoille; le président du tribunal, M. Ozenne; le commandant de la garde nationale; le commandant de la place qui, dans leur discours respectif, parlèrent de dévouement et de fidélité. Nous ne reproduisons aucune de ces harangues qui, toutes, en termes plus ou moins heureux, exprimaient les mêmes sentiments. Nous devons cependant faire une exception pour le discours de M. le maire dont nous citerons ce passage : « Tels ils étaient quand S. A. R. *Monsieur*, a « dit : *Béthune et Laventie ont eu, les premiers avec* « *Bordeaux, l'honneur de la Restauration*, tels le « Roi les retrouve aujourd'hui, toujours fidèles. Nous « ne voyons et ne connaissons que Dieu et le Roi ». Melle de Genevières présenta au roi une corbeille de fleurs avec un gracieux compliment.

On rapporte qu'après son discours qui avait paru toucher Charles X, M. de Baynast trouva convenable de lui présenter le fermier du hameau de La Fosse, commune de Lestrem, qui, le 24 mars 1815, avait eu l'honneur de donner l'hospitalité au comte d'Artois. Mais le roi, visiblement contrarié de cette présentation, aurait tourné le dos en disant : « *Je n'aime pas qu'on* « *me rappelle cette époque malheureuse* ». Sans vouloir manquer de respect à Charles X, le roi *bien-aimé*, comme on l'appelait dans toutes les maisons de Béthune, l'histoire est forcée d'exprimer un blâme pour une telle parole, si, toutefois, le monarque français s'est oublié au point de l'avoir dite.

Quoiqu'il en soit, il nous plaît davantage de relater les témoignages de vénération déposés, dans cette circonstance, aux pieds de Sa Majesté par toutes les classes de la société, dont les cœurs exprimèrent le même sentiment par cette même formule : *Amour du roi*.

On lisait sur l'arc de triomple élevé à l'entrée du faubourg de la Porte-Neuve :

> Invoquant pour son roi la justice suprême,
> La France dans ses chants te bénit chaque jour
> Et pose sur ton front auprès du diadème,
>   Des couronnes d'amour.

Un second arc de triomphe, semblable au premier, s'élevait au faubourg d'Arras, on y lisait :

> Quand un père chéri visite ses enfants,
> Pourquoi sont-ils si courts ces fortunés moments ?

Le capitaine du génie avait fait placer des inscriptions au-dessus de la Porte-Neuve et de celle d'Arras.

A la Porte-Neuve on lisait :

> Tous dans cette cité célèbrent ces beaux jours,
> De toute part la foule accourt sur ton passage,
> L'air retentit des cris d'allégresse et d'amour,
> Reçois, roi bien aimé, nos vœux et notre hommage.

A la porte d'Arras, du côté de la ville :

> Tes vertus, ta bonté captivent tous les cœurs,
> De te chérir grand roi, la France se fait gloire,
> Et toujours au combat tes zélés défenseurs
> Sous l'étendard des lys fixeront la victoire.
> Ta présence à Béthune a comblé tous nos vœux,
> Tu connus notre amour en des temps moins heureux.

Même porte du côté du faubourg :

> Monarque bien aimé protecteur des beaux arts,
> On grave avec orgueil ton nom sur ces remparts.

La fortune est inconstante, trois ans ne s'étaient pas écoulés que Charles X, victime comme tant d'autres monarques, de la fragilité des choses et de la mobilité des hommes, voyait son pouvoir renversé par une révolution, et reprenait le chemin de l'exil. Cet évènement, auquel personne à Béthune ne s'attendait, n'y fut accueilli favorablement que par la haute bourgeoisie qui comptait trouver dans le nouveau régime une influence particulière qu'elle désirait mais dont elle n'avait pas joui jusque-là.

La nouvelle de cette révolution arrivait dans la ville le 30 juillet 1830. Le lendemain, le drapeau tricolore flottait au sommet du beffroi.

Le 7 août, le duc d'Orléans, proclamé *roi des Français*, prenait le nom de Louis-Philippe Ier.

Louis Philippe

Le 29, le conseil municipal, réuni en séance, adresse au nouveau monarque ses félicitations dans les termes suivants :

« Sire,

« La France a accueilli avec transport l'heureuse
« nouvelle de votre avènement au trône. Elle y a vu
« un garantie assurée contre le trouble et l'anarchie,
« un gage certain de paix, de bonheur et de prospé-
« rité. La ville de Béthune ne pouvait rester étrangère
« à la manifestation de pareils sentiments. Chargés
« par elle d'apporter aux pieds de Votre Majesté le
« tribut particulier de son amour et de sa fidélité
« nous avons accepté cette honorable mission. Sans
« doute il était facile de trouver des voix plus élo-
« quentes ; mais Votre Majesté ne trouvera nulle part
« des cœurs plus pénétrés et un dévouement plus
« sincère ».

Une députation dans laquelle figuraient MM. Izart, lieutenant-colonel en retraite ; Boidin, chef de bataillon ; Alexis et Pierre Jean, propriétaires ; Fonan, substitut et quelques autres Béthunois, fut chargée de présenter cette adresse au roi. Ne l'ayant pas trouvée assez chaleureusement expressive, ils en composèrent une autre beaucoup plus enthousiaste et qui les mettait plus personnellement en vue auprès du gouvernement. Cette adresse, ainsi revue et corrigée, fut présentée et lue au roi par M. Alexis Jean, président de la députation.

Le 15 septembre, M. Dacquin remplaçait M. de Normandie comme sous-préfet, et le 14 novembre, M. le marquis de Baynast cédait son écharpe de maire à M. Lemaire-Donze.

Le 2 janvier 1831, la garde nationale de Béthune reçut son drapeau qui lui fut apporté par la milice d'Arras. Les Béthunois allèrent à la rencontre de leur étendard jusqu'au village de Nœux. Remis entre les mains de M. Dellisse-Crespel, nommé porte-drapeau, il fut salué par une salve d'artillerie et béni, sans retard, à l'église par M. Maës, curé grand-doyen de Béthune. Il y eut, le soir, pour la garde nationale et les autorités un banquet de six cents couverts. La ville fut illuminée.

Le 18 octobre 1831, on procédait aux élections des conseillers municipaux qui, d'après la loi du 23 mars précédent, devaient être au nombre de 23.

Le 9 mars 1832, M. Boidin remplace M. Lemaire-Donze comme maire de Béthune.

Ce fut dans cette année 1832 que le choléra fit sa première apparition à Béthune. Les cas furent presque tous mortels. Les malades succombaient dans les vingt-quatre heures. Du 7 juin au 13 septembre, cette épidémie fit cinquante-sept victimes.

Le 8 janvier 1833, six cents Hollandais, prisonniers de guerre à la suite de la reddition de la citadelle d'Anvers, arrivèrent à Béthune avec un de leurs colonels, pour y être internés. Un grand nombre de ces soldats étrangers étaient catholiques. Ils ne rentrèrent, libres, dans leur pays qu'au mois de septembre suivant.

En vertu d'une ordonnance royale, en date du 27 juillet 1834, une caisse d'épargne et de prévoyance fut établie à Béthune pour la ville et l'arrondissement.

Par ordonnance royale du 22 juillet 1837, M. de Bellonnet fut nommé maire de Béthune, en remplacement de M. Boidin, décédé, qu'il suppléait par *intérim* depuis le mois d'août 1836. Le gouvernement qui avait mis un peu de lenteur dans cette nomination n'eut, pendant toute l'administration de cet honorable Béthunois, qu'à s'en féliciter. Heureuses les villes dont les intérêts moraux et matériels sont remis en des mains si pures et si capables !

Le 20 septembre 1838, le duc d'Orléans, prince royal, passait par Béthune, revenant de St-Omer. La réception qu'on lui fit fut très convenable, sous tous les rapports. Pourtant, le conseil municipal qui, à cette époque, avait le souci des deniers de la ville, n'avait voté, le 18 septembre, qu'une somme de deux cents francs pour cette réception.

Au mois de janvier 1841, une inondation considérable ravageait la partie basse du faubourg d'Arras ainsi que les faubourgs St-Pry et de la Porte-Neuve. Il fallut recourir à plusieurs barques pour recueillir les habitants dont les maisons étaient envahies par les eaux. Le dégât, évalué à 9.300 francs, fut réparé, en partie, à l'aide d'une souscription. Dans tous les temps, les riches de Béthune sont venus au secours des nécessiteux, leurs concitoyens. Nous citerons tout particulièrement la conduite pleine de dévouement et de générosité de M. Durteste-Fauvez. Pour l'en récompenser, le gouvernement le fit chevalier de la Légion d'honneur.

Le 9 août 1842, le duc de Nemours passait par Béthune où la population, récemment attristée par la mort du duc d'Orléans, lui fit une réception remarquable, sans qu'il en eût coûté un seul centime à l'administration municipale.

En 1843, le 30 novembre, la Compagnie de Vicoigne devenait concessionnaire des mines de Nœux ; le bassin houiller était trouvé et n'allait pas tarder à être exploité, sur divers points de l'arrondissement, par de nombreuses compagnies dont quelques-unes seulement firent fortune et enrichirent leurs actionnaires.

Tandis que ces travaux d'exploitation de la houille s'accomplissaient avec un certain succès dans cette région, l'horizon politique s'assombrissait d'une manière inquiétante pour toute la France. Le 14 novembre 1847, un banquet *réformiste*, comme on disait alors, eut lieu au château d'Annezin sous la présidence d'Odilon Barrot. A ce banquet prirent part quatre cent cinquante personnes parmi lesquelles se trouvaient les principaux meneurs du parti opposé au ministère : Crémieux, Serrans, David d'Angers, Hennequin, Oscar Lafayette, Charles Ledru, Frédéric Degeorges, Piéron, Répécaut, Baron Olivier.

La municipalité, appréciant les dangers d'une telle réunion qui devait s'organiser à Béthune pour se rendre à Annezin, avait porté, dès le 10 novembre, l'arrêté suivant :

« Défense à toute réunion de personnes, dans la
« réunion du 14 novembre 1847, de parcourir les
« rues et places publiques, soit en chantant, soit ac-
« compagnée ou présidée de tambours, de trompettes
« ou de musique.
               « Signé : DURTESTE-FAUVEZ, adjoint ».

En présence d'une telle manifestation et surtout des discours violents qui furent prononcés contre le gouvernement, une révolution paraissait imminente ; elle ne tarda pas à éclater.

Deuxième république

Le 24 février 1848, le gouvernement de Louis-Philippe était renversé et la république proclamée à Paris. Cette nouvelle publiée le 25 février, dans Béthune, y jeta la consternation.

Pour rassurer les esprits, Frédéric Degeorges qui, par hasard, était, ce jour, de passage à Béthune, s'empressait d'annoncer que la nouvelle république, tout à fait différente de celle de 93, serait une république à *l'eau de rose*. La commission municipale provisoire, nommée par le citoyen Degeorges, et qui était composée de MM. de Bellonnet, Calonne, Cary, Chabé, Raparlier, adressait, le 29 février, aux habitants de Béthune une proclamation pour leur recommander *le respect des personnes et des propriétés*.

Le 13 mars, Frédéric Degeorges, commissaire du gouvernement dans le Pas-de-Calais, recevait le clergé de Béthune à l'hôtel du *Pas-de-Calais*, Marché-aux-Poulets, et toutes les autres autorités locales à l'hôtel de ville. Dans sa harangue, M. Maës, curé grand-doyen de Béthune, avait dit, victime d'un *lapsus linguæ* : « J'espère voir finir votre sainte république... » Le citoyen Degeorges s'était empressé de répondre que si le clergé manquait à ses devoirs vis-à-vis de la république, le gouvernement, pour le punir, lui enlèverait son traitement.... La réplique de M. l'abbé Maës ne se fit pas attendre : « Je ne risque pas grand'chose, « j'ai 87 ans ».

A l'hôtel de ville, le citoyen Degeorges, dans un discours, empreint d'une couleur révolutionnaire très prononcée, informait MM. les magistrats et fonctionnaires qu'il était investi de tous pouvoirs sur eux; qu'il pouvait les *destituer, casser, révoquer* selon son bon plaisir. Il disait vrai. Et personne parmi ses honorables auditeurs n'osa protester contre un pareil langage qui était celui des proconsuls dans des temps de servitude.

Bientôt cependant nos concitoyens, honteux de leur faiblesse dans cette circonstance, se vengèrent par la liberté de leurs discours et de leurs délibérations dans des comités que la république ne put interdire. Trois partis étaient en présence dans Béthune; celui des radicaux-socialistes dirigé par le citoyen Delcloque; celui des républicains modérés qui avait pour chefs MM. Dupré et Cary; enfin celui des conservateurs qui obéissait aux inspirations de M. Lequien, ancien sous-préfet révoqué.

Le 19 mars, une réunion préparatoire à l'élection des membres de l'Assemblée nationale eut lieu à l'hôtel de ville. MM. Lebleu, Cary, Hanon, Degouve-Denuncque, Douay, Denissel y furent déclarés admissibles. Ces choix n'étaient pas faits pour contenter les radicaux.

M. Madier de Montjau vint personnellement poser sa candidature à Béthune. Il fit un grand discours à l'hôtel de ville devant les électeurs. Ses rares partisans l'avaient qualifié de « bouche d'or »; ce n'était en réalité qu'une médiocrité orgueilleuse. Il avait une très forte voix, qui lui valut ici le surnom de *stentor*. Ce fut l'unique résultat de son équipée électorale dans nos murs.

M. Castille vint également à Béthune exposer devant les électeurs de la région ses titres à la députation. Sa tentative n'eut pas plus de succès que celle de M. Madier de Montjau le *stentor*. Ces candidatures nomades étaient un signe des temps.

Le 2 avril, les candidatures de MM. Lebleu, Cary, Denissel étaient définitivement adoptées; et le 9, leurs noms sortaient victorieux de l'urne électorale.

Le 5 avril, on procédait successivement à la plantation d'un arbre de la liberté en face de l'hôtel de ville, et à la formation, sur de nouvelles bases, du bataillon de la garde nationale qui devait être composée de tous les habitants âgés de 20 à 55 ans. Précédemment, chacun choisissait sa compagnie. Au 1er février 1848, l'effectif de ce bataillon qui s'élevait à 1458 hommes, se décomposait par les chiffres suivants : Etat-major, 8; musique, 34; artillerie, 65; sapeurs-pompiers, 91; grenadiers, 76; 1re compagnie de chasseurs, 151; 2me compagnie de chasseurs, 178; voltigeurs, 66; garde à cheval, 14; réserve, 775.

Le 5 avril 1848, indépendamment de la compagnie d'artillerie et de celle des sapeurs-pompiers, il y eut, dans Béthune, huit compagnies formées par quartiers :

1ʳᵉ rues d'Arras, Serrée, Grosse-Tête, Neuve, St-Pry.

2ᵉ rues des Treilles, du Pot-d'Etain, Poterne, Esplanade, Délivrance, Ermitage, Rosiers, Marais, Marchés au Beurre, aux Poissons, place St-Barthélemy.

3ᵉ rues du Carnier, Porte-Neuve, Grands et Petits Becquereaux, Poulets, Marché-au-Fil.

4ᵉ rues du Collège, Rivage, Grand'Place.

5ᵉ faubourgs du Rivage, des Prés-des-Sœurs, Pont-de-Pierres en partie.

6ᵉ faubourgs de la Porte-Neuve, Catorire, Pont-de-Pierres en partie.

7ᵉ faubourgs de Lille, Perroy.

8ᵉ faubourg d'Arras, St-Pry.

Les appréhensions des habitants de Béthune au sujet des agissements de la république commençaient à se dissiper, lorsque la nouvelle de la formidable émeute des journées sinistres de juin se répandit dans la ville.

Le 27 de ce mois, soixante-cinq gardes nationaux partaient pour Paris qui était menacé de succomber sous les coups de l'anarchie. Ils y arrivèrent lorsque l'ordre était rétabli. Leur dévouement n'en fut pas moins apprécié par leurs concitoyens. Leur retour fut célébré à l'hôtel de ville par une éclatante ovation, et le conseil municipal, dans sa séance du 18 juillet, décida que, pour perpétuer le souvenir de leur courageux dévouement, leurs noms seraient inscrits tant sur le registre aux délibérations que sur le registre mémorial, et qu'il serait frappé, aux frais de la commune, une médaille commémorative en bronze qui serait décernée à chacun d'eux.

Cette médaille, frappée, le 7 octobre 1848, à la Monnaie des médailles de Paris, est à bélière et porte, d'un côté, le faisceau surmonté de la main de justice, avec un trophée de six drapeaux et neuf armes de diverses espèces. Ce faisceau, décoré à sa base d'une couronne de lauriers, repose sur une sorte de corniche sous laquelle se lit le nom du graveur *Baduel*. La légende porte : *République française* et l'exergue 1848. Le revers porte au centre, dans une couronne formée de deux branches de chêne, l'inscription suivante, en trois lignes : *Honneur et courage*. Au-dessus: *Garde nationale de Béthune*; au-dessous, la date : 23, 24, 25, 26 juin.

La ville avait ouvert un crédit de 150 francs pour l'acquisition de ces médailles.

Nous sommes heureux de pouvoir inscrire dans cette histoire les noms de ces braves défenseurs de l'ordre et de la liberté. Les voici par ordre de compagnies :

1° Canonniers: Bouton, père, Bouton, fils, Calonne, Legrand Henri, Legrand Charles, Potin, Delesalle, Hulleu Alexandre, Lefion, Hanon, Callart, Cocu Jules, Rincheval, Fauvel, Poly, Béghin, Decroix Narcisse, Laurent Auguste, Cailléret, Gigonnus, Aron, Rougemont, Moras, Hanicotte Augustin, 24.

2° Sapeurs-Pompiers : Dufrénoy Joseph, Lutz Hippolyte, Lazare Picard, 3.

3° 1re compagnie : Derig, Minet, Durand de Lançon, 3.

4° 2e compagnie : Bachelet, Cocu, Levavasseur, Leclercq Jean-Baptiste, Lacherie, Desavary Alexandre, Desaulty, Dansou, Bourgois, Porette, Véron, 18.

3e compagnie : Caron Danel, Paquet Henri, Béasse, Copin, Lacroix, Delplace, Paquet Charles, Hoguet, Frévent Constant, Ballet, Dautriche, Thulliez, Fiévet, Beugniez, Roche, 16.

4e compagnie : Vincent Louis, Vittu, Deruy, 3.

7e compagnie : Calmel, 1.

8e compagnie : Robillard, Cordier, Longaigne, 3.

Chirurgien aide-major : Lotte Ferdinand, 1.

Le conseil municipal, affirmant de plus en plus ses opinions antiradicales, votait, le 28 juin 1848, à l'Assemblée nationale une adresse dans laquelle il manifestait ses sentiments d'indignation au sujet de l'émeute des journées de juin.

Dans sa séance du 29 juillet, le conseil municipal, dont les pouvoirs allaient expirer le lendemain, protestait contre le projet de loi sur l'organisation judiciaire, d'après lequel Béthune devait cesser d'être le siège du tribunal de première instance qu'il était question de transporter au chef-lieu du département.

Les partis se préparaient à la lutte électorale qui devait avoir lieu, le 30 juillet, pour le renouvellement du conseil municipal. Les conservateurs avaient décidé, dans leur comité, qu'ils voteraient pour des hommes capables, intègres, dévoués aux intérêts de la ville, originaires, autant que possible, de Béthune, connaissant les traditions locales et les appréciant assez pour n'en rejeter, dans leurs actes administratifs, que certains points purement accessoires, devenus incompatibles avec le vrai progrès. La grande majorité des électeurs, accueillant avec enthousiasme ce programme, nomma conseillers municipaux MM. de Bellonnet, de Baynast, Bouton d'Agnières, Buissart, Capelle, Caron, Cary, Cuvelier, Dellisse, Durteste-Fauvez, Flajolet, Herreng, Izard, Jean, Leclerq, Legay, Lefebvre-Dupré, Leroy, Blin de Mutrel, Paquet, Pérard, Raparlier et Richebez. Ces honorables élus étaient à peu près les mêmes qu'en 1847.

Par arrêté du président du Conseil des ministres, en date du 2 septembre, furent nommés : maire, M. de Bellonnet, et adjoints, MM. Raparlier et Charles Cuvélier.

En 1849, le choléra reparaissait à Béthune où il faisait de nombreuses victimes.

En 1850, fut terminé le magasin à poudre commencé en 1847.

En 1851, la ville fut éclairée par le gaz, dans la même année, le beffroi s'enrichissait d'une nouvelle et magnifique horloge fournie, pour le compte de la ville, par M. Vérité, de Beauvais.

oléon III En 1852, le conseil municipal était renouvelé et se composait, comme auparavant, d'hommes sages et modérés.

Le 22 septembre 1853, l'empereur Napoléon arrivait à Arras où il fut complimenté, au nom de la ville de Béthune, par les conseillers municipaux dont les noms suivent : MM. Maindron, adjoint, Lefebvre-Dupré, Leroy, Leclercq, Richebez, Izard, Caron, Lomel.

En 1854, le choléra faisait une nouvelle apparition à Béthune.

Le 5 septembre 1861, la section des chemins de fer des houillères du Pas-de-Calais comprise entre Béthune et Hazebrouck, était livrée à la circulation pour voyageurs et marchandises.

Le 4 janvier 1862, la ligne d'Arras à Hazebrouck par Béthune était ouverte sur tout son parcours à la circulation.

Déjà, depuis l'année 1852, la mine de Nœux amenait ses produits à Béthune; et, depuis le 8 novembre 1861, le bureau télégraphique fonctionnait de Paris à Béthune.

Ce fut sous l'administration de M. de Bellonnet, maire de Béthune, que toutes ces œuvres furent accomplies. Ce digne magistrat dont l'administration municipale remontait à l'année 1836, résilia ses fonctions au mois d'avril 1862. Par décret impérial du 30 avril 1862, M. Dellisse-Engrand fut nommé maire de Béthune. Son administration fut très remarquable.

La ville, comme nous l'avons dit plus haut, était dotée de l'éclairage au gaz, du télégraphe électrique et d'un chemin de fer, ces trois grandes créations du dix-neuvième siècle.

Les travaux d'embellissement et d'appropriation de l'hôtel de ville, commencés en 1860, se continuèrent en 1862-1863.

D'autres travaux plus nécessaires allaient s'imposer. Le 11 février 1864, une pierre se détachait d'une des nervures de la voûte de l'église St-Vaast. Ce commencement de désastre avait pour cause l'enfoncement du pilier sur lequel reposait la nervure endommagée. Le 2 juin de la même année, une portion de la voûte d'une superficie de quatre mètres carrés s'effondrait. Il était urgent d'exécuter des travaux de réparation et de consolidation à la partie malade de l'édifice. Le conseil municipal n'ayant pas été autorisé à contracter un emprunt de quatre-vingts mille francs, somme jugée nécessaire pour l'exécution de ces travaux, il fallut recourir à une souscription qui produisit en quelques jours, un total de quatre-vingt-six mille francs.

Toutes les classes de la société s'étaient empressées de verser leur offrande pour cette œuvre éminemment religieuse.

Les travaux de réparations furent exécutés par deux architectes de Paris : MM. Laure et Lainé.

Le 27 novembre 1864, M. Dellisse, maire, installait le bureau de la Société de secours-mutuels récemment autorisée.

Le 26 août 1867, une députation composée de M. Dellisse, maire et d'un certain nombre de conseillers municipaux, se rendit à Arras pour présenter ses respectueux hommages à l'Empereur et à l'Impératrice, de passage en cette ville. M. Dellisse y reçut, des mains de l'Empereur, la croix de la Légion d'honneur, digne récompense de son intelligent dévouement aux intérêts de la ville qu'il administrait et des services rendus, depuis plus de trente ans, à l'industrie sucrière.

En 1867, le démantèlement de Béthune était décrété par le gouvernement. On venait de donner les premiers coups de pioche quand la déclaration de guerre avec la Prusse vint interrompre les travaux. Ils furent repris après la signature de la paix et menés à bonne fin.

Troisième République

L'Empire était tombé et la République avait été proclamée le 4 septembre 1870. Trois jours après un arrêté préfectoral remplaçait M. Dellisse, à la mairie, par M. Hanon-Sénéchal. En outre, les élections municipales fixées au 25 septembre, ayant été ajournées par un décret du 24, le préfet du Pas-de-Calais, le 1er octobre, nomma une commission administrative. Presque tous ceux qui en faisaient partie, avaient subi un échec aux élections municipales du 7 août précédent.

L'ordre à peine rétabli dans le gouvernement, le chef du pouvoir exécutif décréta qu'il serait procédé, le 30 avril 1871, au renouvellement intégral des conseils municipaux. Les élus du 7 août, en groupe serré, demandèrent aux électeurs s'ils avaient encore leur confiance. Tous furent réélus à une forte majorité. Quinze jours après, par décret du chef du pouvoir exécutif, M. Dellisse-Engrand fut nommé maire, et MM. Leroy et Halloy, adjoints.

Le dimanche 20 septembre 1874, Son Exc. M. le maréchal de Mac-Mahon, président de la République, se rendant de Lille aux grandes manœuvres, passa par Béthune. On avait espéré que le séjour du Maréchal serait de quelques heures, mais il ne put que prendre le temps de recevoir à la gare du chemin de fer le préfet du Pas-de-Calais, le sous-préfet de l'arrondissement, le maire de la ville, le conseil municipal et les autorités. Une grande foule se pressait aux abords du chemin de fer.

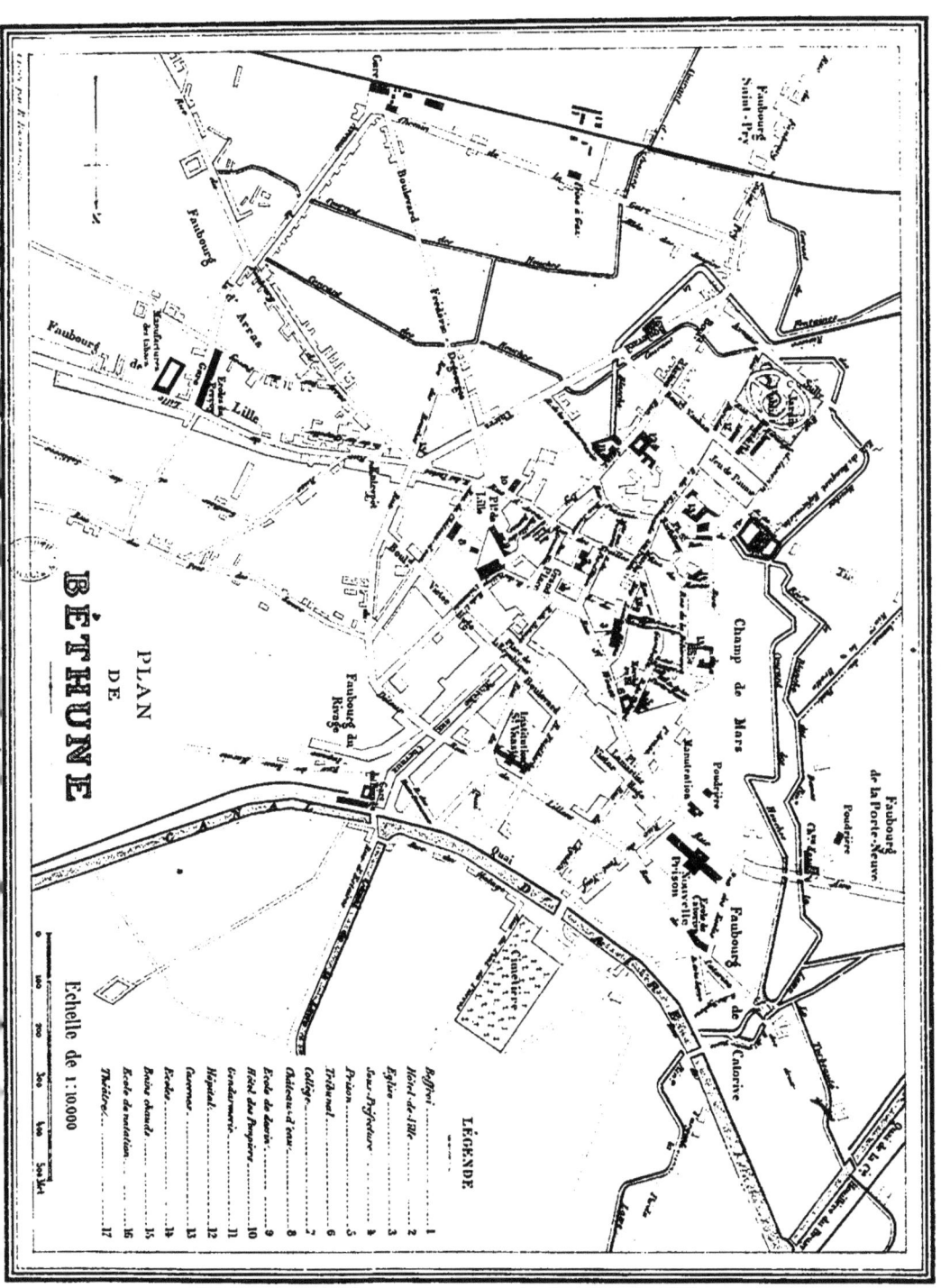

En 1878 M. Dellisse, dont l'administration municipale avait été remarquablement bonne, fut remplacé par M. Hurbiez, dont le dévouement à la chose publique était servi par une belle intelligence. M. Hurbiez, malheureusement, fut montré plutôt que donné comme maire à ses concitoyens.

Il eut, en 1879, pour successeur M. Dupuich auquel succéda, en 1888, M. Haynaut. Ces deux derniers chefs de l'édilité béthunoise sont étrangers par leur naissance à la cité dont ils ignorent, ce semble, les traditions. Il en est à peu près de même des membres du conseil municipal qui, depuis 1879, sont pour la plupart, originaires d'une autre localité. On ne constate rien de semblable dans les âges passés.

Ici sur les limites du présent s'arrêtent nos récits.

Le passé est fait de religion et de patriotisme.

Heureux l'avenir qui, s'inspirant de ces traditions quatorze fois séculaires, s'honorera de rester catholique et Français !

FIN DU TOME PREMIER

TABLE DES MATIÈRES

Préface V

CHAPITRE Ier

Situation topographique de Béthune. — Son étendue. — L'étymologie de son nom. — Ses premiers habitants. — La prédication de Saint Vaast. — La construction de la chapelle de Catorive par ce saint évêque. — Herman, premier seigneur de Béthune. — Réédification de la chapelle de Catorive et réparation de celle de Saint-Pry par ce seigneur. 1

CHAPITRE II

Château de Catorive. — Son déplacement. — Château près St-Pry. — Robert-le-Faisceux. — Son origine. — Importance du château de St-Pry, sous son administration. — Sa lutte contre Hugues-Capet lui fait perdre momentanément sa seigneurie. — Il ne la recouvre que par sa soumission à Hugues-Capet. — Construction de l'église St-Barthélemy par ses ordres et à ses frais. — Bataille près de Chocques. — Saint Yor; son arrivée à Béthune, sa mort, ses miracles. — Robert II. — Érection par ses soins et ses dons du chapitre de St-Barthélemy. — Atelier monétaire dans cette ville. — Sa mort à la bataille de Bavinchove. — Robert III dit le Chauve. — Tournoi d'Anchin où ce seigneur s'enrôle pour la croisade. — Sa nomination comme conseiller de la comtesse de Flandre. — Robert IV dit le Gros. — Érection de trois chapelles dans la ville à ses frais. — La trêve souscrite par Robert. — Son intervention comme député de la Flandre à la nomination de Guillaume Cliton en qualité de comte de Flandre. — Sa mort. — Guillaume Ier. — Fondation du prieuré de N. D. du Perroy par ses soins. — Sa mort 13

CHAPITRE III

Robert V, dit *le Roux*. — Il s'intitule *seigneur de Béthune, par la grâce de Dieu.* — Son incarcération, pour ce fait, dans la tour de Douai. — Sa détention ne dura que huit jours. — Il prend la croix, à la suite de Philippe d'Alsace, comte de Flandre. — Sa négociation, à cette occasion, auprès du roi d'Angleterre. — Son pèlerinage au tombeau de St-Thomas de Cantorbéry. — Incendie d'une partie considérable de Béthune, des archives de la Halle échevinale et de celles de la Collégiale. — Son départ pour la Terre-Sainte. — Sa conduite dans cette croisade. — Son retour à Béthune — Il accompagne le comte de Flandre, Philippe d'Alsace et le roi de France, Louis VII, à leur pèlerinage au tombeau de St-Thomas de Cantorbéry. — Il assiste au sacre de Philippe-Auguste, roi de France, en qualité de conseiller du comte de Flandre. — Mariage de Philippe-Auguste avec Isabelle, nièce du comte de Flandre. — Philippe reçoit en dot le comté d'Artois. — La peste de 1188. — Origine et érection de la confrérie des Charitables de St-Eloi. — Croisade de 1190 à laquelle prit part Robert de Béthune. — Sa mort, le 18 janvier 1891, au siège de Ptolémaïs. — Avènement de Robert VI le Jeune. Il accompagne Philippe, dit *le Courageux*, comte de Flandre, à la cour de France, où des négociations préparèrent les conditions de la paix qui fut signée à Péronne. — Dévoûment admirable de Baudoin, son frère, en faveur de Richard, Cœur-de-Lion, roi d'Angleterre, son illustre ami. — Mort de Robert de Béthune le 19 avril 1193. — Guillaume, surnommé le *Roux*, son frère, lui succède. — Il fit partie des barons qui se formèrent en confédération pour l'exécution du traité de Rouen, le 8 septembre 1196. — Guerre, tempêtes, orages, famine, pendant trois ans en Artois. — Siège de Béthune par les Flamands en 1197. — Traité de Péronne, en janvier 1199. — Croisade, prêchée par Foulques de Neuilly, à laquelle prirent part Guillaume et ses deux frères Quesnes et Barthélemy. — Chartes de Guillaume en 1202. — Négociation de Quesnes de Béthune auprès du doge et des bourgeois de Venise. — Son admirable attitude, comme député des Croisés, à Constantinople. — Il fut nommé protovestiaire et peut-être même roi d'Andrinople. — Retour de Guillaume à Béthune. — Sa charte de 1210 en faveur de la ville de Béthune. — Traité de Pont-à-Vendin par lequel le comté d'Artois est remis par Ferrand, comte de Flandre, à Louis, fils aîné du roi de France. — Noble langage de Robert de Béthune à Windsor. — Combat naval de Damme — Commencement du siège de ce bourg par les Flamands. — Philippe-Auguste, accouru de Gand, sauve ce bourg. — Occupation de Béthune, au nom de Philippe-Auguste, par Adam de Melun. — Mort de Guillaume de Béthune le 13 avril 1214.

CHAPITRE IV

Avènement de Daniel, fils aîné de Guillaume II, à la baronnie de Béthune. — Bataille de Bouvines à laquelle le seigneur de cette ville ni ses hommes d'armes ne prennent aucune part. — Robert de Béthune y combattit sous la bannière du comte de Flandre ; il y fut fait prisonnier. — Rendu aussitôt à la liberté, il offrit le secours de son épée à Jean-sans-Terre, roi d'Angleterre. — Adam de Melun occupe Béthune pour le compte du roi de France, pendant la bataille de Bouvines. — Le 30 juillet 1214, il remettait la ville à la veuve de Guillaume II qui l'administra jusque au retour de Daniel, son fils, retenu dans la Terre-Sainte pour un pèlerinage. — Charte de Daniel accordée aux échevins et bourgeois de Béthune. — Ce charitable seigneur se fait caution de la ville pour une somme relativement considérable. — Il accompagne Louis, comte d'Artois, en Angleterre. — Il fait reconstruire le château de Béthune. — Ses démêlés avec Louis, son suzerain, au sujet de la haute justice. — Ses pieuses donations. — Robert VII, son frère, lui succède. — Ses armoiries nouvelles. — Il fortifie la ville et fait reconstruire l'église St-Barthélemy. — Ses exploits de guerre religieuse contre les idolâtres nommés *Statinghem* et les hérétiques du pays de Frise. — Son voyage en Angleterre pour y régler les dommages subis par la France et la Flandre dans les dernières guerres. — Mariage de Mathilde ou Mahaut, sa fille, avec Guy de Dampierre, héritier présomptif du comté de Flandre. — Robert de Béthune prend part à la croisade organisée en 1244 par Saint-Louis, roi de France. — Il meurt au château de Châle ou de Kalos dans la Sardaigne, lorsqu'il se rendait en Palestine par la voie d'Italie. — Sa dépouille mortelle est ramenée en France et inhumée dans l'abbaye de St-Vaast d'Arras. — Sa fille Mahaut, devenue comtesse de Flandre, lui succède en qualité de dame de Béthune.— Sur la demande des chanoines de St-Barthélemy, elle publie une charte réglant les droits de justice de cette collégiale dans ses rapports avec ceux du seigneur de cette ville. — Mort de Mathilde. — Son tombeau dans l'église de l'abbaye de Flines. — Robert, son fils aîné, lui succède. . . . 63

CHAPITRE V

La grande situation des seigneurs de Béthune à la fin du XIII° siècle. — Leur cour et leur domesticité. — Noms des douze pairs. — Les lettres et les arts sont cultivés avec amour et succès — Rapports des seigneurs et des bourgeois sur les divers champs de bataille, notamment dans les croisades. — Souvenir toujours vivace, même au XVI° siècle, des seigneurs de cette ville. — Visite de Sully, — Origine et signification des noms. — Avènement de Robert VIII. — Louis XI s'empare de Béthune. — Le grand jubilé de l'année 1300. — Bataille d'Arques. — Trèves suivies d'un traité de paix. — Mahaut, comtesse d'Artois, fait l'acquisition de la seigneurie de Béthune. — Réclamations du comte de Flandre. — Administration seigneuriale de Mahaut. — Son procès contre Robert d'Artois. — Confédération des nobles contre son autorité. — Sa visite solennelle à Béthune 81

CHAPITRE VI

Jeanne, veuve du roi Philippe-le-Long, hérite de sa mère, Mahaut, la seigneurie de Béthune. — Sa mort. — Jeanne de France, sa fille, lui succède. — En 1333, elle gratifie la ville d'une charte confirmant les privilèges. — Elle octroie une autre charte des plus importantes composée de 41 articles. — Réclamations nouvelles des communes flamandes pour obtenir du roi de France la restitution de Béthune. — Edouard III, roi d'Angleterre, s'engage par un traité à les aider pour recouvrer cette ville. — Reprise des hostilités en Artois. — Siège de Béthune par les Flamands. — Levée du siège. — Faveurs particulières accordées par le roi de France à la ville de Béthune, pour son héroïsme pendant ce siège. — Charte de la duchesse Jeanne en récompense de ce même héroïsme. — Philippe de Rouvre succède à Jeanne de France comme seigneur de Béthune. — Ravages de la famine et de la peste dans Béthune. — Patriotisme de la ville de Béthune après la bataille de Poitiers. — Ban des échevins. — Mort de Philippe de

Rouvre. — Marguerite de Rouvre, sa grand'tante, lui succède. — Sagesse et bienveillance de son administration; elle établit un marché aux grains pour le lundi de chaque semaine ; elle institue en outre une foire ou fête annuelle, qui devait s'ouvrir à la Chandeleur. — Réglement touchant les foires. — Mort de Louis de Male, comte de Flandre, qui avait succédé à sa mère comme seigneur de Béthune 109

CHAPITRE VII

A Louis de Male succéda sa fille. — Marguerite, épouse Philippe-le-Hardi, duc de Bourgogne.— Malversations des échevins vis-à-vis de leur nouveau seigneur qui ne prononce contre eux aucune punition. — Cession de la seigneurie de Béthune par le duc de Bourgogne à Guillaume de Namur. — Construction du beffroi. — Création de huit places de courtiers à vie. — Ordonnance du comte de Namur touchant la justice échevinale. — Invasion des Anglais dans les faubourgs de Béthune.— Modification des ordonnances concernant le renouvellement de la loi. — Confirmation des statuts et règlements des corporations des Archers et Arbalétriers. — Conduite admirable de Jeanne de Béthune auprès de Jeanne d'Arc. — Administration de Jeanne de Harcourt ayant pour douaire la seigneurie de Béthune. — Visite du duc de Bourgogne à Béthune. — Les turlupins. — Sentences des délégués du duc de Béthune concernant certains points en litige entre Jeanne de Harcourt et les bourgeois de Béthune. — Ordonnances échevinales touchant les incendies. — Disette et maladie contagieuse. — Incendie de la halle échevinale. — Sa reconstruction. — Ordonnance de Jeanne de Harcourt concernant le droit de défense des bourgeois contre les malfaiteurs. — Mort de Jeanne de Harcourt. — Le comte de Charolais, devenu seigneur de Béthune, visite son domaine. — Louis XI, à la mort de ce seigneur, s'empare de Béthune. — Ses libéralités en faveur de cette ville. — Guerre entre Maximilien et Louis XI. — Marguerite, fille de Marie de Bourgogne. — Son passage à Béthune. — Guerre dans l'Artois. — Le traité d'Arras. — Visite à Béthune de Philippe-le-Beau, devenu seigneur de cette ville. — Son ordonnance touchant le transport des blés en temps de disette. — Mort de Philippe-le-Beau. — Charles Quint, son fils, lui succède sous la tutelle de Maximilien, son aïeul 135

CHAPITRE VIII

Suspension de cloches d'alarme aux portes et aux tours. — Traité de paix. — Fêtes dans la ville. — Guerre en Artois. — Établissement d'une fabrique de sayeterie. — Fabrication de méreaux. — Suppression de cette monnaie. — Donation par Charles-Quint d'un vaste bâtiment situé sur le marché aux poissons. — Ratification des privilèges, sauf la création de la loi réservée au seigneur. — Réjouissances à l'occasion de l'élection de Charles-Quint, en qualité d'empereur d'Allemagne. — Préparatifs de guerre. — Secours accordés aux habitants d'Hesdin venus se réfugier à Béthune. — Paix des dames. — Traité de Cambrai. — Fêtes à l'occasion de la paix. — Déplacement de l'église St-Vaast. — Construction de la nouvelle église dans l'intérieur de la ville. — Condamnation de Noël Duhem, réclamant contre cet état de choses. — Visite de Charles-Quint en 1534, en 1540. — Incendie dans la rue de la Vigne. — Ordonnances échevinales touchant les couvertures des maisons de la ville. — Visite de Charles-Quint et de Philippe, son fils, en 1549. — Guerre; prières publiques pour la paix. — Trêve de Vaucelles 161

CHAPITRE IX

Reconstruction de la porte de la Vigne. — La peste. — Première entrée solennelle du comte d'Egmont. — Première visite épiscopale de l'évêque Richardot. — Le protestantisme. — Ses crimes au triple point de vue religieux, politique et social. — Mesures de défense prises contre le protestantisme. — Impôts désignés par ces mots : centième, vingtième, dixième. — Protestations contre ces impôts. — Les Etats d'Artois se transportent à Béthune. — Acquisition de plusieurs pièces d'artillerie. — La milice bourgeoise marche contre un corps d'Espagnols mutinés. — Les Etats d'Artois, notamment les magistrats et bourgeois de Béthune, s'engagent à demeurer fidèles, invariablement et pour toujours, à la religion catholique. — Contribution extraordinaire par capitation. — Confédération de plusieurs villes du Nord et de l'Artois. — Serment des échevins et des bourgeois de Béthune de vivre et de mourir dans la religion catholique. — Première visite de l'évêque Moulart. — Les faubourgs s'arment pour se défendre contre les Espagnols. — Réclamation des échevins contre la nomination du gouverneur de Béthune, Spinola, qui était d'origine étrangère. — Reconstitution des compagnies bourgeoises. — Traité de Vervins 189

CHAPITRE X

Première et solennelle visite d'Albert et d'Isabelle à Arras, où se rendit une députation de la ville de Béthune. — Sage et bienfaisante administration de ces nouveaux et illustres seigneurs de Béthune. — Défense de vendre du brandevin. Donation du tiers des bois dérobés. — Maladies pestilentielles. — Mort d'Albert, suivie de celle de son illustre épouse Isabelle. — Guerre entre la France et l'Espagne. — La petite guerre. — Siège et prise de Béthune, par Gaston d'Orléans. — Articles de la capitulation 219

CHAPITRE XI

Tentative des Espagnols contre Béthune. — Mort du maréchal Gassion. Pillage et incendie de la ville de Bailleul par les soldats de la garnison de Béthune. — Enlèvement par ces mêmes soldats d'une compagnie de cavalerie espagnole logée dans un faubourg d'Aire. — Le traité des Pyrénées. — Tentative d'usurpation des pouvoirs judiciaires des échevins par les officiers de la gouvernance. — Sentence du Conseil provincial d'Artois concernant la suppression de ce pouvoir. — Nomination des échevins par un commissaire royal. — Démolition de la halle aux draps. — Réglementation de la corporation des mesureurs de grains. — Visite de Louis XIV et de sa noble épouse à Béthune. — Travaux de réparations aux fortifications. — Construction du fort St-Ignace. — Construction des casernes. — Création d'un office de maire. — Augmentation considérable de la garnison de Béthune. — Refus du pays de Lalleu de payer la contribution exigée en 1706. — Institution d'un subdélégué de l'intendant. — Passage des ducs de Bourgogne et de Berry. — Rigueur de l'hiver 1709. — Siège et reddition de la ville de Béthune. — Nécrologie du siège. — Articles de la capitulation. — Héroïques paroles de Louis XIV. — Renouvellement du corps échevinal. — Assemblée d'une partie des Etats d'Artois à Béthune. — Elections des députés au Conseil général de la Haye. — Règlement du magistrat touchant l'assistance aux séances échevinales. — Le traité d'Utrecht par lequel la ville et la châtellenie de Béthune rentrent sous l'obéissance du roi de France. — Fêtes très solennelles à cette occasion. Lettres du ministre Voisin à ce sujet. — Règlement des échevins pour le marché au blé. — Fêtes à l'occasion de la paie de Rastadt. — Mort de Louis XIV. — Services funèbres pour le repos de son âme 233

CHAPITRE XII

Médaille offerte par les bourgeois à leurs échevins en commémoration du sacre de Louis XV. — *La Suette.* — Incendie au faubourg du Rivage. — Première visite de Mgr Baglion de la Salle, évêque d'Arras. — Mort du chevalier comte de Vauban. — Ses funérailles. — Première entrée de M. de Chauvelin. — Sa réception. — La coqueluche. — Cherté du blé. — Epizootie. — Passage et séjour de Louis XV. — Deuxième passage de ce monarque. Sa maladie à Metz. — Prières de la ville tout entière pour sa guérison. — Elévation excessive et intempestive de la température. — Le régicide Robert-François Damiens. — Différents édits de Louis XV concernant la nomination des notables, des échevins et du maire. — Mort de Louis XV. . . . 289

CHAPITRE XIII

Inauguration du règne de Louis XVI, au moment où la Révolution s'apprête à commencer ses œuvres de destruction dans Béthune. — Attentats contre la clôture de deux couvents de religieuses. — Punition des coupables. — Leur grâce. — Etrange conduite d'un chanoine renonçant aux privilèges attachés à son titre de noblesse, et les réclamant un peu plus tard. — Le mot *citoyen* employé dans un acte officiel de l'échevinage en 1781. — Le duc de Sully obtient, du roi, en échange de plusieurs propriétés, la seigneurie de Béthune. — Passage dans cette ville du grand duc Paul de Russie. — Apparition d'un ballon à Beuvry. — Convocation des *Etats Généraux.* — Réunion des trois ordres des *Etats d'Artois* pour la nomination de leurs députés et la rédaction de leurs cahiers de doléances. — Analyse du cahier de doléances du *Tiers-Etat.* Boudart, curé de Lacouture, et Béhin, curé d'Hersin, nommés députés du clergé, n'étaient que deux nullités orgueilleuses. — Divers fléaux ravagent Béthune et y amènent une effroyable disette. — La journée dite de *fausse alerte.* — Contributions patriotiques. — Rapports pleins de cordialité entre les nobles et les non-nobles. — Réformes administratives touchant les divisions en département, districts, cantons et communes. — Formation des listes électorales. — Nomination des officiers municipaux, des administrateurs du district, selon le mode susdit d'élections. — Insubordination du régiment de Vivarais. — Insurrection de femmes voulant empêcher le chargement de blé sur un bateau en partance pour St-Omer. — Renonciation du chapitre de Saint-Barthélemy à la dîme qu'il percevait au faubourg d'Arras. — Le montant des dîmes perçues en 1703 par la paroisse de St-Va st. — Vente des biens ecclésiastiques. — Relevé de ces biens situés à Béthune. — La Constitution civile du clergé. — Création d'un tribunal de première instance et d'une justice de paix. - Nominations par la Municipalité des curés et vicaires des paroisses Ste-Croix et St-Vaast. — La Municipalité demande qu'une messe d'actions de grâces soit célébrée dans l'église des Oratoriens pour la conservation des jours du bon roi Louis XVI. - Circonscriptions des paroisses par la Municipalité. — Fermeture de plusieurs couvents. — Dispersion des religieux. — Troubles, désordres pendant la messe dans la chapelle des Annonciades. — La Municipalité est accusée, vraisemblablement à tort, d'avoir fomenté ces désordres. - Proclamation de la Constitution sur les places et marchés de la ville. — Portrait de Duquesnoy, représentant du peuple à l'Assemblée législative. — Création de billets de confiance. — Election de plusieurs curés du district. — Emeute de la grande majorité des habitants déclarant vouloir assister aux offices religieux célébrés dans les chapelles des couvents. — Visite domiciliaire dans les couvents de femmes où la Municipalité croyait trouver des religieuses folles ou idiotes. — Les habitants de Béthune prêtent leur concours à ceux de Lille pendant le siège de cette ville. — Expulsion des religieuses et des religieux de leurs couvents. — Nomination de Duquesnoy, de Bouvigny, et de Bollet, de Cuinchy, comme représentants à la Convention 305

CHAPITRE XIV

Tentatives de troubles à l'occasion du passage de trois prisonniers par Béthune. — Défense à M. J.-B. Flajolet de sortir de la ville. — Inventaire du mobilier des églises et chapelles. — Arrestation de M. de Genevières de Vieilfort. — Arrivée à Béthune des commissaires de la Convention.

— Serment par le peuple et fête civique. — Elections pour le district, la municipalité et les notables. — Discours de Joseph Martel, procureur de la commune. — Certificats de résidence. — La nouvelle de la mort de Louis XVI plonge la ville dans la stupeur. — Projet de vente de la *saine* partie des propriétés immobilières de la ville. — Changement de noms de rues et de casernes. — Mesures prises à l'égard des prêtres non-assermentés ayant soixante ans d'âge ou malades. — Visites domiciliaires chez les suspects. — Règlement pour les boulangers, pour les enterrements, les processions extérieures. — Promulgation de la loi contre le négociantisme. — Arrestations de plusieurs personnes. — Élargissement de quelques-unes d'elles. — Leur réintégration dans les prisons. — Régime de la Terreur. — Arrestation du général Chalain. — Mouvement insurrectionnel dans le pays appelé la *Petite Vendée*. — Nombreuses arrestations de *suspects*. — Fermeture des églises. — Ouverture du temple de la déesse Raison. — Lebon dans la chaire de ce temple. — Le nouveau calendrier. — Enlèvement de toutes les matières d'or et d'argent renfermées dans les églises et chapelles. — Séance de la *Société populaire* à laquelle assiste Lebon. — Nomination par Lebon des membres du conseil général de la commune. — Les membres du comité de surveillance. — Arrestation de M. Amas. — Arrestation de six religieuses. — Plusieurs prisonniers sont envoyés dans les prisons d'Arras. — Condamnations à mort d'un grand nombre d'entre eux. — Liste de 57 détenus dirigés sur Paris pour y comparaître devant le tribunal révolutionnaire. — Leur retour à Béthune dû à la mort de Robespierre sur l'échafaud. — Portraits des principaux révolutionnaires. — Portrait plus achevé de Duquesnoy. — Appréciation de la *Société populaire* touchant quelques autres terroristes. — La palinodie du conseil de la commune à l'égard de Robespierre. — Détresse financière de la ville. — Mesures de surveillance prises contre les anciens terroristes. — Réorganisation de la garde nationale. — Pétition des habitants de Béthune demandant la réouverture de l'église St-Vaast. — Le Directoire succède à la Convention. — Organisation nouvelle de la province. — Les dénonciations. — Fêtes civiques. — Le 18 brumaire. — Nomination d'un sous préfet. — Administration du nouveau conseil municipal. — Serment du clergé. — Première visite de Mgr de la Tour-d'Auvergne, évêque d'Arras 353

CHAPITRE XV

Proclamation de l'Empire. — Passage de l'Empereur par Béthune. — Délégation d'un membre du conseil municipal par le préfet pour assister au sacre de Napoléon. — Mesures d'économie, de prévoyance et d'autorité prises par le conseil municipal. — Ouragan, le 17 février 1807. — Deuxième visite de l'Empereur. — Magasins de tabac établis à Béthune. — Insurrection dans les départements du Nord et du Pas-de-Calais. — Dénouement tragique de ce soulèvement. — Chute de l'Empire. — Un corps de cavalerie appartenant à l'armée prussienne passe par Béthune. — Adresse du conseil municipal à Louis XVIII. — Service expiatoire pour Louis XVI. — Passage du duc de Berry par Béthune. — Les Cent-Jours. — Passage de Louis XVIII par Béthune. — Épisode du passage de la maison militaire du roi. — La ville est déclarée en état de siège. — Blocus de la place par l'armée de Fruchart. — Manifestation royaliste. — Conduite déplorable des gardes nationaux mobilisés à la caserne St-Yor. — Projets de vengeance de la part des habitants contre les chefs de cette milice. — Conduite admirable de M. Cuvélier-Delbarre. — Fêtes à l'occasion de la Restauration. — Prospérité des finances de la ville. — Ouverture du canal d'Aire à La-Bassée. — Construction d'un abattoir. — Mort de Louis XVIII. — Avènement de Charles X. — Nomination comme maire de M. le marquis de Baynast. — Passage du roi à Béthune. — Chute de Charles X et accession de Louis-Philippe au trône. — Adresse du conseil municipal au roi. — M. le marquis de Baynast remplacé à la mairie par M. Lemaire-Donze. — Remise du drapeau à la garde nationale. — Établissement d'une caisse d'épargne. — Passage du duc d'Orléans. — Inondation dans les faubourgs. — Exploitation de la houille. — Banquet réformiste. — Deuxième République. — Élections. — Epoque contemporaine.

BÉTHUNE

TYPOGRAPHIE A. DAVID, SUCCESSEUR DE REYBOURBON

12, rue du Pot-d'Étain, 12.

www.ingramcontent.com/pod-product-compliance
Lightning Source LLC
Chambersburg PA
CBHW071707230426
43670CB00008B/936